◎ 校本教研丛书（第一辑）

U0692414

校本教研
实践模式研究

主编　柯孔标

浙江大学出版社

《校本教研丛书》编委会

总主编　张绪培

主　编　刘宝剑

副主编　柯孔标　季　芳　丁亚平

编　委　（按姓氏笔画为序）

方张松　许芬英　张　丰　张兰进

周百鸣　郑忠耀　钱万军　韩　颖

滕春友

本册编写人员

主　编　柯孔标

副主编　张　丰

编写人员　（按姓氏笔画为序）

王小明　方张松　朱跃跃　李　荆

来尧林　张　丰　张志伟　柯孔标

前　言

　　浙江省的基础教育已经进入到大众教育阶段,教育事业的发展从注重数量规模的扩展转到注重教育质量的提高,老百姓不再满足于孩子"有书读",更希望孩子"读好书"。大众教育要求我们必须面向每一个学生,提升每一位教师,办好每一所学校。以校为本的教学研究制度正是大众教育的价值观、质量观、教学观和教师观的直接体现,是对新课程背景下学校教科研工作的一种深化和拓展。

　　很多教师一提起校本教研,就想到怎样写文章,怎样搞研究。其实,校本教研首先应该理解为教师在职学习进修的重要途径。21世纪是一个终身学习的世纪,在这样的时代里,进行教学研究是教师做好日常教学工作的必要条件,一个教师只有虚心学习,用心钻研,在教学中学会教学,在管理中学会管理,不断增长自己的实践智慧,才能做好学校规定的各项工作。教育是培育学生心灵的系统工程,既是一种复杂的技术,也是一门高深的艺术。学校里的每一份工作都是教师学习的新开端,谁懂得了"工作即学习"的道理,谁实践了"工作即学习"的内涵,谁就走在他人的前面。教师工作的本质,要求把学习进修、教学研究与改进工作有机结合起来,用学习和研究的态度解决工作中出现的实际问题。校本教研倡导的就是这样一种"工作、研究、学习一体化"的新型教研模式。因此,校本教研的价值不在于写了多少文章,也不在于获得多少奖励,而在于能否解决教师的心中疑惑,能否提高课堂的教学效益,能否提高学校的办学品位。当然,校本教研倡导的研究性学习与教师自发的个体学习是有差异的,校本教研更强调在个体反思基础上的合作和共享,强调在学校层面上有组织、有计划地解决教学和管理中的共性问题。

曾经有段时间，学校教科研非常注重实验研究与综合改革。这些从学院派研究模型中移植过来的研究方法，着眼点在于教育理论和模型的构建，对理论如何促进教学改革不太关心，对研究成果如何改进教师的教学行为不太注意，造成研究和实践"两张皮"。我们认为，学校的教学研究必须有实践价值，教学研究的成果最终应该体现为"教学行为的改进"和"教学质量的提高"。教学研究应该是每个教师的常规工作，是所有教研组的中心工作。校本教研的模式，要从过去的量化研究和实验研究为主转为自然观察和叙事研究为主，要从过去的验证性研究、理论性研究为主，转为教师自我经验的提炼和拓展。提倡教师从解决问题出发，选择适当的研究方法，开展日常化、本土化、草根化的教学研究。

朱慕菊在 2007 年召开的全国第四届校本教研工作研讨会上指出，今后校本教研应"旗帜鲜明地把研究重心转移到课堂教学和教师发展上来，强调学校的制度和文化的变革和创新。"校本教研要持续发展下去，必须要在教师团体中形成"创新、合作、共享"的教研文化，让教师静下心来研究教育规律，创造性开展教育教学工作，体验到教学与研究的乐趣。有了快乐的体验，教师才能热爱自己的岗位，才能主动提高自己的专业水平。要真正实施校本教研，必须对过去的学校教学研究进行全面的反思，创新教师研修和学习机制，有效体现新时期教师专业发展的合理诉求，对现行的学校教学业务管理制度做出重大变革。

从 2003 年参与教育部"以校为本教研制度建设"项目研究以来，浙江省教育厅教研室把校本教研制度建设作为推进课程改革向纵深发展的重要抓手，制定了"全面推进以校为本的教学研究制度建设"的指导性意见，连续召开了三次全省校本教研工作研讨会，评选出 274 所"浙江省校本教研示范学校"。经过几年的努力，校本教研的指导思想和具体措施，得到了各地基层学校的积极响应，在创建"浙江省校本教研示范学校"的活动中，涌现了一大批先进典型。示范学校中除了一些历史名校，还有许多与课程改革同步发展的新兴学校。这些学校创造的校本教研实践模式丰富多样，精彩纷呈。我们本着将"珍珠串成项链"的原则，把我省校本教研工作实践成果进行概括总结，为进一步深化和推广校本教研制度提供有益的启示，也为各类学校开展校本教研活动提供可以参考的成功范例。

本书共 8 章，20 个专题，汇集了部分浙江省校本教研示范学校的实践成果和"推进校本教研"主题征文活动中的优秀案例 93 则。第一章从校本教研的历史回溯、实践本质和主要范式三个方面，对校本教研的背景、价值取向和基本操作模式作了阐述；第二章至第六章结合学校案例，分别介绍了以改进教学管理、提高教学技能、解决教学问题、实现资源共享、促进观点交流为主要目的的五类校本教研实践模式；第七章与第八章分别从教师学习团队和教师个体自主发展两个角度，阐述了关于组织机制创新的实践探索。

本书由浙江省教育厅教研室组织编写。专题 8、专题 9、专题 12、专题 15 分别由方张松、朱跃跃、李荆、王小明编写，专题 10 与专题 11 由张志伟编写，其余专题由张丰编写。柯孔标、张丰负责全书的统稿，来尧林参与统稿校对工作，滕春友、祝国强参与了本书的前期策划与组稿。

本书编写过程中，得到了温州市教育教学研究院、嘉兴市教育研究院等单位的大力支持，很多老师为本书提供了精彩的案例，对本书的编写内容和体例提出了很好的建议，我们还参阅了一些教育专家的著作和研究文献，在此一并致以诚挚的谢意。

编　者

2008 年 1 月

目　录

校本教研模式概述

众所周知,教师的能力与素养是学校发展的关键。我国的基础教育正处于从"量的扩展"向"质的提高"的转型时期,不少学校全力以赴抓质量,这是无可厚非的。但是,把提高质量仅仅理解为"让学生考出成绩",而忽视教师的学习与进步,忽视教师的专业发展与成长体验,那是"拣了芝麻,丢了西瓜"。很难想象,一群失去积极进取精神的教师,能培养出努力进步的学生;一群没有生活在学习中的教师,能培养出勤奋好学的学生;一群没有创造力的教师,能培养出具有创新精神的学生来。关注教师的业务成长方式和学习工作状态是现代学校发展的必然选择。

原教育部副部长王湛同志曾说过,"要使学校不仅成为学生成长的场所,同时也成为教师成就事业、学习进步的基地。"这句话点出了学校功能的两个最重要方面。校本教研便是在这样的主张与背景下提出的。

我们是在推进基础教育课程改革的几年中,逐渐接触、认同和参与到"校本教研"的事业中来的,但这并不表示"校本教研"是课程改革以后的新事物。我们认为,校本教研是对我国长期开展的教师学习与研究的发展与创新,是对教师教育与管理工作的研究思维的转向,是对学校业务工作的整体反思与改进,同时也是教师教育范式转型的重要标志。

专题 1　校本教研的历史回溯

有人把校本教研视为新课程改革实验产生的新事物；也有人对校本教研不以为然，认为这不过是"新瓶装旧酒"。要理解校本教研，需要对学校教育研究的发展历史进行必要的回溯。

一、早期朴素的学校教科研

在新中国成立前的教育研究包括教育历史、教育思想、教材教法、课堂组织以及考试作业等教育教学和管理的一切领域。新中国诞生后，教育向工农开门，学校学生激增，师资不敷使用，遂大量扩充教师队伍。当时，为保证教育教学质量，提高师资教学水平，教育部门开始强化备课指导，开展教学观摩活动。这就是教学研究活动的早期萌芽。

1952 年 3 月，教育部在《小学暂行规程（草案）》和《中学暂行规程（草案）》中最早提出教学研究会议制度 ①。1957 年，教育部为加强学校教学工作，颁布了《关于中小学教学研究工作条例（草案）》，进一步规定了教研组的任务和工作内容。在学校加强教学研究组织的同时，各级教育行政部门陆续组建起自己的教学研究室和教材编写组，主要开展学科教材教法的研究与培训，组织学科教学观摩和学习报告，并根据形势需要为教师编写教学参考资料，承担当地基础教育教学业务工作的研究与指导任务。教学研究机构与队伍的组建，对于提高中小学教师水平、规范学校教学工作的作用很大，并逐步建立起了以教学交流、教学指导、教学资料开发和考试为主要工作领域的教研工作系统。不过，在积极促进规范统一的过程中，也慢慢暴露出过分强调共性而忽视学生个性发展的倾向②；在加强对教学活动的研究与指导后，对于教学活动之外的其他教育活动的研究重视不够，在基层没有形成专门的队

---

① 　周卫：《中国传统的教研制度》，《上海教育科研》，2005 年第 10 期。
② 　耿申：《教育研究札记》，北京教育出版社 1999 年版，第 9 页。

伍。随后的"文化大革命"全面否定了新中国成立初期的教育成就。教学研究的制度与成果,连成就带缺点都被否定了。

20世纪70年代后期,学校教育从拨乱反正到教育教学秩序的逐步建立,处于比较稳定的发展阶段。作为教育发展的主要业务支撑系统的教研工作随即得到恢复。教研系统在稳定教学秩序,提高教育质量方面做了大量基础性的工作。当时,学校教学工作的中枢是教务处。教务工作主要是组织教学,但学校里朴素的教学研讨氛围已经形成。通过教研活动教师们互相帮助,共同关注比较具体的教与学。可能是当时交通信息不很方便,教研活动主要以校内教研为主,教师如果有机会走出校门参加区片的教研活动就有点"奢侈"了。学校内还有一些有兴趣的教师从总结经验起步,开展了一些分散性的教育教学研究。

不过,在这一阶段的后期,由于社会对显性的教育质量的逐渐关注,学校内部管理改革渐渐展开,有些学校将教学成绩与收入挂钩来激励教师的做法取得了成功,并很快推广开来。教师们的关注点逐渐从关注教学方法转向最后的分数。竞争是一把"双刃剑",它虽然可能起到激励的作用,但也"削去"了教师们的合作精神。今天教师间"竞争有余,合作不够"的现象就在那时有了苗头。失去合作精神的校内教研活动慢慢就走向形式化。这样,教研活动的概念渐渐狭义化为走出校门,参加县市教研室组织的研讨活动。应该说,当时教研形式还是比较丰富和受人欢迎的,教学观摩、培训讲座、研讨交流、教学评比等对教师们的帮助也比较大。不过,教研工作的基本主题还是集中在贯彻执行上级制定的教育方针、教学计划、教学要求和考试制度等等。备课分析、课堂研讨、资料编写、组织考试是教研工作的主要内容。这为稳定教学秩序,提高教育质量做了大量基础性的贡献。

事物发展是辩证的。许多工作的优势随着时间的推移,会慢慢暴露出其中的弊端。当时的教育工作比较强调整齐统一,因而教学研究工作中自上而下地"贯彻执行"比较多,而针对学校实际,对源于实践的问题研究得相对较少;虽然以学科为单位,以教研员为责任人的学科工作体制工作效率较高①，强化了学科思维，却忽略了综合视野；教学研究的辐射指导需要多多开展活动，但却出现活动频繁热闹，研究则浅尝辄止的现象，评比竞赛多，预设展示多，深度探讨少，成果生成少，逐渐被基层所批评；再加上当时对教研活动的组织缺少设计和策划，活动表面化、模式化等比较严重，组织方式亟待创新，活动实效亟待改善。

同样，由于学校规模的发展，以及管理工作的规范化，学校教务处的组织管理职能慢慢得到强化，而组织教学研究的职能逐渐弱化，学校教研组的组织张力也逐渐被削弱。教务处关于教学调度、考试评估等必须"兵来将挡"的"硬事务工作"的工作量大大增加，削弱了教务处在教学研究、教学过程管理等相对不能立竿见影的"软业务工作"上的投入。原来需要细致化的学校业务管理，出现了比较严重的行政化倾向。

二、群众性教育科研运动的兴起

20世纪90年代，学校教育教学基本规范，学校特色建设和学生个性发展的教育思想渐渐兴起，关于这方面的探索慢慢展开。由于长期以来教师主要围绕"教学活动"展开研讨，而从更宽广的领域去研究教育教学的还不多。因而，当研究的"土壤"渐渐成熟时，一线教师开展教育教学研究的氛围迅速升温。

早期开展教育教学研究的教师确实是凤毛麟角。也正是在20世纪末的几年，"教育研究不只是高校专家学者的专利，中小学教师也要开展教育教学研究，高校学者要走进中小学和一线教师一起研究教育"成为一种倡导。"科研兴校"的主张得到基层的响应，群众性教育科研活动迅速展开。各地通过课题管理与指导，教育科研方法的普及培训和区域性教改（课题群）的策动，促进了学校和教师开展理论联系实践的教育教学研究。

因为这些"在学校中"、"关于学校"的研究，是"校本"的最朴素的方式，是教师的需要和对教学研究的重要补充，再加上它因循自下而上的

① 董守生、魏薇：《校本教研制度建立的意义与价值探析》，《中国教育学刊》，2005年第7期。

生成线路,尊重了教师的差异和特点,反映了教师思考探索的主动诉求,因而基层的积极性相当高。很多学校设立教科室,负责学校教育科研工作的组织与管理,在研究实践中培养了一大批目前正活跃在教学管理一线的业务骨干。

教育科研在学校教育中究竟应该如何定位呢?是与教学研究相平行的,只研究综合的非学科问题吗?是只搞宏观理论研究,而不涉入微观教育教学问题的理论研究吗?学校教科室是只管立项课题研究和成果评奖的课题管理室吗?是传递课题材料和上级文件通知精神的传达室吗?不是的。教育科研本质上是一种工作方式,一种以研究的方式开展工作的思路与方法。当它存在于具体的研究领域和工作时,它就有了价值。而如果它孤立于具体教育教学活动之外,其对教师来说,便如同"陌路人"。

任何一项政策与工作载体都会有激励效力衰退的时候,积极的因素与可能产生的消极作用相倚相辅。当教师职评、评优和学校评估等工作中不断增加科研工作的要求和指标,以激励教师参与教育科研时,我们沮丧地发现,出于评职称或评奖需要的"成果驱动"的研究越来越多,而出于个人进步的"成长驱动"的研究越来越少。功利化的浓烈气氛破坏了教育科研在教师心目中的神圣,而相当一部分教育管理者还停留在以课题、论文数量的简单指标来评价教师科研的形式主义水平。注重形式、脱离实践、追求包装、臆造理论等现象在不少地区,不同程度地存在着虚假研究的鱼目混珠,不少老师都被误导。许多学者开始反思:教师的研究究竟为了什么?

三、教师继续教育与学校教科研

1995 年,教育部启动了"教师继续教育工程",加强教师培训,提高教师素质。教学研究、教育科研实际上也都在为提高师资素质而努力。在启动教师继续教育工作的初期,基层教师和教学业务部门对此也期望颇高,但教师继续教育的推进方式使它遭遇了不小的困难。

教师继续教育的提出,是教师学历补偿教育基本完成后,对教师在职教育重心的调整。其主旨是保持教师职业生活中的学习提高与培养培训。这无疑是正确和重要的。应该说,教师继续教育的规划是合理的,但实际推进中,过于依靠行政力量,过于强调课程的统一性,过于强调学分在考核中的作用,过于乐观地依托原先以学历补偿教育为主的基地力量,再加上实施培训的单位机构对教师需求掌握不够,对教师成长机制研究不深,继续教育在推进过程中碰到许多困难。

由于教师继续教育采用指令性计划的方式推行,使有些地方的继续教育变成"指标完成式"的活动,结果不仅没有达到提高教师素质的作用,反而导致部分教师的消极抵触。由于承担教师继续教育工作的机构与基层中小学没有相濡以沫的关系,因而工作推进中强调基层需要少,迁就自己困难多,设身处地为中小学考虑少,从部门利益考虑多,从而使继续教育以管理的姿态出现在教师面前,而不是以教育服务的形式面向基层。也正是这些因素的影响,教师继续教育的主旨没能得到大多数教师的认同,从而制约了教师参加继续教育的热情,也制约了继续教育的成效。美好的愿望没有产生良好的成效。

我们知道,教师需要的知识主要有本体性知识、条件性知识与实践性知识三大类。教师继续教育的最基本的方式是以课程为单位的集体授课。这种方式对于具体专业的本体性知识的传授是比较有效的,但对于教师成功教学的条件性知识(学生身心发展的知识、教与学的知识和学生成绩评价的知识等),和教师实施教学行为的实践性知识的获得是不够的,这些知识必须要结合实践案例,通过实践活动的研练才能有效获取。教师继续教育的传统形式对此显得无能为力,因为这些实践性知识恰恰需要在学校课堂和具体教育实践中通过研究来实施培训。教研活动正是解决这些问题的最重要的形式。所以,"以校为本""研训结合"呼之欲出。

我们认为,教师继续教育应该基于基础教育的需求来进行,教师教育活动应该拓宽其内涵,兼容教研室、教科所以及其他教学业务部门所组织的所有意在促进教师提高的各类活动,而不是封闭地强调教师进修学校所垄断的"培训资质"。实际上,要提高教师参与继续教育的主动性,就必须将计划的权利还给教师,变"我们规定教师学什么"为"我们给教师提供可以学的菜单,让教师自己选择今后的学习"。

事实上,学校对于提高教师素质还是非常重视的。有些学校在执行教师继续教育规定的同时,也在积极探索学校层面改进教师学习的方式。"校本培训"就是在这个背景下提出来的。不过大家对"校本培训"的理解并不完全准确。不少教师望文生义地将"校本"理解为"场所的转移",认为发生在学校的教师培训就是"校本培训"。其实,"校本培训"的实质是"教师业务学习和成长机制的转变"。

四、新课程背景下的校本教研

进入21世纪后,基础教育课程改革促动了学校教育的全方位变革。"校本"是课程改革的核心理念之一,其最朴素的解释就是"一切从学校实际出发","以解决学校实践中的问题为指向"。随即校本管理、校本课程、校本培训、校本研究、校本教研、校本评价等许多概念、思潮与实践活跃在教育界。

为什么要强调"以校为本"呢?

第一,多因素的社会系统有许多"非学校立场"的要求在影响学校。由于目前学校生存的环境依赖性较强,学校在很多方面作了不得已的妥协。一些出于政治宣传需要,出于行政平衡需要,出于经济利益需要的因素频繁影响学校,使学校可能作出违背教育发展规律的决策。

第二,关于学校工作与教师学习研究的导向外在化、功利化,削弱了教师对学校共同愿景的追求。当前很多政策都在强化学校与教师的外在激励,而解决教育教学实际问题却被忽略了。教师培训、教师研究都在追求可以外化的结果,而使提高教师素质的本质反被轻视了。

第三,新课程在课程标准的前提下,给学校和教师留足了空间,要求学校将文本的课程理念与课程标准,变为教师设计的课程,进而落实为学生实际获得的课程。即便是国家课程也不再是统一模式的照纲实施,我们称此为"国家课程的校本实施"。这就要求教师们从课程的忠实执行者,转变为课程教学实践的研究者,这对基层教师提出了更高的要求,也对教师工作、学习与研究的制度和实施提出了挑战。

因此,加强校本教研与校本培训成为学校实践新课程的重要策略。对于一所学校来说,教师的研究、教师的培养和教师的教育教学工作应该是紧密联系的。教师的研究应该是关于教育教学的,教师培养应关注教育教学素质的提升,教师研究是培养教师的重要方式……在学校中,这些工作的统一就是学校的教学业务工作。

建立以校为本的教研制度符合我国国情,符合教师成长的规律。它既是对我国现行教研制度的发展与创新,更是对学校教学业务工作的反思与改进。

专题 2 校本教研的实践本质

推进校本教研的实质,就是广大教育工作者对学校教学业务工作的反思与改进。校本教研制度建设的核心目标是构建有效的学校教学业务工作体系。一方面要改进教师的学习、研究与培养机制,探求教师业务成长方式的转变,促进教师在实践经验中学习和提高自身素质;另一方面要改进学校业务工作的运行机制,完善教育教学过程管理,提高教育教学活动的效率。

一、寻求教学业务工作的改进之道

当前学校教学业务工作中确实存在着不少问题:

(一)业务管理中的"重事务,轻业务"现象亟待改变

随着学校规模的发展,学校管理层级与分工的细化,事务性工作增加不少。这些工作文本多,催得紧,琐碎繁重。而业务性工作往往要有着眼长远的意识,需要实事求是、理性辩证、细致深入的负责态度。它与事务性工作的刚性相比,显得"柔韧"许多。"一般应付不困难,讲求质量不容易"。在目前的体制下,学校如果没有正确的教育思想,没有务实的工作作风,"趋易避难",重应急、轻长远并不奇怪。但出于应付检查的目的来落实业务工作是不可能做好学校教育教学工作的。

(二)学校教学业务工作条块分割,合力不够

学校业务工作应该是一个整体。但由于上级业务指导部门比较多,学校往往通过内部职能分工,设置对口联系的部门。常见的是以教务处对应教研室、教科室对应教科所、政教处对应教育科、办公室(或教务处)联系教师进修学校。表面上,这样的分工秩序井然,但其实隐藏了许多机制性的弊端。

尽管上述工作载体有些区别,但许多工作却是相近的。如果学校对待这些工作都要照本传达,而不根据自身实际予以整合的话,真正的业务深入可能就心有余而力不足。各线工作思路可能会有些不统一,不加过滤地执行到教师,难免会出现无所适从,而且工作效率不高,形式主义、劳民伤财难以避免。所以,学校能否较好地做好业务线工作的整体策划,是新时期学校业务工作的重要课题。

(三)过于重视规章制度的执行,忽视实际问题的研究改进

在行政工作中,强调规章制度的统一执行是一条原则。但面对业务工作,应该尊重制度,执行制度,却不可拘泥于制度。业务工作需要尊重客观规律,善于发现制度的局限,从工作实际出发,发展与更新制度。但是,目前学校教学线却有点像执行机构,对工作实际中暴露出来的问题缺乏反思,形式主义的做法难以避免。

譬如像教师教案的检查。教师课前备课是教学工作的自然要求。教案是课前准备的一种书面形式。教案检查成为学校的一项制度,是因为有些教师居然不备课就敢上课。但当教案检查被制度化后,又出现了一些新问题。作为一项制度,学校肯定要制定教案检查的要求。而当"要求"变成"不准",当"上课自然要备课"变成"不准不写教案"后,教学管理干部的关注也便从活生生的"教学准备"后置到书面化的"教案撰写"上。许多情形发生了改变。有教师埋怨不同学科的教案要求不应该是统一的,有教师提出重复课应该允许使用老教案,有教师认为教案的框架结构不宜拘于格式,当然也有教师一声不吭,逢检查时或网上下载或抄袭应付。其实,教案检查的本意是督促教师"课前准备",但

转化为制度的简单执行后,就暴露出统一性与多样性的矛盾,暴露出对教师劳动特点的忽略,暴露出"上有政策,下有对策"的尴尬。这显然是值得研究改进的。

(四)命令指挥多,沟通服务少,工作布置多,指导帮助少

学校业务工作的主线是对教师的指导帮助,促进教师更好地投入教育教学工作。而目前许多学校业务线工作主要起的是组织、布置、指挥、落实的作用。校内缺少一支对教育教学过程进行调研与视导的队伍,教师的教育教学往往是尽己之力的、彼此孤立的活动,教师的业务成长依靠个人自觉,而缺少机制的支持。而且,学校业务工作中的信息传达多是自上而下的。而自下而上的情况反映机制、工作建议的采集机制和教师经验的分享交流机制尚未建立起来。教育教学管理中的过度行政化确是一个很大的弊病。没有指导的管理是不健全的管理。

(五)校内教师竞争有余,合作不够,依赖外来教学指导

由于教师评价中横向评价过度,评价依据单一,导致教师互相保守,使得学校教研活动越来越涣散,效果也不甚理想。所以教师有教研愿望的,就只有走出去;学校希望得到指导,就只有请进来,以学校教研组为基础的内部学习和研究没有形成强有力的力量。

(六)学校教研活动流于形式,因深入不够而实效欠佳

学校教研活动是教师研究的重要组织形式。不少学校的校内教研活动就是例行的听课与评课。由于对学校教研活动的定位、功能与实施方式思考不够,活动的计划性、针对性较差;听课缺乏明确的研究目标;理论学习离课堂实际太远;以应付考试为中心;任务布置多,深入研讨少等问题也较为普遍。学校教研的行政性功能与业务性功能谁占上风,是影响教师教研有效性的重要因素。由于学校教研活动中经验主义的痕迹较重,低层次重复较多,质疑和讨论较少,"管"的色彩较重,教师公开自我、倾听与回应,以及问题化与问题解决的习惯与能力相对缺乏,从而使研究活动流于形式,水平提高不快,实效欠佳。

这些问题的存在,严重制约着学校教育教学活动的健康开展。教师的工作、学习和研究亟待新的变革,校本教研在这样的背景下应运而生,其实质就是要构建以研训结合为特征的、有效的学校业务工作体系,实现教师业务成长方式的转变。

二、重构教学业务工作的组织机制

面对现实,我们认为,校本教研的首要问题是理顺业务工作体制,重构教学业务工作组织,处理好业务工作与行政工作的关系。学校应将事务性工作与业务性工作合理剥离,根据工作特点与性质(事务性、过程性、建设性、发展性),采取不同的工作策略。

(一)教学业务工作的分类

1.事务性工作

对于学校来说,事务性工作必不可少,具体包括学生学籍学分的管理、教学组织与调度、教学服务、学生日常管理等常规工作。准确、高效、细致、及时地落实事务性工作,能支持具体教学活动的顺利实施确是一项重要任务。但一所进步的学校,绝不可仅仅满足于此。

2.过程性工作

过程性工作是指平行于教育教学活动的,关于改进教育教学过程的一类工作,它是保证教育教学实效的具体工作。譬如课程教学计划的执行、教学常规管理(包括备课、课堂、作业、实验、学习实践等)、德育与心理健康教育、学生学习指导、学习评价的分析和教学指挥等工作,以及教研组管理等。其目的是用务实的研究态度,把握科学规律,琢磨改进具体教育活动。

3.建设性工作

过程性工作紧紧围绕现实教育教学活动,而建设性工作意在为将来的教育教学改革作基础积累。学校是在学校文化、课程资源、教育教学经验逐渐积累中发展的。建设性工作的贡献就是这些着眼未来的积累,其主要载体包括教学改革课题的策划与实施,校本课程与教学资源建设和校园文化建设等。

4. 发展性工作

发展性工作与建设性工作较为接近,只是前者关注的是教师的发展,而后者重在基础成果的积累。如教师的业务管理(包括教师成长规划、教师档案、教师评价等)和教师业务进修(包括外出送培与校内培训,既有学习培训活动,又有研究交流活动)等都应属于发展性工作。这是学校可持续发展的关键。教师业务进修包括教学能力的研究培训和德育、心理健康教育、师生沟通等方面的学习提高,它与过程性工作中的教研组管理指导和班主任工作管理指导相互结合。

表 1.1　学校业务工作分类

工作性质	工作内容	工作职能
事务性工作	学籍学分管理、教学后勤服务 教师调度、考务安排等	组织职能
过程性工作	教学计划执行、教学常规管理、教研组管理、 学生学习指导、教学分析与指导等	调控职能
建设性工作	教学改革课题、课程资源建设等	研究职能
发展性工作	教师业务管理、校本师资培训等	培养职能

(二)教学业务工作组织机制的调整

调整学校教学业务工作的组织机制,并不是单一模式的推广,而是根据本校实际,从组织机制重构的原则来决策和实践。其原则主要有:

1. 减少事务牵制,突出业务性工作的"业务味"

学校的教务处的工作职能是教学过程的调控,以及研究指导等师资培养工作。要形成一支研究与指导的力量,加强教育教学过程管理,使教育教学的具体开展同时也是教师学习、探索和接受业务指导的过程。教务处的力量配备与能力结构非常重要,他们要承担学校教学过程的视导、教学评价与教学指挥、教师培养培训的策划与实施、课程教学资源的开发建设等工作。因而教务处长不能仅是擅长组织的人。

2. 从教师培养出发,整体筹划教师的学习、研究和业务管理

事实上,学校教学过程管理、教师研究、教师继续教育、教师评价与业务管理都是为教师研修"添砖加瓦"的,都可以从中挖掘促进师资素质提高的作用。所以,这些工作的策划与实施应该统一思想。这会使学校形成专门负责教师研修工作的职能部门。要通过有序的教师业务管理制度的建立,进一步突出教师职业的专业化,形成促进教师专业发展的工作机制与支持系统,从而把学校建设成为学习型组织。

3.将教师研究的视野从孤立的课题转向具体教育教学改革

很多学校的教育科研工作只是课题的管理,长期局限于此,便使教育科研脱离学校教育教学实际,趋向形式化。而教育教学的具体实践又需要研究方法论的介入,像综合实践活动的开展、学校课程的建设以及教育教学活动的改革等都需要有"从问题到建议"的研究思维。所以,"拆掉"教育科研的传统"篱笆",让研究更务实,让教师树立"研究性工作风格",鼓励教育教学改革的课题化,让研究真正促进教育教学的改革是现实的需要。

对于学校来说,只要能够正确处理事务性工作与业务性工作的关系,有利于教育教学的改进和教师研修,机构设置模式可以是多样化的。

三、重新定位学校教科研的价值取向

(一)学校教科研中的问题

由于研究动机和评价等问题,当前的学校教科研工作中的一些问题亟待关注。

1.将基层教师研究与专业学术研究相混同

推动群众性教育科研的目的是推广"研究性工作风格",是促进广大教师树立"在研究状态下工作"的习惯与思维。但是,教师研究与专业研究有着明显区别,教师研究要以改进实践为目的,专业研究会更多地关注"知识生产"。而在缺乏对本质精神的把握下,片面强调中小学教师人人做课题、人人有论文,导致教师研究范式的不当。有些学校视教育科研为"形象工程",单纯追求理论包装,轻易将内涵不足的一般经验夸张为某某模式。一些求新求异、贪大求全、跟风追潮、穿凿附会的研究①起着不当的示范，使教师研究中的脱离实际、务虚空谈、甚至剪贴抄袭之风滋生蔓延。

2. 教师研究过于追求技术理性，脱离教育教学实际

教师研究的核心在于增强教师的反思能力、改善教师的教学观念和教学行为。但目前教师研究却在他们并不擅长的理论构建上着墨过多。有些教师简单地移植教育理论的概念术语，去构建所谓理论或体系，却把教师对教育情境的整体感知、对教育问题的真切理解、对教育冲突的机智处理等精华湮灭其中。教师研究的理性化、技术化可能不是教师研究的价值所在。促进教师理解课程和反思教学的研究取向，才是教师获得教育理念，把握教育规律，领悟教育真谛，改进教育活动的正确选择。

3. 教师研究方式模仿跟风

教师研究应根据个人工作特点和研究对象而各不相同。新教师与成熟教师的关注与研究方式应该有所不同，关注课堂教学与关注学生心理健康的研究范式应该有所区别。普通的教学讨论、工作琢磨、课例分析、叙事案例、反思笔记、课题研究等其实都是教师研究的合理形式。但目前教师研究往往是跟着政策与评价走，评优考核要课题，于是许多尚不具备条件的研究课题匆匆上马；职评考核要论文，于是许多没有实际意义的论文草草下线。

(二)价值取向的调整

"校本教研"实际上是学校教科研在新的教育改革形势下的深化与发展，是对学校教科研价值取向的重新定位。

1. 教学研究目的的变化

校本教研是一种以行动研究为主，教学、研究、进修一体化的学校教研新模式。校本教研的问题来源和问题建构针对学校范围内的教育教学现实问题，通过学校有目的、有计划、有组织的教育教学行为的调整和改变，来实现和达成问题的逐步解决，研究的价值和意义完全着眼

① 郑金洲:《教师如何做研究》,华东师范大学出版社 2005 年版,第 1—4 页。

于学校自身,看是否实现了学校德育、教学、管理等方面的改革目标,是否提高了教师群体的专业素养。

2. 教学研究方法和组织模式的变化

研究方法从实验论证为主转到以教学反思为主;从强调"验证性"探索到更强调"自我经验"的主动反思、积极生成和创造性的表达;从追求教育研究的"科学范式"转变为更多地提倡教育研究的"人文范式";从执著于教育研究的"宏大叙述"转变为更看重教育研究的"日常叙事"。与此同时学校教研活动组织模式也发生很大的变化,基本模式分为三个层面:第一层面,有行动跟进的教学反思,着重解决如何促进教师个人专业发展问题,如行动研究、教育叙事、案例分析等;第二层面,有深度研讨的同事交流,着重解决如何提高教师群体素养的问题,如教学沙龙、集体备课、教学论坛等;第三层面,有学校个性的校际联动,着重解决学校之间教研资源共享的问题,如城乡联动、送教下乡、联片教研等。

3. 教学研究参与对象的变化

过去学校教研往往是少数骨干教师的事情,其他教师极少参与,甚至完全不知情。校本教研强调全体教师的参与,强调教师之间的交往、合作和共享。从教育过程的人文性和教学研究多元化出发,重新确立一线教师的"田野研究"和"现场研究"的价值,鼓励所有教师带着淡淡的激情叙述自己的教育故事。

4. 教学研究终极目标的变化

校本教研的终极目的不在于形成多少种理论,构建多少个模式,也不在于让学校出名,让校长脸上有"光",而是让学校成为一个人人参与的学习型组织,在学校中形成一种平等、合作、对话的教研文化,让读书感悟、研究反思、合作共享成为教师的职业习惯和生存方式,从而提高教师的专业特质和职业尊严。

总之,校本教研是一种活动、一种方法、一种制度,更是一种意识、一种文化。

专题 3 校本教研的主要范式

在实践中,校本教研活动的形式丰富多样,我们从活动的目的与特征等角度,将此整理为以下五类。

一、以改进教学管理为目的的校本教研

没有指导的管理肯定不是完整意义的管理,对于学校教育教学来说,以落实教学常规为任务的教学过程管理是一项基础性的工作。它一方面指导和督促教师落实教学常规的要求,另一方面通过教学过程管理促进教师研究和改进教学过程。

从现实的情况看,加强教学过程管理,研究与落实教学常规具有十分重要的现实意义。一方面,很多学校的教学管理工作中行政化倾向比较严重,管理行为以命令、要求、检查和评价为主,缺少研究与指导,基层教师与管理者的距离被拉大,管理行为对于教师专业发展的支持明显不足,这种以事务性的工作风格来完成业务性工作的管理,导致教学过程的不同程度的"走形"。另一方面,由于在教师研究的评价中"一锅煮",教师教学研究、教学管理研究、学校发展研究以及专业学术研究等相互之间本没有明确的可比性,但混同进行相对评价势必会导致模仿专业研究的教师课题越来越多,这样的研究取向追求务虚的"话语"创新,与提高教学过程的效益相去更远。加强教学过程管理也是导向教师将改进教学过程作为最重要的研究对象。像备课管理、课堂教学检查与指导、作业管理、实验与实践活动管理、考试与评价管理等,都是十分具体且极具"业务味"的工作,切不可简单地以刚性的制度代替研究,切不可以纯粹意义的评价代替指导。

二、以提高教学能力为目的的校本教研

课堂教学一直来都是教学研究的重点。我们过去所开展的听课评课、观课议课就是课例研究的雏形。它所着眼的是教师教学能力的提

高,并进而改进教师的课堂实践。

近些年来,关于课堂教学的研究技术有了飞速的发展。很多基于教学心理学的研究成果、基于教师知识结构与实践性知识发展规律的教学行为改进技术,以及基于信息技术促使课堂教学细节研究的教学技术手段的引入等,使得课堂教学分析这种教研形式变得越来越丰富。从最常态的一般的课例研讨,到现在的诸多变式。有些课例研究从"连续""滚动"开展上衍生,像上海市教科院研究推广的"三阶段两反思"的行动研究模式以及朴素的"二度教研"等,都在强调教师课例研究中的行为改进;有些课例研究以对比为手段,开展多角度的多样化的"同课异构"研究,在比较中分析教学设计与教学现场的得失和归因;有些课例研究从课堂教学过程的呈现方式上变化,通过诸如现场观摩、视频转播、片断组合、说课演课等多种方式,采用微格技术,或时间单元分析,或动作单元分析等,促使课堂探研深入细节;有些课例研究从不同课型或研讨主题上体现特点;也有些课例研究恰当地引入信息工具,开展实时评课,更好地利用教学现场中教师的临场智慧。

三、以解决教学问题为目的的校本教研

对于教师来说,课例是学科教学活动的基本单位。教师早期的学习与思考往往围绕着课堂教学活动的有效组织进行,但在一个阶段的课例研讨后,教师的研讨视角会有一定的提升。大家不再局限于某一具体课堂来展开讨论,而会把研究的着眼点集中到某一主题,或有针对性地解决某一教学困难上来。这时,教研活动的形态又有了新的线索,那就是教学实践的反思与改进。所以,以教育教学实践为素材,以叙事研究为主要方法的案例反思成为教师教研的重要方式。

不过,随着教师研究能力的提高,不少教师渐渐不再满足于对具体困难和问题的即时思考和求解。他们开始用科学研究的方法,采用系统的、有组织和计划的研究策略,来寻求教学实践中的困难的求解。这时,教研活动便呈现为课题式的教育行动研究。

课题式研究是指教师围绕某一专题的阶段研究,并包括多种形式的组合和群体的协作。它往往反映为一场教育教学改革活动,是教师

研究活动系统化后的较高水平。不过,我们也要防止课题研究的过度泛化,对于普通教师来说,并不具备严格意义的课题的研究条件。而当我们对某一专题有相对成熟的研究思路后,可以采取有计划的研究行动。否则的话,便只是课题研究的前期探索。

我们认为,教师的反思精神与反思能力是教师职业素质的重要部分,善于发现困难与问题,善于找到解决问题的切入口,善于发现自己的不足,善于通过尝试解决问题等都是教师职业行为的重要方面。

四、以实现资源共享为目的的校本教研

学校教学研究的成果应该表现为今后教育教学改进的资源。所以,以提高教学效率,促进信息共享为目的的资源建设应该纳入教育教学研究的范畴。这一方面是对提高教学资源建设质量的呼吁,希望教学资源建设能够更多地按照研究的路径来进行,而克服以往教学资源建设中过于依赖经验等局限;另一方面,这也是对教育教学研究目标和内容的一种导向,教师研究活动的开展应该能为自己和同行提供更多促进教育教学活动改进的资源或素材,与教师的教学实践相结合。

所以,学校要将教学设计研讨、学校课程建设、综合实践活动、作业编写、试卷命制等活动统筹起来,借助网络与信息技术,建立研究与共享的工作机制,坚持"合作性"的原则,以此促进教师学习团队的形成。

学校应降低任教班级学生学业成绩对教师评价的影响权重,加大对教师参与合作性教研活动的评价和导向,甚至将教师在集体教研中的贡献半定量地应用到教师评价中,以改变当前教师间"竞争有余,合作不够"的不良风气。

五、以促进观点交流为目的的校本教研

教师的学习成长,在很大程度上依靠教师相互之间的群体合作和交流。如果说资源建设中是教师合作完成的静态成果,那么在教学论坛和研讨沙龙中,教师的合作是一个动态生成的过程。通过沙龙、论坛和博客等工具,教师进一步加强了观点与经验的交流,在交流和互动中促进了研究的深入与更有意义的生成。

　　教学沙龙的主题可以很集中,也可以相对松散。譬如关于小学中高年级语文作业有效性的反思,教师们把平时布置的作业拿出来进行实例点评,哪些作业的目的性是明确的? 哪些作业能促使学生巩固知识和学以致用? 哪些作业是低水平的重复? 哪些作业超出了课程标准的要求? 有效作业与低效作业的区别体现在哪里? 作业设计的要求是什么? 实际上,反思与解决教学实际中的共性问题是教师们最需要的。

　　与沙龙的自由性与互动性相比,论坛和博客主要是利用网络技术来支撑"另类的沙龙"。由于网络交流的隐身性,以及对交流时空限制的突破,论坛与博客在交流的自由性和互动性上并不逊色,但过度的自由可能散乱,没有相互制约的互动可能漫无目的。这些网络教研手段的利用值得重视,又亟待研究。

　　教学常规管理、课例研究、教育行动研究分别表示校本教研实践形态的三个层次。教学常规管理关注教学活动的规范,它要求教师"心中有规则",它要促使教师理解并创造性地落实教学常规;以课例研究为主要形式的教研活动关注教学活动的改进,它以提高教师的教学能力为目的,要让教师"手上有技术";从针对教育教学实践的反思,到有计划地实施教育行动研究,反映了教师解决教育教学问题的系统化策略,其目标是促进教师"脑中有智慧",以提高教师的教育专业素养。这三类校本教研实践的切入点虽有差异,但其共同目标是改进教育教学。

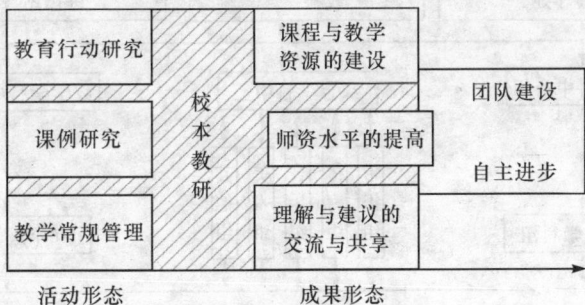

图 1.1　校本教研的实践形态

　　从校本教研实践的生成看,主要表现在三方面:一是教育理解的进步和改进教育教学的建议,它在研讨、交流中生成和共享;二是课程教学资源的积累与建设,它是这些理解与建议的物化形式与实践反映;三是师资的培养进步,这是校本教研对教育发展影响最为深远的方面。

上述思考也是构架本书后面各章的基本思路。

案例 1.1　学校教研制度的构建与创新

构建"以校为本的教研制度",实质上是对学校教研管理的继承与创新。我们试图通过学校教研制度的重构,努力使学校教研做到内容实在、联系实际、讲究实用、追求实效,促进教师的专业发展。

(一)构建直通互动的校本教研网络管理制度

为加强对校本教研的组织领导,我校由校长室牵头,整合学校教导处、教科室、进修站等,并借助校外专家的力量成立"学校教学研究发展中心"。校长任"研发中心"主任。"中心"通过各中层机构直接管理语文、数学、综合三大学科中心组和各专题研究小组。同时,各分支机构为"中心"提供决策资源、实践支撑,各课题研究小组开展课题(专题)研究并在研究中接受教科室管理和教导处与教研组的指导,从而形成了严密互动的教学管理网络。

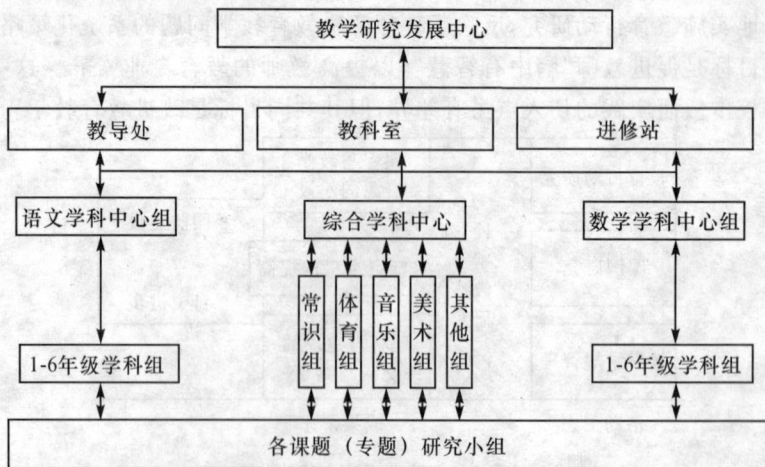

图 1.2　校本教研的网络管理

管理运作的核心是互动式教研的规划、过程管理与成果推广应用。

1. 在互动传输中形成教研的规划。

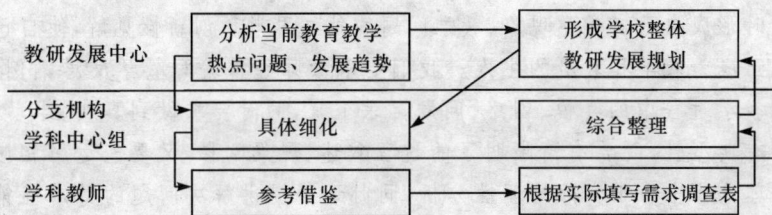

图 1.3　校本教研规划形成流程

2. 在互动传输中加强教研的过程管理。在研究过程中，坚持研讨、检查制度。分支机构、学科中心组将已开展的研究工作情况、已取得的阶段成果、目前存在的困难和下阶段的设想与计划作认真地汇报；核心机构有重点地组织研讨、评估，进行指导，组织成果推广，把管理的督促与业务的指导较好地联合起来，帮助教师明确方向，总结经验教训，修缮教研行为。

同时，"研发中心"还分层次实施了"四大工程"。即以建设名师队伍为目标的"名师培养工程"，旨在培养青年骨干教师的"青年教师成长联盟"，促使新教师尽快适应岗位并快速成长的"新苗奖"工程和以促进广大教师互帮互学、共同发展为导向的教师"传帮带"工程。

（二）构建全程渗透的校本教研反思机制

1. 培养全程渗透的自我反思的习惯。这里所指的"反思"不是一般意义上的"回顾"，而是反省、思考、探索和解决教学过程中各个方面和环节存在的问题，具有研究的性质。我们可以说，反思是校本教研中最基本的力量和最普遍的形式，同时也是"教师专业发展和自我成长的核心因素。"

许多教师还习惯于任务式的教学，疏于思考，在某种程度上把复杂的劳动简单化，周而复始，使鲜活的教学过程程式化，缺乏动态生成。因此，我们要求教师将反思贯穿教学的整个过程中，就课堂教学而言，既有教学设计过程的反思，又有教学过程中的反思，还有教学后的反思。反思的主要内容为：教学设计是否切合实际，行之有效；教学行为是否符合新的教学理念；教学方法是否能解决现实问题；教学效果是否达到预期目标等。反思的目的在于不断更新教学观念，改善教学行为，同时形成自己对教学现象、教学问题的独立思考和创新性见解，使自己真正成为教学和教研的主人。我们要求教师经常编写教学反思案例，把教学过程中的喜悦、困惑、问题记录下来，同时要求做到真实、生动、具有典型性，既要有清晰明了的过程叙述、现象阐释，又要能运用相应的理论作出合乎实际的理性分析，同时还要提供解决问题的针对性策略。这样做促使教师对教学行为作系统的反思，从得失利弊中逐渐醒悟，从而萌生改革的欲望，进而吸收先进的教学理念，在自己的头脑中重建新的教育价值观，并在自己的教学实践中有意识地、持久地贯彻。当这种反思成为教师的一种自我意识时，便会促使教师在专业上日益走向成熟。

2. 构建以校为本的反思性教学研究机制。教师进行教学研究，提升反思力，需要有课例的专业引领，需要行为跟进的全过程反思。所以反思性教学研究模式的构建始终坚持以校为本、反思为本、行动为本，整个过程分为三个阶段：关注个人已有经验的教学行为的第一阶段；关注新理念之下课例新设计的第二阶段；关注学生获得的新行为调整的第三阶段。其中阶段间是两次有专业引领的合作反思：反思已有行为与先进理念、先进经验的差距，完成更新理念的飞跃；反思理想的教学设计与学生实际获得的差距，完成理念向行为的转移。

此外，学校还构建和完善了教师的"教历研究"、"微型研究"、"合作备课"、"教学研讨"制度以及每学期向全体教师征集教学反思案例并进行评选的制度等。在促使教师个体反思的同时，创设年级学科组、学科教研大组为单位的集体反思研讨机制，以促进教师逐步养成日常教学反思的专业习惯。

(三)构建合作探究的校本教研操作制度

校本教研活动需要具体的、可操作的环境系统(即研究平台)提供支持，教师才能熟习它，并内化为日常教育教学的自觉行为，在主动的研究行动中提升专业水平。

1. 让教研与科研成为一体。传统意义上的教研因为注重实践经验的积累、教法的完善、理论的应用，比较微观、具体，具有时效性、便利性,但局限性大,经验成分多,理性反思少。我们将教研与科研融为一体,针对教学中存在的问题,形成研究内容;以科研的理论、思想、方法指导教研活动,使研究思想内化在教学实践中,提升教研层次。

我们利用行动研究将教研与科研融为一体,基于行动研究开展教研,要求教师针对自己在学科教学中所出现的问题,找出问题的原因,制定解决问题的具体计划和方案,并展开行动,然后再对结果进行评估。

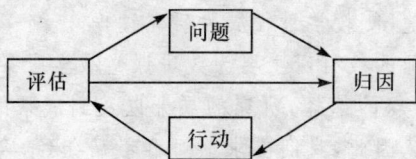

图1.4　教师教育行动研究一般流程

2.让教师和专家成为亲密伙伴。教师的优势在于具有较为丰富的课堂教学实践性知识,但这容易局限于自身已有的经验。再加上当前我们教师的理论水平、研究能力以及运用理论语言方面的欠缺,教师独立地对教学活动进行反思与改革的能力还不强,教研时需要得到专家这些"局外人"的指导。为了更深入、更有实效地接受指导,我们努力营建轻松、亲密的指导氛围,让专家经常性地走进校园,与教师近距离接触,共同探究。

我们根据本校实际充分发掘和利用专家指导资源,为广大教师提供了更多的锻炼、交流、展示的平台。专家们经常性地指导教师的理论学习和教学研究。同时我们也发挥本校骨干教师的作用,加强教师的业务培训,全校教师人人参与,个个受益。

3.让教师同教师成为研究共同体。教学研究需要教师彼此信任,互相视为伙伴,无拘无束发表意见,把深藏于心的看法自由表达出来,这样的研究才有可能做得真实、翔实、扎实。因此我们想方设法促使教师视同事为合作共同体,共享信息,促进沟通,将这种需要彼此信任的团队合作行为方式渗透到日常的教学研究中。如构建并实施多种样式的以年级学科组、学科教研大组为单位的集体反思研讨模式,如主题式沙龙研讨、"反思性合作型研究"(个人典型案例反思+其他成员参与式评点)等,发挥团队的力量对研究难题进行集体会诊,加速问题的解决过程,将在过程中积累的经验、形成的成果在最大范围内推广,成果共享,以达到整体提高的效应。同时,我们以"组长示范、组内合作、制度健全、成效显著"为主要指标,每学期考评教研组、年级组,以促成教师与教师更好的成为研究的共同体。

4. 让教师的日常教育教学过程成为研究的过程。新课程改革要求赋予教师教授者和研究者的双重身份,这就需要我们积极引导教师把课堂作为研究基地,使教学过程成为研究过程。

学校一线教师的教科研主要为改进课堂教学服务。教师开展教科研活动,从研究专题的选择,研究的展开以及到成果的推广应用,都应立足于课堂教学。因此,我们要求教师和教研组(含年级学科组)教研的选题坚持从课堂教学着眼,教研的活动坚持从课堂教学着手。教研成果的应用推广坚持从课堂教学着力。

(四)构建切实可行的校本教研保障制度

1. 健全教研管理措施和制度。制订一整套教研制度和管理措施,如"单双周定期研讨制度"、"电子化合作备课制度"、"教师外出学习汇报交流制度"等。校教研管理(研发中心)成员采用定期与不定期结合的形式经常到全校各教研组、年级组了解情况,指导工作,定期组织经验交流会推广先进经验。

2. 营造学习氛围。我们积极引入和改进教育行动研究机制,努力集教学、科研、师训为一体,逐步让"为行动而研究"、"在行动中研究"、"在研究中行动"以及"教师就是研究者"、"研究的起点来自于教师自身工作中的问题"等行动研究的理念,深入广大教师的心灵,真正使教师的日常教学成为研究的过程和师训的平台,让全体教师自觉学习教育理论,自觉切磋教学技艺,从而有效促进教科研工作的开展和教师的专业成长。

同时,学校倡导教研组电子化合作备课,鼓励教师运用多媒体进行上课和研究。我们以制度的形式规定:每周的周务会议前,以抽签的形式确定两位教师用演示文稿展示自己最近摘录的教育教学文摘;每一学期,每位教师均要上传"六个一"的电子文稿(如一篇较好的教学案例及反思、一篇教学论文、一份期中或期末质量测评卷等)到学校网站的FTP,构建并不断丰实了学校的网上教学资源库。

3.建立多层面的激励机制。第一层面的激励是将教师参与教科研活动及取得的绩效,与学校对教研组、年级组考核和教师个人的年度考核、职称评定、推评先进和职务聘任等直接挂钩。第二层面的激励是促成建立校内外相连通的奖励机制。如将教科研成绩与学校教师的期终奖金挂钩。又如取得当地政府大洋街道办事处的支持,将教科研成绩和教学效果列为《大洋街道中小学教师奖励条例》的奖励项目。第三层面是争取社会各界支持,在学校设立了香港老板詹耀良先生投资的"詹氏奖励基金",使科研成果奖成为其中的主要奖项。

4.完善信息服务。学校安排资金建立以教科室为联结点的、与教研相关的信息服务网,提供以流通为主要形式的文献服务和情报服务。为充分发挥校教科室的作用,我们聘请校内的教科研骨干为教科室的兼职科研员,不断充实教科室的力量。教科室在开展经常性指导的同时,设立"教科研咨询服务日"。学校还建立教科研方面的有关领导、兼职科研员联系年级组和课题组的制度,切实加强信息服务与技术指导。

（临海市大洋小学　郑云飞　陈临洲　程誉技）

案例1.2　基于课例研究的教研文化

我们学校推行基于课例研究的校本教研。其实质就是回到教学现场,进行课堂教学的行动研究。课例可以是一节课,也可以是几节课,也可以是一个片断,几个同质或异质的教学细节。其基本研究程序包括:发现问题——确立主题——理论学习——课堂研讨——行为改进——发现新问题,开始新研究。具体而言,主要是两个阶段的五个环节:

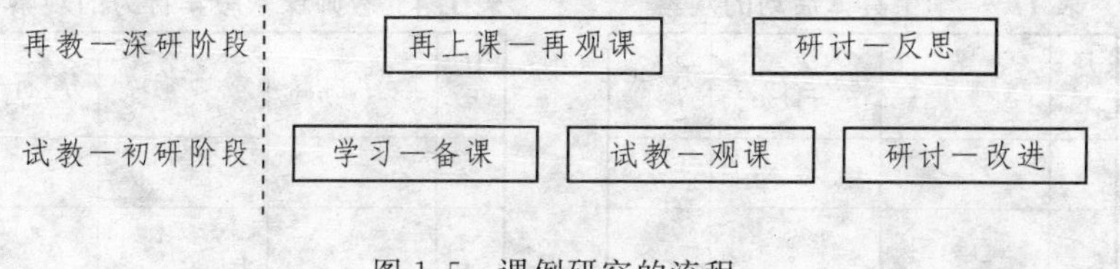

再教—深研阶段	再上课—再观课		研讨—反思
试教—初研阶段	学习—备课	试教—观课	研讨—改进

图1.5　课例研究的流程

（一）主要特色

1.课例研究主题的系列性与操作化

教研主题化、主题系列化是我校校本教研的基本做法。各教研组一个学期围绕一个主题，进行多层面、多角度的研讨。如英语组2004学年第一学期围绕教师课堂评价的类型和策略，针对七、八、九年级学生，选取各类教师进行多角度的探讨；语文组，从"语文课堂教师指令的有效性研究"，到"大班额条件下小组合作学习的教师策略研究"、"文本多元理解与教师指导策略"形成研究系列。

课例类型也得以拓展，有一人同课异构、一个异课同构、多人同课同构、多人异课同构、多人异课异构等多种类型。这些探索，拓展了教研资源，为教师反思与研讨搭设更多的实践平台。

2.课例研究视角的统一性与多样化

为规范课堂观察，我们确定了基本统一的课堂观察视角，即"两个维度三个要素"（表1.2）。并据此制订了基本统一的课堂观察表格（表1.3和表1.4）。对于具体的观察视点，教研组须根据不同主题，并依据相关理论研究确定，并进行记录。

表1.2　课堂观察视角

	目标	互动	状态
教师	设立的合理性 达成的策略性	教师行为如何引发互动，引发了何种互动，以及互动的程度如何，这种互动是否基于学生实际、目标达成、课型与知识特点等	以何种策略促进学生良好的课堂状态的形成与维持
学生	达成度 达成效率		情绪是否饱满，参与是否积极，思维是否活跃等

表1.3　学生具体活动的观察

序号	教师指令	学生行为	分析

表1.4　教师课堂教学行为的观察

序号	教学内容	教师策略	分析

3.课例研究策划主体的多方参与性

校本教研的主持者要组织协调教研组成员,确定主题、选择课题、界定主题、提供理论文章和确定观察视点等等,任务繁重,且有一定的技术要求。我校最初都由教研组长来担当主持,但上学期我们尝试了轮流主持制后,效果非常好。我们请备课组长和一些优秀教师轮流担任主持人,在主持中促使尽可能多的教师真切地参与其中来。

基于课例的校本教研搭设了一个教研组集体研讨的平台,而问题的深入探究还有待于教师个体在后续教研中进一步思考和行动。教师们可以继续研究,撰写文章,提炼观点,传播经验;教师们也可以通过随笔、案例等形式记录思考与启示;也有的教师将研讨主题转达化为教师个体课题,成为今后一个阶段研究探索的中心。

(二)主要收获与思考

在课例研究中,我校的教研文化渐渐形成。

1.教师们的问题研究意识和基于问题研究的人际互动加强了。

教师们从课程改革之初,关注课改理念、做法的移植和形式的翻新,渐渐被引导到对工作对象的研讨,大家更加关注的是推进中的适应性与行动策略,关注的是一些问题的克服。

教师评课的不痛不痒的现象正在消失。以前评课对准的是开课的人,评课变成了评人。目前所倡导的是基于课例的问题研讨。针对发现的问题找课,教研组针对主题备课,针对需要解决的问题观课和研讨,以探索问题解决的策略。校本教研对准的是问题,围绕问题说事、寻策,已经表现出问题研究的科学态度和研究氛围。

2.学生学习状态和个体差异受到关注

由于"两个维度三个要素"的课堂观察要求以及分组观察的制度性安排,一名教师观察4～6位学生,使所有学生被收入开课者和观课者的视野,教师关注他们在课堂中的目标达成和生活质量,"以学论教",课堂中心由教师转向学生,学生主体地位和差异得到了真正的关注,以前观课时"许多差生被忽视"的现象正得到扭转。

3.反思走进教师生活

由于制度化的安排,反思贯穿于课前、课中、课后,贯穿于问题研究的始终。教学反思以教后感、随笔、研讨等形式表现出来，并不断地被其所推动，反思已经成为教师职业生活中的重要习惯。

4.学习成为教师的需要

观课与研讨需要理论学习，而一些学习者和优秀教师在教研中的实践示范和才华展现激发了大家学习的热情。由于理论学习与教研实践的有效衔接，使得理论学习得到现实的回报，学习成为教师生活的一部分。

在校本教研逐渐融入教师职业生活的同时，我们对校本教研的成果形式有所思考。有些同志强调将研究成果写成案例、随笔、论文去发表或参评。但我们认为教研活动更重在实践的改进、认识的提高、文化的营建。我们看重教研组全体教师的热情参与，关注在课例研讨中，执教者在大家的帮助下推陈出新和行为改善；全体教师在学习、观课和研讨中反思与创新，并激发起进一步学习和发展的内在需求。通过细化的观察，教师将全体学生收入了视野，学生发展得到真正重视。尽管在研讨过程中，教师对现象的描述和解释基于各自的经验与理解，不一定准确，但它并不影响校本教研的继续开展。

（苍南县灵溪一中　方荣向）

案例1.3　直面课堂的整合型校本教研活动的制度

"校本教研从逻辑起点到实现目标均体现以校为本的鲜明特色，问题的产生源自鲜活的课堂教学实践，问题的探析融于课堂教学的实施过程，问题的化解也归宿于课堂教学目标的达成和提升。校本教研只有完全落实于课堂，使课堂成为天然的实验室，才能获得应用性科学所具有的实践品格和学术生命力，从而焕发出蓬勃的生机。"所以在课堂实践历练中，提高教学质量，提升教师素质，促进教师专业成长，从而实现教师的职业理想，是校本教研工作出发点和归宿。同时教师专业成长的背后，实际上就是提高课堂教学效率和教学质量的问题。课堂就是校本教研的丰厚土壤，只有课堂教学优化了，提高了，校本教研才有生命力和说服力。所以"直面课堂"是实现校本教研目标和动力的基本途径。

我们认为,推进校本教研应该有简练和整合意识,不要让校本教研成为教师的新的负担,而要让幸福感和积极性充盈其中,促使教师可持续地发展。所以,我们试图将这些校本教研的核心要素整合起来,以提高校本教研的实效。于是,我们提出了"整合型"校本教研的设想。

(一)校本教研应致力解决的问题

1.个人成长与团队素质的协调——差异发展

如何秉承学校深厚的文化底蕴,实现学校内涵的增值,促进学校可持续发展,是学校办学过程中一个值得关注的问题。随着学校办学规模的不断扩大,大量的青年教师充实进来(两年来,学校新分配和新调入的教师达 50 多人)。作为一所百年老校,要使学校持续发展,必须要抓好青年教师队伍建设。同时学校也有相当一部分教师进入职业倦怠期,尤其是老教师,对于校本教研活动的积极性不高,要实现各个年龄层次的教师差异发展和学校师资队伍的整体提高,是必须要解决的问题。

2.教学研究与教育科研的整合——教科结合

课题研究的最终目的,是将其转化为教学生产力,为教育教学实践服务,所以从实践中来到实践中去是教育科研的行走路线。我们要在教育教学实际中挖掘课题研究的内容,把教师在教育教学实践中遇到的问题、困惑和成功的经验转化为课题进行研究,再把课题研究通过课堂实践加于验证,将教学与科研紧紧的捆绑在一起,以教促研,以研帮教。我校的体验式学习是学校教育教学改革的一道靓丽的风景,如何将体验式学习扎根在课堂,从课题研究着手,构建课堂主题,做到教科结合,这是第二个问题。

3.制度建设与教师评价的保证——提高实效

建立健全的校本教研制度,是有效实施校本校教研活动的保障,既然我们有了这样一种新的教研模式,必须健全保障机制。所以科学规划,提高实效是要解决的第四个问题。

(二)教研活动的基本制度与实施

1.教研活动基本制度

为提高教师的教学能力,我们建立了关于课堂教学实践研究的基本制度。包括以下形式:

组内一堂课：所谓组内一堂课即以教研组为单位，通过定共同备课、定教案、不断试教、不断反思、不断修改等一系列过程，推出一堂高水平的课参加全校比赛，课后再集体反思，写出教学案例，最后学校结合课堂教学和案例分析进行评比，以此促进课堂教学质量的提高。

同上一堂课：即以教研组为单位，指定同一内容教材，人人参与，教导处进行全校统一安排，活动目标淡化教师观摩活动中的成功与失败之处，将教师的关注点集中在对教育行为的分析、研究上，引导教师分析不同的教育行为对学生产生的不同的影响，挖掘其中的教育价值。可以说不同的教师上出了不同的风格，通过研讨，引发教师各种观念的碰撞，百家争鸣，以此促进专业水平的提高。

共磨一堂课：我们通过分大教研组（语文低段、语文高段、数学组、综合组）三度集体听课、三度人人"对话"、总结评价等过程，时间、地点、要求全部先统筹安排布置好，在我们的磨课过程中每个参与者陈述自己的理解，还从理论视角或从实践层面表明自己的思考依据。

每周一节课：每周一节课主要是以教研组为单位，我们分成12个教研组，将教研活动的时间拉长，使教研过程更丰富和扎实，每个教研组根据自己的教研主题，几度备课，几度试教，几度交流讨论，最后由教导处每周安排一次全校性的观摩活动。这不仅体现一个教师的水平和教研组所推出的课的质量以及整体教研水平，实际上教研活动的实质是组与组之间的暗暗较劲，在良性的竞争中创造浓厚的教研氛围。

2. 操作思路

(1) 以科研课题引领教研主题。我校现有市级以上立项课题24个，校级课题23个，如果都作为教研主题，是不现实的。所以我们对各课题进行分类，挑选一些共性的，同时凸现当前教育教学和课程改革中的热点难点的问题，结合学科实际，进行选择、梳理与整合，以此作为学校教研的主题。"体验式学习"是学校的主导课题，也是校本教研的重点切入点。我们确定了"以网络资源为依托的阅读体验学习的开展"、"以过程探究为主线的科学体验式课堂构建"等课题，让课题研究真正扎根在课堂。真正实现"让科研引领教学，让教学提升科研"。

(2) 从教研的角度制定研究方案。具体涉及：制订规划、明确目标、

校本教研实践模式研究

制订职责、具体实施、过程管理、活动评价等。

（3）具体实施。通过召开课题组长会议，对教研活动流程提出要求；分课题组明确教研主题，确定理论学习内容，组织集体备课，个人备课和互动磨课；再将研究课向全校开放，组织更大范围的研讨；安排名师针对研讨主题进行专题讲座；组织课题组的教学反思与教研组活动的总结评价。

（三）体现整合思想的活动创新

"青年教师创新点大赛"。在整个教研过程中，鼓励青年教师在课堂教学中要有自己的个性，我们设立了"管理新理念奖"、"教育模式新探索奖"、"教育技术新水平奖""课外指导新水平奖"等奖项，结合教师自身的实际情况，有选择地进行申报。

"我最满意的教学设计"。这一活动主要是关注全体教师的个人创造性，让教师在教学中找寻自己的优势，发挥出自己的特长。比赛的内容都来自于教师课堂的历练，和对课堂切身的体验和感悟，从而切切实实促进教师的自主发展。

"青年教师创作周"。在教研活动的中途和结束阶段，我们安排了两次"青年教师创作周"活动，要求教师在一周时间内针对活动中的感悟撰写一篇教学论文、案例或随笔。这样就解决了教师论文每学期在数量上的要求。同时，这种集中时间创作的方式让人不必担心质量。实践证明，我们上学期的创作周可谓硕果累累。选送了25篇论文和案例送嘉兴评比。同时我们每个教学助理作好创作周的情况统计和反馈工作，督促教师投稿，并作详细的记载，到现在创作周所撰写的论文，已经有20余篇论文发表。使论文写作在广度、数量、质量上有了一个飞跃。

"名师工作室"。教师资源的共享和引领是校本教研的一个重要方面，在整个教研活动过程中，我们在每个教研组安排了一位名师，每次活动必须作中心发言，要有书面的发言稿，在最后的教研组展示中面向学校做主题讲座。这种全方位、浸入式的引领方式，体现了学校教师资源的盘活，实现了一位名师的价值，同时也在引领的过程中提升自我，从而实现双赢。在具体的引领工程中，我们主要实施了"学校领导报告会"，"学科带头人示范课"，"学科带头人亮观点""骨干教师教学经验谈"等活动。

"青年教师教海沙龙"。沙龙作为教研活动的一种有效方式，我们主要把他结合在磨课的过程中，磨课的过程就是一次沙龙。以往我们进行沙龙时，范围比较大，论题比较单一，受学科限制等诸多因素的制约，效果并不好，现在将其放在教研组，摆脱了学科限制，针对性更强，发言时间更充裕。

"网络教研"。网络教研已经被大家接受和认可。一校两区为学校的校本教研带来了全新的课题，构建网络学习平台，依托我们学校主页和教师博客，扩大交流的范围，为教师搭建教师自主学习，理性思考，交流共享的平台。只要打开我们的网站，一定会感受到浓浓的教研氛围。在每次教研活动之后，我们都会看到每个教研组的活动动态，教师的教学设计，教师的理性思考和活动感悟。

"学习型团队的构建"。我们主要是通过网络学习，主题学习，文章推荐，编辑电子杂志，教师进阅览室制度等方式营造学习氛围。在学习中，有名师成长的熏染，有课堂实艺术带给我们的震撼，有专家讲座的高屋建瓴，有遨游书海的快乐……总之要让学习成为教师的自觉行动，成为教学生活中不可或缺的部分。

"提供锻炼机会，聆听窗外声音"。利用学校承办活动多的优势，尽可能为教师提供学习机会，同时有计划、有目的地组织教师外出学习和听课，做到博采众长，为我所用。同时为教师提供锻炼的机会，三年中，全校教师共开市级以上共开课、示范课、研究课等218节，就是在这种实战式的课堂历练中，成就了教师的发展。

(四)注意事项

1.注重教研细节。由于教研活动是以教研组为单位，每个教研组活动开展得是否扎实，直接影响到教研活动的质量，作为教导处和教科室，除了在活动的大方向上要有全面的把握外，还必须关注教研活动的细节。一是每个教研组的活动必须有计划、有过程、有总结，要有反映整个教研过程的文字、音像、记录等材料，并通过学校网络及时上传。二是我们提倡松散型与集中型活动的结合，集中型活动必须做到"三定",即定时间、定地点、定内容。而松散型的教研活动的组织可以是不拘时间、地点、人数的限制,让教研活动在学校各个空间和时间弥散,这样可以更加浓郁学校的教研氛围。

2.加强考核评价。一方面我们可以通过评价环节总结反思,寻找存在的问题,更主要的是要持续教师的一种热情,一种对活动开展的认同感和幸福感。我们的考核原则是"细节考核,个体发展,群体创优"。细节考核主要体现在考核的量化上,我们每一项考核都有量化指标;在教师个人的考核中,要注重不同层次教师个性发展;另外要鼓励群体创优,开展"优秀教研组","优秀课题组"的评选等。

3.强调制度保证。规范管理,制度创新是校本教研取得实效的关键。要建立健全的制度,切实保障校本教研活动的良性运行;让教师明确自身努力的方向,让校本教研富有生命活力;加强过程管理,切实提高校本教研活动的效率。

4.注重常态管理。我们不仅要重视校本教研的过程管理,更重要的是要强调教育教学的常态管理。如实行教学常规调研制度,推门听课制度,课题组调研制度等,定期和不定期地进行各种调研和反馈。并通过校园网进行公布,初步在教师中树立效率意识、质量意识。

(桐乡市第一实验小学　金剑辉　周耀东)

改进教学常规管理

　　人们往往容易将教师参加培训学习、开展教学研讨、实施课题研究视为教师的研修活动。但是我们认为，教师最基础的研修并不是培训学习与课题研究，而是认真尽责地落实教育教学过程。如何有质量地完成教育教学工作，掌握教育教学之道是最重要的、最基础的研修。把握并发掘学校教育教学过程管理中的教师研修因素，是当前提高教师素质的关键，是提高教育教学质量的核心，也是改变学校管理运作的当务之急。如果教育教学过程管理缺乏研修意识，而停留在"没有指导的管理"的话，教育教学过程便很可能是"形到而神离"。作为被管理的对象的教师们，也便以"消耗"的体验面对工作，而不是持续发展的主体。

　　如何发掘教学过程管理中的教师研修因素。其关键是指导和督促教师落实教学常规的要求，用研究的方式改进教学过程。它一方面明确了教师要以教育教学过程的落实为研究对象，同时又体现了教师研究必须以改进教学过程为导向。这与很多地方强调的"教学五认真"的关注所指是一样的。但我们认为，落实"教学五认真"的关键不在于精神上的倡导和要求，而是实施方法与途径的琢磨。

　　教学过程管理的内容十分丰富。它涉及课程教学计划的执行与管理、教师备课管理与集体备课、课堂教学的视导、作业管理与作业改革、学生学习指导、考试命题及研究、学习评价改革、思想品德与心理健康教育、家庭教育指导等许多方面。不过，通常学校教学常规管理比较集中在教学准备、课堂教学、作业复习、学生指导和考试评价等五个环节。

![专题图标] 专题4 改进教学准备

　　教师课前备课是教学工作的基本要求。也是影响课堂教学质量的重要因素。学会备课是教师从业之始最起码的研修内容。但是目前学校备课管理工作中却存在着一些问题。

一、改进备课管理

　　备课环节的重要性不言而喻，但从备课管理中反馈来的信息是"不少教师备课不是为了教学，而是为了应付检查"。这究竟是哪个环节出问题了呢？在一次学校调研中，我们发现布告栏上有以下一则通知，这又说明了什么问题呢？

通　　知

　　经研究定于六月二十日（第十八周）进行教案检查，请各备课组长届时完成。另，本周与下周的教研活动暂停，由各备课组自行安排。

教务处　六月二日

（一）学校备课管理中存在的问题

1.备课要求过于划一，重形式，轻思考

　　备课作为一项教学常规，检查之初，是为了督促教学准备。不少学校要求人人备详案，轮轮备新案，并有教案的格式框架供教师参考。这种检查试图克服有的教师备课不认真的现象，却被一些教师误读，"不是教学需要备课，而是检查需要教案"。备课需要写教案，但备课不仅仅反映在教案中。备课的本质是思考，是为课堂教学作准备。但仅仅检查教案文本，会导致"看死教案，放任课堂"的怪现象。

　　满足教案检查的"备课"要远比为课堂教学而备课容易得多。市场上、网络上现成的教案很多，抄袭下载就是了。很多学校对教师的备课要求一刀切,不同层次、不同发展阶段、不同学科的教师的要求基本一样,这的确有些脱离实际。

2.教案检查流于表面,看数量,不看内容

许多学校的教案检查难以分析到真正的备课质量,只好以教案全不全、详细不详细、基本格式是否规范作为标准,有些甚至为了"量"化考核的方便,以"数教案"为检查方式。这些忽视备课的实质的行政化的检查,曲解了备课管理工作的原意,也致使教师中应付性的抄袭泛滥成风。有些学校针对网上下载教案的现象,规定教案必须手写,必须一年一本新教案。这真是"掐错三寸",害苦教师。不少教师的教案是上课后,检查前临时抄补的,笔锋一气呵成的无聊文本。而有些检查者和教师们也对此心照不宣。这种无效劳动,浪费了教师们大量的时间及精力,同时也降低了管理行为的权威。

3.备课活动疏于指导,备课能力和效率止步不前

学校教学过程管理的职责应该是督促与指导。教师应该在掌握教案的基本要求中,学会教学设计和教学准备。但很多学校的备课管理是只检查不指导。不少教师依赖教参,依靠模仿来撰写教案这一形式化的文本。至于其中的"为什么"和"如何"也多是囫囵吞枣。再加上教师备课个人单干多,集体合作少,他们亟待得到指导和帮助。但传统的备课管理却未能很好地解决这个问题,教师们的备课能力与效率也便止步不前,没有因为加强备课管理而有所提高。

确实,在一些学校中,备课检查缺乏讲求实效的精神,没有尊重教师教学准备的特点,从而使备课管理陷入僵局。因循守旧的管理者往往墨守成规,空叹无奈。而积极活跃的学校管理者则寻求备课管理的改进。

(二)备课管理的改进建议

1.备课管理要与教学检查相结合

备课管理关键要看:有无教学准备;备课质量如何(备课对教学的实际作用);如何进行改进(备课经验与备课指导)。其观察的关键在常态教学的质量,而不是教案文本。在教学检查中即时地追加检查教案,

教师容易心悦诚服,而孤立地翻看教案,则会给教师不正确的暗示。对于平时教学过程落实得较好的教师,教案检查可以放开些,如果要讨论,则是讨论他们教学准备的经验和方法;对于教学认真,但教学过程不甚满意的教师,则要分析讨论如何有效备课,提高备课质量;而对于教学态度不甚认真,有可能教学准备不落实的教师,要关注他的教案,但不能靠集中式的检查,而应该采用突击式的检查,或课堂教学调研中进行追加检查。在听完推门课后,随即看他的教案,很多问题自然会一目了然。

2.备课要求要因人而异,讲求实用

我们认为,只要备课能促进有效教学,备课的形式可不必讲究。而且不同教师的备课风格各不相同,大家需要在备课中解决的问题也不尽一样,不同专业发展阶段的教师所关注的教学能力也各有侧重,所以备课要求必须要区分对象,分层要求。

譬如,有学校要求第一轮教学的教师必须要备详案,第二轮教学的教师可以备简案,但至少应有 30% 以上的课有较大的更新,其他 70%的课也应有适当的调整与改进。对于经历数轮教学的,经验相对丰富的老教师来说,则应要求其重视对教学设计的"螺旋式"改进,并以一些教学设计案例的交流来替代教案检查,鼓励其提炼教学风格。

3.重视教案的形成过程,加强备课的指导

没有检查的管理是空洞的,没有指导的管理则是无效的。备课管理不能狭隘地把目标定在监督教师们的备课,而要更多地帮助教师学会备课的方法。

朱作仁教授将备课活动的全过程"拆解"成:(1)熟悉课程标准;(2)深入钻研教材;(3)充分了解学生;(4)科学制订教学计划,编制教学目标;(5)合理选择教学方法;(6)精心设计相关作业;(7)认真编写教学方案[1]等环节。其中(1)—(5)都是隐性工作,是看不见的积累,而(6)(7)则是能具体看到的显性工作。过去的备课检查往往只重视显性的文本的教案,而忽略了备课过程中实质性的思考。

---

[1] 朱作仁:《教育辞典》,江西教育出版社 1987 年版,第 62 页。

现在很多教师很喜欢网络和市场上现成的教案集,若直接拿来应用就跳过了备课的前六个环节,特别是跳过了熟悉课标和了解学生这两个重要的思考分析过程。这样的教学设计便只是"形似而神异"。而且优秀教案的设计往往有些理想化,普通教师直接移用会有一些困难。所以,面对这些材料,教师应该持"积累"的态度,而非"拿来主义"。

实际上,教师备课处理不当的常常是学生定位问题,因学生定位的偏差而导致课堂教学中"设计与现实"的矛盾。少却了备课分析的基础环节,少却了教案形成过程的无形的细节,就会造成课堂上师生活动的"别扭"。

所以,我们不要让教案变成"剧本",变成"台词",让课堂成为"话剧的舞台"。我们应该鼓励教师在教案中容纳更多的思考和分析,容纳支配教师自己教学行为与教学设计的考虑,而不是简略的步骤和师生话语的预设。因为这些思考才是真正的教学准备,是备课的精华。

4.要促进意在改进教学设计的反思活动

过去的备课检查关注的往往是教案。然而更有意义的应该是新一轮教学的教学设计,以及留在教师思想中的教学策略。所以,备课管理的出发点必须要有所改变,要把促进教师针对教学设计行为的教学反思,作为备课管理的一项目标。一方面要在备课检查中增加对教学反思的导向,另一方面要加强对课后反思方法的指导。

二、集体备课活动

随着新课程实验的推开,教师们在面对新课标和新教材时,普遍感觉在教学把握上的困难。而且新课程积极倡导的"对教学资源的发掘与利用",也对教师提出了更高的要求。如何帮助教师解决燃眉之急,首先想到的就是集体备课。它是指导帮助教师学会备课的常见形式,也是关于课堂教学的课例研究的提前。

集体备课具体是指备课组教师一起研究教学设计,形成供大家共享的教学方案的一类活动。这是对传统备课做法的继承与发展。其提出之初是为了通过同伴互助,解决现实之需。然而在教师们的创造性实践下,集体备课已成为教师研修的常见形式。它从单纯的编写教案,渐变为教师业务活动的有效方式。

案例 2.1　学校集体备课的推进进程

集体备课是很多学校的常规教研形式。浙江省温岭市城西小学是一所由多所完小合并升格起来的城郊结合部的街道中心小学。面对教师基本教学规范不很齐整的情况,学校班子决定先从备课环节抓起,通过开展集体备课,改进备课质量,提高教学效率。当时的备课其实就是出于"减负"目的的合作编写教案。

（一）出于"减负"目的的合作编写教案

教师们以备课组为单位,分头负责一篇课文或一个教时的备课,提前编好教案,提交备课组会议集体讨论,形成一个比较成熟的、可以供大家使用的"通案"。这一朴素动机很受教师欢迎,因为这样的合作可以节省大家不少的时间和精力。

但是,几次下来,问题暴露出来了。一些备课组将各章节平均分给各位任课教师,由大家分头撰写教案,完工后合订起来复印给大家,以这样的个人教案之"和"作为集体备课的成果;一些备课组充分利用现代信息技术的优势,大家分头到各大教育网站中,搜集下载与教材内容相匹配的教案合订起来;有的备课组虽然也组织研讨活动,但大家都"十分尊重"主备教师,主备教师基本包办了代表集体的教案;大家以集体备课形成的"通案"为纲,遵照执行,但不同风格的教师,面对不同基础的学生,如此通用也是问题百出。这种眼睛紧盯着"完成教案"的集体备课,遗忘了备课的本质,教师没有学会"教学准备和思考",即使完成了教案也是不成功的集体备课。

（二）以学会备课为目的的教法研讨活动

于是,学校加强集体备课的研讨环节。把集体备课工作的目标定在"让教师学会备课",逐步建立备课的规范。

学校要求备课组在每次活动前,认真完成并提前分发主备教案,作好主讲发言的准备;要求备课组长作好主持,调节教师讨论气氛,做好讨论内容的及时记录。几次尝试下来,一些问题又暴露出来。主讲教师分析教学内容时往往重教轻学,教学环节分析中注意了普遍性的共性问题,却忽略对本班学生实际的讨论。

针对这些问题,学校对主备教师如何撰写主备教案和准备主讲发言,提出更为具体的"支架"和要求。

主备教案要做到:(1)有教学目标、教学重难点、教前准备、板书设计;(2)每一课时要有教学要点、教学流程、作业设计;(3)为减轻教师负担,要求语文教师第二课时写详案,数学教师新授课写详案,其他学科一篇课文一个详案;(4)兼任教师提倡写教后反思,以写教与学活动中的亮点或不足为主。

主讲发言应包括:(1)站在教者、读者、作者或编者的角度对教材内容进行深入分析;(2)对教学设计的意图进行说明;(3)对教学环节设计的分析,重点放在目标的达成与重难点的突破设计的分析上;(4)说明层次性作业设计的意图,而不仅仅介绍自己设计了哪些作业。

但是新问题又出现了,当学校要求每课都要进行集体备课后,集体备课便从帮助的角色变成捆缚的"绳索"。整体划一的分组活动安排,操作形式基本不变,而实际教学内容却各有特点;开始研讨时常有收获,而反复"磨备"后渐渐淡而无味;课课集体备后,教师们对集体备课的依赖性加强了,学校要求教师独立备课反倒变成了苛刻要求;教师习惯于统一教案后,自己的思考少了,对预案的深入调整少了;教师负担非但没有减轻,反而有所增加……于是,我们又进行了集体备课的专题研讨。

(三)四度调整:重视教师有思考地参与

集体备课的真正目的不是坚持集体备课,而是要让教师学会备课,让教师以后无需集体便能比较到位地独立备课。虽然集体备课为教师们提供了相同的剧本,而不同的演员,面对不同的舞台会怎么样呢?我们认为,大家实际使用的教案应该是在集体讨论中分别生成的。教师有思考地参与是我们推进集体备课改革的新的要点。

于是学校提出,在发挥集体智慧,提高教师对教材的理解水平后,一定要强调从自己实际出发,对集体成果作具体适当的取舍和调整。而且,调整应该有四次。"四度调整"便成为我校集体备课的一大特色。

一度调整:辅备教师在集体备课活动前,抽时间浏览主备教案,结合本班学生实际做一些调整,注上个人见解,对主备教案作教前的设想调整。

二度调整：在集体备课集中活动时，在主讲发言后，辅备教师根据主讲内容从不同角度、不同侧面谈个人见解，并在听取大家对主备教案的调整意见时，积极思考，博采众长，在空白处做一些调整修改的记录，以便形成一个合理的、个性化的教案。这是集体智慧的结晶，也是个人智慧的激活。

三度调整：即平时的教后反思。尽管教学预案对学生可能遇到的问题做了充分考虑，但事先的设计与实施总会有一定的差距。课后教师也常会发现某些美中不足，所以，将自己课后的反思分析也记到教案中。教师可以记录成功的经验，也可记录教案的修改，而且可以记录学生的创新和问题，包括一些突发事件的应对，以及分析处理的成败得失。三度调整还可以以教学案例的形式记录教师在教学活动中的经历与思考。

四度调整：在下一次集体备课活动的前半小时，一般要针对上两周的教学内容，由教师交流各自的教后反思。大家就教学处理、训练题的设计、学生学习表现等情况作一交流。这是教案运用于课堂教学后的深刻感触。交流过程中，要求教师及时跟进思考，广纳众长，作补充调整。

为强化教师"四度调整"的意识，以及学会运用"四度调整"促进教学改进，学校还要求教师各次调整采用不同颜色的字来标注（一、二度调整用蓝色，三度调整用黑色，四度调整用红色）。

（四）典型性主题指导：从机制改进走向教学设计的深度探讨

在备课组坚持常态的单元集体备课两年多后，我们感觉教师的积极性又有些下降。活动新意少了，教师们感觉对自己的提高帮助不如以前那么明显了。这是为什么呢？

在一些访谈后，我们发现教师对规范备课的程序要求已经掌握，要以反思分析的眼光去参与备课讨论，并个性化地吸收调整的意识已经具备，但如何上好一堂课，备好一堂课，并不是几个制度和活动的操作流程所能解决的，教师期待着在活动研讨中进一步提高自己的教学设计能力。集体备课形式的发展是第一步，但必须在研讨的内容、精神上有所发展，教师才能真正获益。

于是，我们的集体备课工作又作了新的调整。适当减少集体备课的课时覆盖面，让教师在掌握备课方法后自主备课的课时稍多一些；突出一些体现教学设计方法比较典型的课时，或教师教学实施中容易感到有困难的专题,加强对教学处理中的典型问题的主题性的指导。集体备课不能满足于教学过程设计的优化,它要反映教师们分析和解决教学问题的能力。因而,我们在条件渐渐成熟时,将集体备课演变成以教学讨论来解决教学问题的教研形式。从关注现象到切入问题,集体备课也在提高其研究的理性水平。也正是这样,集体备课才真正成为教师专业发展的有效载体。

(温岭市城西小学 瞿梅福)

案例点评

集体备课并不是新事物。但在新课程推进之初,它再一次成为学校教研的重要形式。与一些地区和学校不同的是,温岭城西小学没有简单地要求教研组集中进行备课研讨,而是在指导教研组如何研讨上下足功夫。学校根据实际需要不断提出要求和指导意见,又根据实践推进中出现的新问题,及时调整部署,使得这项活动渐入佳境,同时勾勒出学校集体备课工作推进的自然轨迹。从一个学校的集体备课工作的开展进程看,有些进步是经历积累的结果,是在认真实践的同时,保持洞察与反思,坚持务实改进的结果。

从学校集体备课发展的回顾和分析中,我们发现集体备课从形式走向实质,从工作应急变为方法指导,继而深化为问题研究的历程。因此,学校要以发展的眼光看待集体备课工作,以行动研究的策略来推进和完善集体备课,及时发现实际工作中的问题,实事求是地调整制度和操作要求,实现集体备课的与时俱进。

案例2.2 集体备课的策划与改进

(一)起初的做法

我校的集体备课开展得比较早,至今已有四个年头,也形成了一套比较规范的制度。具体操作分三个阶段:首先,在学期初每个年段确立备课组长,由组长制订备课计划,对教学内容进行分工,由各个教师分头负责各章节的初步教学设计;然后是学期中,先请备课人根据计划提前备好课,并将教案在备课活动前2天分发到每位教师手中,再请大家根据自己对教材的理解和本班学生的实际情况,思考和充实每个环节,甚至修改、删减或增添某些教学环节；最后是备课组提前一周集体研讨，由备课组长主持，先由备课人作中心发言，介绍自己的备课思路、设计意图、重难点突破等，再由备课组成员根据自己的修改发表意见，达成共识，最后形成既能体现本班实际又能体现个人教学风格的高质量的教案。教研组对备课组的计划、活动记载以及各人编写的教案和中心发言稿要进行检查评比，并装订成册由学校存档。

集体备课确实在减轻教师备课负担、互相借鉴和吸取各位教师的长处方面起到了一定的作用。然而随着活动的开展，许多问题也开始暴露出来，其中最大的问题在于追求形式上的统一，而在内容上逐渐趋向于个人备课的简单重复。我们知道，集体备课最重要的环节是对集体备课的内容进行消化、吸收、补充、修改，它是个人备课的再认识、再创造的过程。而有些教师为了贪图省事，直接从网上下载一些教案，不加修改就直接交给其他教师，导致教案的质量良莠不齐；有些教师对已有教案不作认真审核也不看它是否适合自己的风格和学生，直接拿来就用，反而制约了教师创造性的发挥。

（二）我们的改进

于是，我们在 2006 学年针对以上情况，对集体备课制度作了较大的调整，主要表现为：

1. 建立学科首席教师制度。学校聘请各学科组中教学经验丰富、教学水平高、熟悉各年段教材的一位教师担任该学科的首席教师，主要负责对集体备课内容以及课堂教学活动的指导，并对所有教师集体备课后形成的个人教案、中心发言稿进行审核。一方面保证教师的备课活动可以得到经验丰富的教师的指导，另一方面也有利于必要的监督，防止个别教师完全视集体备课为减轻工作任务，而没有对教案进行再创造。首席教师与教研组长分工负责、相互配合，共同组织本学科的集体备课。

2. 将备课内容与课堂研讨进行整合。作为本单元教学内容的备课人，除了要备好课以外，同时要承担一节公开课，将自己的教学设计通过现场教学的方式传递给其他教师，通过教研沙龙的形式剖析其亮点和不足，便于大家学习和借鉴。考虑到初中教师教学任务较重，公开课一般选择本单元中较有典型性或较难处理的章节，由教研组长和备课人共同确定,开课时间设在从周一到周五的下午,分别安排初中五门主要学科的教研活动。

3. 将集体备课每周一次活动改成每周二次,各有侧重点。第一次为备课组活动,由学科教研组长负责,主要内容为备课、中心发言、评议等。另一次为教研组活动,该学科各个年段全体教师全部参加,由首席教师负责,主要内容包括听课、教研沙龙、反思等活动。

4. 在集体备课中增加教学反思的内容。除了备课、研讨、中心发言、展示课之外,备课人还要做好课后反思。反思不仅是对自己承担的备课和课堂教学作一个回顾与总结,也为下一堂课提供借鉴与教训。

表2.1是我校改进后的集体备课流程。

改进后的集体备课活动已实施近一年,它确实在增加新课程标准下教师的合作思维,展示教师的创造力和凝聚力,保证教学资源效用的最大化等方面起到了积极作用,为教师的高效教学提供了有力的保证。尤为重要的是,集体备课改变了教师传统的备课观念,倡导合作备课的风尚,使我校形成了浓郁的教科研氛围。几位刚分配的年轻教师通过一年的锻炼,很快脱颖而出,成为教学的骨干,这跟落到实处的集体备课是分不开的。

(三)面对新问题

当然,随着活动的开展,一些新问题也涌现出来。一些共性问题亟待进一步研究和解决。

1. 教师工作负担有所加重。每周二次活动,以及中心发言、教学反思和评课报告的撰写,大大增加了教师的工作量。初中教师本来教学任务就比较重,作业批改量大,再增加教研活动时间,有些教师有微言。然而如果减少活动的频度,又可能会使集体备课流于形式,起不到良好效果。因此,如何使集体备课实现效率最大化至关重要。

2. 集体备课容易形成权威意识。特别是对于年轻教师,他觉得首席教师的许多意见很好,便不敢提出自己的想法,从而在一定程度上抹杀了教师个性。或者有个别教师认为反正大家要评议的,备课差一点也没有什么关系,由此导致一些教师的备课或中心发言质量不高。

改进教学常规管理

表 2.1　集体备课的组织流程

阶段		时间	负责人	活动安排
前期准备		开学前	教导处	教研组长与首席教师制订学期集体备课活动计划,对各个年段教师进行备课的分工安排。
实施阶段	1	提前十天	——	备课人将教学设计发到同组教师处。
	2	提前一周（周一）（一节课）	教研组长	由备课人对自己的教学设计作说明,向同组教师介绍自己对课的理解、设计意思、特色等。其他教师评议该教案,提出自己意见。备课人与教研组长一起确定展示课的课题。
	3	提前一周（周一至周四）	首席教师	各任课教师根据本班学生的具体情况以及个人的教学特色对备课人的教学设计进行调整,形成自己的个性化教案,并交首席教师审核。
	4	提前一周（周四下午）	首席教师	各年段备课人各上公开课,本学科教师听课。课后开展教研沙龙,对三堂课进行点评,汇集大家的意见与教学设想,集思广益,博采众长。备课人在收集意见的基础上,形成教学反思;其他教师则写课后评课报告,以电子稿形式上传到学校FTP,供其他教师浏览参考。
总结评比		期末	教导处	由教导处组织教研组长和首席教师对各任课教师的个性化教案、中心发言稿、评课报告、课后反思进行审核评比,考核结果与业绩考核挂钩。并由教导处考评各教研组,评出学期优秀教研组。

制度保证:

1.为确保集体备课活动落到实处,校领导、中层干部分别安排到不同的教研组一起参与活动,并形成书面的活动情况记录,使集体备课活动真正落到实处。

2.教导处在星期四下午统一不安排历史与社会和思想品德课,开课教师由教导处统一调好课,确保每位教师参与集体备课教研的时间。

3.学校安排专项经费对优秀的教师和教研组进行表彰和奖励。

4.学校建立信息化系统,利用网站、论坛和博客等形式加强教师之间的资源交流与信息共享。

3.分析讨论有时会流于形式。集体备课中的讨论常是较难控制的环节。教师有时心存芥蒂,不敢、不想发表自己真正的看法,或者泛泛而谈,没有实质性地讨论一个问题,往往会让讨论流于形式。

4.集体备课是否针对每一节课都要备课与讨论,这是一个值得探讨的问题。如果每堂课都探讨,每周就要对3～4课时的内容进行集中备课,这无疑是很大的工作量,在有限的时间内泛泛而谈,很难形成对课题的深入研究与探讨,又会导致集体备课的研究不到位。

5.集体备课主要还只在关注新授课的备课。其实集体备课是一项大的工程,像复习课的设计、作业与考试中学生暴露出来的问题等也应该成为集体备课的重要内容,逐步得到落实。

(湖州市南浔区菱湖一中　鲍正琴)

三、完善备课流程

在集体备课活动中,教师们的视点渐渐聚焦向教学中发现的、较有代表性的现象与问题,大家结合具体教学内容设计解决方案,在研讨优选方案的过程中形成具体办法和关于规律的思考,同时将教学反思也纳入其中。很多学校集体备课的基本流程渐渐稳定下来。

(一)分头钻研

各位教师分工承担某一单元或教时的主备任务。要求深入钻研课标和教材,形成教学设计的基本方案(包括部分环节的可能变式)和教学设计的思路说明,以及相关教学资源。

(二)集思广益

备课组集体学习教材,分析教学重点、难点,再由主备教师阐述自己的教学设计思路,其他成员就此讨论发表意见,主讲教师根据大家意见,整理形成集体教案(供参考)发给大家。

(三)个性加减

每位教师根据自己的教学形式和特色,在集体教案中作个别的增补或删减,形成最终活页教案。

(四)教学反思

针对课堂中发生的现象,及时记录与反思,并对教案进行必要的修改和评析。在下一次集体备课讨论中,提出与大家分享。

(五)研讨笔记

每个备课组设集体备课研讨记录本,供研讨过程记录用。各备课组应经常整理分析集体备课中提出的问题,形成集体研讨的主题或课题。

我们发现,集体备课活动向课例研讨活动演变是水到渠成的,它同时也成为教师行动研究的引子。

案例2.3 会诊式的集体备课

在教师个人备课的基础上进行集体备课,是目前很多学校都在推广的做法。但笔者也发现,在目前流行的集体备课模式中,还存在着一些名不符实、搞形式主义的集体备课现象。主要误区有:集体备课=轮流备课;集体备课=分头备课=统一备课;集体备课=个人备课;集体备课=统一教案。如果集体备课仅是这样,那么有可能出现教学效果更差、教师惰性增强、教学能力退步等问题。

为了避免出现以上情况,我校的集体备课实施跟踪式的课堂培训与指导,从而策划了每两周一次的"会诊式集体备课"的教研组活动。即由同教研组教师依靠一定的课堂分析技术,对某位教师的某一课教学设计进行多次集体分析,从而完善教学设计,实现集体备课的过程。

(一)活动的准备

1. 确定课例

学期初,以教研组为单位制订出教学计划、教学目标和具体进度,然后确定有关课题的中心发言人。要求中心发言人先钻研教材和教法,形成初步的教学设计,并提前两天打印分发到每位教师。然后每位教师根据自己对教材的理解和本班学生的实际情况,思考和充实每个环节,甚至修改、删减或增添某些教学环节。

2. 设计课堂分析记录表

在有关课堂分析技术的支持下,我们讨论编制了多种课堂分析记录表,如包含"教学目标的制定与实施"、"课堂教学艺术"、"提问行为类别频次"、"教师习惯性行为"四个专项的记录表,适合于"初诊";如"课堂教学有效性行为和无效性行为记录表",适合"复诊"。各教研组可以根据实际需要灵活选择合适的记录表进行研究,或在侧重某一专题的教研活动前,针对"顽症"设计相应的记录表。

(二)活动过程

1. 第一阶段:说课型会诊——寻找病状,分析病情

这是教研组的第一轮集中备课。集体研讨时,先由中心发言人说课——介绍自己的备课思路,教学设计的意图,重难点突破等;大家再分别发表意见;最后达成初步分析意见(表 2.2),形成第一份教学设计。

表 2.2　对说课的会诊意见(第一轮集体备课)

执教	张滨雁	教学内容	《威尼斯的小艇》	问诊时间	2007 年 4 月 4 日
"健康"状况	一般,能把握课文的重难点,思路清晰				
"病情"表现	把握住了重点段落,但没有抓住重点词语设计教学				
"病情"分析	对文本的解读不够深入				
"治疗"方案	再次研读文本,抓重点段的重点词语展开教学。 如:第二段抓小艇的"轻快灵活",第四段抓威尼斯船夫驾驶技术的"操纵自如"。				

2. 第二阶段:评课型会诊——验证药方,分析药方。

执教教师以第一轮集体备课形成的教学设计去上课。课后,对照一次会诊中的问题(表 2.3),对二次课例进行自我诊查反馈。参加二次会诊的成员还是原先的成员。大家从课的整体着眼,会诊课堂教学中出现的新问题,并对重复出现的老问题进行研究分析,形成"会诊"意见(表 2.4),从而修改形成第二份教学设计。

表 2.3　第一轮教学的分析意见

			频　次	摘　　要
反馈与评价	方式	激励	25次	语言亲切,能灵活运用
		批评	无	
	主体	教师	15次	评价有指导性
		学生	2次	评价不够准确
知识生成		佳	4次	教师能随即引导
		不佳	2次	对课文理解没有好处
朗读指导		佳	1次	教师范读引领好
		不佳	3次	面面俱到
板　书		佳	2次	重点突出
		不佳	1次	不严谨
媒体使用		佳	3次	恰到好处
		不佳	1次	在结尾

表 2.4　对上课的会诊意见(第二轮集体备课)

执教	张滨雁	教学内容	《威尼斯的小艇》	问诊时间	2007 年 4 月 11 日
"健康"状况		有所改善,较好;能把握课文的重难点,思路清晰;能抓住重点段的重点词展开教学,设计较合理。			
"病情"表现		朗读指导面面俱到,没有侧重点;板书不够准确。			
"病情"分析		教师心中预设不缜密,太随意;教师忽略了板书的重要性。			
"治疗"方案		第2、4段边理解边朗读,在读中悟,在悟中读; 第6段创设情境朗读,先让学生在初步理解的基础上自读,接着用课外阅读和图片出示,充分营造出宁静的威尼斯夜晚,教师范读,引领感情基调,最后学生有感情地朗读。板书出课文的结构。			

　　3. 第三阶段:反思型会诊——治愈疾病,反思药方

　　随后,执教教师第二轮教学。这次会诊的重点主要在课堂教学中的"有效性行为和无效性行为"。执教的自我反思应讨论:自己"老毛病"是"治愈"了还是继续存在? 又出现了哪些"新病状"? 会诊小组的建议起到哪些作用? 我该怎样解决问题? 会诊小组要分析:该教师的"新病状"是怎么产生的? 我们的"药方"对他适用吗? 还有其他"副作用"吗? 我们的"诊疗方案"是否对提高课堂教学效率有作用? 在反思

研讨中,执教教师和会诊教师的教育理念、教学水平、评价能力都会有明显进步。至此,针对某一课的"会诊式集体备课"暂告段落。

表2.5 对第二轮教学的会诊意见(第三轮集体备课)

执教	张滨雁	科目	语文	课型	阅读课	班级	五(6)班
听课人	50 人			教学内容		《威尼斯的小艇》	

有效课堂教学行为记录	评 析
1. 学生自读自悟体会到了威尼斯小艇的"轻快灵活",马上让学生读出这种感受 2. 第四段教师指导学生读出小艇的速度极快 3. 教师先范读最后一段的后三句,再学生读 4. 板书出课文的结构	1. 在悟中读,在读中悟,这样的朗读指导很到位 2. 教师的评价语言既准确又具有指导意义,对学生朗读水平的提高起到了关键作用 3. 教师的范读给学生定好了朗读的基调,其效果非常好 4. 理清了课文的思路,对帮助学生弄清文章的条理帮助极大
无效课堂教学行为记录	归因研究(改进意见)
个别的朗读指导,教师语言有些琐碎	教师的预设还欠周密,今后要多实践,在实践中提高评价语言的有效性

(三)活动反思

新课程特别强调教师要有合作精神。"会诊式集体备课"不仅让教师合作起来,而且真正实现了教师在教学上的集思广益,共同发展。实施"会诊式集体备课"活动以来,我校形成一种崇尚研究的氛围,切实提高了教师的素质和备课质量。具体表现在:

1. 提供独立的备课时间,利于教师钻研教材

从前,我们教师的备课教研,都是利用空闲时间,零星地开展。每一次,多则半小时,少则十来分钟。每一次提笔,每一次备课,都要重新回顾之前的思路。这对备课教研颇为不利,时间浪费也较大。

"会诊式集体备课"为我们提供了一个相对独立的教研时间和空间。每到集体备课时间,教师们都会放下手中的杂事,集合起来。在一个半小时里,大家的目标都指向"诊疗"课例,所以能静下心来细细琢磨,钻研教材。

2. 要求教师先吃透教材,促使教研活动扎实地进行

原来的教研活动多是听课评课,较少研究教案设计。以前学校要求教师钻研大纲、吃透教材。但有多少教师能真正做到呢?做到的教师究竟能掌握到什么程度呢?现在,"会诊式集体备课"要求教师在个

人充分备课时,要写教材及学情分析,要写教法及学法指导,促使教师必须研究大纲、参考书,通读教材。特别是上课前又增加了一个"说课型诊疗"环节,通过大家的"问诊"和初步的"诊疗",更加深了中心发言教师对学情的了解,深化了他对教案的把握。

3. 发挥集体的智慧,有针对性地优化教学设计

平时,教学设计大多为教师个人智慧的成果。而"会诊式集体备课"能尽力做到集思广益,扬长避短。值得一提的是"会诊式集体备课"的针对性,整个诊疗过程就是问题的解决过程。它强调研究与行动结合,把解决问题放在第一位,要求教师积极反思,参与研究,要求会诊者深入实际,参与实际工作。两者相互协作,共同研究,以提高教研质量,是一种以改进实际课堂教学为"首要目标"的研究方式,是一般集体备课的改进。

4. 参与集体的讨论,提高教师的教学水平

在"会诊式集体备课"活动中,每人都要精心准备,这就促使教师们去学习更多的教育教学理论。同时在积极的讨论中,收获他人的成功经验。在整个自我反思的螺旋式发展过程中,每一个螺旋发展圈又都包括几个相互联系,相互依赖的环节,令教师们"在行动中反思,在反思中成长"。所以,每位教师都有不同程度的收获和进步。特别是刚走上工作岗位的青年教师能尽快成熟起来,而老教师在充满活力、积极进取的青年教师面前更加谦虚谨慎、严谨治学。

实践证明,"会诊式集体备课"有许多优越性。但实施中,我们也发现自己较多地关注于具体教学方法或某个教学环节的设计,而从教学理念、教学理论来指导教师方面还不够关注。今后,在"会诊表"中可以增加教学设计思想方面的分析与总结。这样有助于对教师的专业引领,满足教师专业发展的需要,真正提高教师团体的教学研究力。

(温州市广场路小学 张滨雁)

案例 2.4 意在分享的备课教研

组织备课教研是提高教师们的备课能力,开展备课指导的重要形式。我校在集体备课中,通过以下活动促进备课教研的深入开展。

（一）组内"对话"

1. 主题研讨

在新课程背景下，我们开展了备课改革研讨活动，举行了"新理念、新形式、新策略、新课堂"的备课专题研究和课堂教学主题化微格研究。全体教师一边深入课堂，一边捕捉课改动态，互相提供最新信息和实践经验。每隔一周，我们针对一节课、一个案例、一个教学环节乃至师生的言谈举止，进行主题化、个案研究，找出问题，分析原因，并从课程改革的要求来谈自己的认识，讨论一堂好课的评价标准，从而反思备课过程中预设的成败得失。

通过这些活动，大家加深了对新课程的认识，备课与上课渐趋一致，理论与实践的结合点逐渐找到。

2. 分工合作

我们在备课过程中既有分工又有合作。如分组块、分单元进行编写教案。一方面，减轻了教师的负担，有利于把教案编写的主要精力用于教学突出位置、关键部位和精彩教学活动的设计上，使每课的教案设计都有新的创意，争取一课一得。另一方面通过对教案进行修改、补充，能互相借鉴，共同提高。

在研究教案如何编写的过程中，我们依靠教师，发挥了教师的智慧，群策群力，创造出教案编写的多种形式。

一边要求教师自身深入课堂，积极探索，一边努力加强合作交流。而合作互动，旨在将备课改革的"单打独斗"纳入"军团作战"之中，将"个人作坊"进行优势组合，形成规模化，促成优势互补，资源共享。

组内分工合作，我们还进行教研形式的尝试——围绕主题，打破以往"一人一课"的教研格局，进行"多人一课"的教研活动。通过"同课异构"，对同一主题、同一课题作出不同教学路径、方法策略的演绎和诠释，极大促进了教学设计水平的提高。

（二）校内"互访"

1. "听课革命"

为了保证备课质量，在备课过程中，我们倡导学校领导正面引导，参与备课，并深入课堂，检查指导，采用"推门听课"、"随堂听课"等措施考查备课与上课的效度,从而掀起了所谓的"听课的革命"。

所谓"推门听课",是指事先不通知,随机式地听"随堂课"。对于"推门听课",我校经历了两个阶段——

第一阶段(2001年2月—2002年10月),将"推门听课"作为甄别优劣式的"课堂教学量化评估"手段,目的是督促备课情况。

第二阶段(2002年11月至今),将甄别优劣式的"课堂教学量化评估"改为发展性评价的"课堂教学欣赏与诊断"。这样,既保证了原有的"督促备课情况"这一作用,又充实了听课的科研含量。

为什么要听课?听课应该关注什么?应该听什么?在备课改革过程中,我们认为听课是互相学习的重要方式,因此,第一要义是"欣赏",这就意味着教师的评价必须改变以往高高在上的姿态,从对教师冷冰冰的审视和裁判转向对教师心灵的关怀和教育行为及过程的关注。我们发现,走进教师的课堂,"名师"就在我们身边,听他们的课,我们在分享着教育智慧。

2. 组际"会课"

组际会课是指不同教研组、备课组互相听课,交流彼此的观点,激起思想的交锋。

例如,"课堂教学研究和评估组"前往听课,带着新理念和自己的思考,一边借鉴相关的理论研究成果,一边深入课堂,了解教学现状。课毕,教师介绍自己的教学,回答听课者的提问;听课者谈自己的感受,带着"扬弃"的精神,进行课堂教学问题会诊,反思备课过程中的得失。

即使是不同学科组的教师互相听课,也受益匪浅。语数组互访,可以就语言的丰富和简约互相借鉴;语数与综合组互访,可以站在本学科的角度谈谈自己的观点。如,音乐教师听语文课,往往对配乐朗读时音乐的选择作出评价,提出建议(我们在备课时,往往请音乐教师选取乐段);而数学教师听美术课,角度往往比较独特。

我们通过"组际会课",引导教师互相"发现"——从一般发现特殊,从平庸捕捉非凡,从共性把握个性,甚至从丑陋挖掘美好,达到互相激励、不断强化,做到个人反思与集体反思相结合。这样,我们通过多渠道促使教师更加主动地参与备课的研究并反思自己的教学,促使自评和互评,并作用于新一次的备课过程。

(三)校际交流

1."教学开放"

"教学开放"特指名校开放、名学科交流、名教师展示三个版块的活动。

"名校开放"——我校作为片区的"领头羊",主动向联片学校开放备课研究的成果,随时接受片区内教师进行"教学访问"。

"名学科交流"——结合本校课改特色,设计各种主题教研活动,如开展专题性、反思性、协作性的教学研究,采取"课前——说课议课,开课——观课记课、课后——评课思课"等研究形式,举办课改大家谈、论坛、研讨会、专题讲座等研讨活动,活化研究策略;通过"观察、思考、设计、行动"或"问题、计划、行动、反思"四个要素的不断深化,进行行动研究,解决教学中存在的问题,促进备课研究滚雪球般的发展。

"名教师展示"——"名教师"与片区骨干教师合作,骨干教师随时听"名师"上课,"名师"与骨干教师一起备课,深入到骨干教师的课堂进行指导,滚动研究,共同提升。

2.联片教研

为了充分发挥联片教研的优势,让片区内学校的教师能尽快地投入到新课改行列中来。自实施课改以来,由我校牵头,有计划地组织教师全员参与新课程教学的实践和研讨,切入点便是如何备课。通过互动研讨,教师自主参与听课、互动评课,极大地促进了备课质量的提高,从而提高了参与者对新教材的把握能力。几轮的联片活动,充分发挥了我校备课改革成果的示范、导向和辐射作用,通过课例展示、说课讲座、教案观摩、经验交流、成果展览等多种活动,我校教师呈现了实践新课程过程中进行备课研究的真实体验、丰富经验和丰硕成果,使片区内的兄弟学校教师在体验和感悟新理念、新教法、新成果的过程中转变观念,转变角色,转变行为。现在我片区已形成了校校有活动、人人都参与、个个有提高的教研新局面,有效保证了课改的顺利实施。

联片教研活动深受教师欢迎。在多次联片教研活动的实践中,我们逐渐摸索出了一种集参与式研讨和集体备课为一体的教研活动方式。联片教研活动以课例为切入口，以备课为出发点，以片区内的教研骨干为"指导员"，上课教师精心准备，听课教师积极投入，全体教师都参与集体备课。

实践证明，这种"面对面参与式"活动在教师中掀起了一场场"头脑风暴"——一方面，它使那些心存疑虑的教师尽快地从思想的桎梏中解脱了出来；另一方面，分组参与式的研讨方式又让片区中的教研骨干和教师们"身临其境"地体悟到新课程所倡导的合作学习和探究学习的魅力。

（平阳县鳌江小学　纪相钊）

专题5　优化作业过程

在师生的教与学中，作业是最常见却又最关键的环节。我们在审视当前教育教学的现实问题时，始终都会把"减轻学生学业负担"作为关键词，频繁提及。而在与教师交流商讨如何减轻学生学业负担时，大家又常会诉及许多客观原因而无奈以对。我们认为，除了社会竞争加剧和优质教育资源稀缺等宏观原因之外，学生在具体学习活动中的作业的有效性也是一个关键。这其实是学校教师们在减轻学生过重学业负担问题上可以有所作为的重要阵地。

尽管不少学校面对这一难解之结，出于自己对教育质量形成机制的局限理解，依然我行我素地加班加码，学生学业负担未减犹增。但还是有很多学校一次次地传达转发上级教育行政部门关于学生作业量和在校学习时间的文件规定，订立监督与检查制度来控制学生过重的作业负担问题。但是，简单依靠行政措施来规约作业布置，常是松松紧紧，难脱反弹"怪圈"。

我们认为，学校作业管理的重点应该在整体优化作业过程，切实发挥作业的作用，促进学生的有效学习。我们需要把作业的"编、选、布、改、评"整体纳入管理视野，并组织相应的教学研究活动，促进教师的作业"编选"和"评改"质量的提高，加强对学生作业的分析诊断。要通过加强作业管理的指导，使优化作业的过程，同时也成为教师研修的重要载体。

一、改革常规作业管理

当前,学生面对的作业很多。一是教材中的题目;二是与教材相配套的作业本;三是商业性的习题集;四是教师临时补充布置的作业。如果教师没有作业选择意识,缺少作业布置的艺术,学生的作业负担确实不容乐观。而对如此众多的作业题,教师必须帮助或者指导学生作出取舍。常规作业管理就是要加强和改进教师的作业选择与布置环节。

作业的选择与布置一般有四层含义:一是确定作业范围;二是针对学生的个体差异确定不同的作业要求;三是以科学合理的形式呈现作业(包括作业功能的配合);四是设置恰当的作业时机。这对教师来说,每天都在进行这样的活动,但常常又会忽视其中的策略与艺术。学校要通过有关活动,引导教师总结和提炼作业选择与布置的经验,形成自己的作业策略。

譬如说,在常规作业的布置中,要注意学生作业的合理结构,注意作业功能的合理组合。我们认为,学生作业的本质是一种及时开展的复习。作为复习,它一般包括四方面的任务,我们称之为"纸笔练习"、"理解作业"、"记忆作业"和"知识整理作业",它们缺一不可①。学生课后的及时复习,应该先理解弄懂,再完成作业,继而落实一些记忆性的任务,最后通过知识整理,领悟知识之间的联系。这样的作业结构就好像人们膳食的科学搭配一样重要,是对学生学习的一种指导。但很多教师都不注意这一规律。

我们目前的作业管理主要盯在作业布置与作业批改两个环节,有些制度也已相当精细。但要提高教师的作业择配能力,还不能只靠几条规定与纲领,而要多开展有针对性的活动,在参与式的活动中感受与研讨作业选、改、编中的学问。

---

① 张丰、林志标:《学会学习(初中上册)》,浙江大学出版社 2006 年版,第 68 页。

案例 2.5 农村初中作业管理规范

（一）作业的布置

（1）作业习题应精选，理科提供层次性作业，教师事先应亲自做过；

（2）各科作业量应适当，以学生能够完成为原则（单科日作业量不超过 30 分钟）；

（3）作业形式要多样，包括书面作业，口头作业、调查、实践等；

（4）当天作业要及时在黑板上的"作业公示栏"上如实公示。

（二）作业的批改

（1）有发必收，有收必改（各科有主批作业和辅批作业）；

（2）教师认真批改作业，保持较高的批改正确率；

（3）教师根据作业质量对学生的作业写上表扬、鼓励、指导或批评的评语，增加交流信息量（学生在作业后面写上"书写_____成绩_____"，以便教师评定）；

（4）作业批改应及时，一般在第二天内完成，作文及周记可放宽至一周内完成；

（5）教师应对作业中普遍存在的问题进行概括、讲评；

（6）教师应重视学生对作业差错的订正，并用红笔，各科要求学生编错题集，培养学生及时纠正错误的学习习惯。

（台州市路桥区峰江中学）

案例 2.6 课外作业反馈制度

学生作业量过重是比较普遍的。如何切实有效地减轻学生的课业负担，学校研究出台了《减轻学生过重课业负担的具体措施》。其基本内容为"四控制"。即控制学生的在校时间，控制学生的作业总量，控制学生的资料征订，控制考试次数。

在校时间的控制并不难，我们每天早上 7 点钟开校门，下午放学时以音乐清场。资料征订的控制也容易，学校加大查处力度，教师也会遵守的。考试次数完全是学校行为，只要学校有决心，也很容易做到。惟独作业总量的控制难度有些大。学校规定同学科同年级统一作业，做到作业编写责任签名制,备课组长审核制,甚至在纸张类型、字号大小等方面都作了具体的要求。但实施过程中的问题依然不断。学校组织不定期检查,但又不可能天天检查。教务处组织各教研组针对这一问题进行过多次专题研究,并召开学生座谈会,形成相对合理的作业反馈制度。

其主要内容是:每个班级由教务处选定三名作业信息员(根据学生基础,上、中、下各一名,名单由教务处掌握),教务处发给《一周作业信息反馈表》记录一星期来每天的各科作业内容,完成作业时间,难度情况,错题情况等相关信息,每周上交一次,教务处根据学生反馈的信息进行分析,对各科作业布置的适切度作出相应的评价。这样一来,教师布置作业时就能够尽可能地精选习题,重复作业的现象明显减少,学生的作业量也得到了有效控制。

(义乌市绣湖中学　陈志勤)

二、创意作业的优化设计

尽管现在学生面对的大量作业都是现成作业。需要教师原创编制作业的机会并不多,但是提高教师原创的作业设计能力,却是十分必要的。从作业设计能力能够看出教师对知识点的把握能力、设计与呈现学习任务的艺术以及对学生状况的了解。这种作业设计能力其实就是考试命题能力的基础。搭建平台、组织活动,倡导教师进行作业的改进与设计是一项十分有意义且深受教师欢迎的教研活动。

不过,要提高教师的作业设计能力,就要帮助教师解剖作业原创编拟的思维过程,并建立分析解说作业命制意图的习惯,同时要提高教师的作业鉴评能力。教师们可以通过案例研究的方式,积累优秀题例,并分析题例形成的过程。

一般情况下,需要教师自己编拟的创意作业往往是综合性和应用性相对较强的作业。所以,编拟原创作业,要先根据课程标准、教学内容和学生的实际情况,选择一些具有典型性和针对性的材料,通过将学科问题与生活情景的联系,使作业过程体现一定的迁移意义。

案例 2.7 创新性练习的设计与运用

教师们历来十分重视作业与练习,但在实际教育教学活动中,却存在着"三多三少"现象:机械重复性练习多,灵活创新性练习少;随意性划一性练习多,针对性层次性练习少;纸笔型书面练习多,实践型动手练习少……这些都是导致作业效率不高的重要原因。

为此,我校决定开展创新性练习的研究活动,组织教师研究和设计一些创新性练习。所谓的创新性练习指的是在日常的教学活动中,让学生综合、灵活地运用所学知识,旨在培养创造性思维和实践操作能力的一种练习。它既符合学生的心理需求,符合现代新课程要求,又能让学生始终充满乐趣,展示自己独特的个性和灵性。

以下介绍的是我校语文教研组在 2006 年 5 月间,就创新性练习的设计与运用这一主题进行的学习和研讨活动。

(一)选读案例,引发话题

(时间:2006 年 5 月 8 日 15:30—16:30)

1.选读案例《家庭作业,真烦?》

办公室里,几个教师碰在一起发牢骚说班里总有不少懒惰的学生不完成家庭作业。有一天,竟然有个平时各方面表现都很好,成绩不错的同学也没完成作业。教师就把他叫到办公室里,问他为什么不完成作业。学生说,他讨厌家庭作业,每次抄写词语,做做《每课一练》,没有意思!学生的坦率回答令教师们吃惊,也引起了教师们深深的思考……

2.提出讨论要点

(1)结合教学实际谈谈对此案例的看法。

(2)怎样设计并运用创新性练习?

(二)研讨案例,反思经历

话题一:结合我们的教学现状,谈谈对此案例的看法

毛老师:唉!这个现象太普遍了,我班这样的懒汉太多了,天天令我生气。

张老师:是的,我们班的同学也特别懒,经常有人懒于做作业,尤其是家庭作业。不过现在想想也真的该反思一下自己,可能每天让他们做些抄抄词语等机械性的作业,他们不喜欢。

李老师:我觉得抄写词语也是很要紧的,得让学生写,问题是我们在布置的方式上要创新,我尝试过让学生自己做主,自己选择抄写的词语及抄写的遍数,然后告诉他们明天要默写。没想到,第二天一默,效果比以前好多了,全班40个同学,竟然有36个同学默得全对。

陈老师:我们天天忙于教学,却很少考虑到学生的差异。是啊,因材施教很重要!我们的确应该在练习的设计和布置上下点功夫。

蔡老师:人都是有惰性,没有压力就没有动力,我觉得我们既要强迫学生完成练习,更要激发学生的学习的动力,所以我们应该创新练习方式,激发学生学习兴趣。

李萍(组长):从刚才的讨论中我们看出,大家都形成了一个共识,那就是练习创新的重要性。我们学校的课题组曾对对我校以及兄弟学校的教师运用练习的情况进行了调查分析,发现存在着以下三个问题,那就是:机械重复性练习多,灵活创新性练习少;随意性划一性练习多,针对性层次性练习少;纸笔型书面练习多,实践型动手练习少……而这些都导致了练习的收效甚微,扼杀了学生的创新思维,也影响了学生的身心健康。

因此,我们要尝试运用创新性练习,既能让学生灵活地掌握所学知识,又能提高实践能力、创新思维。那么,怎样来设计和运用创新性练习呢?这是我们接下来重点要讨论的问题。

话题二:怎样设计并运用创新性练习?

周老师:我觉得学生的自觉性虽然是差了些,但也有一部分学生是很认真的,我觉得教师对学生的练习要求还是要讲究分层性,应有一个底线,有一个拔高,你有能力,就有权利选择较难的题目来做。

毛老师:我也觉得对学生来说布置作业一定要强调趣味性,尽管要做到这一点,教师要动一番脑筋,但效果绝对好。

张老师:学生真正感兴趣的是玩。

陈老师:那我们可以把练习设计在"玩"字上。比如说,边跳橡皮筋边背古诗。

李老师:练习设计要联系生活实际,充分发掘生活资源,这样学生的练习兴趣就比较足。如让学生利用母亲节、教师节等写感恩卡,既能提高学生的语言表达能力,又对学生进行了情感教育。

蔡老师:做创新性的作业,尤其是探究型的作业需要家长的配合。可能我们农村里的家长们对子女教育不够重视,不能很好地配合教师。所以,我认为要运用创新性练习,同时还要重视与家长的沟通。

张老师:上面的政策不变,下面的教师纵然千变万化,也逃不了应试教学的指挥棒。好在新课程改革,为我们的练习改革提供了良好的条件。我想,要进行练习改革,教师必须树立正确的评价观。

......

李萍(组长):刚才大家结合自己的教学经历,提出了许多好的建议。我们在练习的设计和运用中既要有针对性,符合学生的年龄特征,也要做到层次性、自主性、趣味性等。我觉得进行练习改革,不是一朝一夕的事情,需要我们广泛地学习理论知识,需要我们结合教学实践不断地探索、反思。

(三)学习理论,探索方法

(时间:2006 年 5 月 9 日—22 日课余时间)

1.分发学习资料

(1)本校课题组的调查报告:《练习,让人欢喜让人忧——小学教师运用练习的现状及对策研究》

(2)王明平:《创新教育中的作业设计与评价》

(3)詹华如:《试谈苏霍姆林斯基的作业设计策略》

2.布置任务。请教师们选择完成以下一至二项内容,在下次教研活动时间里进行讨论、交流:

(1)认真阅读相关资料,有意识地搜集有关练习(作业)创新的资料进行学习、研究。

(2)反思自己的练习设计和运用情况,写一篇反思性文章。

(3)结合自己的学生特点,设计一份创新性练习供学生完成,分析效果并在下次交流。

(四)交流成果,智慧共享

(时间:2006 年 5 月 22 日 15:30—16:30)

陈老师:我认为布置练习应针对不同年级学生的特点,像高段学生在掌握了课堂上要求的基础知识外,可根据学生的兴趣,布置一些综合性强,有创造性的练习,以激发学生的求知欲,拓展学生的知识,但要注意适度,不要过分拔高要求,避免难度过大,使学生产生畏惧心理。我在教学《詹天佑》这一课后,设计了几道题目供学生练习,效果还好,请大家指点。

英老师:布置作业要针对学生学习能力的差异性,教师应设计分层作业。对于优等生,在完成少量机械性作业外,可增加一些思维性练习;对于中等生,在必须完成一定量的基础作业后,可以再让他选择自己感兴趣的练习;对于学困生,只要求他完成一定量的基础作业,重点要激发他的学习兴趣,养成他按时完成作业的习惯。我认为,陈老师的设计可以在分层上再下点工夫。

李老师:我认为练习的设计应充分考虑学生的积极性、主动性。但部分孩子往往自制能力差,对没有硬性规定的作业往往不屑一顾,懒得去完成,这就要求我们作业的设计与布置要有一定的针对性,不仅针对一定的"对象",更要针对"对象"的具体情况。

朱老师:现在好多教师认为抄词语这类练习过于机械,效果不大。这一观点我不能认同。就小学而言,字词是基础,如果基础不扎实,何来创新?我想词语还是要抄,至于抄的方式可以探讨。

……

(五)总结提升,回归实践

最后,我们总结提出了练习设计与运用的若干原则。

1.针对性。一要针对学生的年龄特征和知识水平,练习难度要适宜。二要针对教学目标,围绕新课程标准要求,在设计时,首先要想到:根据教学内容,学生应掌握哪些知识?应培养哪方面的能力?本次练习,不同层次的学生应达到怎样的水平?三要针对时代特征,与社会生活相联系,尽可能从现实生活中找素材。

2.创新性。一是练习设计的形式要多样,力求摈弃陈旧样式,开拓出一种新鲜的能激发学生求知欲望的路子,题型要求"新"求"活",不光让学生写一写,还可以把"画一画","唱一唱","演一演"等多种方法融入练习之中。二是练习设计的内容应注重创新方法的指导,要有利于学生了解创新的过程,初步掌握创新的方法。

3.层次性。这里包含两层意思:一是练习题本身体现层次性,由易到难,循序渐进,遵循学生的认知规律。二是承认差异,优化弹性练习结构,让不同层次的学生都能自主选择练习,并能较好地完成练习。

4.自主性。练习设计应注重提高学生的自我意识,充分挖掘学生潜能,培养其自我教育能力,从而逐步实现由依赖性学习向独立性学习、由被动学习向自主学习的过渡。

5.挑战性。设计的创新性练习要激起学生对练习的挑战欲望,使学生乐于做练习,使学习活动变得生动而有趣。如在设计中可以把小组竞赛、个人达标等手段融入其中,激发学生向自己更高的目标挑战,向更高水平的同学挑战,从而得到不断的提高。

在练习的运用中,我们要注重学生动手实践能力的培养,注重合作方法的指导。在评价上,要以着眼于学生的发展,进行多元评价。

案例点评

在这次教研活动中,教师们把理论学习、研究交流、案例分析有机地整合起来。撰写案例,能为教师提供记录经历、促进反思的机会;研读案例,能带给教师"经验的分享"及"理论的升华";回归教学,运用案例,能带给教师实践的创新。

在这次教研活动中,教师们把自我反思、同伴互助、专业引领和谐地结合起来。通过研究总结出的一套"教师与自我"、"教师与理论"、"教师与同伴"、"教师与专家"、"教师与实践"等对话方式,使教师能更直观地掌握学习和研究的方法,从而使教师不但得到专业知识的提升,而且树立终身学习的思想。

事实证明,这样的校本研训采用自己教师撰写的案例,以教师的"问题"为出发点,关注现实、立足"对话"、强调创新,能帮助教师解决教学中出现的问题,更有利于教师的可持续发展。

(宁波市鄞州区陈婆渡小学 陈碧波)

案例2.8 历史与社会课程的作业改革

(一)活动的背景与意义

长期以来,传统作业被视为"对课堂教学内容的记忆和强化",特别是有着"记忆"背景的历史与社会课更是如此。作业内容日趋封闭僵化,仅局限于学科知识范围,远离学生实际和社会生活。作业方法、手段单一,注重作业程式规范统一,强调死记硬背和机械训练。往往是做完填图题而不知地理位置;做完填充题、问答题只知道答案在书中的位置。作业评价也只是看看对或错,忽视了作业对学生发展的激励和实用功能。学生做作业的积极性不高,历史与社会课作业成了教师强加给学生的负担。

历史与社会课程标准指出：它不是从学科体系出发，而是把现实社会生活作为设计标准的基点。强调面向社会、面向生活，并不是不要学科的概念、知识和方法，而是运用这些概念、知识和方法去了解人生、理解生活、参与社会。我们认为，其作业过程是学生的智慧、知识、能力、情感、价值观最理想的生成过程和体现过程。所以我们产生了作业改革的想法。

（二）作业改革的基本思路

1. 多布置实践性的作业。作业可以采用"实践活动＋小论文"形式。如在初二历史与社会课上册的教学过程中我们要求学生完成一个有关自己这个家族演变历史的小论文。完成这个作业，首先，有一个学习的过程，在学习中培养了学生观察、倾听、识记能力。其次，也有一个思想感情的转变过程。另外，在实践活动之后写小论文，学生有话可说，能写出真情实感。家长的指导，既能让家长对学生进行督促，又可以让家长了解自己孩子的学习品质，还可以增进家庭成员之间的感情。当然这个作业也比较复杂，学生需要在活动之前做大量工作，如搜集素材、组织实施及撰写论文等。这对学生的综合素质是一个全面的检阅，也是一次很好的锻炼。由于活动是以家庭为背景，学生也一定会得到很多指点，对其知识的积累、组织能力、协调能力的提高大有裨益。

2. 多布置具有思想性的作业。在新课程的实施过程中，我在讲授某些具有现实性内容时，在布置了一些知识性作业后，坚持设计一些将所学知识转化为亲身实践的行为作业，比如九年级历史与社会中有关中国的资源、人口和环境问题的内容。我们要求学生观察、了解本地的相关情况，然后把行为作业完成情况及其所想所思用文字记录和整理下来，然后写进"个人的成长记录"，并选择专门时间组织学生交流、共享。相对于知识性书面性作业来说，行为性作业更能体现指导性、实践性，更能联系学生的思想和行为实际，准确地讲，更能适应历史与社会课功能教学和目标要求。实践证明，设置行为作业，能更好地贯彻历史与社会课的实践性原则，能充分发挥历史与社会课的德育功能，能促进学生知、情、行的转化和良好行为习惯的培养，对学生优秀品质的形成和社会实践能力的增强和创新能力的培养也大有帮助。

3. 多布置个性化的作业。作业的目的、内容、方法并非对所有的学生都是相同的,每个学生对作业都有着独特的需要、独特的目的。比如在学生初一学习过程中,我们会布置诸如:对你到过的旅游区的气候类型、特点和风俗习惯进行描述;绘出你所在社区 500 米范围内的平面图;在地图上量算出温州与你去过的最远城市的直线距离,找出沿途所经过的主要城市等。学生经历不同,作业的目的、内容、方法也应因人而异,让作业真正成为学生自己的作业。

4. 多布置开放性的作业。传统的历史与社会知识作业或统一订购的作业本上的作业是封闭式作业,其作用正在下降,而且学生兴趣不高。开放性作业以师生互动中产生的不可预见的新知识,即师生共同建构、创生课程产生的历史与社会新知识应成为学生作业的内容。在新课程八年级历史与社会课中学习阿拉伯国家和伊斯兰文化时,我们要求学生上网查找中东地区的政区图、历史沿革、资源分布及现代阿拉伯国家的发展状况等等内容,但并不统一要求格式或呈现的模式。从学生最后反馈上来图文并茂的作业可以看出,在这种开放性的作业中,学生对整个地区有了较为全面的了解,很多学生所了解和掌握的知识比教师还丰富。新课程向学生生活及社会生活等广阔时空的开放,也使学生作业的天地更为广阔。

5. 多布置主体探究的自我建构式的作业。传统的"温故"性作业将更多的转向研究创新性的作业。如:在初一历史与社会课中比较我国南方与北方的生活习惯及原因分析;在初二课中布置找出欧美各国在思想上的共性并分析出现共性的原因;从肯德基、麦当劳等洋快餐看欧美国家饮食结构及产生的原因等。新课程倡导培养学生积极探究,提高学生分析、解决问题的能力,并随着信息技术与课程整合的深入开展,学生搜集、发现、分析、评价、加工、利用信息的技术与能力将在学生的作业过程中得到凸显。历史与社会作业将变成新课程教学的动态延伸。对学生而言,是学生自我建构知识体系与认知升华的过程;对教师的教学而言,是对教学的深化过程,从而促进教学与课程逐渐成为一种良性互动平衡的"生态系统"。

（三）作业改革的组织实施

1.教师学习《历史与社会课程标准》和所教课程的内容，并以此为依据也考虑学生的整体状况来审视作业本和填充图册上的问题。根据学生的学情和课程标准对作业本和填充图册做适当的调整和删减，可以适当减轻学生在这两方面的学习压力和时间，以利于提出自主作业，而不增加学生的学习负担。

2.教研组教师通过学习讨论，统一思想和做法。每位教师提出自己本学期的创新作业的题目和思路。问题要求应适量，应符合相应的形式设计要求。

3.教研组根据大家的初步计划，在认真分析基础上，统一安排每学期的创新作业计划，并作好教师分工以避免一些内容重复或目标重复的问题，避免让学生做"无用功"。

4.组织评价与反思。我们为学生设计了《历史与社会》作业的评价表，以利于教师能比较全面的掌握学生的作业完成情况并及时作好分析、反思、调整，以便对自主作业加以完善。

表2.6 《历史与社会》作业的评价表

	评价项目	自我评价	同学评价	教师评价	家长意见
活动内容	参与态度与程度				
	收集资料情况				
	整理归纳情况				
	表达是否顺畅有新意				
	与同学交流合作情况				

（四）活动的作用与意义

通过这样的改革，有利于新课程精神的落实，让学生通过自主设计、自主选择、自主探究、带动课堂教学的优化，促进学生的主动学习，培养他们的合作意识，同时也改变了学生对于作业的态度。

通过这样的改革，有利于教师把握教学的主动权。过去的统一作业和填充图册，在一定程度上局限了教师的思维，无形之中使教师失去了对教学进度和内容安排上的主动性，而且由于学生的思维能力和基础知识的掌握不尽相同，往往出现部分学生"吃不饱"而另外一些学生却"吃不了"的现象。统一作业更多地考虑了评价的需要,却忽视了我们更应该关注的学生的学情和教师教学的实际状况。将教学中对学生要求的主动权还给教师,可以让教师大胆尝试实施新课程。

这样的改革有利于提高教育的效能。在教学中,教师往往会针对学生在学习过程中表现出的一些问题作特殊的要求。比如需要在平时的作业和课堂中加以关注,包括对地图知识的运用、对历史知识的探讨和在现实生活中的应用、对国情的真正理解和对国家一些基本国策的了解,等等。如果要仅从课堂的学习去落实所学的内容,不与现实的生活加以紧密的联系的话,学生的知识只能是流于表面的,而没有深入,一旦离开课本,离开学校,学生就可能对所学的知识遗忘得一干二净。从这一点上来讲,作业改革对于知识的深化无疑有着非常积极的作用。

(五)问题与反思

我们组织了学生作业完成情况的调查,发现了一些操作上的问题,获得了在活动过程中如何保持学生对自主作业持续性关注的反思意见。具体有:

1.学生在完成作业的过程中积极性比较高,但这些作业的要求(如实践性、综合性、建构性等)对于部分学生来讲存在难度,如何让那些学习基础比较差,学习能力比较弱的学生顺利地完成作业并有所收获是一个很值得继续探讨的问题。同时部分学生由于家庭条件的限制,社会经历非常欠缺,影响了一部分作业的完成。

2.我们把学生的作业完成情况,是否积极参与社会实践活动,是否能利用社会实践中的知识来分析、判断本学科的内容的情况都纳入对学生的综合评价中,以求得学生对作业的持续关注和作业完成态度的严肃性。但学生的学习观念是长期形成的,也受到家长对考试观念根深蒂固的影响。

3.一些需要学生合作完成的作业存在部分学生等、靠的惰性现象。他们把希望寄托在那些学习积极、活动中表现认真的同学身上,往往只在最后成果上署名,而没有真实参与。如何激励这些学生,促进他们的发展也是一个尚待解决的问题。

(温州市龙湾区海滨中学 李启建)

三、发挥作业评改的诊断功能

当前学生作业效率较低的另一个重要原因是，作业量过多，导致作业反馈环节没有落实。要充分发挥作业评改的反馈作用，就要克服以下弊端。

（一）批改不精细

现在现成的作业题太多，教师布置作业太方便，因而学生作业也多得苦不堪言。因为作业量大，导致精批细改难以落实，深入分析便难以保证。而且对于大量的测验性作业，教师以定量的分数反馈为主，即便讲评也多是对对答案。这就听任了学生的许多错误的继续存在。克服这种现象需要"有发必收，有收必改"的规定和"作业公示制度"等措施，让作业批改真正成为对学生平时学习的及时诊断。

（二）分析难到位

因为大部分作业来自现成的习题集，而非布置者原创，不少教师直觉上说不出作业的意图，或者说不透意图。因而作业批改中，将学生作业信息与作业设计联系起来思考的意识不强，在能力上制约了教师的作业分析。这需要开展多样化的活动，加强针对性指导，以提高教师们的作业设计与作业分析能力。

（三）问题太零散

学生在作业中反映出来的问题比较分散，太过零碎，需要教师系统讲评，但时间不够；如果不予讲评，积少成多可是不小的遗患。因而教师在作业批改中注意学生错误类型的分析和积累是一个重要习惯。但现实中很多教师没有建立作业批改的记录。如果教师在批改学生作业时，把学生作业中出现的这样那样的问题进行一个简单的登记、分析、归纳、小结和研究的话，就会大大提高教师对学生学习中出现的问题的系统把握。

(四)轻视讲评课

大部分教师重视新授课,但不重视习题讲评课。因而准备钻研不是很够。一般性地逐题订正一遍,并不一定能解决学生中的问题。我们认为,作业评改后的集体讲评是一种重要的课型。它要抓住带有普遍倾向性的问题,并注意从"典型错误分析、针对性矫正方案、强化性矫正训练、特殊问题解决行动"等四个方面进行讲评。

优化作业过程,既是教师研修的内容,也是促进教师教学行为改进的任务式的教师研修过程。我们要通过作业管理的努力,树立教师们关注与改进作业的意识;提高教师们作业设计与运用的能力;促进教师们对作业问题的踏实负责的工作习惯的形成。要鼓励和指导教师结合自己的教学实践,在优化作业的"编、选、布、改、评"等过程中,提高自己的教学能力。

专题6 研究教学测验

尽管我们正在努力倡导评价改革,但教学测验仍将是相当一段时期中学生学业评价的主要工具。不过,这并不是教师们消极地选择应试教育模式的理由。因为,随着课程改革的推进,学科教学测验的面目有了很大的变化,教学测验命制的基本出发点和命制策略有了明显的不同。研究教学测验其实是提高教师对学科标准的把握能力的重要载体。

组织教师研究教学测验的关键,在于扭转教师在测验研究中的被动地位。我们一直来站在应试的立场去揣摩最后考试的走向,去研究复习应对的策略,去进行常模比较的估计,而忽略了教学测验在学生更长的学习时期(不仅仅是复习阶段)中的导向作用。教学测验是教师用来指导学生学习的一种工具,而非现在十分盛行的衡量与评价教师工作的"标尺"。

学校中组织教师研究教学测验,要解决两个问题。一是通过掌握教学测验的命制技术,提高教师对学科标准与学科知识的把握能力,改善学习过程中的教学测验的质量,让考试测验在更多的时候扮演配合教师的教的角色,而不是教师心中毫无把握的、费心猜测的"黑箱";二是提高教师分析教学测验结果的水平,促进测验结果的正确恰当地运用,让测验帮助教师具体分析和诊断学生的学习现状和自身的教学问题,而不是通过昭示教师的业绩排名,简单给出对教师工作的明确鉴定和笼统建议。这两个问题的解决可能并不仅仅是技术的问题,它在教育观念上对我们教育管理工作者和广大教师也提出了明确的挑战。

一、改进教学测验的命题

在目前许多学校的教育质量管理体制下,教师与考试的关系,就好像"老鹰逮小鸡"的游戏中的"鸡妈妈"与"鹰嘴"。"鸡妈妈"紧盯着忽左忽右的试图攻击"小鸡"的"鹰嘴",而疲于遮拦,根本无暇顾及后面的"小鸡"是否紧紧抓住"首尾相接的裙裾"。当遮拦与躲避越来越激烈时,便是"小鸡"频频淘汰时。尽管孩子一生必然要有几次面临"鹰嘴"虎视之下的"隘口"的挑战,但这并不是我们在所有时间都让"鸡妈妈"和"小鸡"生活在"鹰嘴恐怖"下的理由,哪怕我们留一些机会让"鸡妈妈"回头来教教"孩子"们如何突破"隘口"的办法也好啊。这十年来,我们似乎不能理直气壮地提倡教师主动地关心、理解和运用教学测验,这难道不值得反思吗?

不会命题的教师,是很难成为真正意义的好教师的。当前,也许只有少数优秀教师还有命题的权利与经历,而大部分教师只能被动地面对测验。而失却了命题锻炼的教师,往往很难准确把握课程标准与考试说明,也很难有学科的整体视野,这样也便注定了他们只能在三流教师的层面"扑腾"。

教师们要学会命题,既要注意经验积累,更要从科学规范的命题经历中,掌握知识能力的目标分析、试卷结构的规划、素材的获取与加工、语言文字的斟酌表达、难度等指标的估计与控制、评分设计等技术。

要提高教学测验命制的质量,关键要把握好新课程的本质精神,关注能力培养和联系生活实际的实践学习。教学测验是教育教学的"风向标",教学测验能否体现新课程精神是评价测验质量的最重要的指标。其精神可以概括为"强调基础、控制难度、能力立意、学以致用"。强调基础,控制难度,就是要依"标"源"本",重视核心知识与核心能力的掌握,不搞难繁偏旧;能力立意、学以致用,就是要注重学生在分析解决实际问题中的多方面的学习能力,以生活化的题材鼓励学生学用结合。

要提高教学测验命制的质量,就要稳定测验的命制思想,在稳定中前进。之所以目前考试测验备受批评的一个重要原因是命题思想的不够稳定。教师和学生似有无所适从之感。所以稳定命题思想是提高测验质量的关键措施之一。但在新课程改革背景下,既要稳定,又要前进,这是一对必须正确处理的辩证关系。

要提高教学测验命制的质量,就要建立命题规范,提高命题技术。命题规范是保持命题稳定和贯彻考试说明的重要保证。而命题技术则是实现命题意图,实现评价发展的生长点。在新课程推进中,如何将传统评价颇感无奈的过程与方法、情感态度价值观等的评价体现在测验中,如何将综合实践活动的导向信号体现在测验中,如何保证中等难度以上试题尽量原创,如何多以新情景下的试题考查学生的知识与能力,克服"过度学习"的影响等,都是对评价技术创新的要求。

要提高教学测验命制的质量,就要重视试后的命题技术研究以及在试题研究中解读教学建议。加强命题反思既是提高命题能力,同时也是贯彻命题意图、改进教学的重要措施。在命题过程中,要记录下试题产生的过程与命题意图,并坚持试后分析,以使经验转化为自己的策略。

案例 2.9 教师自主命题的期中考试

（一）活动的背景与意义

过去学校组织考试时,往往考虑更多的是考试成绩的排名和对教师评价的公平性,因而采用其他学校或教育行政部门统一命制的试题,这在不知不觉中剥夺了作为教师应该拥有的考试命题权。

一段时间里,很多教师的教学几乎都是围绕考试而展开的。从某种意义上甚至可以说，我们有不少教师不是在教书，而是在教考试。很多时候，我们的教学几乎陷在猜谜和谜底揭秘的怪圈中，应付考试成了我们教师一年又一年的煎熬。我们几乎忘记了自己早年的学习就是在自己教师命题的考试下成长起来的，而如今考试命题甚至编习题对我们的教师来说都变得越来越陌生。这样，我们的教育就变成了考什么我们就教什么，而不是教什么就考什么。

在现实中，我们也发现，由于社会、家长、学生对考试的迷信，加之教师又是不具备命题权的，于是教师的许多正确的教育行为受到诸多怀疑，教师在平时对学生的一些习惯、态度的要求，学生和家长居然会以"考试反正不考这些"为由而加以拒绝。我们想，这种情况在教师无法改变考试命题状况的情况下是难以改变的。当然这可能是一些极端例子，但是能否给教师一些命题权，让他们在试卷中针对平时对学生的教育做一些刻意的设计，教师的教育功能也许会发挥得更好一些。

在这样的背景下，我们的教师在教学中关注得更多的是在考试评价中能体现的那部分内容，而其他的一些更有价值的，可能会对学生产生终生影响的东西却被抛弃了，长此以往，教育功能会因此而萎缩。

近几年来，台州市教研室对中考命题采取开放的姿态，使得我们有机会了解中考命题的全过程。在这样的一种背景下，学校和教师开始普遍关注中考命题。我们学校也因此连续三年要求教师就当年的中考试卷进行评析。一些教师已表现出对中考试卷较强的把握能力，但还是有相当多的教师在分析中摸不着门路，分析起来要么不着边际，要么就事论事，难获启发。我们认为，主要原因是教师长期以来未能直接参与命题。基于这些思考，我们决定在一定范围内还教师一些命题权。

为什么这一探索还局限在一定范围呢？其一，大范围的统一考试目前还不太可能消亡，学校为了生存也必须要应对各种各样的统一考试，所以完全拒绝这样的考试而全部采用教师自主命题不现实；其二，尽管有各种各样的统一考试，但是学校内部也还是有各种类型的考试，这些学校有自主权的考试，完全可以放手让教师自己去命题；其三，考虑到教师的工作时间，我们也没必要对每次的单元考试都做详细的要求，但作为期中考试这样一个传统的大型考试，我们可以把它组织成一次有关自主命题的教研活动来操作。

（二）活动的意图与目的

基于以上思考，我们开始实施期中考试的自主命题。我们认为，以这种方式组织考试有以下几个好处：

1.过去我们组织大型考试多是采用联谊学校的试卷。这样做相对客观公平。但这样做就要求我们教师的教学安排必须要跟上联谊学校，无形之中使教师失去了对教学进度和内容安排的主动性，另外由于校际生源质量的差异，考试的难度定位不一定适应我们的学生。借卷考试更多地考虑了评价的需要，而忽视了我们更应该关注的学生的学情和教师教学的实际状况。所以，我们认为，对期中考试采用自主命题，至少把一个学期的教学安排的主动权还给了教师，使教师在一定时段内能够放开手脚，大胆实施新课程。

2.教师自主命题，有利于控制试卷难度。多年来，我们对考试往往有一个误解，以为考试是对学生前一阶段学习的总结和甄别，但却忽视了考试对学生后续学习的激励作用。在目前的学校教育中，有不少学生因为一次又一次考试成绩不理想的打击而一蹶不振。我们为什么不能让学生在考试成功的喜悦中开始新的学习呢？准确的试卷难度控制需要高超的技巧，惟有让教师们在对自己学生进行命题的锻炼中，才能逐步实现较好的控制。

3.教师自主命题考试，可以有效提高教育的效能。在教学中，教师往往会针对学生在学习过程中表现出的一些问题作特殊的要求。这些要求需要在平时的作业和课堂中加以关注，同时也需要通过考试对学生的矫正情况进行诊断，从而促进学生学习改进。但大规模统一考试不可能体现考试的这一作用，教师平时的针对性要求却落空了。

4.通过命题，还可以促使教师对知识点和具体要求进行梳理和分类，从而提高其对教学内容的把握能力。这种能力对一个教师的成熟是非常重要的。其实在我们身边确实存在着大量对自己的教学目标和内容还昏昏然的教师，这不能简单归咎于教师。我们的教师没有命题的机会，他们似乎就无须进行阶段教学内容的梳理，即便是复习迎考，我们已经有太多的现成的复习资料，大把的诸如"全案""秘籍"使得教师们几乎无需做太多的准备就可以带领学生开始复习。而当我们把一定范围内的命题权还给教师，也就造就了一个迫使教师进行阶段梳理的环境，也便有利于促进教师的职业成熟。

5.在命题规范要求下进行命题活动，可以有效提高教师的命题水平，并迁移到教师平时的作业命制。这样既可以帮助教师掌握命题规范，在备课组共同研讨中命制出符合要求的试卷，并在试后反思研讨中提高教师命题与作业编制的水平。我们知道，教师抓教学质量主要从课堂、作业以及学习习惯、学习态度入手的。这几年，越来越多的学校要求教师自编学生作业。这相对于前几年简单地用一套或多套的征订练习而言，肯定是一种进步。但自编作业的质量，作业的难度把握等问题又出现了。解决这些问题必须要提高教师的能力。我们有必要给教师这样一个就命题而开展的研讨活动，来帮助教师提高这种能力。

6.按照规范参与试卷命制的全过程，有利于提高教师对各类统一考试的把握能力，从而提高教师组织复习迎考的能力。从我们学校已组织三年的中考试卷评析活动中不难看出，不少教师的试卷评析中，有的对试题命制的意图理解不透，有的对具体题目的考点分析不够全面，尤其是试卷中对学生的学习习惯较为隐蔽的考查，试题与教材、课程标准的关系还无法完全解读。我们认为，造成这种状况的原因，主要是教师长期没有参与试卷的命制，使得他们对别人命制的试卷的分析犹如隔靴搔痒。也就是说，只有让他们真正参与了试卷的命题活动，他们才会通过试卷与命题人产生一种平等的对话，由此才会产生真正的理解。

（三）活动的制度准备

学校的任何一项教研活动要想长期坚持下去就必须要有制度的保障，更何况我们这里所说的教研活动涉及考试。因此，我们在组织这个活动前，对学校的几个评价制度进行了修改。

1.取消期中考试对学生成绩的排名。在我们原来的制度中，期中考试的评价占整个考试评价的 40%，如果这个评价继续存在，它必然会影响到我们这次活动的有效开展。

2.降低考试评价在整体评价中所占的份额。我们的修改并不是因此而改变考试评价的主导地位，因为毕竟还有社会生存的压力，我们只是将考试评价从原来占的 75% 的份额降为 60%,并将减出来的 15% 纳入到过程性评价中去。

之所以这样做,是因为学校已经在社会上建立起了良好声誉,生源质量趋于稳定,各教学班的成绩差距不大,没必要再让教师过多地计较分数。学校要做的是如何提高教师的教学水平。

(四)活动过程设计

1. 组织命题规范的培训

在离期中考还有四周时间的第 6 周,学校教务处组织了期中考试命题的培训和任务布置会,具体要求如下:

(1)规定试卷的分值、考试时间和难度要求。

(2)任课教师每人命制一份试卷,然后由备课组研讨组合成卷。

(3)试卷的命制要注意备课组在教学上对学生的要求,尤其是平时学生不太注意的作业订正和书写规范的问题要在试卷上做刻意的设计。要有对综合性学习的考查。

(4)允许参考常见题型来拟定试卷结构,但各年级要根据自己学段学生的特点,做一些改变和创新,不要完全照搬中考试卷的框架。

(5)试题的来源可以是学生平时的作业(或将其改编),但应控制题量。整份试卷应保证一定量的重在考查学生能力的原创题。

(6)命题的规范步骤

①明确考试范围。对考试范围内知识点进行梳理,并按照"了解与识记""分析与理解""运用与评价"进行罗列记录,并列表向学生公布,作为学生的复习依据。

②做好试卷框架规划。根据知识点和题型的分布规划好试卷,并确定每一小题的分值和预估难度。

③备课组成员每人根据已经做好的试卷规划表命制一份试卷。试卷要逐题标明试题来源,要求使用"复制"、"改装"、"原创"等用语,原则上复制题不得多于 1/4(以题量计数)。

④根据命题计划,在各成员命制的几份试卷的基础上,组合成一份试卷。综合过程必须要全体参与、共同研讨,要让大家明白组卷过程不是简单的选题和组合,它还可以是改装以后的再组装。

⑤进一步推敲试题,并形成参考答案和评分建议。

2.组织命题反思

我们在试后组织了抽样调查,并将抽样数据与备课组原先做的逐题难度预估的数据同列一张表,作为各备课组事后分析的参考,大家可以根据预估数据和实测数据差异分析成因,寻找对策,交流经验体会,讨论改进建议。

(1)整体评价。这一工作由教务处进行,主要是根据预估难度和实测难度的比较,分析考试的整体得失。应该说,各学科基本实现了原来的难度控制目标,考试的激励作用已经实现。这得益于试卷命制过程的严格规范和备课组的集体研讨。

但我们也看到其中有两份试卷在难度控制上存在问题。其中七年级英语试卷偏易,难度系数达到了0.92(分析略),九年级的社政试卷,难度系数为0.71,显得偏难。那么究竟是试卷题目的偏难,还是教师对教学的落实情况估计不足呢?九年级社会政治备课组对学生的答卷状况有如下一段分析:

"学生对材料的分析和理解能力还非常弱。如对26题和28题的材料的分析与理解。26题的(1)材料一反映了哪些道理?这题的错误率是最高的,即使是会回答的同学,也是回答得不全面的。主要原因是学生对材料的理解与分析还很不到位,以及对材料中的有效信息的提取能力比较差。"

备课组分析认为,学生丢分主要是对材料分析题的不适应,同学们还没有学会如何解答材料分析这一类题目。材料分析题是从七年级开始就有的题型,而且这道26题所考查的能力点也属课标要求学生必须掌握的内容。由此我们推测,问题是否会出在平时的教学上呢?带着这样的疑问我们走进教师的课堂。结果在课堂上发现,本应作为学生材料分析能力训练的环节由教师的讲解代替了,或是课堂的小组讨论效果不好。由此我们把下阶段的改进放在平时的课堂训练上。

(2)考后分析的另一环节是以备课组为单位的反思总结。由于是教师们自己命题,大家的考试分析都写得特别认真,特别详细。考试分析中不仅根据学生的答卷情况分析了平时的教学不足,而且还给出了若干教学建议。值得注意的是,这里的建议是教师们自己提出的。我们认为,这样的效果远比学校哪个领导或部门对其提出建议或要求要好得多。

(五)问题与思考

1. 在教师们的分析报告中,我们发现一个较为常见的问题,就是命题反思做得不够。这一方面是因为教师还需继续训练,另一方面可能是我们在组织命题的过程中忽视了让教师记录每道题的命题意图的环节,这应该是帮助教师们做事后反思的重要手段。这一疏忽是这次教研活动的缺陷。

2. 这次命题,尽管我们在试卷的整体难度把握上达到了预计目标,但我们也发现各试卷的部分题目的实测难度与预估难度相差悬殊。这反映出教师们在难度控制上还存在不同程度的问题,还存在着对学生学情把握不准或是对自己的教学效果认识不够的情况。

3. 对以这样的形式组织考试,教师们众说纷纭。在这里我们来看一看教师们是怎么说的。

我们教师怎么教就怎么考,那当然学生就怎么学……对于我们学校的考试方法、考后的总结,我非常赞成。保密工作不值得一提,那是教师素质的问题,因为漏题成绩高了没什么好炫耀的,成绩低了要查原因。总之我认为我校的考试能考出学生的能力。

——苑洪申

关键是任课教师自身的认识,考试的目的一方面是检验学生对知识的掌握情况,这是教学工作中的一个重要环节——教学反馈,另一方面在一定程度上检测出教师的教学情况。为了某种"原因"而特意漏题,是极不负责的,不但没有真实反映教学情况,反而会造成教学工作的混乱,如果在规模比较大的学校还会导致严重的教学事故。

在试卷保密工作中还要有制度来约束、规范操作。可以采用命题者与教学者的分离,还有在印制之前不要让"规定以外"的人员接触,尽量缩短保密的途径,减少泄密的几率。

——钱卫民

对期中或月考的命题由备课组自行命题有利有弊。

利:备课组内对教材及教学要求比较了解,试卷的难度容易控制,避免出现偏题、怪题等,对学生的学习具有较强的指导性。

弊:由于各方面的压力,教师容易出现泄题、漏题的现象;试卷的题型和考查方式容易受个别教师的影响,长期下来,学生对其他教师出的题可能出现不适应现象。

——苏爱娣

这里,只选取了几位教师给教务处的网络留言,这些留言基本代表了大多数教师的观点。他们对这样的考试形式基本上持赞同意见,存在的担忧也是显而易见的,那就是对评价的公平性的担忧。尽管我们已经取消了对期中考试的评价,但是作为教师对分数近乎天性的敏感并不会随着我们的评价制度的改变而立即发生变化。我想,这样的争论在今后的考试中还会继续下去,但不管怎样,我们的路是必定要走下去的,因为我们已经看到了教师在其中的进步,而这正是我们的初衷。

(玉环县实验学校　金李欢)

二、科学运用测验结果

在教学过程管理中,考试结果的分析与运用是一项重要工作。但是,大家对考试结果的运用过多地从定量化的角度用分数来进行评估,而缺少基于定性分析的教学指挥。这既是教学过程管理改进的一个切入口,也是教师研修的重要内容。

(一)测验结果运用中的问题

学业评价分为水平性评价、选拔性评价和发展性评价三种模式。但当前的学业评价活动过度采用选拔意义的评价模式,对所有学生的各个学习阶段都采用"淘汰式"的评价策略,从而导致越来越多的学生以失败的体验面对学习。客观地看,选拔意义的评价是利弊共存的。我们批其弊端,并不是批评选拔考试本身,而是批评其方法和结果的滥用。与新课程思想对立的并不是评价的甄别功能,而是我们过去在实践中,对甄别功能的滥用。

1.无视学生基础与心态,滥用相对评价。不同学生对于评价模式的适应是有差异的,选拔性评价对于优秀学生和中上学生较为适宜。而对于中等偏下的学生要减少横向比较,多作纵向的发展性评价。但很多学校没有区别对待,这种一视同仁打了中下学生的学习积极性。

2.无视学习阶段的特点,过频过密地运用相对评价。适当时候进行学生"排队",可以帮助学生了解自己。但是过于频繁地运用常模参照评价却会使学生产生焦虑,甚至会顿失信心。目前学校评价中已有对选拔性评价的简单依赖,以为这是抓质量的法宝。

3. 强调单一以纸笔测验成绩为依据的选拔性评价,明显削弱了其他学习目标的要求和评价。

4. 由于甄别功能在操作上的简易和加强,评价的其他功能便被削弱,尤其是教育与改进功能的萎缩,甚至使评价沦为束缚和压抑学生的工具。

因此,调整评价结果的运用策略是当前推进课程改革的重要环节。帮助教师学会科学地分析与运用评价结果迫在眉睫。

(二)测验结果的分析方法

测验结果的运用确是一把"双刃剑",要让教师正确认识与运用考试是恢复考试评价本来意义的所在。其关键主要有三:一是把握规律;二是了解学情;三是研究对策。

很多学校,都有月考、期考的统一分析制度,并将考试结果与教师效益工资联系起来。这种评价模式体现了对各阶段考试成绩的监控。但由于一般性测验命题的不稳定性,教师教学会呈现被动应对的飘忽。所以,这一模型适用在较为标准严肃的考试结果的分析上。然而,大家在实际工作中基本上没有注意这一点。

面对考试结果,我们不能失却清醒的判断,否则教育教学过程管理会更加混乱。广大教师对考试结果的中肯分析与系统研究,其实是最现实的研修。教师对考试的分析研究可以分为:以学生个体为单位的研究、对某次考试的研究、对考试趋势与信息的研究。学校的责任是保持良性的政策环境,以利于教师个体研究成果的共享,以及关于考试的团队研究,并将之及时转化为教师对命题意图的理解以及教师的命题能力。

案例2.10　评析期中试卷的教研活动

（一）背景

考试是教学过程中的一个重要环节，认真地研究和分析考试结果对于改进教学、提高质量有着至关重要的作用。学校一般在比较大型的考试后，会举行以年级段为单位的试卷分析活动，并把考后试卷分析纳入学校常规的教研活动中。但事实上，大多数教师对试卷分析的教研活动不感兴趣，原因可能有：

其一，教师忙于完成学校教学任务，过于关注学生的成绩，教师反思的时间比较少。分析试卷时，只是关注本班成绩、平均分，以及与段平均分的对比、与其他班级的分数差异，缺乏对考试重要意义的关注，缺乏对教学过程的反思和对下一步的工作方向、改进措施的思考。

其二，在试卷分析会上，通常由本年级一两位教师进行试卷分析，其他教师只是听或简单补充，教师的主动性不强，认为只是一种形式，不能真正融入教研活动中去。

其三，教师在试卷分析会上，可能听得很激动，想想很感动，但由于学校没有具体行为跟进，教研活动中认识的提升就不能落实到具体的活动中去。

但作为一线教师，如何通过试卷分析，找出整个教学过程的得失、找到改进教学的方法与策略，以及如何撰写试卷分析报告等，都是应该具备的基本能力。而教研组有效开展试卷分析活动也是一项不可缺少的重要工作。因此，作为教研组长的我，在本学期开学初，召集三个备课组长一起商讨、筹划，在期中考后（第11周），举行一次"反思、对话、行动跟进"的校本教研活动。

（二）过程

1. 准备

在本学期第8周，我发给每位化学教师两份优秀化学试卷分析报告样本和一份试卷分析报告格式样本。样本格式如下：

第一部分,试题评析

(1)试卷结构(题型,题量,分值等)

(2)试题特点(有无体现新课程理念,覆盖面情况分析,难易度、区分度,与课程标准、省指导建议的要求(教学大纲)是否一致。)

(3)学生得分情况(班级平均分、段平均分、最高分、最低分,各题得分率等)

第二部分,阅卷中发现的问题(学生对知识点掌握情况分析,对失分较多的题目,分析失分的原因;对失分较少的题目,分析得分的原因。)

第三部分,建议

(1)教师在今后的命题过程中,应当注意哪些问题,有什么好的建议。

(2)教师在今后讲课的过程中,应当注意哪些问题,在哪些方面需要改进,哪些方面需要加强。

(3)学生在今后该门课程的学习过程中,应从哪些方面入手,怎样才能学好该门课程,怎样才能达到事半功倍的效果。

第9周期中考,考后教师流水阅卷、评改、登分、统计,我们要求各任课教师在一周时间内,根据考试情况,针对自己班级作出试卷评析报告,并做好11周教研活动发言准备,发言时间5～10分钟。

2.试卷分析教研活动(第11周周四下午2:00～4:30)

(1)各位教师汇报考试后的分析及思考。发言简况记录如下:

高一段的平均分为80分,在他们的发言中指出试卷较好地体现了新课程标准的精神,经过一个多学期的新课程磨合,慢慢走上了正轨。但去年刚分配来的张教师所教三个班级的成绩有些落后。她认为探究性学习在课堂中落实相当困难,课时很紧,自己课堂效率不高。

高二段的平均分为78分,这学期有省会考,他们现在理科班的教学情况较好,但文科班缺乏辅导资料,文科学生对理科学习缺乏兴趣。

高三的四位教师发言比较深刻,他们分析了二模成绩以及近来学案教学的成效。他们据此对高一、高二时的教学作了反思,对其他年级教师也很有借鉴意义。

(2)分年级备课组讨论下阶段最想尝试做的事情(40分钟)。

(3)集中交流,听各备课组长发言。

高一吴老师:高一教师既要体现新课程理念,又要讲究课堂效率,我们组张教师她自愿开出一节去掉"铅华"的"家常课",时间为12周周四下午第一节,希望各位教师为我们组课堂把脉诊断。学生方面,我们组准备成立两个团队,一个化学兴趣小组,一个为雏鹰展翅活动(后进生个别导学),我们组四位教师轮流指导。

我们力求让更多的学生喜欢化学。

高二张老师：我们组现在重点要解决文科班问题，大家说我的教学效果好，推举我在文科班开出一节提高对理科课程兴趣的复习课，那就定在12周周四下午第二节吧。另外我们准备在这两个月内根据文科学生特点，四位教师分头编写资料，让文科学生一个也不能落下。

高三卢老师：今天是5月10日了，离高考我们只有8节课，这八节课的时间，我们要一秒秒地算，每节我们都采取"一次备课、资源共享，二次备课、彰显个性"，精雕细琢，公开课就不开了。学生方面，讲如何排除学生的心理障碍和思想障碍，讲得分技巧，讲考试技巧，这也是学生的应试能力培养，也是能力啊。

3.行为跟进

第12周周四下午安排了两节公开课，分别请高一与高二的两位教师授课。高一新教师张老师开课的课题是化学必修2《甲烷》。高二陈老师开课的课题是《生活中的有机物的复习课》。两节课都拍了录像。

课后教研组成员坐下来，每位教师至少点评一次，可以边播放录像边进行评课。评课结果是这样的：第一节课，在总体肯定的基础上，从上课气氛、提出问题有效性、三维目标落实、学生掌握情况等四个方面进行点评。诊断出新教师课堂教学的得失，特别指出她的一个弱点——语言不精练，这也许与课前的备课是否精心、教学设计思路、提问的方式有关。还指出今后教案要写详案，要有上课流程图，重难点时间要有大致的规定等。张老师也看到了自己的问题，感触很深，也有强烈想改变的欲望，她要求以后教师们多给她指导，回去要及时写教学反思。

第二节是高二陈老师上的有机复习课，是从生活中的油、酒、醋讲起，学生兴趣很高，达到文科班的学生要求水平，一节课能让文科学生把乙醇与钠反应、乙酸酯化反应、油脂水解反应一一掌握，总体不错。评课后，一致认为课堂要以具体的学生为基础，离开学生的实际，再高超的教学技能也不行。教师们说，这节课他们启发很大。

第13周周四下午，我们三个备课组分组活动，由各备课组长主持，如何针对不同层次学生的情况，提出不同发展方案，确定具体步骤、时间、地点，真正把措施落到实处……

第14周、第15周……我们边行动边反思边调整，在实践中成长。

4.博客札记

张老师:这是一次最紧张的教研会,由于第一次上台发言,第一次上质量诊断课,第一次评别人的课,收获特大,对自身成长起到很大作用,我要把这些感受及时记下来。

宋老师:以前活动,我好像都是配角,也不用准备,也不想发言,开会很轻松,也没有多大收获。但这次不一样,做了充分准备,发现自己分析报告写得挺深刻的,上台发言也很精彩!掌声不断,找到主角的感觉了!

卢老师:这次活动重视了行为跟进,一环引出另一环,显得实在、高效,更为有意义!以前这些措施也有想到,只是没有去做,就成为一句空话。

吴老师:以前觉得教师做研究工作很难,现在想想,不对。我们反思、研究身边的教学细节,研究自己,就是做研究的工作,我们要让研究成为常态!

周老师:我们以研究的状态做自己该做的工作,英雄就是做了自己应该做的工作之人!……

(三)启示

1.创设安全的、信任的教研环境

本次活动创设了一个安全的、信任的、允许犯错的氛围,没有把考后反思会议变成"检讨大会",真正为教师着想,帮助教师解决教学过程中出现的问题。在这次活动中,不是让问题成为教师的压力,而是让问题成为教师成长的起点,大家都开放心态,敢于质疑别人的经验和做法,敢于表达自己的经验与不足。教师之间有交流,有互动,有知识共享,是一种对话。这样的活动是令教师期待和满意的研修活动。

2.预设多样化的教师参与方式

本次活动策划了各教师在活动中的参与点,设计让不同层次、不同类型的教师都有所收获。本活动分四个环节。第一环节——撰写试卷分析报告,意图在于,促使教师学习教学理念、新课程理念,促使教师反思,促使教师思考教学改进方案。第二环节——教师发言,意图在于,促使教师更深入地学习教学理论与教学反思,这个环节更呈现教师的个人素质、内涵与魅力。从活动中表明,教师对这个环节很重视。第三环节——分组讨论,这个环节能促使教师人际交往更加开放,面对群体行为的问题,通过头脑风暴、不同观点撞击,把行为改善与理性思考联结起来,最终解决,形成合作、共享的团队意识。第四环节——行为跟进,促使教师把提升的认识付之于实践,解决实际问题,更需要团队与个人的紧密结合。本次活动注重通过多样化的参与方式,调动教师的积极性。总之,教研活动组织的形式是多样的,但无论以何种形式进行,有效的、有质量的教研活动一定是充分调动了教师的积极性,是教师所需要和所期待的。

3.有效的教研活动需要"行为跟进"

"听听激动,想想感动,回去不动",这是一些人参加教研活动的写照。在本次活动中,教师反思了自己,也分享了别人的反思,提出了策略,也借鉴了别人的做法,这使教师处于一种提升、激发的状态,趁热打铁,马上行动,效果就明显。这次研修活动向教师们传达了一个理念——文本讨论是重要的,然而行为跟进更重要。通过"行为跟进"我们将讨论中的东西进行结构化,在理性认识提升之后落实到行动,这是教研活动的一个重要目的。在"行为跟进"过程中,还会出现:计划—行动—反思—改善—再行动—再反思之间循序递进的过程,教研活动就会产生许多生长点,促使教师在做中教,做中学,做中求进步,以做为中心,教学做融为一体,也促使学校教研组成为群众性的、合作研究的实践共同体。

(温州市第二高级中学　黄秀娟)

专题7　改革学业评价

学业评价改革的内容与要求十分丰富,但它又是课程改革最困难的一环。教师运用评价的能力的重要性,并不亚于教师的课堂教学能力。要将新课程的评价理念转化为操作性实践,必须要建立关于学科学习能力和学生综合素质的过程性评价体系。而这又是当前教师教育教学中比较忽视的领域。

过程性评价的价值主要有三方面:一是关注学生具体能力进步的过程,使评价变为教育的一种手段,从而实现及时反馈和学习改进;二是突破常规考试中难以展现,但却是学生成长中的关键学习能力的评价问题,从而遏制愈演愈烈的"惟考是教"现象;三是从学生个体发展的角度评价学生,通过各种形式的成长记录鼓励学生,"只要学生在进步,我们就要给掌声"。

一、学科能力分项评价

过去由于考试评价技术的限制,许多在考试中难以展现的重要能力往往被忽略。新课程实施以来,我们倡导用过程性的分项评价的方法,让学生重视这些目标的达成。实际上,这些能力是与显性于纸笔测验中的能力相辅相成的。

譬如听、说、读、写都是语文的核心能力,但目前的教学测验只以阅读和写作为主,所以许多学生进入初中后,就基本上不注重朗读和听说,能够自在规范地进行言语表达的学生越来越少。同样的例子也反映在综合课程(科学、历史与社会)中,这些课程要培养学生的观察技能、实验技能、信息获取与分析能力、探究能力以及社会实践能力等,如果简单地以教学测验替代课程评价的话,课程目标的达成肯定会大打折扣。

教师们要研究如何科学建立学科分项评价体系,如何使这一改进能够得以坚持。这既是评价内容多元化的尝试,也是评价方式多样化的体现。其实践策略主要有:

(一)评价项目不必太多,但要有明确的评价目的与目标能力。目标能力应有相应的发展序列和分类维度的横向统一。必要时,可以设计整合多项目标能力的评价项目;

(二)以实践性的能力评价为主,与教学测验的测验目标互补。实践能力有两个层级。一是听、说、观察、操作等较为单一的技能;二是信息分析、科学探究、社会实践等综合性的能力。评价设计时应循序渐进,可以通过综合性活动呈现单一技能的进步;

(三)评价意图应重在过程的提高,而不必太拘泥于公正与量化。要为学生提供多次机会,让学生日常表现与最佳表现都有呈现的机会;

(四)评价项目操作应简单易行,并尽可能以任务式、主题式、展示性的形式出现;

（五）评价活动要渗透于教学过程中，与正常的教学活动相结合，而成为自然的环节。在评价促进学生的同时，为教师教学调整提供依据；

（六）要注意分项评价的分散性，要保证较大的参与面，要防止形式化。

实际上，许多教师都在平时的教学活动中穿插有类似的设计，因为大家深知这是应该的学习过程。但往往是学校过于注重测验分数的横向比较，打击了教师们科学系统地改进评价的积极性。如果学校能够真正注重学生评价的完整性，分项评价应能对学生能力的进步以及学业分数的提高产生贡献。因而它是学校教研活动的重要主题。

目前，分项评价较易实施的是语文学科。它可以分为语言表达、词汇掌握、阅读能力、写作能力等方面的评价，并采用写字卡、朗读卡、积累卡、阅读卡、表达卡等方式，贯穿于学习过程中进行。其他学科目前较为容易推开的形式主要有口试、制作、实验、主题活动评价、综合实践活动成果的交流评价等。

案例2.11　小学过程性评价案例

《基础教育课程改革纲要（试行）》提出要"改变课程评价过分强调甄别与选拔功能，发挥评价促进学生发展、教师提高和改进教学实践的作用"。不少教师思想上认同这一主张，但实际教学行为却有意无意地违背了这一要求。他们或诉及自己的苦衷，诉及社会学校的功利要求，诉及过程性评价的繁琐与浪费。而杭州求是小学的教师却在教育教学行为中实施着朴素的过程性评价，"于无声处"体现过程性评价的价值。

评价目的：为了判断还是为了诊断

这些年，教育行政部门努力推广等级制评价方法。但由于对等级制评价的意义存在误解，很多地区目前仍然沿用分数制，或是在等级制框架之下行分数制之实。大家对这个已经被高度抽象化的分数如此感兴趣，其原因是为了判断孰优孰劣。然而真正对后续教育教学有价值的是诊断，而非判断。

在教师对孩子转学考试的现场分析中，我发现了久违的出于诊断分析目的的学科能力分项等级评价，从中可以鲜明地对比出诊断与判断的思维差异。

今年秋天,我将孩子转学到杭州求是小学。孩子参加了学校组织的转学考试。孩子应该属于中等程度的学生。当他在考场中作答时,我还是有些忐忑不安。考试结束,教师当着孩子与我的面批改并分别反馈答卷的情况。

我发现试卷上没有我们过去习惯的分数,各题也没有赋分,只是试卷标题下有张短表。教师在下面的各个栏目上批"优"、"良"等级。

项目	基本概念	基本计算	数学应用
评价			

教师先叫过一个女孩,分析说:"你很认真仔细,计算部分考得很好,基本都对,优秀;但是你的基本概念还掌握得不够好,综合起来是良好,有些概念还没有完全弄懂,喏……这可是很重要的;这次数学应用,你得的也是良,有些联系实际多一点的题目,以及与例题有些变化的题目,你就容易错,看来下阶段你要在灵活性方面下点工夫……"

随后,教师叫过我和孩子,摊开试卷,分析说:"这位小男孩有点特别,他的概念与计算都是良,而数学应用倒是优秀。基本概念部分,他主要错在一些似是而非的题目上,小孩子课外了解的一些知识,还一知半解就想在试卷上露一手,这样圇圇吞枣可不行。计算部分的许多错误很不应该,这个'6'抄到后面就变成'0'了,这种马虎粗心是必须要克服的。不过,这位小朋友的数学感确是挺强的,最难的应用性问题,他倒是优秀。潜力是有的,但这个马虎粗心不克服,再聪明都很难考出好成绩……"

对于两位都是"两良一优"的学生,依照传统评价方法,就是相同的分数。教师的建议也便是笼统的"要抓紧,要努力",而采用分项等级评价后,教师竟然能够分析出这么多有帮助的建议。确实不简单!这其实也说明我们通常以为的"分数比等级更能准确、清楚地描述学生的学习水平"是不正确的。其实试卷上的分值分配是我们默认的游戏框架。为什么选择题4分?填空题3分?语文和数学的分数可以相加吗?以测验来发现学生知识掌握的情况是可行的,但以被高度抽象化的分数为依据来评判学生,进行排队,其实是处理的简单化,有失公允。它忽略了分数背后的学科能力的多元性,更重要的是忘掉了评价的真正目的。对于学生来说,最需要的是简单的优劣的判断,还是改进今后学习的建议?求是小学的教师在朴实的教学行为中做了回答。

在学习过程中,判断适当模糊一些,诊断更有操作性一些,恰是反映教师成熟之所在。但也有教师怀疑,等级制虽然保护了部分学生的学习积极性,但评价模糊化会导致激励机制的弱化吗?

评价运用:过程反馈中的层次性激励艺术

许多教师认为表扬和批评、鼓励和惩罚在教育中不可偏缺,学习过程性评价同样不能因为等级评价的模糊化而放弃评价的激励意义。从常态思维看,不排名次,不列总分,是无法产生激励作用的。但从求是小学教师写给学生家长的公开信中,却能发现巧妙的激励因素。

朋友,你好!

放暑假的事还近在眼前,秋假又即将来临。在短短的一个月的时间里,孩子们参加了科技节的比赛。

语文进行了第一单元的练习。识字部分有30人优秀,书写部分有35人优秀,阅读部分有19人优秀。全优的有11人,他们是:王××、丁×、徐××……语文能力部分有三个同学全优,他们是:张××、王××和朱××。数学进行了第二单元的练习。基本概念部分有28人优秀,基本计算部分有45人优秀,书写部分有26人优秀。全优的有19人,他们是:朱××、张××、吴××……能力部分毛××同学得到2优。特向考试成绩优秀的同学表示祝贺。

…… ……

教师巧妙地通过列人数和列名单两种方法对学习状况较优的学生进行分层次的鼓励,同时试卷中又设置了难度合理的面向全体的基础题,与少量供优秀学生挑战的能力题,区别开来表扬避免了大面积的难度拔高。在该例中,50名学生中60%识字优秀,70%书写优秀,38%阅读优秀,三项全部优秀的有22%。教师设置了两个评价台阶,一是分项优秀列人数,二是全部优秀列姓名。这一做法兼顾了对优秀学生的表扬和对落后学生的暗示。对于这个年龄的孩子来说,存在某些方面的不足都应该假设其是暂时的。教师有责任为孩子保密,但家长与学生应该知道下阶段究竟该怎么办。教师采用的这种朴素而又艺术的家校沟通方式实际上恰是发挥了过程性评价的功能。这显然要比很多学校惯用的排名次高明得多,对学生的帮助更有针对性,更符合教育的人道主义立场。

这样的分项目、层次性的表扬激励也有助于学生克服薄弱环节。譬如有孩子数学不错，基本概念和基本计算都优秀，但因书写仅得良好而没有被教师列出姓名表扬。这对孩子来说，会明显激发起他的"战斗欲"。于是他如教师所希望的那样，把克服书写问题作为下阶段努力的目标。

以学习表现的过程性评价促使学生改进自我管理

很多人认为，关注过程比关注结果重要，在理论上是成立的，而在实践中却是评价的盲点。但是，学生学习过程中的学习表现和学习方法，是孩子取得学习成果的前提。忽略了对过程的积极关注，理想的学习结果则可能是偶然的。

在求是小学的家校沟通活动中，常会出现如下的小表，其中却蕴含了一个有意义的框架。它反映了教师对评价盲点的合理处置。

表2.7　学生学习表现评价表

各项表现	小组评议				老师评价			
	4★	3★	2★	★	4★	3★	2★	★
早上到校能自觉地开展学习								
家庭作业及时完成，没有少做或漏做								
上课思想集中，能专心听讲								
开动脑筋，勇于发表自己的意见								
回答问题声音响亮，举止大方								
作业书写认真，正确率高								
做眼保健操认真，读写姿势端正								
关心集体，乐于帮助同学								

在开学一个月左右的时候，教师组织了一次学习表现的评价活动，同学小组与教师分别对每位同学的学习表现进行一次评议，并把结果反馈给家长。这可是一手非常及时的"棋"。一方面教师进一步明确了对学生学习表现的要求，另一方面强调了积极的学习表现对于学习进步的意义，让学生了解自己学习过程中的优点与缺点、进步与退步，请家长一起来关注督促孩子的学习表现，避免"木已成舟"后再来"事后诸

葛亮"的惋惜。

不过,有些学校的学习表现评价是即兴的,什么时候意识到就进行一次;也有些学校是终结性的,每个学期末操作一次。当然这要比忽视学习表现评价更为合理,但要产生对教育活动的持续影响,可能需要阶段性地变式运用。

教师是否重视学生最基础的学习表现反映的正是教师对学生未来的责任心。为什么我们今天在多少大学生,乃至研究生身上发现"成功应试者的学习无能",以及"读书成功却做人失败"的现象呢?学习过程中的学习表现实际上是学生可持续进步的最重要的基础。

关注过程性评价并不困难,困难的是功利的眼睛已经"充满血丝"。确实应该承认,当前学校教育的社会环境并不好,过强的社会竞争已经严重影响了学校教育,促使学校教育行为的异化。很多教师也很赞成良好学习习惯的培养,但面对现实,如此的学生负担又如何能够落实"培养良好学习习惯"的愿望呢?

以有利于良好习惯养成为作业布置和学业评价的原则

应该承认,目前过重的学业负担是普遍存在的,这对学生学习习惯的养成十分不利。然而良好学习习惯对学生长远的影响却是十分关键的。据一些参与过重大考试评卷的教师称,学生有约 20% 的失分是可以避免的,其失分并不在知识理解或记忆,而是书写错误或表达不规范,而这常常可以追究到孩子从小是否已养成规范精准的学习习惯。因此,有利于学生良好习惯养成是作业布置和学业评价的基本原则。在求是小学教师的平时教学行为中就能发现一些星星点点的经验。

(1)不管是平时测验,还是重大考试;不管是语文,还是数学乃至其他学科都可以把书写作为分项评价的重要项目。要让孩子明白规范书写不只是语文课的要求。

(2)注意学习任务布置的多样化,有诵读,有书写,有议论,有活动,有实践。这既关照了学生学习能力的协调发展,同时也降低了单一学习任务对学习兴趣和学习习惯可能的消极作用。

(3)学生晚上作业量的多少,实际反映的是教师对白天课堂教学的信心。求是小学基本采用基础性作业白天解决,挑战性作业晚上努力的策略。挑战性作业的评价机制也要有别于基础性作业，题量不多，量力而行，多做多奖，及时点评。

（4）注意紧扣课程的作业与课外联系的学习任务的结合，强调作业的有意义，适度增加作业的综合性。阶段性地让学生开展一些小课题，使学习与运用很好联系。

孩子的成长实际上也是一个任务驱动的过程。学习任务的有意义设计和任务驱动中的适时评价都是教师的艺术，也是教师最为宝贵的实践性知识。

立足学会学习，着眼健康生活

对于孩子成长来说，学习只是一个重要的部分，学会做人，健康生活可能更为重要。所以，教育工作者对青少年学生要有"立足学会学习，着眼健康生活"的意识，把学习表现的含义扩大到学习与生活的习惯。时时关注，常常提醒，明确正确导向，保持活泼操行。下表是求是小学对学生秋假期间的学习生活提出的九点要求。

表 2.8　导向性的学习生活自我评价表

项　目	情　况　记　载	自我评价	家长评价
制定合理的计划并坚持执行			
遵守社会公德，言行文明			
按时认真完成假期作业			
积极参加社会实践活动	参加活动有：		
每天坚持课外阅读一小时	所看书目：		
每天看电视和用电脑时间控制在一小时以内			
每天坚持体育锻炼一小时	参加的体育锻炼项目是：		
每天坚持做一件家务事	坚持每天做的家务事是：		
安全生活，学会自护			

从这个例子中，我们可以清楚看出教师已不仅仅关注与学科考试

可能关系紧密的学习习惯。他把关心学生健康生活和学习的要求较为完整地具体化到一张结构性的表格中。学习的计划性、作业行为、社会实践、体育锻炼、课外阅读、有限观看电视、参与家务劳动以及生活礼仪与自我保护都被纳入教师对学生的过程性评价。

与其说这是一种评价，倒不如说这是一项教育。过程性评价的精神本身就是将评价融入教育，成为教育活动的有机组成部分。不过，这项过程性评价作用如何，既需要教育工作者在理念上坚持，又需要家长的正确认识与配合。在很多地区的很多学校，这一方法常常是昙花一现，然后真正能够对学生学会学习、学会生活产生作用的，往往就是坚持下来的学校和教师。

（杭州市西湖区求是教育集团一学生家长）

二、建立学生成长记录

学生成长记录是过程性评价的重要形式。它既包括学业内容，也包括非学业内容。它主要收集能够反映学生学习过程和结果的资料，包括学生的自我评价、最佳作品（成绩记录及各种作品）、社会实践和社会公益活动记录、体育与文艺活动记录，教师、同学的观察和评价、来自家长的信息、考试和测验的信息等。

国家课改实验区的大部分学校都为学生建立了成长记录袋。学生通过成长记录看到了自己进步的轨迹，并通过成长记录加强了自我反省和自我评价能力。这种关注学生差异和发展过程的思路是值得提倡的。但是成长记录方法也存在着一些问题。其中比较突出的是成长记录没有很好地与学科教学相结合，没有起到配合学业评价的作用。我们认为，建立配合学业评价的成长记录要注意：

（一）多收集学生在学科分项评价活动中的作品与记录，初期可先选择某一侧重点建立档案，再逐步展开；

（二）学生成长记录应是学生最佳作品档案和学习进步档案的综合，收集时应同时兼顾两个方面；

（三）多引导学生进行纵向对比，重视反思与自我反省，并从中获得学习策略；

（四）坚持诚信原则，记录尽可能典型、客观和真实，而不要生搬多主体评价和形式化的语言。

学生成长记录较多地运用在学生基础性发展目标的评价上，配合学业评价的成长记录既是对学习能力分项评价的操作支持，也是促进学科教师关注学习过程的措施。在教师们习惯以定量的成绩分数来描述学生学习状况的今天，强调用学科成长记录来作为学生学业成绩的可视化载体，意义深远。

案例2.12　成长档案袋评价的操作办法

新课程的评价应该体现在具体学科的发展性评价上，我们要对评价的目的是什么、由谁来制定评价方案、由谁来评价、对哪些内容作出评价、怎样进行评价等问题进行认真思考和探索。

（一）评价途径——综合呈现与分类评价相链接

评价途径的确定将影响我们进行具体评价实施操作，在新课程提倡的"知识与技能、过程与方法、情感态度与价值观"三维目标的导向下，我校新课程学生发展性评价主题确定为"知之、好之、乐之"，总内容分解为四项三级评价项目，具体由"学生品德行为评价、学科学习评价、综合实践活动评价、地方校本课程学习评价"构成综合评价内容，我们以"分类评价、综合呈现"为总体框架，其中"分类评价"与"综合呈现"之间呈线性链接关系，并突出学习过程的形成性评价。根据学校实际、学生、家长的接受程度，我校学生综合评价的结果以"等级＋分数"、"等级＋评语"形式予以反馈呈现。

（二）评价内容——核心能力分项评价

评价体系的整体建构将体现反映出我们对学生学科发展性评价的整体走向与把握，为了体现评价的科学性与有效性，我们要求教师首先把握学生学科发展性评价的总体要求，其次认真学习各个学科课程标准对评价实施的意见与建议，从而根据不同学科特点，在评价目标的指引下，构建起由学科评价的目标、内容、主体与方式有效组合而成的体系。

表2.9　语文学科学生发展性评价的体系建构

项目	评价内容	评价目标	评价方式	评价主体
识字与写字	认字能力 书写水平	关注学生写字的习惯，重视书写的正确、端正、整洁，学写规范的行楷字。	学习过程观察记录 作业完成情况 成长档案袋	自评 互评 教师评
阅读与积累	朗读水平 古诗背诵 阅读理解 名著阅读	要求学生能用普通话正确、流利、有感情地朗读。教会学生自己制订阅读计划，广泛阅读各种类型的读物，形成一定阅读兴趣、方法、习惯。	单元知识测验 成长档案袋 （录音磁带 古诗文积累册 阅读摘记卡 读后感）	自评 互评 教师评 家长评
写作	作文	重视写作材料的准备过程，培养学生形成修改自己作文的习惯，引导学生通过自改和互改，提高写作水平。	成长档案袋	自评 互评 教师评
口语交际	口语表达 体态语言 表演能力	能清楚、连贯、集中得表达自己的观点，能围绕话题作即席讲话和主题演讲，能积极发表自己的观点。	表现性评价	互评 教师评
综合性学习	小课题研究	能提出学习和生活中感兴趣的问题，共同讨论，选出研究主题，制订简单的研究计划，从各种媒体中获取有关资料，独立或合作写出简单的研究报告。	表现性评价 学习过程观察记录 成长档案袋	自评 互评 教师评
情感态度与价值观	学习兴趣 学习态度 合作能力 课堂参与度	使学生有积极的情感体验和明确的学习态度，积极自觉地参与课堂教学中	学习过程观察记录 成长档案袋	自评 互评 教师评 家长评

（三）评价方法——质性评价与量化评价适度融合

　　重视质性评价与量化评价的结合，以质性评价统整量化评价。具体是将学科评价分为学习表现评价与学习效果评价两个方面，在学习表现评价过程，针对不同学科的不同内容，主要采用质性评价，如观察、访谈、学习日记记录、行为评价等，而在学习效果评价方面根据则采用质性与量化相互渗透的方法进行评价。

表 2.10　数学课堂观察自评与反思表

班级	初一（6）	姓名	吴××	日期	4月13日
今天数学课的课题		图形的全等			
所涉及的重要概念：		什么是全等图形？如何分割一个图形成几个全等图形？			
理解最好的地方：		全等图形的定义			
不明白或还需进一步理解的地方		如何很快地将一个图形分成几个全等的图形？有何规律？			
所学的内容能否应用在日常生活中		（举例说明） 洗照片、铺地砖、用全等图案拼凑美丽的图形等			
对这节课的评价		□满意　□一般　□不满意			
一句话反思		今天新教师来开课，班主任数学教师坐在后面，大家可能都想表现自己，挺兴奋的，我也举了很多次手，觉得自己这节课掌握得还可以，只是自己对一个从没见过的题目，总觉得无从下手，今后在这方面要加强。			
教师反馈		今天你的表现，让我看到了你的很多闪光点，你不是很棒吗？多一点自信！ 　　你今天提的"如何很快找出将图形分成几个全等图形的方法？有何规律？"问得非常好，午休时我们一起探讨，好吗？			

（四）评价主体——多元主体分层分类组合策略

新课程学科学生发展性评价改变了传统的单独由教师评价学生的做法，形成了既包括教师的评价和学生的自我评价、也包括学生之间的相互评价和家长的评价的多主体评价体系。我校在以上多重主体的构建中，根据评价主体在评价中承担的角色定位，进行了如下的分层分类组合：

评价主体角色 { 引导式主体：教师、家长；
互动式主体：学生之间；教师与家长；
交流式主体：教师与学生；家长与学生；小组内

体现了：①教师激励性评价、赞赏性评价；家长支持性评价；②学生自我评价以及同伴之间互动性评价；教师与家长之间互动性评价；③师生之间交流性评价；这种评价体系使评价成为多主体共同参与和交流

互动的活动,从而能比较客观地评价一个学生,有助于学生更全面地认识自我。

表 2.11 多元化的数学日记评价

数学日记评价表	姓名:陈××
自我评价	时间过得真快,眨眼间的时间,一个学期即将结束,整理自己的数学日记,发现自己有不少的收获,与自己的心灵交流,与教师的真诚交流,预示着自己在数学上的不断进步,更清楚看到自己学习的历程。前方有一只香甜的苹果,我会不断努力,摘到这个苹果的!
同学评价	看到你整齐、端正的日记,就知道你是一个做事很认真的人。一个学期下来,你的进步让我佩服,今后要向你好好讨教。
教师评价	文弱的你,常让我担心,可是你的毅力却让我刮目相看,你对数学日记的执著,使你对数学兴趣一点点增加,提的问题也越来越深入问题的实质,真为你高兴!俗话说得好:"爱拼才会赢。"相信自己吧,你一定能行!
家长评价	风雨同胜利,就像黑夜与黎明一样紧密相连,经历了风雨的黑夜,成功的黎明就即将来临,你的每一点努力,都带给你点滴的收获,你的每一点收获带给我们更多的喜悦,希望在今后的日子里,多一份自信,我们全家一起努力。

(五)评价过程——以成长档案袋为载体的过程性评价

对评价的内容进行有效选定,是评价得以顺利进行的基础,学生成长档案袋是指用以显示有关学生学习成果或持续进步信息的一连串表现、作品、评价结果以及其他相关记录和资料的汇集,所以采用学生学习档案袋收集评价材料是一种科学的方法,同时学生学习档案袋的评价是发展性评价所倡导的一种重要的质性的评价方法。例如,我们所建立的《科学》成长档案袋中融入了学生的书面测试结果、课堂学习评价,包括探究活动、社会调查、研究性学习等表现性任务等的多种形式的过程性评价内容,所以我们把学生的成长档案袋看成是一种载体,因而对其进行的评价其实是一种凸现过程的质性评价。

(六)评价结果运用——交流与反馈相结合

教师与学生都应该重视评价的反馈功能。我们评价的目的就是为了发展,为了发展的评价是没有止境的。在这种状态或者观念、理念的指引下,反馈或者说改进的建议是最好的一个环节。通过反馈和诊断,教师可以反思自己的教学行为,同时帮助学生改进其学习方法与策略。

(温州市第八中学　盖庆春　胡　玫　林　婷)

第二章　提高课堂教学有效性

教育部基教司朱慕菊副司长在全国第四届校本教研项目研讨会上明确提出"校本教研要聚焦课堂"，要致力于提高课堂教学的有效性，要把课堂学习研究作为校本教研的重点。教的研究和学的研究综合体现在课堂研究上。教师们在关注课堂教学的同时，也越来越关注课堂研究的方法。课例研究就是在这样的背景下逐渐成熟的。课例研究的前身是教师们比较熟悉的以听课评课为主要内容的教研活动。在教师教育与培训资源尚不丰富的情况下，听课评课活动一直是教师专业发展的重要形式。

但是在传统的听课评课活动中，有一些问题引起人们的关注与思考。譬如，听课评课者容易以旁观者的姿态评头品足，不易与授课者共同融为学习研究的共同体；传统的听课评课往往就事论事，容易就现场教学过程的一些现象和枝节来谈看法，而缺少研讨的主线，缺乏问题解决的针对性；传统的听课评课更多地依靠听课者的个人经验，而忽视课堂分析技术的支持；传统的听课评课往往以某次活动为单元，听过课，评过课，便完成了任务，没有把一个课堂的改进过程作为完整的研究对象来对待，缺少行为跟进的意识。

课例研究就是人们在摸索和改进传统教研活动中，逐渐形成的一种课堂教学研究形式。它更多是以叙事的方式来引导教师的反思研讨；它要求教师们透过教学行为的表象，去探讨支持教学行为的教学理念与教学机制；它主要依靠同伴对话来实现互助，以源于实践的理论为主要话语;它更重视研讨之后,后继教学行为的改进与课堂整体设计的完善,把课堂作为一个具有内在组织系统的研究对象来独立研究。

专题 8　课例研究的基本特征

　　课例研究活动,不仅使校本教研植根于教师和学生的日常教学活动,也使学校形成自我发展、自我提升、自我创新的内在机制,成为真正意义上的学习化组织。因此组织本校教师,以改进课堂为目的,开展课例研究是校本教研最重要、最朴素的形式。开展课例研究一般应遵循以下几点。

一、以教学叙事为基本表达方式

　　培养教师的反思能力是教师专业学习的核心问题,也是教师成长的重要途径。校本教研强调教师通过自我反思来改进教学行为。反思不是一般意义上的"回顾",而是教师对自己的教育教学实践活动和周围发生的教育现象进行思考、反省、探索,从中发现和解决教育教学过程中存在的问题,改进工作并形成理性的认识的研究过程。

　　为此,有些学校要求教师开展阶段性的自我反思,结合自己的教育教学实际,定期叙写课堂里发生的真实的、典型的"教学故事"。以故事的形式将自己任教的某节"课堂教学"或某次"实践活动"叙述出来。重新述写那些能够导致觉醒和迁移的师生故事,使之成为相对完整的案例,促进教师对实践的回顾、分析和深刻的反思。以这种方式对教学过程中的问题、自己经验化的处理方式进行审视与反思,分析判断教育教学行为的合理性和有效性,并及时地调整与矫正,是当前倡导的教师研究范式。以教学叙事为切入点,引导自我反思,是课例研究的特征之一。

案例 3.1　课堂提问的深入研究

　　随着课程改革的深入,教师的教学行为也在悄然发生着变化,边讲边问正在取代传统的灌输式讲授,高密度的提问已成为课堂教学的重要方式。我们有时会问:高密度的、以记忆性问题为主的提问,其思维价值有多少呢?课堂提问主要是引领学生思维的发展,教师应该给学生合适的思维空间。本学期,我们带着这一问题,进行了一次主题研究。

故事一:知道≠做到

我们选取的课例是浙教版八(下)《认识不等式》,本着暴露真实问题的原则,第一次授课前,我们要求教研组的全体教师根据自己的教学经验独立备课,不事先试讲。我们开的是研究课,不是评优课,我们要通过暴露问题,从而促使研究的深入。

让我们来看看俞教师在第一次授课时的一个片段:

片段一

(图片出示限速标志)

师:这块标志牌上的50表示什么意思?哪位同学知道?

生:不得超过50。

师:对,这是公路上对汽车的限速标志,表示汽车在该路段行驶的速度不得超过50km/h。若用 v 表示车的速度,那么 v 与50之间的数量关系能用等式表示吗?若不能,应该用怎样的式子表示?

(此时,有10多位同学举手要求发言,俞教师请了其中一位同学回答,回答正确。教师再点击第二张高速公路上限速50至100的图片)

师:右图是高速公路上某路段的限速标志。它对汽车速度有什么限制,你猜到了吗?

生:速度不得高于100,不得低于50。

师:那汽车速度 v 与100,50之间应该用怎样的式子来表示?

(学生一时回答不上,教师的"启发式"语言马上来了,而且越来越多,教师在极力教学生学会列出这个不等式,学生的表情也变得凝重。)

教师讨论分析的意见

在教师眼里,列出 $50 \leqslant v \leqslant 100$ 是个简单的问题。其实,这个问题并不简单。很多教师对学生原有的认知水平分析不够。学生原来的思维水平仅在数的个体的认识,例: $v=50$、$v=100$ 等,现在面对的是一群数;学生原来接触到的不等式像 $2<3$ 那样,是就具体的数的大小判断,而现在却要表示一群数的范围。学生没有这样思考的经验,所以对学

生而言,思维空间相当大。俞教师这堂课的问题在于其设计跨度过大,导致大部分学生似懂非懂,也激发不起他们的学习愿望,最后只有以教师的讲解代替学生的回答。

教师如何设计才能给学生合理的思维空间呢?我们认为:在情景引入限速牌 50km/h,应该让学生充分体验,假如你是驾驶员,你会开多少?学生的答案会很多,$v=49$、$v=48$、$v=47.5\cdots$,还有吗?还有很多很多,让学生初步体验不等式表示的是无限个数的群体。

片段二

师:怎样表示数的全体?你会在数轴上表示它们吗?

生1:不会;

生2:不会。

(此时,有一位同学举手,教师马上请他回答,结果正确。然后教师开始了滔滔不绝的讲授,向学生介绍"为什么这么表示"、"怎么表示",以及应注意的问题等。)

教师讨论分析的意见

怎样表示数的全体?学生对"全体"的理解是有一个很大思维跨度的,它要学生已经充分理解"不等式表示一群数"。其实把不等式在数轴上表示出来,是让学生对不等式表示无限个数的再次体验与理解。因此在设计问题时我们建议改为:表示哪些数?你会在数轴上表示他们吗?学生若不会表示,教师马上提问:那你试着表示几个吧!学生在尝试表示的过程中会发现描不完,思维在无形中得到升华和提高,便理解了"不等式表示无限个数"的命题。

回头再看教师的教学设计,大家忽视了学生原有的思维认知水平,导致我们的第一次设计停留在问题的表面,课堂看似热闹,问题一个接一个,但要么就是浅层的问题,学生无需思考就能回答;要么跨度太大,学生茫然,最后只有以教师的不停讲解代替学生的回答。

故事二:我们给学生的思维空间还可以多一点吗?

俞教师的第二次授课便流畅了,课堂气氛较第一次发生了根本性的变化,师生合演了一节"完美"的课。同样的情景引入,这次是这样的:

片段三

（图片展示限速标志）

师：同学们，这是我们魏塘镇人民大道上的一块标志牌，这块牌上的 50 表示什么意思？哪位同学知道？

生：速度不得超过 50 码。

师：对，这是公路上对汽车的限速标志，表示汽车在该路段行使的速度不得超过 50km/h。若用 v 表示车的速度，那么 v 可以取哪些值？如果你是司机，在遵守交通法规的前提下，你会开多少速度？

学生略有停顿，但很快，整个课堂沸腾起来了。

生：$v = 49$

生：$v = 49.5$

生：$v = 49.9$

生：$v = 48$、$v = 46$、$v = 12 \cdots$

师：这些速度都遵守了交通法规（指着等式），只有这些速度才遵守了交通法规吗？

生：不是，写不完。

师：这些速度都有怎样的共同特征？

生：都小于或等于 50。

师：你能用一个数学式子表示吗？

生：$v \leqslant 50$。

师：可见，（指着不等式）这种表示方法具有合理性、必要性。请思考，这两种数学式子有何不同？

教师讨论分析的意见

我们的教师在课后研讨中提到，不等式概念的引入必须经历一个从有限到无限的体验过程，有了这个体验过程，学生对不等式这个概念才有真正意义上的理解，才能真正掌握其概念，本节课与上节课相比，我们对提问修改了很多，但我们还可以做得更好吗？再分析我们的教学设计，我们只是对一些小问题很关注，对小问题的提法确实有了很大的改进，但是课堂提问不能仅仅局限于一个个小问题。高密度的小提问，留给学生的思维空间太小，对学生的思维发展价值不大。设计问题还应包括驱动整个教学任务和学生思维的大问题，所以课堂设计缺少一个整体的考虑，我们受制于教材，缺少一些思维空间较大的，驱动整个教学的问题。

故事三：我们的目标实现了吗？

当我们意识到不等关系和等量关系一样，也是处理现实生活问题的一种模型后，本节课的教学设计从体验概念入手，还设计了一个对学生来说很有挑战性的大问题。为分散难点，该问题下又设置了几个小问题。

片段四

师：不等式在现实生活中是普遍存在的，我们再来看一个具有挑战性的题目好吗？

（学生很期待）

问题：在一个春光明媚的一天，某班的 27 位同学到公园游玩。

票价：每张 5 元，一次购票 30 张，每张票 4 元。

聪明的小敏说："买 30 张团体票吧！"

小芳吃惊地说："买 30 张票怎么合算！要浪费 3 张票的。应该买 27 张！"

师：（问题一）小敏和小芳两人的建议，到底谁的比较合算呢？为什么？

（学生的注意力高度集中）

生：买 30 张团体票合算。

师：为什么？

生：买 30 张团体票只需 $30 \times 4 = 120$ 元，而买 27 张个人票需 $27 \times 5 = 135$ 元，所以买 30 张团体票合算？

师：很好，那么是否无论多少人去都买团体票呢？例如，你们一家三口去旅游也买 30 张的团体票？

生：（笑后齐答）当然不是，只需买三张就好。

师：（问题二）那么至少要有多少人去玩，买 30 张团体票才合算呢？（学生讨论）

师：（问题三）x 取哪些数值时，$120 < 5x$ 成立呢？

虽然问题问得突然，但我们的学生还是配合得很好。

一节课结束了，对听课教师来说，仿佛故事到了高潮便草草收尾。课后，大家争着对这个问题谈感想。"很多教师上课，边讲边问，但是所提的很多问题都不需要学生多加思考，俞教师已经很想改变这种现象。但是，问题设计出来了，而且是一个思维跨度比较大的问题，就要留给学生足够的时间思考，然后多用学生的结果进行教学。所以，这堂课，我们的主问题设计好了,但我们的小问题还没有设计好。"……

教师讨论分析的意见

"多少人买团体票才合算呢?"问题提出来了,教师如何来处理这个问题呢? 大家一致认为:这个问题需要学生放手探索,不同学生在此处会有不同的结果,有的学生会用枚举法,有的会用列表法,有的学生会用方程 $120 = 5x$,解出相等时的人数,从而推算多少人买团体票才合算,当然一定会有同学能列出 $120 \leqslant 5x$ 这个不等式。这是个弹性问题,可以让不同层次的同学都能思考,都能解决,高认知与低认知的碰撞,使不同层次的学生都有收获。

第四次授课,大家都想就《认识不等式》做个完美的结局,但是,课堂上的故事千千万,而研究也是一个"无底洞",越往下挖,内容就越丰富……

案例点评

课堂教学要设计"给学生合适的思维空间"的问题。提问不是简单的师生对话,而是教师的学科教学思想的体现、是一堂课教学设计的结构,它反映了一堂课的基本环节。因此提问设计要理清本节课的重点与难点。《认识不等式》这节课的重点是不等式的概念和表示(包括式和形的表示),难点在数轴上表示不等式即不等式型的表示。教师要把握好学生原有的思维认知水平,找出学生思维跨度所在。否则,要么提出的问题没有任何价值,学生忙于应付作答,要么思维跨度过大,学生不知所云,最后只有以教师的讲解来代替学生的回答。

一个好的问题,从"提出问题→解决问题",应使学生的思维有一定的空间,让学生必须经过一定的思考后才能作答。但是,如果这个空间太小,问题过于简单,没有思考的价值;如果思维空间太大,学生不知如何回答,很多同学会懒于思考。

教师应从学生实际出发,合理调配所提问题的"坡度",为学生增设台阶,对于某难度较大的问题,学生不可能迎刃而解,这就要增加思考的"阶梯"。在大问题下设置合适的小问题,引导学生的思路。例:"买门票问题",教师在提出"至少要多少人才买团体票合算?"之前,先提出两个小问题:"27人买门票是买个人票合算还是团体票合算?""是否随便几人去均是买团体票合算？例如你们一家三口。"

教师提出问题后要考虑到学生中存在着学能上的差异性，一个问题的提出，学生需要一个思考的过程。一般情况是学生在教师和同学的相互启发下加深对某个问题的认识。而学生独特的见解，新颖的解法等都是学生向高层发展的标志。在"买门票"的问题上，不同水平的学生采用的方法有三个层级：枚举法、方程法、不等式解法。在学生通过简单方法确定了多少人买团体票才合算后，通过问题"你采用的是什么方法，说说你的解释"，将学生引向更高层次的思维。

（嘉善县泗洲中学　陈世文　陈盛娟）

二、以教学机制与教学行为的分析为主线的主题研究

课例研究，要求参与者在课前有明确的研究指向，研讨要透过现象探讨内在的教学思想与教学规律，要借助对教学机制的认识，来改进课堂。这种有主题的课例研究与过去的"磨课"有一些区别。

磨课式的教研活动往往面面俱到，不管是教师的提问还是示范，板书还是体态语言，只要是有问题之处，都是教研活动讨论的话题，话题分散但全面。在现在的课例研究中，与研究主题直接相关的问题才是大家讨论的话题，话题集中深刻但涉及面较窄。但这一贯穿研讨过程的主题（不管主题是事先选定的还是随着课堂教学研究过程生成的），以及研究过程中对下阶段进一步研究的聚焦和指向，是课例研究的重要特征。

案例3.2　教研主题的滚动与生成

（一）教研策划的背景

我校于2003年秋开始启动主题式的校本教研活动，以改变传统教研组活动热热闹闹开课，客客气气评课，却不能针对性地解决实质问题的状况。一个阶段后，我们发现一些教研活动确定的主题过大，过于笼统，难以在教研活动中解决；一些教研活动注重主题的预设，但忽视了主题的深化与生成，多次活动其实是原地踏步。为此，我们社会教研组决定在"优化情境教学"的大主题下，进行小主题的深入"剥笋"，关注教研主题的滚动与生

成,以促进教师们对教学情境创设方法与策略的深入理解。

(二)教研活动的预设

课堂教学中的情境创设能促使学生自主探究地学习。但我们在听课讨论中发现:教师们在运用情境教学的过程中,常会出现情境设计太随意、脱离教学目的或情境设计多而滥,甚至缺乏科学性等误区。因此在教研组专题会议上,大家讨论决定将"优化社会政治课中的情境教学"确立为我们教研组首先研讨的主题。

随后,我们查找了《情境教学的诗篇》、《新课程背景下的校本教研制度建设》、《基于课堂的校本教研》等资料,精心挑选汇编成册,供教师选择学习。在理论支撑下,我们讨论并制订了相关的课堂记录表与评价量表,以提高观课过程中的针对性。

表 3.1 情境教学记录表

课题＿＿＿＿＿＿　授课者＿＿＿＿＿＿　记录者＿＿＿＿＿＿　时间＿＿＿＿＿＿

项目	教 师 行 为				学 生 行 为		
	内 容	科学性	有效性	利用率	兴趣度	参与度(自主、探究、合作学习)	三维目标
		内容科学性、提问科学性、与学生认知的符合性	与教学目标的联系				
情境预设	1. 2. 3. 4.						
情境生成	1. 2.						
评价与建议							

(三)教研主题的滚动与生成

面对优化情境教学的主题,我们安排了系列活动。我们循着研讨中发现的新问题,生成大主题下的细化主题。通过细化主题的课堂教学设计与观课分析的螺旋式推进,促进教师对教学情境创设的深入理解。

首先,我们针对平时教学设计中情境创设脱离教学目标,甚至缺乏科学性等问题,确定了第一次活动的主题:情境创设的科学性与有效性。(观课记录与分析见表3.2)

表3.2　第一次观课分析的记录

课　题	八年级上册《礼乐文明的确立》
情境创设	观察评价
1. 生活情境导入 　课前起立问候→校园礼仪 2. 穿越时空 ①丧礼 a. 出示《八礼内容》 　b.《对"死的称呼"》 ②宾礼 a. 出示《诗经》《鹿鸣》 　b. 多幅歌舞图片和编钟模型 ③采访周王,角色扮演 　出示分封制地图和法制图片 3. 回归现实。讨论古代礼乐制度对我国现代化建设的利弊	生活情境自然贴切,从学生的日常生活入手,符合学生的认知水平,学生的兴趣高,达到导课目的。 　材料情境具体生动,符合学生的思维特点,调动了学生的思维积极性,促使学生认识到礼乐文明的影响和它森严的等级性,达到教学目的。 　虽然情境能反映当时的宾礼,没有知识点错误,但不符合学生认知水平,学生理解困难,没能达到目标。 　学生兴趣高,积极参与课堂教学,丰富了情感体验,但只起到过渡作用,对教学目标的达成作用不大。 　没有引发学生思维冲突,没有达到知识的应用和升华。问题设置难度大,可设计具体的问题情境降低难度。

课上,教师采用学生模拟表演的形式,带领学生融入历史、体验历史。还有大量的图片情境、实物情境,构思巧妙,极富创意,充分发挥了情境教学的优势。但这堂课的个别情境与学生的知识水平不甚符合。另外大量图片材料一晃而过,利用率不高,似显资源浪费,也不利于教学目标的达成。于是,我们确定第二次研讨的主题是:如何提高情境的利用率。(观课记录与分析见表3.3)

表3.3　第二次观课分析的记录

课　题	七年级上册《我和青春有个约会》
情境创设	观察评价

情境创设	观察评价
1. 歌曲《小小少年》 你们现在有没有遇到类似小小少年的烦恼？ 2. 预设情境。小乙的烦恼：①不喜欢父母；②班干部落选；③死要面子；④经常胡思乱想 　烦恼原因　| 解决对策 　① 　② 　③ 　④ 3. 青春感悟 写赠言给《追风少年》	情感式情境，为学生创设了愉悦的学习氛围，易于激起学生的共鸣，使学生在激情中接受教育。 　问题式情境，符合学生的心理，启发学生道出内心的真实想法，为情感目标的达成开启了成功的大门。 　围绕情感目标创设教学情境，四种"典型"的烦恼，符合学生生活实际，是学生"烦恼"的真实表现。 　设置科学，课堂围绕少年的烦恼，引导学生寻找原因，探索解决对策，情境的针对性强，利用率高，层层深入剖析，强化学生的情感体验，培养学生排解烦恼的能力。 　不足：教师过于注重自己预设的情境，对学生谈话中产生的新情境——学生的"烦恼"剖析不够。 　开放性的问题启发学生的思维，锻炼语言表达能力，学生真情流露，达到情感的内化。

　　这堂课中，教师紧紧围绕《小乙的烦恼》创设情境，引导学生在情感体验中获得新知，学生直白的情感表露，时时推动着课堂气氛进入一个又一个高潮。这堂课创设的每一情境都为学生的情感体验创设了氛围，使学生在获知的同时，能力有了提高，情感有了升华。但我们发现教师过于重视自己创设的情境而忽视了学生在课堂中生成的新问题、新情境。于是我们把第三次研讨的主题定为：处理课堂中情境的预设与生成的问题。（观课记录与分析见表3.4）

表3.4　第三次观课分析的记录

课　题	八年级上册《环境问题》
情境创设	观察评价
1. 校园照片 2. 多伦的巨变 ①图片："美丽的多伦" 　　　"荒凉的多伦" 　为什么有这样的变化？ ②环境污染和生态破坏的图片，再次运用"多伦图片" ③请为多伦人想一个两全其美的办法	从学生熟悉的环境出发，引出环境要素，学生兴趣高。 　激发学生的好奇心，主动探究，解决环境破坏的原因。 　再次运用"多伦"的情境，解决环境问题的危害 　充分运用多伦这一情境，层层深入，情境利用率高，以一情境牵动整个课堂。
生成情境	观察评价
1. 在环境危害这一问题中产生：臭氧层破坏、赤潮、一次性筷子等新情境 2. 在为多伦人出谋划策中产生："狼与羊的故事"，"休渔政策"，"轮牧"等	教师及时引导，运用学生已有的知识产生新的概念"生态平衡失调" 　教师运用新情境、解决本课的难点"可持续发展战略"，既发展经济又保护环境

　　这堂课情境设置开放性较强，有利于激发学生发散性思维、求异思维和创新思维。情境设计精而且利用率高，层层深入的教学情境引导学生去发现问题和解决问题。另外教师能充分利用学生课堂中新生成的教学情境，培养学生探究合作等能力，实现情感、态度、价值观目标。整堂课学生的主体地位凸现，课堂成了学生展现自己的舞台。

　　（四）教研活动的反思

　　通过一个学期的研究，我们在课堂教学中创设情境的水平有了很大的提高。情境设置不再是盲目的为情境而情境，而是遵循情境创设的规律来执行。情境设置要科学而有效；情境设置宜精练，要充分利用；要精心预设情境，更要注重情境的生成。

　　我们教研的主题应该来自于课堂，来自于教师的亲身实践，来自于教师在教学中遇到的问题。正如教学情境需要预设一样，教研主题也须有预设。主题的确定会使教研任务更加明确，目标更加集中。但在真实教研活动中可能会产生超越预设的新的生成，这些生成有可能是教师个别的问题，也可能是集体的共同问题；有可能是大主题下的小问题，也可能是大主题外的新问题。我们教师对这种生成要有充分的敏感，要提炼、驻留、利用新的生成，使我们的教研更有生命力，更有效。

不过，课例研究的主题也不能频繁变换，浅尝辄止。要提高校本教研的实效，实现改进教师教学行为的目的，需要坚持对某一主题进行多方位的、滚动的、持续的研究。有效的主题研究应该将大主题细化为若干可操作的小主题，对细化主题进行滚动研究。持续深入，而不能原地踏步。这样的研究才能真正解决教学中遇到的问题，这样的教研活动也才是真正有效的教研活动。

（温州市第十七中学　吕　晓）

三、以基于反思的同事互助指导为活动形式

校本教研强调自我反思的同时也要开放自我，倡导同伴间的交流与互助。教师之间的广泛交流是提高教学能力、改进教学方式最为有效的途径。通过教师之间的交流与对话，进行专业的切磋、协调、合作，达到互相启发、互相促进、共享知识、共享智慧的作用。尤其是同伴对话，以其无拘无束、自由开放为特色，以其共通共享为归宿，在教学思想和智慧的外化、冲突与融合中，多元互补，创新生成。

要求教师在教研活动时，将自己在教学中遇到的这样那样棘手的问题，在不知道如何改进的情况下，作为一个教学案例与大家一起交流与探讨，结合案例组织教师以旁观者的身份一同来进行"教学诊断"。案例本身可作讨论材料，教师的讨论有很大好处，可以分析教学上的问题，帮助教师提高分析能力，实现观念的碰撞与交流，陈述自己的观点和见解，寻找解决问题的最佳途径。彼此之间逐渐体会和领悟一个具体教学课例中所蕴含的课程改革理念，重组、修正各自的认知结构及专业理论，进而获得建构理论和专业成长的机会。在不断地反馈、调节、体验中，领悟教学的技艺，体味教学的乐趣，改善自己的教学行为，提升自己的专业水平，并最终实现教师之间的共同提高。

案例3.3 主题式互动教研的探索

校本教研强调团队合作和同伴互助,倡导教师之间的信息交流、经验分享和专业会谈。我们针对传统教研中"无主题、无准备、无反思"的现象,提出了"主题式互动教研"的设想,创建"教研主题化、协作互动化"的教研风格。

所谓"主题式互动教研",就是教师在自己的教学实践中寻找实际问题,经过多方筛选确定每学期研究主题,再细化分为每月主题、每课主题,并以每次主题为教研目标,开展同伴共创、协作备课、互动研讨,共同参与研讨全过程(备课、上课、评课、反思)的互动教研活动。具体包括以下环节。

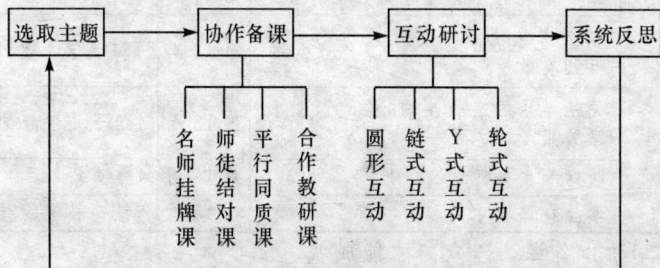

图3.1 主题式互动教研模式操作图

（一）选取主题——有"的"才能放"矢"

许多教研活动往往缺乏明确的研究主题,不分重点,面面俱到。我们开展的主题式互动教研,主要是要求每位教师反思自己的教育教学过程,寻找课堂上存在的实际问题。然后举行骨干教师座谈会,邀请专家指导,把大家的问题呈现出来。通过分析讨论,结合学校总课题《小学动态生成型课堂教学形态整体建构》,确定学校校本教研的学期主题,再细化分为月主题、课主题。然后让每位教师自学与教研主题有关的理论和经验,在有一定认识后,教师自主选择研究主题,并从学校教研的大主题出发,选定易于体现自己研究主题的教材内容。最后各教研组根据大家的申报,统筹制定学期教研活动计划和分工。

表 3.5 2005 年下学期语文教研组活动安排表

学期主题	动态生成课堂教学研究			
每月主题		教研主题	周次	上课内容
备课		从学生认知起点开始教学	第 3 周	《风筝》
		教材的二次开发	第 4 周	《比一比》
上课	教师行为	教师与学生的平等对话	第 5 周	《给予树》
		搭建平台,促进全员全方位互动	第 6 周	《酸的和甜的》
		课中生成资源如何有效利用	第 7 周	《长城》
		课外资源在课中的有效利用	第 8 周	《一个中国孩子的呼声》
	学生行为	课堂中关注各个层次学生的学习状态	第 9 周	《秋思》
		探究性阅读方法的指导	第 10 周	《鲸》
		课后拓展的综合性与有效性	第 11 周	《三顾茅庐》
		课堂中学生学习行为评价的多样性和有效性	第 12 周	《陶罐与铁罐》
评课		关注学生的有效生成,检测课堂教学效果	第 13 周	《给予是快乐的》
		教师利用资源的有效性	第 14 周	《掌声》
		学生在课堂中的参与程度	第 15 周	《挂两枝笔的孩子》

(二)协作备课——众志才能成城

教师团结协作,共同提高,是教研活动的灵魂;同伴互助,专业切磋是校本教研的标志。从学校管理的角度,要在重视教师独立工作的同时,更重视教师相互合作的发展,发挥教研组的凝聚作用。我们通过"协作备课"开展丰富多彩的活动,促使教师人人参与。

1. 名师挂牌课。学校充分挖掘名师资源,要求他们每学期至少"挂牌上公开课"一节。准备挂牌上课的教师自己围绕主题确定上课内容及时间,备好课后,在学校布告栏处挂出牌子通知全校教师。

2. 师徒结对课。挑选部分有经验的教师和年轻教师结成师徒对子,徒弟定期向师傅汇报学习、教学情况,师傅通过听课、看教案、看说课稿对徒弟进行指导。师傅再给徒弟上示范课,让徒弟对师傅的课、教案、说课稿予以分析,遇到双方解决不了的问题,师徒一起研讨,有效地促进双方自觉学习,认真思考,共同提高。

3. 平行同质课。同年级同学科的教师上同一内容，课后，组内教师进行面对面交流，分析研讨每人的教学，既肯定优点，又指出不足，互相取长补短，共同提高。

4. 合作教研课。每学期各教研组不定期地开展与教研主题有关的合作教学教研课。首先，组内教师围绕主题进行理论学习，精心选材，确定各自在上课、说课、评课任务中所承担的角色。其次，集体备课，探讨并修改教案，合作完成教学准备工作并试教。最后，面对全体教师进行展示。

（三）互动研讨——当家才能做主

传统教研中，大多数听课教师总以旁观者的身份进入课堂，既没有与学生发生直接的关系，也没有授课教师那样紧张不安。由于在课前没有设定观察目标，课堂评价的结果往往是"你好，我好，大家好"。实施"主题式互动教研"后，我们要求每位听课者紧扣主题从不同的角度去发现问题，在每堂课中至少追问一个教学细节，思考这一教学行为的价值及深远意义。这就迫使每位教师在听课前了解学习本次教研的主题，预先考虑"有效教学"的标准，然后才能在课堂观察中感觉到授课者在教学活动中"好"与"不好"的地方。如今，听课前，教师们关注最多的是"今天上课的研究主题是什么？我将重点观察课堂的什么？"

听课后，我们改进研讨方式，组织小组参与式讨论，让每位教师都有发言的机会，都可以表达自己观点。评课发言过程中，教师可以随时提问质疑，真正让教研活动互动起来。我们采用的互动研讨方式有：

1. 圆形互动。为了促使人人有参与，个个都贡献，教研活动中，小组各成员可以安排担当不同的角色。主讲者——找到对话的主题，引导大家进入对话；反思分析者——对讨论的进展做出记录，进行小结；信息收集者——听取各人意见，在讨论结束前向大家宣读；唱反调者——在可能出现"集体共识"时，适当发表一些不同观点，帮助对话者深入探讨。同一角色也可以由一人或多人担当，并适当更换角色，尽量使每位教师能充当过所有的角色。

2. 链式互动。讨论时，围绕主题先请一人发言，在他就主题发言后，以他的讲话形成讨论的基点，由坐在发言者右边的人继续讨论，但

第二位谈话者的内容要从对第一个发言者的评论开始，以第一人的讲话为自己评述的基础。以此类推，促使参加讨论的教师能围绕主题互动，并认真聆听别人的发言。

3.Y式互动。有时，当链式互动进行到一半时，不同意见随之产生，众多教师纷纷要求发表意见。显然链式互动已经不能满足教师发言的需要，这就应该改变方式。为了让更多教师有发言机会，可以先分小组讨论。在小组讨论中，采用多种互动方法，集纳各种意见，梳理分析，达成小组共识。然后进行组际交流，相互消化吸收。这种富有变化的研讨方式，灵活机动，更利于全体教师参与对话，共同发展。

4.轮式互动。这种互动评课方式是指以一位教师为中心，由他确定对话主题，并组织对话过程，向四面八方传递，四周的教师可以争先恐后地各抒己见，畅所欲言。这种研讨方式比较适宜争议比较大的话题，有助于发挥专家、名师的指导引领作用，是对其他研讨方式的有效补充。

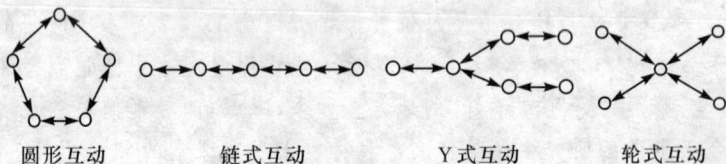

| 圆形互动 | 链式互动 | Y式互动 | 轮式互动 |

图3.2 教师互动研讨的四种模式

（四）系统反思——反躬才能自省

在校本教研中，最重要的一环无疑在反思。反思的本质就是一种理解与实践之间的对话，是沟通两者的桥梁，这不是一般意义上的回顾，而是反省、思考、探索和解决教育教学过程中各个方面存在的问题。

有人说，许多时候我们的问题就在于没有问题。的确，如何才能让自己在反思中发现问题呢？如何真正做到彻底地透视自身呢？我们提倡教学的"软"设计。课前多预设；课上要灵敏，及时捕捉动态生成的教学资源，调整自己的课堂教学；课后勤反思，从"为什么这么设计"、"课堂上我采取哪些有效的教学策略"、"我是怎样做的"、"课堂上出现什么问题"、"我做了哪些调整"、"为了改进教学，我在今后的教学中要注意什么"等方面来深刻剖析自己的教学实践，有时可以记成功之举、败笔之处,有时可以记教学机智、学生见解。

我们用"实践——反思——再实践"的方式完善教学工作,使理论扎根于自己的教学实践。正如一位教师所说:"每一次翻开《教学反思录》时,不禁会把课堂上的一切在脑海里重放一遍。有时,为自己能恰好地把握教学契机,转变成有效的教学资源而兴奋不已;有时,为自己对学生没有充分信任或充分考虑又懊恼不已。这些真实的情绪和想法都得到了及时的保存和沉淀。'精彩回顾'让精彩永恒,'弥补追述'让弥补不断减少。也正因为开辟这种教研形式,让我学会了思考,更准确地把握好课改的方向和需要。"

(东阳市外国语小学　张丽英　马笑莲)

四、关注教学行为的持续改进

以顾泠沅教授为首的研究小组对教师研修活动作过深入的调查与跨文化的研究,他们认为,教师研修提高的最大困难在于理论向实践的转移问题,教师在参与传统培训活动后,常会感到难以把所学到的知识与技能运用到日常课堂上,引入案例教学方法有助于克服这一困难,但其不足是缺少教师具体的行为跟进。也就是说,让教师在反复讨论中做行为自省与调整的跟进才是有效的师资培训。所以,他们构建了以课例为载体的,以"三阶段两反思"为操作特点的基于行动的教师教育模式。这一模式进一步揭示了教师在课例研究中,应该如何关注后续教学行为的改进,应该如何来完善教学设计的流程,反映了课例研究的核心特征。这一模式在推广中也可以简化为"教学设计——课堂观察——反馈会议"的螺旋式上升。

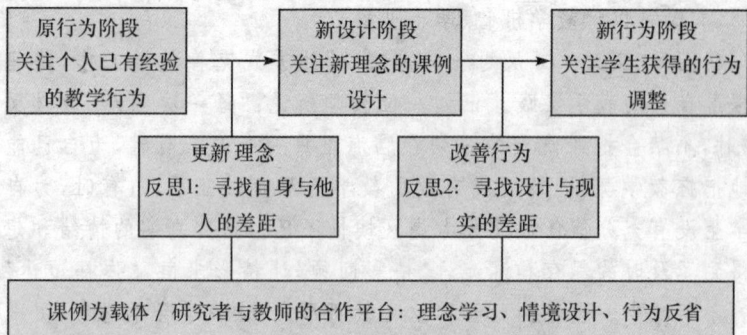

图 3.3　以"三阶段两反思"为特征的"行动教育"模式

案例 3.4　以课堂为中心的"三同六步"研训模式

（一）研训模式的基本构架

"三同"是指"同年级"（指整体水平相同，而个体却不同的学生）、"同学科"（指学科相同，而个性不同的教师）和"同教材"（指课本内容相同，而教学资源利用可以不同的教材）。通常由两名同学科的教师在同一年级的不同班级中施教相同的教材内容。这样做的目的是把课堂教学的三大要素——教师、学生、教材置于同一个教研平台，具有横向可比性。

"六步"的操作程序是指：

1."选课"——要求学科组长与同学科教师根据学生和学科的实际提炼出研究的主题，确定研究的具体内容和预期达成的目标，并写出书面报告。与一般的选课有内容上的不同。

2."备课"——要求施教者根据选定的课题，结合研究的主题，设计出反映个性特长的和艺术水平的课堂教学方案。

3."说课"——要求施教者从教学理论和教学实践的视角阐述自己的教学方案，这是施教者的一次理性思考。

4."上课"——既是施教者施教的过程，又是听课者验证说课中所阐述的构想正确与否,进行分析与思考的过程。

5."评课"——要求施教者进行课后反思,听课者依据有关教育教学理论和自己的理解水平,对"选课、备课、说课、上课"这四个环节作出具体评价的过程,并写出书面材料。这种个体内动和同伴互动式的评课,是参与者资源上的一次共享、认识上的一次飞跃。它与一般意义上的评课有着截然区别。

6."定课"——要求对所选研究主题、研究内容、研究结果作出书面的总结性评定,形成基本结论,为学科组的后续研究提供借鉴。这是一般意义上教研活动所不具备的环节。

第一次"三同六步"活动需要一个月左右的时间,并形成以下资料:一份选择课题的方案、几份优秀教案、几份优秀说课材料、几篇反思文章,多份评课材料、一份终结性的研究报告。

"选课、备课、说课、上课、评课、定课"六个环节顺延推进,目的是让不同水平的教师,在个人研究的前提下充分发挥同学科成员的智慧,围绕研究主题,抓重点、有步骤地扎实推进。这种研究具有纵向推进的可操作性,在全员参与的前提下其生成性特点是显而易见的。

(二)研训模式的发展历程

"三同六步"的"六步"是一个规范的研究程序。考虑教师的研究水平与实际,可分阶段、抓重点、有步骤地扎实推进。我校的发展成熟过程大致经历了四个阶段:

1. 以"说课"为重点的初创阶段。此阶段为提高"说课"的质量。我们请名师和专家作理论指导和现场演示,进行说课专项训练和比赛,并由一等奖获得者作现场演说。教师的效仿和赶超行动是很好的,许多教师通过这一环节,提高了教学理论水平,收到了优化教学过程的效果。

2. 以"上课"为重点的导向阶段。此阶段根据教学理念制定各学科课堂教学评价表,确定某阶段课堂教学研究的重点,指导和鼓励施教者大胆创新教法,提倡个性、有特色地进行教学。同时听课者验证说课教师的构想与实际进程的变化差异,寻求静态方案与动态课堂承接与演变的一般现象,找出规律性的东西,为"评课"做准备。

3. 以"评课"为重点的完善阶段。此阶段我们要求教师用实践智慧写出"理论＋实践"、"共性＋个性"，不拘一格评亮点、实事求找缺点的评课文章。为使评课落到实处，除分组评课，还适时举行评课现场会和评课比赛。

4. 以"重两头，带中间"为重点的提高阶段。所谓"重两头，带中间"就是把活动的重心放在"选课"与"定课"上，同时，带动中间的四个环节。因为"选课"确定的是研究的方向；"定课"是对研究过程的反思和总结，也是经验提升和下一轮研究的得失参照，它有利于教师的教学研究和可持续发展。

(三)形成滚动研究主题

为避免"三同六步"活动同类反复、落入俗套、流于形式。每次活动的选题应该充分考虑师生实际，考虑与上轮研究主题的传承与发展，尽量使同学科活动主题形成系列。因此，选择研究主题时应考虑：

1. 主题的统一性。即各个学科组每轮的选课主题间，具有传承性和统一性。尽量避免同一性或多元主题的出现。

2. 主题的方向性。选课主题一旦确定，承担上课任务的教师和其他听课的教师围绕所选主题学习相关理论，熟悉课题内容，进行活动"热身"，打有准备之战。学科组该轮的整个活动均围绕所确定的方向展开研究。

3. 主题的针对性。主题的确定是基于教师教学中的共性问题而有所侧重的提炼，它研究问题的指向范围是明晰的。据此指向范围，研究活动在备课、说课、上课、评课等环节上都有针对性地关注主题思想的体现。比如课堂环节一般关注：①教学内容、教学方法是否有效；②提问是否有效；③相关时段学生注意民力水平的效度；④生生互动、师生互动的效度；⑤学生成功率及满意效度等五个关键行为。

4. 主题的生成性。选课主题的内涵体现着实践性原则，教师在实践中研究，在实践中提高。因此，研究主题的确定必须有利于滚动传承和可持续发展，必须在关注学生发展的基础上关注教师的发展。

(长兴县古城中学)

案例 3.5 从"听课评课"到"观课议课"

词的变化并非形式的变化,其中包含着文化的变化,倡导的变化。表 3.6 和 3.7 分别对比分析了"听课"与"观课"、"评课"与"议课"间的区别。

表 3.6 "听课"与"观课"的比较

名称 角度	观 课	听 课
手 段	"观"强调用多种感官(包括一定的观察工具)收集课堂信息。	"听"只对应于"讲",主要手段是听觉。
对 象	透过眼睛的观察,语言与行动、情境与故事、师生的状态与精神都是观察感受对象。重点是学生的表现。	"听"的对象是师生在教学活动中的有声语言往来及情感交流程度。
实 质	观课追求用心灵感受课堂。	听课追求用听觉感受课堂。
角 色	观课者把自己定位为教学活动的参与者、组织者。	听课者把自己定位为教学活动的评判者。

学校反对"以讲代教,以听代学"的听话式教学。

表 3.7 "评课"与"议课"的比较

名称 角度	议 课	评 课
目 的	"议"是围绕观课所收集的课堂信息提出问题、发表意见。	"评"是对课的好坏下结论、作判断。
地 位	"议"是参与者围绕共同的话题平等交流。	"评"是开课者处于被评地位。
取 向	议课活动以"改进、发展"为主要选课取向,鼓励教师主动暴露问题,求得发展。	评课活动主要以"表现、展示"为选课取向,执教者重在展示。

议课把教师培养成具有批判精神的思想者和行动者,帮助他们实现自身的解放。

可见,观课议课是参与者相互提供教学信息,围绕共同关心的问题进行对话和反思,以改进课堂教学、促进教师专业发展的一种研修活动。以下是一所农村初中对教师观课议课的要求。

(一)观课的要求

1. 要求开课教师在开课前一天将教学方案交给学科组长或教研组长,由组长发给听课教师;议课时,开课教师先讲述教学设计思路和组织体会;当组长听调研课时,开课教师要在下课前5分钟完成教学任务,以便对学生课堂检测;按学校规定完成公开课、研究课和展示课的任务,接受不定期的教学检查。

2. 要求观课活动的组织者(学科组长、教研组长)做好组内分工,组织教研活动全过程,做好相应记录。对于调研课,组织者要事先准备好课堂教学检测内容。

3. 要求观课教师课前作充分准备;在预备铃声响前进入教室;认真观课,做好笔记;积极收集各种信息,除了语言和行动,课堂的情境与故事、师生的状态与精神都应作为感受的对象。要求观课教师把自己定位为教学活动的参与者、组织者。只有角色融入授课教师的课堂教学活动(主要是指参与学习活动的组织、辅导、答疑和交流)中,并尽可能以学生的身份(模拟学生的思路、知识水平和认知方式)体会学习活动,才能获取真正的感受。

4. 语文、数学、科学、英语、社会政治教师每月须观课6节,其他学科每月3节,及时填写观课表,每学期的前四个月写观课小结不少于3份(就感受最深的某一方面展开阐述,不要一般性情况的罗列),同时实行组长观课汇报制,每学期安排2次以上。

(二)议课的要求

教学的本质就是由教师组织学生进行有目的、有计划的有效学习的活动过程,其目的在于促进学生的发展。它有五个要义:①教学是涉及教师与学生双边的活动过程;②它是一种学习活动,本质上是学而不是教;③它是由教师组织的、有目的、有计划的学习活动;④教师的组织活动有多种手段,包括讲解、指导、辅导、演示、评价等;⑤旨在促进学生全面发展。教师是这一活动的组织者与指导者,因此,课堂教学的分析

应该从学生学习活动的角度来进行,把教师的教学行为联系到学生的活动中来。议课策略应注意:

1.“以学论教”,就是把学生的发展状况作为议课的关键点。学生在学习活动过程中,如果思维得到激发、学业水平得到充分(或较大程度)的发展与提高、学习兴趣得到充分(或较大程度)的激发并产生持续的学习欲望,则可以认为这是一堂很好的课。

2.“直面问题”,没有问题和困惑的课堂是不存在的,没有必要为课堂的问题大惊小怪。议课要议出更多的教学可能性,关注课堂的生成性,讨论更多的发展可能以及实现这些可能的条件。

3.“平等对话”,认真倾听他人的意见,理解他人的立场和观点。对话者不轻易放弃自己的观点,自信而不封闭,虚心而不盲从。

(台州市路桥区峰江中学　卢　献)

专题9　应用课堂观察技术

开展课例研究,不能仅仅依靠教师的个人经验来研究分析一堂课。国外有一些学者,将课堂观察作为一个专门的研究领域,研究开发了许多课堂观察工具,以帮助我们观察、描述、反思和理解课堂行为,从而使课堂研究更为深入。

教师的课堂观察行为从观察心理看,大致可以分为三个层次:一是不自觉的观察,这是一种知觉心理本能的反映。比如课堂中的一些异常现象,总会不自觉地引起执教教师和观课教师的关注。二是凭自己的已有经验和现场感觉来观察、分析、评判一节课。这是我们一直来习惯的传统的听评课。三是有目的,有一定的观察角度,借助一定的观察工具,来针对某些具体问题进行观察。这也本专题试图介绍的研究方法。即“研究者或观察者带着明确的目的,凭借自身感官(如眼、耳等)及有关辅助工具(观察表、录音录像设备等),直接或间接(主要是直接)

从课堂情境中收集资料,并依据资料作相应研究"①。

课堂观察是教师获得教学反馈信息,捕捉教学复杂现象,分析研究教学情况,及时调整教学思路、教学内容和教学方法的重要手段。教师进行有效的课堂观察要根据观察的目的、内容、方法、手段的不同制定不同的观察计划,选择不同的观察工具,然后对观察资料进行分析处理,形成观察报告。

目前我们课堂观察存在的主要问题是:对课堂观察重视不够,自觉使用程度较低;缺乏有效课堂观察技术的指导培训,操作不够规范;机械使用观察量表,课堂观察准确性、有效性不够;观察形式较单一,缺少有效范例的借鉴。

做好课堂观察的主要要求是观察主题要明确;观察角度要适当;观察方法要简便,特别是要围绕观察目的,制定出较为科学、合理,为大多数教师所认可的有效性评判标准,这是提高课堂观察质量的关键。

一、课堂活动全息观察

课堂活动的全息观察是指针对某一主题,利用现成的编码量表或分类体系对该主题进行全方位的观察分析,以获取对该主题全面、真实、客观的信息,是一种技术性要求较高的课堂观察模式。该模式的基本流程是:明确观察目的——选择(设计)观察量表——分组进行课堂观察——观察数据分析——形成观察报告。

案例3.6 意在提高一年级识字教学效果的课堂观察

我们针对一年级语文新教材的课堂教学现状,开展"识字教学有效性"的研讨。在进行课堂观察时,我们着重选择了"学生参与"、"课堂提问"和"师生互动"3个视角的12个视点,借鉴了弗兰德斯的互动分析体系进行观察分析。

---

① 陈瑶:《课堂观察指导》,教育科学出版社2002年版。

（一）从教师提问类型看本课的识字教学

表 3.8　提问行为类别频次统计和提问技巧水平检核表 A

项　目	行　为　类　别	频　次	百分比(％)
提出问题的类型	1. 常规管理性问题	0	0
	2. 认知记忆性问题	52	68
	3. 推理性问题	0	0
	4. 创造性问题	9	12
	5. 批判性问题	9	12
	6. 鼓励性问题	6	8

　　这堂课采用"复现、复现、再复现"的识字策略非常符合小学生的识字特点。小学生除了随意注意以外，他们还有许多非随意注意。这堂课中，学生认知记忆性问题占了 68％，可见教师非常注重"复现、复现、再复现"的策略，并且适当采用不同的方式引导。其次，教师能创设温馨而富有情趣的识字环境，注意儿童愉悦的心情体验。再则，整堂课字不离词不离句，让字义在特定语境中反复呈现，非常注重儿童的语文积累。教师创造性问题占 12％，可见课堂中的生成性资源还有很多，比如学生说："蝴蝶、蚂蚁都是昆虫，所以它们都是虫字旁"，这些来自课堂，来自学生的生成，该如何整合为教学所用，值得大家去思考。

　　（二）从教师理答方式看本课的识字教学

　　这节课，教师的理答方式是形式多样的。据统计：教师自己代答占 11％，对学生回答不理睬有 4％，重复自己的问题或对学生答案称赞和鼓励居多。这种理答方式在一定程度上保护了学生识字过程中的自尊心，树立了学生学习的自信心，也激发了学生对识字的兴趣。同时，从鼓励学生提出问题占 16％，不难看出教师为学生营造了一个民主、和谐、宽松的识字氛围，为激励学生积极思考，发表与众不同的意见创造了机会。学生在这节课上精神是愉悦的，思维是活跃的，课堂上有很多学生精彩的发言，都是在教师的鼓励称赞中自然生成的！当然从教师自己代答和对学生回答不理睬共占 15％中，也可以发现教师在识字中还不十分信任学生，对学生回答问题不置可否，或一味强调学生回答的标准化。

表 3.9 提问行为类别频次统计和提问技巧水平检核表 B

项 目	行 为 类 别	频 次	百分比(%)
教师理答方 式	1. 打断学生回答,或自己代答	12	11
	2. 对学生回答不理睬,或消极批评	11	10
	3. 重复自己问题或学生答案	7	6
	4. 对学生回答鼓励、称赞	58	53
	5. 鼓励学生提出问题	11	10
	6. 追问	11	10

(三)从各教学环节所问问题及时间使用统计看本课的识字教学

表 3.10 各教学环节所问问题及时间使用统计

项目	对反义词导入	学习课文	巩固练习	课堂小结	合计
教学时间	4'23"	35'17"	8'06"	2'23"	50'09"
问题数量	12	49	13	2	76
每题平均耗时	22"	43"	37"	1'12"	40'

从表 3.10 中可以发现,在识字教学中教师发问数较多,共 76 次,平均每分钟 1.5 次。但是教学设计中只有 20 个问题。究其原因,一是教师在教学设计时明确了主提问,但在识字教学中不自觉地增加了辅助提问和重述提问;另是为解决一个较为复杂的问题时,教师在教学中又将它分解为单一的结构性问题。但是过多的辅助提问和重述提问,会导致学生将识字依赖于教师的问题进行学习,这不利于学生的学习。从教学环节使用时间的统计中也可发现,这节课足足拖了 10 分钟,问题在于今天的课堂情景设计使学生有很好的学习状态,很多识字活动中,学生参与的面广,回答意识和状态特别好,教师不得不让更多的学生回答,导致课堂的时间出现失控,这也是我们平时课堂教学遇到的困惑。

(四)从学生回答的类型看本课的识字教学

表 3.11　提问行为类别频次统计和提问技巧水平检核表 C

项　目	行　为　类　别	频　次	百分比(%)
学生回答的类型	1. 无回答	0	0
	2. 机械判断是否	14	13
	3. 认识记忆回答	36	34
	4. 推理性回答	23	22
	5. 创造评价性回答	12	11
	6. 主动提问	18	17
	7. 答非所问	3	3

　　课堂上学生积极主动参与识字活动,共回答问题 139 次,无回答 0 次,答错 3 次。课堂上从学生回答的问题来分析,认知记忆性回答占 34%,推理性回答占 22%,重视知识的教学;学生创造性回答和学生主动提问共占 28%,学生的回答非常精彩,可见教师注意培养学生的创造能力,课堂民主氛围浓厚。

　　(五)从挑选回答问题方式看本课的识字教学

表 3.12　提问行为类别频次统计和提问技巧水平检核表 D

项　目	行　为　类　别	频　次	百分比(%)
学生回答的类型	1. 提问前,先点名	0	0
	2. 提问后,让学生齐答	14	13
	3. 提问后,叫举手者答	36	34
	4. 提问后,叫未举手者答	23	22
	5. 鼓励学生提出问题	12	11

　　本课的反复的识字策略设计非常有新意,而且不是机械的复现,而是把一个个孤立的词语变成一幅幅美丽的画面,把枯燥的复现过程变得十分有趣味,学生在美的熏陶中,在愉快地学习。提问后学生齐答为 20 次,占 19%,提问后举手者答为 65 人次,占 62%,未举手者答分别为 0 人次,学生学习积极性高。

(苍南县第一实验小学　张延银)

　　这种全息观察涉及面广,比较适合于对课堂活动教学进行全面、深入的研究分析,使教师能够从更为广阔和新颖的视角来审视复杂的教学活动,提高了教师课堂观察的技术和能力,也为教研活动提供了现场资料和事实依据,使教学研究活动更具规范性和科学性。

对于课堂观察来说,分析提纲非常重要,这关系到课堂研究的切入角度与深入层次。一般课堂观察的分析视角见表3.13。

表3.13 课堂观察的分析视角(一)

	目 标	互 动	状 态
教师	设立的合理性 达成的策略性	教师采用了何种策略,教师行为如何引发互动,引发了何种互动,以及互动的程度如何,这种互动是否基于学生实际、目标达成、课型与知识特点等等	是否关注并以何种策略促进学生良好的课堂状态的形成与维护
学生	达成度 达成效率		情绪是否饱满、参与是否积极、思维是否活跃等等

表3-14是另一种课堂观察视角(苍南县灵溪镇一中姚仁环老师提供)。

表3.14 课堂观察的分析视角(二)

教学目标的设计	(1)该课例有哪些教学活动 (2)这些活动的目标是什么 (3)根据对该课例学生的观察,这些目标是否达到 (4)结合你自己的教学实践,你认为这些目标的制定是否恰当
教学活动的设计	(1)这些教学活动的内容是什么 (2)这些教学活动是否激发了学生的学习兴趣 定性描述: 定量观察数据:学生的举手人数和次数 (3)该课例的教学活动有没有落实该课的语言知识和语言技能 定性描述:学生语言的流畅度、深度和广度 定量观察数据:学生回答问题的正确率
教学程序与教学方法的观察	(1)各个教学活动的过渡和转换情况 (2)教学媒体的使用情况 (3)教师对教学细节的应急处理

续表

教师的教学语言观察	(1)教师的课堂任务指令 (2)教师的课堂提问 (3)教师的课堂即时评价 (4)教师的肢体语言应用
学生学习情况的观察	(1)该课例学生的学习方式有哪些 (2)该课例中学生主动学习的时间有多少 (3)该课例中学生的问题行为有哪些

(苍南县灵溪镇一中　姚仁环)

二、关键问题聚焦观察

课堂教学出现问题的相关因素是很多的,一般情况下我们不可能面面俱到地进行全方位的观察分析,而是聚焦影响该问题的某些重要因素,设计视角、视点进行课堂观察,研究分析其主要因素,有的放矢的加以解决。这种课堂观察模式比较适合主题课例研究,其基本流程是:确定问题——分析主要相关因素——设计观察量表——分组进行课堂观察——研讨分析观察资料——形成案例。

案例3.7　关于课堂追问有效性的思考

(一)课例记录的整理

表3.15　教学过程的记录与关键问题的整理

教学环节	教学主要过程	追问内容	追问方式
课题引入	1. 观看动画 2. 提问:画面所包含的物体有哪些运动形式?	1. 根据什么判断物体在做机械运动?	因果追问
		2. 根据什么判断物体位置在改变?	逆向追问
		3. 物体是运动还是静止以什么为标准?	因果追问

127

教学环节	教学主要过程	追问内容	追问方式
新课讲授	1. 学生举出一些运动的物体，并说明运动的物体以什么为参照物。 2. 观察电梯运动画面，四人小组（四位学生分别标记为A、B、C、D，A、B为运动着电梯里两位学生，C、D为地面上两位学生）讨论运动和静止的相对性，分角色体验坐电梯的经历。 3. 提问：以A为参照物，B、C、D运动情况如何？ 4. 师生归纳出：选择不同的参照物，判断结果可能不同。	4. 以C为参照物，D、A、B运动情况怎样？	跟踪追问
		5. 以B为参照物，A、C、D运动情况如何？	发散追问
		6. 以D为参照物，A为什么是运动的？	因果追问
		7. 以自己为参照物，A、B、C、D运动情况如何？	不恰当追问
新课讲授	5. 学生举例说明对物体运动的描述与所选择的参照物有关。 6. 观看动画，判断物体是否运动以及所选择的参照物。 7. 观察动画，学习机械运动的分类。	8. 你还有什么发现？	逆向追问
		9. 物体位置没改变叫运动吗？	跟踪追问
		10. 其他同学有什么看法，还可以选什么物体为参照物？	逆向追问
课堂小结	1. 这节课你学到的什么？ 2. 解答学生提出的问题	11. 你怎样判断物体运动还是静止	逆向追问

说明：目前，关于追问方式的相关理论不多，我们初步把追问方式分为两大类。一类是：有效追问。包括跟踪追问、逆向追问、因果追问和发散追问；另一类是：无意义追问和不适当追问。

（二）观察结果的分析

1. 教师追问频数统计与分析

表3.16　教师追问频数的统计

教学环节	课题引入	讲授新课	课堂小结
追问频数	3	7	1
百分比(%)	27.3	63.6	9.1

从表中可以看出：教师课堂追问集中在讲授新课这一环节。这样处理，有利于学生掌握学习重点，化解学习难点；能够引导学生深入思考问题，培养学生深层次的思维能力；注重培养学生积极思考和勇于质疑的学习品质。同时，也反映了教师有较强的处理教材的能力。

2. 教师追问方式统计与分析

表 3.17　教师追问方式的统计

追问方式	跟踪追问	逆向追问	因果追问	发散追问	无意义追问	不恰当追问
频　次	2	4	3	1	0	1
百分比（%）	18.2	36.2	27.2	9.1	0	9.1

从表中可以看出：教师的追问方式集中在逆向追问和因果追问两种方式。因果追问能够引发学生深入思考，给学生提供展示思维过程的机会。这样有利于教师及时了解学生的学习过程和学习方法，以便教师调整教学策略，向学生提供具体的帮助和指导。逆向追问能够引导学生针对某一具体问题进行多角度多层面分析与研究，培养学生反思能力，提升学生的思维水平。

从课堂追问有效性视角对课堂教学进行观察、分析研究，归纳起来，我们认为本课例透视出以下几个主要特征：

①追问内容紧扣课标，围绕教学重点、难点进行，凸现了教学重点，突破了教学难点，有利于落实教学目标。

②追问内容基于学生已有的经验和亲身体验，符合学生的认知水平，追问比较有效。

③追问方式多样恰当，追问形式包含因果追问、跟踪追问、发散追问、逆向追问等。不恰当追问和无意义追问较少，可以看出教师在处理教学内容和研究学生方面下了一番工夫。

④关注学生个别差异不够，在教学过程中出现针对一位学生追问多个问题现象，出现了尴尬局面。

⑤个别追问目的性欠明确，表述不是很清晰，出现重复追问现象。

(三)值得探讨的几个问题

1. 如何界定追问的作用。不同的追问内容和追问方式在课堂教学中作用有所不同。本课例在引入课题教学过程中的几个追问主要是为了澄清问题,如根据什么判断物体在做机械运动。追问物体是运动还是静止以什么为标准,是为了得出参照物概念,为过渡到新课讲授服务。在新课讲授过程中,大多数追问是为了反馈学生的思维过程,引导学生进行深入思考,培养学生求异思维能力、发散思维能力以及创新思维能力。在课堂小结过程中的追问,目的是为了了解学生掌握教学目标情况,以便教师有的放矢地进行点拨。

2. 如何设计追问内容。教学实践证明:课堂教学过程中设计一些追问,不仅能够活跃课堂气氛,还能引发学生针对问题进行深入思考,锻炼和发展了学生的思维能力。如何设计追问内容,首先要根据教学目标和教学重难点确定,追问要为落实教学目标和解决教学重难点服务。要在关键点上追问,无目的的追问和脱离教学内容的追问,实际上是浪费学习时间,甚至会引起学生理解上的混淆;其次要考虑学生的实际水平,追问内容难度要适宜,使问题贴近学生的"最近发展区",从易到难,层层推进,激活学生的思维,让不同层次的学生都体会到成功的喜悦。

3. 如何选择追问方式。追问方式由追问内容决定,不同的追问内容应选择不同的追问方式。一节课应采取多种追问方式,面向不同层次的学生,提高全体学生的思维能力。一个较难的问题(教学重难点)设计成一组有梯度的小问题。教师提出一个小问题,学生回答之后,教师接着追问几个小问题,一般属于跟踪追问,如课例中,以 C 为参照物,A、B、D 运动情况如何等。反馈学生的思维过程的追问属于因果追问,这类追问方式在课堂教学中最常见,它的优点展示学生的思维过程和方法,如课例中,以 D 为参照物,A 为什么是运动的。逆向追问,即反问,引导学生深入思考,能够培养学生探究精神。除了教师追问学生之外,根据教学内容和学生的实际,可以进行学生之间互相追问,也可以进行学生追问教师,这些都有助于提高课堂教学效果。

4. 如何选择追问对象。一个班级存在着不同层次的学生,应该追问哪些学生,是一个值得探讨的问题。在课堂教学中,向一些学习困难学生追问问题,往往出现答非所问的现象,遇到这种情况,教师较难处理。我们认为在选择追问对象前,须深入了解学生的情况,针对不同层次的学生追问不同难度的问题,让不同层次的学生都有展示成功的机会。

(苍南县灵溪一中　朱郁华)

关键问题聚焦观察的优点是观察视角比较集中,能够紧紧围绕要研究的问题而进行剖析。其关键在于观察记录及分析的"支架"的设计。不过,对于不同的研究问题、不同的研究策略,课堂观察的记录量表和分析支架都应针对性地设计。表 3.18 是英语任务式教学的观察量表(温州市第十七中学的杨成风和刘燕教师提供)。

表 3.18　英语课堂任务优化设计课堂观察量表

听课内容:　　　　授课者:　　　　记录者:　　　　时间:

观察内容＼任务内容	任务设计要素(教师行为)						课堂教学效果(学生行为)		
	可操作性	有效性	真实性	合理性	连续性	创造性	语言知识语言技能	情感态度文化意识	学习方式
	难度与学生认知水平符合:难易程度	与教学目标的联系	与实际生活的联系	形式:时间指令:评价	任务链阶梯式:与上下任务的街接	拓展:创新水平			
你对这节课的评价及建议:									

课堂是一个复杂的情境,教学是一个复杂的过程,课堂教学中的许多东西不一定能用具体的数据来说明,需要观察者根据观察目的和粗线条的观察提纲,在课堂现场对观察对象的某些行为作详尽的、多方面的观察描述,以便较为完整和客观地反映教学的真实情况。这样的课堂观察记录更多地运用现场情境描述的方法(如表 3.19)。

表 3.19 学生阅读方法指导的有效性观察表

课题：＿＿＿＿＿＿　　执教者：＿＿＿＿＿＿　　观察者：＿＿＿＿＿＿

指导学生运用哪种阅读方法	在哪个阅读内容中运用	在哪个情境中运用（请描述具体的情境）	呈现方式	分析和建议

　　这种课堂活动的定性观察，要求观察者围绕特定的主题，设计观察的视角和视点，对观察结果进行除数字之外的各种形式的描述，具有灵活性、情境性和开放性的特点。这种模式适合对主题作深入、全面、动态的分析，特别对主题的生成、拓展过程的观察有一定的作用。但这种模式需要观察者有较强的理论功底和分析问题的能力，同时观察过程中观察者的主观意识对观察结果会产生一定的影响，观察的信度和效度难以检测。

三、典型个体追踪观察

　　为了深入了解某些学生的学习情况或通过了解有代表意义的学生个体的学习情况，验证或研究某一教育措施的实施、某一教育教学新方法对教学对象产生的效果，而有意识地选择一个或几个目标学生进行课前、课中、课后跟踪观察的方法，我们称此为"典型个体追踪观察"。其基本流程是：选择目标学生——课前课后访谈——课前课后检测——课堂有意识观察——对观察资料作出分析。

案例 3.8 数学课中学生探究活动的典型观察

　　课例：《一亿有多大》
　　执教教师：金海跃
　　目标学生：A、B、C（分别代表 A、B、C 三个层次学生的水平）
　　观察目的：以小见大，找到各层次代表学生探究学习中的一些共性规律和问题，从而检测这堂课的教学效果。
　　观察记录1：

表 3.20　前测与访谈记录

	问题	A 生	B 生	C 生
前测	1. 梧田街道所有小学的人数约有多少?	先写 4000 人,后改成 40000 人	40000 人	4000 人
	2. 10000 个 1 元硬币叠起来大约有多高?	20 米	20 米	相当于一个人的高度
	3. 1000000 有多大?请你联系实际设计一个方案	用一根长 1000000 米的木棍插向天上,再用飞船飞上去	没做	这是 1 个苹果,那是 1000000 个苹果
课前访谈	1. 你喜欢数学课吗?	喜欢	有时候喜欢	不知道
	2. 在课堂上你会举手发表自己的意见或想法吗?	会。有时有些题目太简单,我就不举手了	不会,都是数学好的同学在发言。	不敢,说错会被同学笑的
	3. 小组合作时你会跟同学交流吗?	会	我都在听他们说	有时候会说一点

三位学生的探究兴趣和态度的观察比较:

从上面的访谈中,我们可以看出 A 生有较强的探究欲望,他对数学学习是主动的,充满着自信。B、C 这两名学生在学习上则基本处于被动状态,他们在讨论问题时不敢发表自己的见解,显得自信心不足。但这不能说明他们就完全没有探究的欲望,他们还是比较喜欢谈论和动手操作的,也渴望在课堂上自己能有表现、操作的机会,但又不会自己争取,自我意识不强。

观察记录 2:

表 3.21　学生课堂发言的观察

	A 生	B 生	C 生
举手次数	15 次	2 次(在得出结论后同学叫他,他才举手)	0 次
回答反馈次数	8 次	1 次	0 次

对三位学生的参与状态的比较：

从举手和回答的次数上我们可以看出在课堂上，A 生兴致很高，积极自觉的参与，整堂课，他共举手 15 次，回答了 8 次，得到教师的极大关注。而 B、C 类学生的反应却截然不同，完全是被动的，不积极的。整节课中 B 类学生只举了 2 次手，第一次是在小组得出结论后同学叫他举手，他才举手。教师没有叫他，他就放弃了。第二次同学又叫他，他又举手了，终于回答了 1 次。从这里也可以看出他不具备持之以恒的探究精神，他习惯于接受他人的意见，这可能就是接受式学习方式的影响。C 类学生一次也没举手，一次也没回答，习惯于被人遗忘。

观察记录 3：

表 3.22　学生小组活动表现的观察

A 生	B 生	C 生
处于主导地位。在选择问题上他说要选材研究：1 亿秒有多长？在探究过程中都由他说了算，他猜测说有 1 个季度，他要求同学按他的思路去做。他指使小组其他成员用他的思路来操作计算。先计算 1 天有多少秒？（开始计算错误，后来进行了改正。）他不能很认真地倾听其他同学的意见。	处于从属地位。在活动中也有跟其他的同学交流，但只是对同学的想法进行附和，对同学的探究过程进行记录。小组选择研究的材料，设计研究的方案都是由组内一名 A 层学生和另一名 B 层学生讨论得出的，他只是在说"可以"、"好的"。	处于从属地位。在这个过程中，她承担了记录员的任务，小组选择研究的材料，设计研究的方案都是由组内一名 A 层学生和两名 B 层学生讨论得出的。自始至终，她都没有发表自己的意见，只是拿着笔问："怎么说？怎么记？"然后很认真地把大家设计的研究方案和研究的结果记录下来。

对三位学生在小组合作中的参与角色的观察比较：

在小组合作中，A 生的才能得到充分的发挥，选择问题——进行猜测——讨论方案——操作研究——获得结论等环节，他都主动参与，在学习中充分体现了他的主导地位。在掌握解决问题方法的同时建构了知识，发展了较大数的数感，体验到了成功的喜悦。课后的测试与访谈正好印证了这一点。小组探究中的分工合作也让 B、C 生承担了一定的任务。他们也能够积极参与到小组活动中来，但是，我们也可看到,他们的参与只是行为上的参与,思维的参与并不主动、积极,他们只会对别人的意见和想法附和,只会记录别人的探究过程和结果,从不质疑。在小组合作中,他们处于从属的地位,这样的探究对他们而言效果肯定不会太好。

观察记录4:

表3.23 课后访谈后测

问题	A生	B生	C生
你还想上这样的课吗?	想	想	不知道
如果探究有结果,你是怎么探究出来的?	小组合作 自己发现	小组合作	小组合作
这样的探究活动对你来说有难度吗?	一般	一般	很困难
哪个环节你最喜欢?	小组合作	小组合作	小组合作
你用自己的话描述一下一亿有多大。	(注:访谈时没问这个问题)	比珠穆朗玛峰还要高	1亿秒有3年多
请你设计一个方案来研究13亿有多大	先用尺子量出13毫米高的纸,再算出13亿里面有多少个13毫米,接着换成米,就可以了。	一个天地之间的距离(曾有一个学生猜测1亿张纸叠起来有两个天地之间的距离)	1亿张纸比珠穆朗玛峰还高,13亿张纸就更高了。

对三位学生通过本课学习后,知识与情感发展的观察与比较:

探究学习要达到的三个目标是:获得理智和情感的体验,建构知识和掌握解决问题的方法。应该说A生在这节课中基本达到了这三个目标。在这堂课中,他通过小组合作和自己的努力得出结论,获得了成功的喜悦。通过本节课的学习,他能在具体情境中体验到一亿的大小,发展了数感,感受到了数学与现实生活的密切联系;并能用这节课学到的方法解决另一个问题。B、C生在探究学习过程中只有行为上的参与,而没有思维上的参与,他们在合作中无法理解同学的探究意图和过程。他们不知道怎样才是自己的发现,自己的探索。他们只是习惯于记住教师或同学得出的或给出的某一观点,某一知识,所以根本无法自己独立解决一个问题,也就没有体验到探究成功所带来的喜悦,所以C

生也无法知道自己是否还想上这样的课，也不知道究竟该怎样去解决一个类似的问题。

由此我们可以看出，不管是 A、B、C 生都喜欢小组合作的学习方式。

（温州市瓯海区实验小学　王文珍）

典型个体的追踪观察适用范围较广。追踪的对象可以是一个也可以是多个，要依据观察者人数的多少和观察目的而定；观察的时间可以是一堂课，也可以是多堂课，要根据观察的需要而定；观察的方法可以是定量观察，也可以是定性观察，或者两者结合，要依据观察结果呈现的方式而定；观察视角可以是全方位的，也可以是有所选择的，要依据教研主题而定。做好追踪观察的关键是要选准观察对象，观察对象必须具有该研究主题的代表性，同时观察时要尽量避免主观因素的过度干扰，以保证观察结果的有效性。

四、借助视频技术的精细观察

通常的课堂观察较多地依靠课堂研究者对教学现场的观察与记录，来为课堂研究提供基础素材。但课堂教学活动是瞬息变化的、复杂的系统，任何观察者的观察与分析视角都是有局限的，其现场反应能力也是有限的。如果要对教学现场进行更深度的剖析，则要借助现代教育技术来改进课堂观察分析。

微格教学是美国斯坦福大学阿伦(W. Allen)教授于 1963 年创建的一种新型的师资培训方法，并很快成为师范院校中比较先进的教学技能培训模式。其前身就是工业心理学研究中的"时动分析法"。20 世纪 80 年代中期，微格教学被引入到国内，受到广泛重视，并较多地应用在在职教师的培训和研究中，成为校本教研活动的一种形式。其本身因教学对象的变化，教学功能的拓展，而变式为视频"微格教研"。

应用视频"微格教研"的改进之处主要有：

(一)减少了观察者的工作量

传统的教学研究中，实现一位教师执教并做全面科学的课堂观察的可能性不大。而视频教研中,机器将大部分观察任务承担过去,忠实地记录着教学现场以及连带的教学情景,这使教师有更多的精力关注所要研究的问题细节,更灵活地采取教学干预。这种观察方式也可以防止教师的观察疲劳。

(二)提高了课堂观察的效率

传统的课堂观察只能做一次记录,而无法复现现场;录音记录不能完全展现教学主体——学生的学习状态;而视频观察则能够全面地记录课堂实况。

(三)支持了课堂活动的精细分析

由于视频具有重复播放、分段播放、慢动作播放、实时测量、剪辑对比等多方面的功能和便携性、存储性等特点,从而可以支持时间单元与动作单元的分解观察,有助于较为精细地解剖教师的教学技能与课堂教学的具体环节,可以实现跨时空的课堂教学的比较研究。

(四)减少了学生的反应性

如果学生知道自己是被观察的对象,就会产生反应性的言行,影响课堂问题的真实呈现,从而降低研究效度。视频观察是一种设备的运用,它有助于减少学生的反应性对研究效度的影响。

(五)帮助了授课者自我分析

过去,授课者对自己课堂的分析判断往往依靠自我感觉或他人评议,而缺少准确深入的自我诊断。视频教研为此提供了技术平台。授课者可以在事后回放录像的过程中闭门思“过”,分析调整自己的教学策略,提高自己的独立研究能力。

(六)扩大了课堂研究的辐射面

执教教师可以将自己的课堂实录传到网上,寻求组外研讨支持。许多不在现场的,原本无法介入研究的教师也可以参加到网上分析研讨中来,教师个体可以寻求更多的教师甚至专家的支持,执教教师能吸取精华,进行更深更广的思考。

案例3.9　从教学细节看学生的自主学习

——视频教研案例一则

(一)背景

1. 为什么从教学细节的角度研讨自主学习?

本次教研我们选择从教学细节的角度来探讨自主学习,从学生、教师在课堂上的行为细节入手,分析与学生自主学习相关的问题,从可以触摸的微观角度探讨自主学习理念在课堂上的落实,去剖析教学利弊,去磨砺教学行为,提高教师对学生自主学习的深层次认识。因为细节虽小,但在教学过程中的功能和作用,在促进学生发展中的意义和价值,却举足轻重。从细节入手,教师们接受度高,操作性强,有利反思和改造日常的教学细节,从而使自主学习的品质更优,效度更强。

2. 为什么选择视频教研的方式?

聚焦教学细节,直观便捷的视频教研无疑是最好的方式之一。它利用现代教育技术克服了传统教研凭回忆进行课堂研讨的低效性,用技术把复杂的课堂简化成教师易理解、易转变的理念或技巧。在视频教研活动中,我们用两台摄像机分别拍摄课堂上教师和学生的活动,然后利用其可以反复观看、选段观看、定格研讨的优势,使研讨得以深入。

(二)前期准备

1. 理论学习　为了能对自主学习做深层次的研讨,我们印发学习了《促进学生自主学习能力的教学策略》、《小学阶段自主学习能力培养初探》、《尽快地适应个别化自主学习的新模式》、《在自主学习中激发学生的创新思维》,丰富理论储备,以提高研讨的科学性和实效性。

2. 课例拍摄　确定教研主题后,我们围绕该主题组织课例研讨。由金娅慧教师围绕本次主题备课上课。

3. 视频观看　课堂教学录像制作好后发给教研组成员,大家以往常的形式,各自在家中仔细观看录像并围绕教研主题思考这堂课中涉及自主学习的相关细节。潘月娟教师和尤武杰校长为我们提供了课堂学生活动记录表，让我们更客观、更细致地观察课堂中的细节。

(三)教研现场

主持人：我们知道，学生自主学习的问题是新课程的核心问题。我们已经讨论过几次。这次我们围绕金娅慧老师上的《三个儿子》来讨论，讨论主题是"从细节关注学生自主学习的体现"，大家可以围绕这个主题提出自己的观点。先请金娅慧老师简要谈谈自己对这堂课的反思。

金娅慧：从板书上可以看出我对这堂课的思考。课文有两个面，三个妈妈一个面，三个儿子是一个面，默默注视的老爷爷是贯穿课文的一条线。我试图让学生以老爷爷的眼光来感悟课文。我在这堂课中试图做一个促进者，鼓励学生做充满热情的、独立的、反思的阅读。不知道我有没有做到这一点？请大家谈谈。

胡素珍：我注意到金老师在第 25 分钟的时候，有一个教学细节。[胡老师请拍摄录像的叶老师将录像定格在第 25 分钟：一个男孩疙疙瘩瘩地读了课文，教师给他评价。]你们看这里有一个孩子读得不是很好，老师说："我知道你很努力地把想到的读出来。"然后让学生一起鼓掌。在此后的教学过程中，这个学生一直在努力地学习。

翁呈燕：我赞同胡老师的看法。我注意到，老师说："老师期待着你更精彩的表现。"教师能抓住任何可以抓住的契机引学生到课堂上来，这些细节在金老师整堂课当中都有体现。我对 1 分 30 秒钟时金老师教学生读词语的细节很感兴趣。请切换到那个画面。[录像中的画面切换到 1 分 30 秒，教师说：再开一列火车！全班孩子举手。]我观察了一下，几乎全班学生都举手了。说明金老师对学生情绪带动非常大，让学生在课上能够持续地精神愉悦地投入。

张晓丽：当学生读错，其他学生指正后，教师都会给以评价"你有进步，我们要让他更加明白"。这里你们听到了吗？这种心理氛围的创设给全班孩子一个暗示：有进步就是好的。

胡明超：接着张老师的话我也想说，这种氛围是怎么创造的呢？我想更重要的是评价。我粗粗统计了一下，整堂课用到掌声有 3 次，鼓励性语言 14 次，当学生积极努力去做但不尽人意的时候，老师是怎么做的呢？我们可以看一看 21 分钟 40 秒的教学。[在这个环节之前老师请学生们把三个儿子的表现圈出来读一读。21 分 40 秒的时候，一个女生站起来读，但老师发现她没有把那个词圈出来，就提醒她。]在这之前教师是让学生把一些词圈出来，这位学生没有圈。老师说："你可能忘了圈出来，但你读得非常好。"这些句子都表现出金教师能很巧妙地调整课堂氛围。另外教师还尽力让同学用欣赏的眼光去评价。比如请一个同学当教师，这样的评价方式就很新颖。我们再看看 18 分 30 秒。[教师提圈词的要求]这里每个人都有自己的感受,这里老师做得非常好,能够让学生的主动性有所体验。

主持人:我们刚才讨论的都是教师的教学评价这方面的内容。我们现在可以根据您说的细节,深入探讨学生与文本的自主对话这个话题。

胡明超:请看一下第26分钟的一个教学细节。[教师说:"我在读的过程中,发现有个词语'提着走了',把'着'字去掉了,也没什么关系呀! 但是我读着读着,就知道这个'着'字的用处了,你们也来听一听好吗?"师比较读这两句话"另一个孩子接过妈妈手里沉甸甸的水桶提(着)走了。"你听出了什么?学生说"因为这个水桶沉甸甸"。教师说:"课文哪一段,描写了水桶的沉甸甸?"学生齐读第八段对妈妈提水的描写。]

主持人:就刚才这个细节,大家可能有自己不同的看法。我想说一下我的认识。这里老师说"提着走了"是为了让学生从教师的对比朗读中感受到"沉甸甸"这个词语从而体会课文内涵。但是让学生自主潜心课文并且努力去找出课文的内涵,比起教师自己通过读来引导学生,哪个更有助于他们语文能力的提高呢?

郑伟:我觉得这是一大亮点。在这个地方学生需要教师的引导。这里教师没有直接把答案告诉他们,而是让学生通过听,通过读来体会课文。

胡素珍:我也认为这个提得很好,这是教师主导性的体现。

戴芬芬:我觉得她这个方法是可行的。

主持人:那我们可不可以让学生先潜心读课文,当学生感受不到的时候,教师再适当地点拨?

翁呈燕:我赞同主持人的观点,应该先让学生自主地去感受。

谷海武:我也认为应该先让学生感受,这个"提着"很难让学生感到沉甸甸,不如直接到第八段抓"一桶水可重啦! 水直晃荡"这一段来感受。

陈 艳:谷老师说的第八段,金教师已经进行了指导。也就是说,在什么地方不要紧,学生有发现就直接进入品读。

主持人:在遇到学生可能比较难感悟的地方的时候,我们到底是直接帮助学生呢,还是先让学生自主读悟,当学生不行的时候再帮助他?那我们可以把这个潜心入课文的问题放到下一次教研活动中继续研究。

(四)关于视频教研的思考

1. 视频教研的形式

视频教研有四种基本形式,即自拍自评、他拍自评、他拍他评、自拍他评。

自拍自评,就是自己拍摄,自己评课。这种方式能够让教师上课没有心理压力,课堂更加自然。他拍自评相比较而言技术性更强,课堂上不会拘泥于一个视角,能全面关注师生。自拍自评和他拍自评相对于后两种形式来说更加灵活,但受培训的教师不多,研究也难以深入。

他拍他评和自拍他评就是由一位教师或者自己拍摄,其他教师一起参加视频讨论,这两种方式让参与面比较广,培训范围大,而且讨论深入。但这样的时空限制比较大,每一次教师的参与都要通知、集合,并且要到指定的可以播放的场所。

视频教研还有另外一种独特的形式是网络视频教研:受网络上论坛形式的启发,我们学校要在校园网上建立一个区域,教师们把自己认为值得探讨的课拍好并发到网上,其他教师随时观看网络课堂,以发帖的形式来表达自己的观点参加讨论。这种方式灵活自由,参与面广,而且可以让大家有比较自由的准备过程。

2. 视频教研的内容

我们视频教研的主要内容是细节。如学生的学习细节、教师的言行细节、师生互动的细节,以及教具使用细节、课堂氛围细节等。透过这些细节,我们即使不能窥一斑见全豹,也可以在某一点上发现问题所在,促进教学的发展。

3. 视频教研的方法

我们所采取的视频教研方法有微格观察法、教育叙事法、课例分析法、主题讨论法、个案讨论法。

微格观察法就是将课堂以细节来观察,以一个角度来贯穿整个课堂的观察,如对学生学习过程的观察;或者从一个教学节点来观察,如抓住第几分第几秒来观察。我们的微格观察法又有直接观察和间接观察之分。直接观察,就是上了课之后马上以录像中的时间为顺序,锁定课堂细节来讨论。比如我看到课堂进行第5分钟时有一个现象值得关注,就把录像进到第五分钟,大家发表自己的观点;另一位教师提出对第12分钟的一个细节有疑惑,于是大家就围绕这个细节来讨论。间接观察,是在听课后将课堂实录整理成光盘大家带回家看光盘思考课堂,并查找资料帮助思考。第二次集中时,大家可以讨论得更加深入广泛。因为看光盘是可以进行细节回放的,我们就可以做许多记录。我们有潘月娟老师给我们提供的全息记录表和尤武杰教师制作的课堂观察量表作为量化观察的载体。在这些表格中,有的教师专门观察学生课堂参与的深度,比如学生提问的质量,朗读的水平;有的教师专门观察学生参与的广度,如学生什么时候注意力集中,什么时候出现个别谈话现象。如果说现场听课给了我们感性的认识,集中讨论让我们理性地反思,那么这些量化的观察表就是客观的证据。

教育叙事法是其他教研活动中也有用到的方法。不同之处在于,我们在视频教研下的教育叙事中,除了往常回忆式的感性思考外,还增加了更多客观的分析。我们学校还要求每位教师一个月上交一篇1500字以上的教育随笔,这个规定使我们的理性反思意识有了很大提高。

课例分析法是以前教师上过的课或者以名师的课为例子进行讨论,即以他山之石来攻玉。

主题讨论法:在学期初,我们会提出一些教学问题。大家把这些教学问题归纳出来,作为这个学期研究的重点。比如前一次的视频教研活动的主题是关于学生自主活动方面的,教师上课、评课围绕"如何提高学生参与面"这个问题,那么这次我们可以继续以学生自主学习为主题,上课、讨论在前次讨论的基础上继续深入或者转移到其他重点问题。以主题为载体,我们可以做到一次比一次有进步,它是视频教研有效性的重要保证。

个案讨论法即以个案的形式来研究。比如以一个学生某几节课的活动状态为个案来研究这个学生的学习状态、心理情况;以一位教师的动作为个案研究这位教师的风格。

4. 视频教研与普通评课活动的比较

在普通评课活动中,我们讨论时会马上从教师的整体设计入手,在教学"不顺畅"的地方展开讨论,或者就教师的某个要求、某个句子来讨论,给教师提供自身发展的建议,如要求要提得明白清楚,学生就能够更好地进行自主学习……可以说,普通的评课活动即使有一个以学生为中心的主题,讨论的时候也会更多地关注教师在课堂上的表现。因为听课记录本上以执教教师的上课过程为主线比较方便,对学生行为的关注则是零散的。

这一次视频教研我们围绕"细节"来探讨,在探讨过程中,我们始终围绕着"关注学生自主学习情况"这一主题进行。比如胡教师说的"在此后的教学过程中,这个学生一直在努力地学习。"翁教师说"几乎全班学生都举手了",她们在观察过程中抛开了教师大致的课堂流程,而去关注某个细节中学生的表现如何,分析学生为什么会有这种表现,从而清晰地指出任教教师言行细节的正误。只有先关注学生,教师才会在了解学生需求的同时反思自己,提高自己,这是视频教研的一大优点。我们在今后的视频教研活动中仍将坚持以"关注学生"为主。

(永嘉县外国语实验小学　朱晓赛

温州市教育教学研究院　曹鸿飞)

五、依据价值标准的评判观察

前述的这些课堂观察的目的基本上都是分析与诊断,意在解剖课堂中的师生学习活动。现实中还有一种常见的课堂观察,那就是带着课堂教学评价量表进行带有评判意义的观察。这种课堂观察既可能是一种鉴定或评价,最后形成对该课堂教学水平与效果的评价结论;也可以是一种引导和培训,在课堂观察中理解和内化课堂评价的标准。其基本流程是:确定主题——学习相关理论——诠释视角——研制评判标准——设计观察量表——依据标准观课——分析课例——得出结论。

案例3.10　课堂预设与动态生成的观察研究

课例:初中语文《春酒》。

主题:课堂预设与动态生成的有效处理研究

(一)学习理论

同组教师互相合作,从网上搜索或从其他教学杂志上寻找了许多相关的理论材料,如《正确处理语文教学中预设与生成的关系》、《如何进行动态生成式教学》、《动态生成和教师回应策略的研究》、《精彩也可以预约——关注语文课堂动态生成》等文章进行学习。

(二)诠释视角

结合理论学习,观课者从以下角度对"课堂预设与动态生成的有效处理"进行诠释:(1)何谓教学的预设和生成?(2)如何做充分的预设?(3)如何做好自然的生成?(4)如何处理预设和生成的关系?

（三）研制标准

分析视角有:教学预设主要环节,动态生成主要环节,教师应对策略。"教师应对策略"的视点有:①点拨;②评价;③追问;④留白;⑤冷处理。"动态生成"的视点有:①是否有利于拓展学生的思维空间,激发学生的积极情感;②是否有利于引导学生积极思考预设的问题;③是否有利于对教学内容的理解和把握;④是否有利于引导学生与文本进行深层次的对话;⑤是否是对预设的检验和完善;⑥其他。

（四）设计观察量表

表3.24　课堂预设与动态生成的有效处理课堂观察表

教学预设	动态生成	教师应对策略	反思
预设1:诗歌导入,奠定基调			
预设2:朗读课文,整体感知 (1)作者为我们描绘了哪几幅风俗画?			
预设2:朗读课文,整体感知 (2)谈谈自己阅读本文的初步感受。			
预设3:品读细节,鉴赏语言 找出你认为写得最有情趣的细节或词语,并说说其中蕴涵的感情。			
预设4:拓展迁移,抒发感情积累有关"思乡"的古诗名句。			

说明:"动态生成"主要记录有效生成的情况及其次数,参考动态生成的有效性评判标准。"教师应对策略"主要记录教师针对有效动态生成所采取的策略,参考教师应对策略的类型和评判标准。

（苍南县灵溪一中　方荣向）

依据课堂教学有效性的评判标准进行课堂观察,是一种比较常见的课堂观察模式。有效性的评判标准可以帮助执教者和观察者对某一课堂教学行为作出较为准确、科学的判断，为课例研究提供翔实的依据。该模式的关键是要保证有效性评判标准的质量，制定出的标准要具有科学性、准确性和包容性。

不过，在学科教学中，不同学科的教学有效性的判别倾向是有差异的。课堂观察中同时要体现学科的特色，要依据该学科的教学特点制定评课原则，再以这些原则为视角进行课堂观察，这样才能整体把握一堂课的教学情况。

案例3.11 用"历史的眼光"观察历史课堂

（一）背景

有一位初中历史教师在讲"军机处的成立"时，设计了一个教学环节："假使你是当时的军机大臣，可能拥有哪些权力？"学生展开激烈讨论。结果大多数学生认为军机大臣权力非常大，是清朝的权力中枢，而当时的历史事实是，军机大臣只是皇帝的"秘书"，"跪授笔录"，传达圣旨而已。课后，听课教师对该环节褒贬不一，两种观点针锋相对。一种观点认为授课教师通过学生自身的认识与史实的反差，加深了学生对军机处的认识，课堂气氛活跃，设计得当；另一种观点认为，历史就是历史，历史是不容假设的，完全没有必要这么做。那么怎样的评课才科学、合理？我们决定就此问题开展系列校本教研活动，不断的实践和反思中，试图化解心中的疑问，总结出可行合理的评价标准，提高历史教师评价课堂教学的能力，从而促进教师专业化发展。

经过课例分析、理论学习，我们将高中历史学科评价点概括如下：

（1）直观性：历史学科具有不同于其他学科的特点就是历史事件的不可再现性和不可逆性。教师必须根据历史学科和历史知识的这个特点，根据学生的年龄特点和心理认知特点，充分利用各种方式和手段，如静态的挂图、图片和动态的录音、录像、电影、电视等创设、渲染出历史教学具体、形象、生动、感人的环境和氛围，创设历史真实情境，尽量做到历史事件的再现，还历史本来面目。

（2）系统性：历史知识错综复杂，难以记忆是学生学习历史的主要困难之一。忽视历史知识的系统性,"只见树木,不见森林",就难以形成科学的历史发展观,我们应该使学生了解历史的发展线索,认识现象的因果关系,帮助学生建立初步的知识结构。

(3)史论结合:历史学科是材料和观点的统一,科学性和思想性的统一。这是历史知识教育价值的核心所在。所以,我们认为这一点应是历史学科有别于其他学科的最重要的特点,历史教师应在教学中特别重视和坚持论从史出、史论结合。

(4)古为今用,明理启智:学习历史的目的就是引导学生从历史史实中寻求借鉴,启迪学生的历史智慧,借古喻今,古为今用,这是历史学科的又一特点。该特点要求教师要寓理于情,以情感人,情理交融,创设课堂氛围,培养学生正确的历史情感,增强历史责任感。

(二)建构"历史课堂教学评价学科特色量表"

在理论学习和多次的听课评课活动之后,经过一段时间的准备和酝酿,我组又开展一次校本教研主题活动。主题是:历史课堂教学评价应体现学科特色。

表3.25 历史课堂教学评价学科特色量表

原则	教师行为与效果
直观性原则	利用挂图、地图、图片或音乐、影像或实物(模型)等教具 适时适量,直观形象表达教学意图,还历史真相,有身临其境之感 语言描述准确、生动、简要
系统性原则	适当重组教材,形成对历史知识的规律性认识 体现历史的纵横联系和因果关系 历史知识结构具有网络化、层次化,相对完整性、连贯性和科学性 小结部分合理、简洁,能提纲挈领
史论结合原则	精选、应用不同形式的史料(原始文字资料、图片、影像等) 以史证论,论从史出,避免直接罗列观点 注意引导学生归纳总结,提炼升华出某一历史结论,培养学生运用史料的能力
古为今用原则	创设课堂氛围,培养学生正确的历史情感,增强历史责任感 寓理于情,以情感人,情理交融 引导学生从历史中寻求借鉴,启迪学生的历史智慧,明理启智

总结多次的听课评课心得以及在网上搜索资料,最后我们一致认为历史学科教学要有学科特色,应体现出以下四大原则:直观性原则、系统性原则、史论结合原则和古为今用原则,这样能更好地发挥历史学科功能,提高历史教学效果。评价历史课堂教学就应该更多关注四大原则在教学中是否得到有效灵活的体现。

(三)以历史眼光观察课堂教学

为了深刻理解和应用四大原则,进一步提高历史教学水平和评课能力,我们再次组织校本教研活动。大家观摩了一节高一历史的会考专题复习课——《台湾问题》,然后进行评课。以下是研讨评课的节选:

甲:王教师利用"走向缓和"等录像剪辑,真实地再现了新中国对台政策的演变过程,体现直观性原则。

乙:在分析国共两党"分则两伤,合则两利"时,设计了一个问题:"20世纪20年代到40年代,国共关系的变化呈现出什么特点?各有什么影响?"以史实来论证这个观点,也很到位。

丙:还有关注了现实生活,课堂上引用了连战访问大陆,在北京大学的演讲词"坚持和平、走向双赢",展望了美好的未来,培养了学生正确的历史情感,增强了历史责任感。

丁:但是在系统性方面就略显不足了,表现在板书设计还不十分规范不合理,尤其缺乏一个小结部分。

案例点评

依据评课原则进行课堂观察模式,是一种比较具有普适性的课堂观察方法,适合对整堂课教学流程的分析、把握。要做好这种观察,关键是评课原则的制定要科学、全面、合理,要符合学科特点,在观评课时要避免程序化,要根据教学目标、课型类别、教师个人风格的不同灵活运用。

(温州市第八中学　戴　伟)

六、基于合作分工的团队观察

在实际的校本教研活动中,学校教研组常常采用分工合作的形式进行课堂观察。一方面,观课教师因年龄、知识水平、教学经验、教学能力、教学风格等的不同会导致他们在课堂教学的关注点和兴趣点上有些差异;另一方面,课堂问题研究需要多角度、立体地观察。组织这样的团队观察的基本流程是:确定观察课例——研究确定观察点——观察角度的选择分工——合作组成观察小组——观察课例——研讨反思——行为跟进。

案例3.13 课堂观察视角的策划与课堂观察报告

我校在教研活动中应用课堂观察技术已有两年。课堂观察由课前会议、课中观察、课后会议三个环节构成。

课前会议,一般在开课的前一天举行(约需30分钟)。主要内容一是开课者说课,阐明教学目标与教学设计,重点在设计中的创新之处与困惑之处。二是通过开课者与听课者的讨论,确定课堂研究的观察点。

课中观察,观课者根据课堂观察工具,选择观察位置、观察角度进入实地观察,做好课堂实录,记下自己的思考。

课后会议,主要关注定量或定性分析、有效学习的证据、资源利用的有效性、预设与生成以及上课教师的自我反思等,围绕课前会议确立的观察点,基于教学改进提出建议和对策,并形成观察报告。

以下以我校生物组的公开课《基因工程操作的基本步骤》的课堂观察活动,通过课前会议和观察报告介绍我们的研究模式。

(一)课前会议——课堂研究观察点的确定

1.屠飞燕教师(开课人)说课。本课时内容是本章的重点和难点。如果围于教材的顺序和内容展开教学,可能教学过程会硬灌死记,比较枯燥,知识不易结构化,对学生学科能力的形成与理解、应用能力的提高帮助不大。因此,在教学设计时,主要采用创设基于现实生活的问题情境,通过小组合作开展探究性学习等策略解决上述问题。

同时,也存在以下困惑:①这节课主要采用小组合作的方式开展学习,但在何时介入小组学习、怎样介入、怎样收集有效的教学信息这三个问题上把握不准。②这节课的探究活动丰富多彩,教师创设了问题链引导学生进行探究,由于课时的限制,创设的情境是否合理,设计的问题及问题链是否简明科学,探究时间是否充足等方面有待实践检测。③由于探究的开放性,课堂上应该会生成许多问题,如何高效地引导,面向全体学生,又能有效地聚焦教学目标,挑战性也很大。④探究需要良好的课堂氛围,能否营造民主对话的课堂文化,做到活而不乱,动而有序,对我的挑战也较大。

2.听课者确定自己的课堂观察点。在大家讨论的基础上,我们八位教师确定了八个课堂研究观察点。①学生对知识、技能的理解和运用;②教师提问的类型;③教师对课堂教学中学生错误的指导;④教师对学生学习的指导;⑤教师的讲解效度;⑥学生的应答方式;⑦教师的提问方式;⑧课堂教学时间的分配。

(二)课堂观察报告1

观 察 人:郑 超

观察维度:教师·机智·学生错误后的反应

研究问题:学生的错误和教师针对这些错误采取的应对策略

选择意图:学案中设计的问题及问题链有一定难度,学生在解决这些问题的过程中可能会产生较多的困难,这对教师的课堂机智和应对策略是一个考验,而这也是我所欠缺的,故选择此观察点。

观察设想:记录学生对预设问题的回答,收集其中的错误,重点观察教师面对这些错误所作出的反应及应对策略,为分析学生错误的原因和教师应对策略的合理性提供定量依据,并尝试提出改进措施。

观察工具及观察结果

表 3.26　学生错误以及面对学生错误的教师反应

教师对学生错误后的反应分类		频次	百分比(%)	排序
学生的错误	1.知识性错误	3	20	2
	2.表达的错误(文字表述、图形等)	2	13	3
	3.不合理的错误(甚至学生哄笑)	0	0	
	4.思考不全面	5	33	1
	5.教师无法判断正误(如异想天开型)	0	0	
	6.未把握问题的指向	5	33	1

教师对学生错误后的反应分类		频次	百分比(%)	排序
教师的反应	1. 赞许(如虽然错误但有想法的情况)	2	18	2
	2. 接纳(微笑,偏肯定性语气)	8	73	1
	3. 中性(指令)	1	9	3
	4. 尴尬(不知如何应对)	0	0	
	5. 气愤	0	0	
教师的行为	1. 鼓励	1	5	5
	2. 引导	6	30	1
	3. 换其他学生回答	3	15	4
	4. 教师自己指正	4	20	2
	5. 进行解释和说明	1	5	5
	6. 由学生评价	0	0	
	7. 由同伴补充完善(合作学习时)	0	0	
	8. 最终明确正确解答	4	20	2
	9. 忽视或视而不见	1	5	5

数据分析及反思:

1. 在学生错误中,思考不全面的占33%,这说明问题设计有一定的难度,同时也暴露了学生的思维误区,生成了较好的教学资源。在学生错误中,未把握住问题指向的占33%,这一方面说明问题设置应更明晰,问题链的创设应更符合学生的思维水平;另一方面也说明教师的课堂临场机智需要提高。另,知识性和表达性的错误占33%,这说明需要加强学生预习指导,教师应注意培养学生规范表达的习惯和能力。

2. 教师对学生回答问题时的态度,接纳和赞许占了89%,这与整堂课教师所追求的民主、对话的课堂氛围是一致的,实际上,本堂课的探究氛围和效果的确很好。

3. 教师应对学生错误的行为时,"鼓励、引导、换其他同学回答"占

50％,这充分发挥了学生主体性,体现了教师作为学生学习的促进者、帮助者、指导者的角色定位,说明教师较好地把握了新课程的基本理念。

4.在解决问题的过程中,大量采用小组讨论的形式和多人回答的方式,培养了学生的合作能力,体验了合作所带来的好处,但明显存在介入小组讨论迟,反馈学情不及时不全面的情况,这也是导致教师在引导时针对性不够的重要原因。

(三)课堂观察报告2

观察人:吴江林

观察维度:学生对核心知识、概念、技能、方法的掌握

研究问题:一个学习阶段后,学生的达成情况如何?

观察工具及观察结果

表 3.27　学生核心知识与方法的掌握情况的观察

观察内容	频次(人次)	百分比(％)	排序
角度1:用自己的话去解释、表达所学的知识	2	15	2
角度2:基于这一知识作出推论和预测,从而解释相关的现象、解决有关的问题	7	50	1
角度3:运用这一知识解决变式问题	2	15	2
角度4:综合几方面的知识解决比较复杂的问题	2	15	2
角度5:将所学的知识迁移到实际问题中去	1	5	1

观察角度1:用自己的话去解释、表达所学的知识。

教学内容:课前讨论1:对严重的糖尿病患者而言,注射胰岛素是重要的治疗措施,根据学过的知识或猜想,你认为理论上获得胰岛素的途径有哪些?尝试分析每条途径的可行性?

教师行为:语言——以前后四人为一学习小组,开展合作讨论。

行为——不断地绕圈巡视,但不参与任何学习小组的讨论。

学生表现:学生提出了五条途径:细胞工程,基因工程,发酵工程,人工合成的方法,从动物体中提取。

教师行为:

1. 板书学生得出的五种方案。

2. 没有对各种方案间的优缺点进行对比。

3. 讲解过程中，同一内容前后重复三次。

4. 耗时 10 分钟。

分析与反思：从学生讨论结果的汇报看，学生能用自己的话对这一学习要求，结合四大生物工程进行阐述，这说明学生对这一知识总体上是理解的，但不能确切说出采用基因工程和发酵工程相结合的方法，这是正常的，也不能对五条途径进行对比，一是教师没有追问，学生在回答时淡化问题的指向，二是教师在教学过程中引导效率不高，基本上是学生原话的简单重复。我认为如果以分析五条途径生产的胰岛素的性价比为切入点，既可达到对知识的总结，使知识结构化的效果，又能起到承上启下，使知识逻辑化的效果，也能有效地避免教学语言的无效重复、课堂结构松散的问题。

观察角度 2：基于这一知识作出推论和预测，从而解释相关的现象、解决有关的问题。

教学内容：图示人体胰岛 B 细胞合成胰岛素的过程，观察图形，你认为可以通过哪些方法获得目的基因(胰岛素基因)？并从目的基因获得过程的简便性、精确性、目的基因进入受体细胞(大肠杆菌)体内后的表达，两个角度比较这些方法的特点。

教师行为：要求学生看图，引导学生看图，要求思考以上问题。

学生行为：看图，回答出两种方法：一是用限制酶切割，二是用逆转录的方法合成。

教师行为：要求学生阅读课本中获得目的基因的两种方法。学生阅读时教师在黑板上画出了两种方法的示意图。

教师行为：教师画完后，立即开始讲解这两种方法，但没有对两种方法作对比分析，没有总结。

讲解过程的师生问答选段：

师：黑板上的两个图哪个代表直接分离法，哪个代表人工合成的方法？

生：(正确指出)。

师：人工合成的方法获得的基因导入原核生物体内能表达吗？

生：不能，原核生物体内有限制酶，会破坏它。

师：假设原核生物体内有限制酶不会破坏它，它能表达吗？

生：能。

……

师：用直接分离法得到的胰岛素基因导入细菌体内能否得到胰岛素？

生：可以吧？不行？可能不行。

师：分析一下真核生物与原核生物基因的结构吧？

生：……

分析与反思　学生为什么不能基于课本知识和黑板的图形对教师提出的问题作出推论和预测？从教学过程看，教师画完图后，直接指出了直接分离法和人工合成法，没有检测学生是否理解了两种方法，而是直接指着黑板说出那是直接分离法，那是人工合成法。我认为学生阅读完后，应该让学生对着黑板上的图形用自己的话解释这两个概念，这样一方面可以检测学生是否理解了两个概念，另一方面又可以根据学生的解释情况，及时做出教学反馈，为后面的两个问题打好知识基础。从教学设计看，教师事先没有设计对两种方法的对比总结，也没有想到通过对比总结使知识结构化、掌握学生是否能运用两个概念、进行教学模块的过渡，因此，出现了上述两个学生难以回答的场面。所以在教学中，当一个相对独立的教学模块结束后，应对相关知识进行必要的总结和检测，以便了解学生是否能理解和运用某一知识。

观察角度3：运用这一知识解决变式问题

教学内容：完成学案题图（略）第一个要求。

教师行为：要求学生画出结果。

学生行为：画图，板演。

（学生基本正确）

教师行为：学生板演后，教学过程为：教师对着全班学生讲解有多少种可能性，期间有提问，并得出了结果→对着两位学生的板演图解释，再次得出了结果→评价完学生的图后，教师自己又画了一幅图，第三次呈现图形结果。在整个过程中没有看到教师给三个正确图形以科学的名称。

分析与反思:从学生的板演结果和未板演学生的课堂表现看,学生对这一教学设计的兴趣很大,思维也很活跃,表现得非常好。这一教学设计的意图是发散学生的思维,而不是只接受课本的"死知识",再现科学探究的真实过程,使知识的构建比较完整。但从教学过程看,教师过于啰嗦,既然板演了,其他学生画的结果通过巡视也知道了,通过师生或生生对黑板上的图形点评就行了,前后三次得出结果既浪费了时间,又因课堂结构松散,使学生的注意力分散了。教学中设计这种基于某一知识解决相关变式的问题的目的是检测学生对知识的理解和运用,学生能理解和运用了,目的也就达到了。所以教师要根据学生及时做出教学调整,要信任学生,不能只管预设不管生成。

观察角度5:将所学的知识迁移到实际问题中去

教学内容:完成学案题图(略)的第二个要求。

教师行为:让学生完成第二个要求。

学生行为:学生画图,出现许多种图形。

教师行为:引导学生分析可能的结果,但始终未能讲解清楚,学生也没有探究出正确的结果。正确的结果是教师呈现的。

分析与反思:学生之所以不能将第一个要求中学会的知识和有关限制酶的知识迁移到本要求的问题中来,主要原因是教师引导的思路不明确,或者说,教师在课前没有对学情进行过充分的估计,没有以学生的身份来模拟学习的过程,因此也就没有相关的应对策略。我认为按照如下的设问方式——①首先以细菌B中有没有导入外源基因为标准,看看能产生哪些结果?②如果导入了外源基因,则以是否导入了目的基因为标准,看看产生了哪几类新的细菌?③看看新产生的细菌类型中,那些外源基因可以稳定的存在和复制?我们最终要的是那一类工程菌?引导学生的学习是比较方便的,也比较容易掌握学生是否能运用所学的知识解决实际问题,同时还能较好地过渡到下一个教学环节。所以,在教学过程中,设计这类对要求学生将所学知识迁移到实际问题中去的问题,能非常好地检测学生对知识的理解和运用情况,而这样的设计,要求教师的教学目的要非常明确,教学步骤设计要合理,设置问题链不失为一种好的解决办法。

观察表的数据分析:

该节教学内容共有五个教学步骤,每个教学步骤都有或多或少的探究性,对知识的理解和运用要求都比较高。从观察结果看,教师主要采用"基于这一知识作出推论和预测,从而解释相关的现象、解决有关的问题"(角度2,占50%)这一方式促进学生对知识的理解和运用,但因为"用自己的话去解释、表达所学的知识"(角度1,占15%)的设计不足,这就导致了缺少对知识本身的总结和检测,而是大量采用难度更大的角度2设计教学,企图通过角度2直接达到对知识的理解和运用,导致了学生知识构建层次性不够,逻辑性不强,深度理解不是很到位的现象,再加上本节教学内容难度本就较大,学生不易理解,所以对知识的运用也出现了程度不同的欠缺。鉴于此,对知识的理解和运用,应该遵循学生的认知规律,按照一定的逻辑教学顺序构建:用自己的话解释、表达所学的知识→基于这一知识作出推论和预测,从而解释相关的现象、解决有关的问题→运用这一知识解决变式问题→综合几方面的知识解决比较复杂的问题→将所学的知识迁移到实际问题中去。

(四)课堂观察报告3

观 察 人:喻 融

观察维度:教师·活动·讲授

研究问题:教师的讲授是如何展开的?

选择意图:

刘良华在《什么是一堂好课》中说到,"课堂离不开讲授,课改怎样改,讲授作为一种传统的有效的教学手段不可忽视。"学生通过讨论探究能得到的知识肯定是有限的。课堂中教师的讲授是否有效,仍然是决定学生学习效度的关键,而对刚参加工作的我来说,讲授是我必须掌握的一个教学技能。

观察工具及观察结果:

表 3.28　教师课堂教授活动的观察

	观察内容	频次/程度	百分比(%)	排序
行为	1.用直白的语言描述观点	4	14.8	4
	2.借助例子描述观点	0	0	5
	3.借助其他方式描述观点	(黑)3/5(学)	29.6	2
	4.重复等强调方式	10	37.0	1
	5.在整个讲解过程中给学生提问的机会	5	18.5	3
程度	1.用生动有趣的语调	A	——	3
	2.呈现信息的速度恰当	B(9/1)	——	4
	3.步骤清楚,有逻辑性	A⁺	——	2
	4.用眼光接触保持注意	A⁺	——	1

数据分析与反思:

1.重复。从教师讲授的行为来看,屠教师重视使用重复等强调方式,各种重复方式达 10 次,频次 37.0%,在各种讲授行为使用频次中排序第一,覆盖了每个知识点。从重复的目的来看,一种是对提问和学习任务的重复,为了明确学习的方向,提高指导学习的有效性;另一种是在学生讨论或评价之后,对知识的重复,为了让学生形成正确的知识。特别是对本节重点内容(目的基因与运载体结合、导入的可能结果),两种目的的重复在这里发挥了很好的效果。学生的参与度很高,对于展现在黑板上的讨论结果,采用了学生评价与教师引导评价的方式,这种重复正确知识的方式很好地落实了教学任务。

2.描述观点。屠飞燕老师在讲授过程中描述借助了学案与黑板的板书,对于课堂中提出问题与对学生任务的描述主要是借助学案来完成的,对于重难点的突破(描述)采用了让学生在黑板上板书或在黑板上记录学生的回答,充分暴露学生的错误并作为课堂的教学资源完成重难点的讲授。整个过程过渡自然,轻松流畅,比反复地念叨"同学们不要犯什么错误"、"注意什么才是正确的"等普通的强调方式效果要好很多! 我以后的课堂里也要多多练习使用这样的强调方式。

3.给予学生提问的机会。我认为在讲授的行为中,这个点简直就是形同虚设,正常情况下,教师在课堂上问,"学生们,这个问题大家还有没有什么疑问?"这个问题应该归到无效问题中去,因为根本就不会有学生搭理你。而且,教师认为如果没有人回答就是知识点落实好了,那这个问题就属于误导教师且无效的问题了。我观察到屠教师对这个部分的处理是,在讨论的过程中,走到学生中去,主动与学生交谈,自然地给予了学生提问的机会。这样的处理有助于教师掌握最真实的学情,也符合高中生的心理特点。

4.运用直白的语言和例子。屠老师不仅语言生动,语音抑扬顿挫,面部表情和肢体语言丰富,也多次运用了直白的语言来代替专业的术语。由于时间的关系,我只记录了四处给我印象比较深刻的地方,如"拿下这个基因"(术语:剪切目的基因)等等。针对这点,我本来想提出使用直白的语言的频次可以再高点,但在课后我认真地思考后发现:使用直白语言的目的应该是帮助学生理解复杂的过程。讲授的过程中过多地使用直白的语言不利于学生养成用专业的术语去描述过程的习惯,课堂上是不宜过多使用的。反复的思考过后,我认为屠飞燕老师在这点上处理是非常恰当的。

5.借助例子描述。遗憾的是,这节课我没有观察到借助例子描述观点的地方。这节课的内容是微观的,抽象的,借助例子来帮助学生理解应该是一种很好的方式,课本上就运用了大量的例子。本节课的内容中如"鸟枪法"、"导入"的过程应该都是可以借助例子来理解。倘若加上了鲜活的例子,这节课将会使学生难以忘怀。

6.讲授效度。总体上,讲授程度的各方面,屠飞燕老师都完成得非常好,语言生动,富有激情。讲授的90%的时间都把目光投向了全体学生,我想目光关注对学生的鼓舞作用是不可忽视的,也是整堂课学生的参与度一直很高,讨论与发言都非常踊跃的原因之一。其次,对九个学习活动的设计富有逻辑性,步骤清晰,且各个学习内容之间的衔接简洁自然。最后,本节课呈现有关信息10次,其中9次呈现信息的速度适当,仅在完成第5个学习内容,阅读学案上的图表的时候,对图表的解释时间略显紧张。

(杭州市余杭高级中学　吴江林)

解决教学中的实际问题

　　教师研究的最终目的是改进实践,解决教育教学中的实际问题。而如何改进教学常规管理和提高课堂教学有效性是教师们最关心的问题。当研究活动渗透融入教师日常的教育教学活动中时,案例反思与行动研究便成为教师研究的两种常见形式,两者均体现了以"问题解决"为线索的研究思路。案例反思侧重在对教育教学活动中具体现象与事件的思考和探索,而行动研究侧重在针对实践中的问题,以较为系统的方式寻求问题的解决,其研究包含"计划——行动——观察——反思"的反复,是一种"螺旋式的进步"。

专题 10　推广案例反思

　　教师的职业成熟表现在教育知识的丰富积累,以及教学技能的精熟,尤其是面对具体教育情境时采取的策略与方法。而这些基于情境的策略,源于教师在日常教育教学活动中的不断反思。案例反思已经成为目前公认的教师学习与研究的重要途径,而培养教师案例反思的习惯却需要一个渐成的过程。

　　教师反思习惯的形成有两个方面,一是在日常工作整理中的自觉思考;二是基于教育事件的有主题的分析。当反思成为教师日常工作的基本方法后,他们就能主动运用反思策略,分析其教学规律,采取合理的应对策略。

一、在日常工作整理中思考

教师研究的基础形态是非常朴素的,那就是养成整理和思考自己工作的习惯,对教育教学活动保持好奇和思索。学会整理教育教学过程中的所见、所闻、所思和所议,记录整理有关的资料和思想,是当好教师的基本功之一①。苏霍姆林斯基的《给教师的一百条建议》就是他整理自己每天的教育生活的成果。这样的活动看似平常,但却是教育教学研究的重要准备。

譬如教育日志便是一种很好的研究形式。大家过去总是将这种形式排斥在研究之外,觉得写写日记、作作记录算不上研究。但是教师研究的本质是对自身实践的持续不断的反思与改进,教育日志是对教育生活事件的定期记录,在真实的教育场景转化为文字、语言的过程中,教师必须梳理自己的行为,有意识地进行思考。这样,教师可以定期地回顾和反思日常的教学情境,提高教育洞察力和教学驾驭能力。

教育日志的形式有很多。可以是简单的备忘录,可以是描述性的记录,可以是解释性的说明。可以记一些成功或失败的教育事例,也可以记一些名言警句、经典话语和重要的教育理念;可以记录教师与学生交流过程,可以记录对学生的观察,也可以记录从其他教师那里得到的间接经验。教育日志是最朴素的案例,是教师们学会反省的重要方式,更是教师学会研究解决问题的起点。

案例4.1 教学日记与教师的专业成长

(一)问题的提出

新课程对教师的专业知识提出了更高的要求,新课程《历史与社会》、《思想品德》将历史、地理、社会知识综合起来,对道德、心理健康、法律和国情等多方面的学习内容进行有机整合。这门综合性课程,既突破了学科界限,又较完整地体现了多学科、多领域知识的综合,它对

---

① 　耿申:《教育研究札记》,北京教育出版社1999年版,第32—33页。

教师的课程教学能力提出了空前的挑战。习惯于"我讲你听"的教学模式的教师面对新课堂,会有些无所适从。即便我们在岗前培训中接受和认同了新课程的理念,可是进入课堂,也会发现,岗前培训学到的那一套理论不管用了。

为了让教师跟上新课程的步伐,我们确立了以教师自身的教育教学反思为核心,以"教学日记"为媒介,以"叙事的行动研究"为研究方法,以教研组为主阵地的校本教研模式。所谓教学日记,是指教师将自己的教学实践的某方面,连同自己的体会和感受诉诸笔端,从而实现自我监控的最直接、最简易的方式。从本质上讲,教学日记是把反思这一单纯的内省活动外化,通过不断地分析、回顾和研究,改进自己的教学,提高自身的反思能力。

(二)引导教师学会撰写教学日记

如何指导教师学会撰写教学日记是工作的第一步。撰写教学日记没有一个固定的模式。但从叙事研究的角度出发,我们对教师撰写教学日记提出了如下要求:

1. 教学日记必须基于真实的课堂教学实践。对真实的课堂教学实践可以做某种技术性调整或修补,但不能虚构。

2. 每则教学日记必须蕴含一个或几个教学事件,即教学过程中出现的某一个有意义的"教学问题"或发生的某一意外的"教学冲突"。

3. 由于教学日记是对具体的教学事件的叙述,因此要有一定的情节性和可读性。(不同于"教案"或"教学实录")。

4. 每则教学日记所叙述的教学事件必须具有一定的典型性,蕴含一定的教学理念、教学思想,具有一定的启迪作用。

5. 教学日记可以反映以自己的方式化解教学事件之后获得的某种教学效果,也可以反映教师忽视了教学事件之后导致的某种教学遗憾。

6. 教学日记的写作方式以"叙述"为主。这种"叙述"可以是上课的教师本人在反思课堂教学的基础上以第一人称的语气撰写的"教学事件"。要尽可能地"描写"教师自己在教学事件发生时的"心理"状态,常常用"我想…"、"我当时想…"、"事后想起来…"、"我估计…"、"我猜想…"、"以后如果遇到类似的事,我会…"等等句子。此类心理描写实际

校本教研实践模式研究

上是将教师的个人教育理念、个人教育思想渗透在某个具体的教育事件上。教师在"反思"某个具体的教育事件时自然显露出自己的教育理念以及个人教育思想。

(三)利用教学日记开展教学反思

写成教学日记,如果只是把其束之高阁,则与平常大家所写的普通日记无异,根本就不能起到通过反思来促进自身专业成长的效果。只有把教学日记当作进行教学反思的媒介,教学日记才称得上名副其实的"教学反思日记"。我们采用了纵向教学反思、横向教学反思与网络教学反思等三种教学日记反思法对教学进行反思。

1.教师自身的纵向教学反思

纵向的教学反思,即教师的自我反思。教学日记对于引导教师进行教学反思,有两大优势:首先,教师撰写日记的过程本身就是一个对自己的教学行为进行反思与再发现的过程;其次,利用业已存在的多则教学日记,教师可以进行综合的分析思考,从中挖掘出长期性的不足或规律性的好经验,并进而扬长补短,促进自身的专业成长。

如何引导教师利用教学日记对自身的教学行为进行积极的、高质量的反思? 我们采取了"同一主题下的档案袋式反思",具体做法是:

(1)在一段时间内,关注1~2个教学中突出的问题,勤写同一主题的教学日记,形成系列化的同主题教学教育日记。

(2)教学日记的主题重点是反思成功之处、失误之处,以及对突发事件的处理、对学生不同见解的处理等方面。

(3)写教学日记前,先要回顾前面同主题的教学日记,思考这一次与前几次相比,有哪些新的现象发生,有哪些新的经验可以总结,有哪些新的思路因此产生。

(4)当关注的教学主题基本得到解决后,再一次梳理整个系列的教学日记,思考这些变化是如何一步步嬗变的,所采取的一系列措施是否隐含着某些规律性的东西。

上述四步体现了"发现问题——反思——发现新问题"这一不断螺旋上升的过程,其实也是教师对同主题教学问题思考的深化和经验积累的过程,对于教师在短时间内成为某方面教学问题的"专业权威"很有效果。如执教初三《社会》学科的教师,自学期初就开始关注"课堂教学中学生'先学后教'"的问题,在一个月之内撰写了8篇同一主题的教学日记,较好地解决了这一问题。他的做法在同年级组进行了推广,效果十分明显。

2.教研组集体的横向教学反思

在一个教师群体中,能够有不同的思想、观点、教学模式、方法的交流、碰撞和冲突,是非常宝贵的。利用教学反思日记进行教研组集体的横向反思,就是要创设信息交流、经验交流、经验分享的平台,营造求真、求实的教研氛围,提倡教师之间开放、合作、协调、支持、共享的专业对话,达到同伴互助、经验分享、学术互助、专业共生的目的。

具体做法:

(1)建立教研组集体教学反思制度,创设"互助合作"平台。由学校教科室牵头,教务处协调社政组教师的课务,把每周二下午的最后两节课确定为社政组集体教研、学习、交流时间,为社政教师开展教学反思提供时间保障。

(2)加强集体教学反思力度,走"集团作战"共同提高之路。集体反思可使教师走出"单兵作战"的小圈子,走向师师合作大舞台。这样,既能"优势互补",又能"博采众长",还可以为教师打开多种思路。一般的程序是:先由教研组长挑选一篇本组教师撰写的、价值较高的教学日记,打印成文,下发给本组各成员;接着由撰写者介绍这篇教学日记的来龙去脉;然后由其他本组成员发表对教学日记所反映出来的问题的看法;最后由教研组长做总结。如教师在教学日记中提出的"初三学生惧怕写社会小论文"这一问题,迅速引起了其他教师的共鸣。大家纷纷出谋划策,创造性地提出了"邀请语文教师向学生介绍小论文写作常识"这一建议,结果取得了很好的效果。

(3)实施"五段式"案例反思研究,实现专业提升。所谓"五段式"案例反思研究,即以社政教研组为单位,以教师在教学日记中所反映出来的共性问题为研究内容,采用"个人设计——个人执教——总结反思、集体再创——再次(换人)执教——总结反思"的方法,以不断进化的教学日记为载体,探索提高课堂教学效率的最佳途径。在"五段式"案例反思研究中,教研组内人人是研究者,人人是参与者,在问题的研究与解决过程中实现专业素养的提升。

(4)将"问题"转化为"小课题",实现反思内容的系列化。教师在教学日记中所反映出来的问题,不仅仅数量多,而且涵盖面广,不可能依靠开展几次教研组活动就能全部解决。教研组便将一个个教学日记中反映出来的、认为有价值的真实"问题"转化为一个个"小课题",分配给相关的教师,开展较为深入的研究,实现反思内容的系列化,使教学反思逐步走向深入。如针对七年级《历史与社会》教学中的问题设计,先后进行了"主问题的设计与实施"、"问题展示时机的选择"、"问题的评价艺术"等多个相关内容反思研究。

3. 网络日志(Blog)的教学反思

网络日志(Blog)作为教育叙事研究报告的交流平台,将传统的以书面为载体的叙事研究报告架构在现代信息技术平台上,与他人一起共享彼此的思考。Blog教学反思改变了传统教学反思相对的封闭性,使教师的思维方式和对问题的看法不再局限于一个固定的模式中,而是开放的、活跃的、互动的。教师可以通过阅读其他人的回复而得到教学启发,也可以在其他人的Blog上找到更加有效、简便、科学的教学方法,还可以与很多经验丰富的教师和专家进行有效的交流。

具体来说,我们建议教师要充分关注网络日志(Blog)工具,重点做好两个方面的工作:

(1)经常浏览优秀的Blog教育网站,了解人家是如何在进行教学反思的,教师们在互联网上与专家、教授面对面,心贴心。一起面对新课程背景下的教师专业成长问题。

(2)鼓励教师在知名Blog跟帖或建立属于自己的教育Blog,发表自己的教学日记,接受同行、专家们的指导。

(四)实践中的问题与思考

1. 容易产生轻视理论的实用主义的倾向。在实践中,这一活动的媒介主要是教师自己撰写的教学日记,突出以经验与问题为中心,采用的手段主要是教师自身以及教研组集体的自我反思,就很可能会出现排斥系统的教育理论的学习与吸纳,对于教师理论修养的提高可能会有负面影响,这对教师专业发展就会带来不利。

2. 该模式基本是在学校以内进行的,所以它就难以摆脱群体意识的困扰。一个学校的教师群体水平不高,就很难有较大的突破。

3. 该模式注重同事间的互助与横向支援,但缺少了纵向的引领。我们的校本师训局限在学校层面上展开的,仅仅体现为一种集体的协作,由于理论的缺乏,就可能导致教学反思在同一水平上重复,很难走向深入。因此,如何解决普通教师与专业研究者之间通道问题,还需要在实践中逐步寻找一条更加切实有效的途径。

(海宁市钱塘江学校　沈伟强　付靖翀)

(二)基于教育事件的反思

美国教育家杜威认为"反思是一种对于任何信念或假设性的知识,按其所依据的基础和进一步结论而进行的主动的、持久的、周密的思考。"反思对于教师专业成长的重要意义是毋庸置疑的。美国心理学家波斯纳更是给出了教师成长的简洁公式:教师成长＝经验＋反思。"如果一个教师仅仅满足于获得经验而不对经验进行深入思考,那么,即使是有 20 年的教学经验,也许只是一年工作的 20 次重复,除非善于从经验反思中吸取教益,否则就不可能有什么改进。永远只能停留在一个新手型教师的水准上。"其实,在以时间为"线"的日常整理中,串着的是一个个教育事件的"珠",引导教师对这些事件进行深入的思考,这便是教师的案例研究。

案例研究主要以叙事为研究方式,对特定情境及其意义进行描述与诠释。教师在案例研究中运用自己熟悉的思维和表达方式,展示丰富而简约的情境,表达深切强烈的感受与体验[1]。案例研究的对象比较具体(以教育教学实践中的典型事件为素材),方法比较简明(以叙事研究为主要方法),比其他形式更贴近教师工作的实际。

有些学校没有理解案例反思的真正意义和操作要求,有的把教案当案例,有的把课堂教学实录当案例,有的把举例较多的论文当案例。

---

① 郑慧琦等:《教师成为研究者》,上海教育出版社 2005 年版,第 93—95 页。

其实,案例研究的本质是要培养教师"从现象看本质","从过程看规律"的意识与能力,在感受、描述教育故事中分析朴素的道理,在整理经验或检讨教训中发现对今后工作有所启示的想法与建议。它降低了研究本身的难度,但其呈现形式既亲切又陌生,因为它不仅仅是一种叙事,更是一种研究。

教育叙事研究是世纪之交介绍到我国,并很快流行开来的研究方法。它反映了教师对日复一日的"经验式"的工作状态的不满,以及对"灰色"的教育理论的厌倦①。它通过对有意义的教学事件、教师生活和教育教学实践经验的描述分析,发掘或揭示内隐于日常事件、生活和行为背后的意义、思想或理念②。基层教师之所以喜欢采用叙事研究方法,是因为叙事研究所聚焦的是教师关心的教育教学活动现场,所运用的是与教师普通生活较为接近的语言,所积累的是教师专业工作中非常实用的经验知识。叙事研究之所以越来越多地应用在教师教育和教师专业发展研究中,是因为叙事研究是关于教师个人实践性知识的重要表达形式。

在案例研究中,教师记述的往往是包含有问题或疑难情景的,真实发生的典型性事件。它要突出问题(问题的产生;问题产生原因的分析;问题解决的方案)与问题解决(问题解决的具体过程;问题解决的初步成效)的过程,强调在问题解决过程中的反思与讨论(对问题解决利弊得失的分析;发现的新问题,以及后续解决问题的打算)。这种基于事件的分析是当前最需要推广的教师研究方法。

推广案例反思,就是要让教师在教育教学的活动中,自然自觉地渗透反思活动,用理智的"眼睛"时时审视教育教学活动的得与失,以及得失背后的缘由和启发。当反思成为教师的一种工作状态和工作习惯后,他离优秀教师的距离就不远了。

---

① 鲍道宏:《教育叙事研究现象透析》,《教育发展研究》,2006 年第 10 期。
② 程方生:《质的研究方法与教师的叙事研究》,《江西教育科研》,2003 年第 8 期。

案例 4.2　教师案例研究的形式与延伸

案例研究是教师介入新课程研究的最佳途径。教师们具备案例研究的得天独厚的条件,因为他们拥有研究的大量素材。案例研究又有助于记载教师的成长经历,有助于教师发现教育教学中的重点和难点,有助于教师系统化地反思自身的行为。我校主要探索了以下形式的案例研究。

（一）片断性案例研究

片断性案例研究是对课堂教学活动中的一个精彩教学片段、一个教学情景、一个故事、一段对话等进行评点剖析,它是专题性案例研究的基础,是广大教师可以普遍开展研究的形式。课堂有许多细节组成,细节的精彩与否可以影响课堂的效率。片断性案例研究实质上就是抓住课堂中的某一个细节,进行评点剖析,找到其蕴含的教育智慧、教学问题。我们通过研究细节来了解影响课堂效率提高的相关因素。以避免糊里糊涂进课堂,莫名其妙出课堂。在研究前,我们列出研究课堂片断的思考支架,让教师带着问题进课堂。研究课堂片断常常应关注:

1. 课堂上出现的意外情况,教师是如何处理的? 为什么要这样处理? 分析其中的优势、不足以及其理论依据。

2. 课堂气氛沉没与活跃的原因是什么? 如何调控课堂气氛?

3. 如何引导学生参与学习活动?

4. 教学设计与实际的教学进程有何差距? 如何处理这种差距的?

……

片断性案例分析关注的是教学中的某一个细节,有时是教师自己实践中的事件,有时是他人教学中的事件。但自己是亲眼所见,亲身感受到的,它无时不在,无处不在,具有很强的真实性,它适合教师独立研究,形成自己对此事件的独特见解,启迪教学的思想,积累教学的经验。

（二）诊断性案例研究

诊断性案例研究一般是指通过观察课堂,诊断课堂教学中存在的问题,查找其原因,对症下药,解决问题。发现问题比解决问题更重要,我校主要采用专家引领诊断和同伴互助诊断相结合的方法。每一学期的开学的第一个月,我们作为教学诊断月,组织名优教师走进课堂,听课把脉，一是发现问题，二是进行诊断。具体采用三种方法：①调研课：事先通知教师，教师有准备上课，上课结束后马上进行教学诊断：你认为自己上的课最大的问题是什么？出现的主要原因是什么？你有什么好策略来解决问题？我们认为你教学中存在的最关键的问题是什么？如：教学目标不清晰、教学评价语单一贫乏、关注学生不够等，应如何改进？具体的有哪些好的策略？②推门课：事先不通知教师，听课后将意见反馈给教师：你的教学目标达成了吗？你认为课上好的有哪几方面？为什么？课中不足的有哪些？原因何在？让教师自己实践后有反思的空间，促其学习、研究、再实践提高。③对比课：即同一内容不同的设计，同一人上课或不同的人进行教学，然后进行对比研究，哪一种教学设计更科学，效果更好，原因是什么。诊断性研究有利于提高教师的问题意识，自我反思意识，在实践与研究中增长了教学的智慧。通过同伴诊断，引发教师的争论，让不同的观点进行碰撞，激活教育的思想。

（三）反思性案例研究

反思性案例研究主要侧重课后的反思，指导教师在实际教学过程接受后，对整个教学过程进行的思考，它包括观念、行为、情感、成败归因等一系列的内容。具体可以列出以下反思内容的清单：

第一，教学的目标达到了吗？达到的标志是什么？

第二，教学中还存在着什么问题？最主要的问题是什么？

第三，你打算在后续的教学中如何解决最主要的问题？

第四，教学中有无发生让你印象深刻的事件？其蕴含的意义有哪些？

第五，今后教学同一内容时，你准备作怎样的更改？

......

反思清单的提供，有利于教师有比较明确的反思方向，求真求精。反思性案例研究可以提高教师的反思意识，培养积极主动的反思态度，敢于质疑问难，提出不同的见解，善于探究。

（四）借鉴性案例研究

借鉴性的案例研究是指"解读"和反思、学习和分析他人的案例，不断积累经验，为分析研究提供厚实的基础，可以观察他人的课堂，反思自己的实践;可以不断地收集、整理他人的案例。我校采用典型性解剖与自学相结合的方法。征订了案例教学的杂志,供教师们阅读,经常提供有参考价值的案例,让教师们进行学习。选择经典案例集体进行剖析,如美国教师教蚯蚓的案例,先让教师们进行仔细阅读,然后发表自己的观点:你能从中学到什么受到哪些启发?体现了哪些教育教学的思想或理念?把相关案例串联起来,举一反三,提炼出有价值的东西来,并且有所感悟,就能上升为自己的富有个性的经验或理论。

(五)主题性案例研究

主题性教学案例研究,一般是针对课堂教学中某一方面问题开展主题研究,以集中解决课堂教学中的疑难问题。我们要求教师们随时记录自己在教学中发现的问题,每一个教研组阶段性地整理好提出的问题,通过教研组长会议进行交流,教导处建立问题库,为了形成研究的系列性,将教师们发现的问题进行整理归类,有课程类的,有学习方法类的,有教学方法类的,有媒体运用类的,有角色转换类的等,再选择迫切需要解决的问题,形成案例研究的专题。

一般主题性案例研究是由一组教学案例组成的。例如,我们要研究教师的课堂语言,分别从"教师的评价语言、教学的引导语言、教师的肢体语言"等方面进行。通过一组案例来分析这一专题的各个侧面,可以是同一位教师不同课堂的语言;也可以是不同教师的课堂语言,还可以是同一内容不同教师的语言。组织教师在听课的过程中,进行明确分工,分别记录不同方面的课堂语言,并进行整理,找到课堂语言的共性与教师语言个性化特点,这样的研究,目标明确,针对性强,一方面有利于上课教师语言能力的提高,另一方面听课的教师也从中得到了借鉴。专题性的案例研究由于研究的主题集中,有利于教师研究案例的搜集与展开,通过理论与实践的结合,容易解决实际问题,非常适合教研组人员的合作研究。

案例研究的方式还有很多,只有与自己的教学实践结合起来,多思考,多积累,才能开阔眼界,增长见识。有人说,案例研究要有"绝知此事要躬行"的手,"留心处处是学问"的眼,要有"吾日三省吾身"的心,要有"跳出庐山看庐山"的胆。我认为非常有道理,我们要有一双慧眼,善于发现,勤于记录案例;善于积累、开掘主题;敢于质疑、乐于反思,才能丰富教育思想,提升教育智慧,成长得更精彩。

(海宁市实验小学　常利娟)

案例4.3　基于课堂反思案例的系列教研活动

(一)缘起

我校地处一个交通不便的农村大镇,全镇160多位在职小学教师。教师两极分化严重,一方面是教师们普遍感到缺乏专业指导,外出学习的机会少,主观上虽有强烈的提高自身素质的需求,但受现实条件的限制,进步缓慢,特别是骨干队伍青黄不接;另一方面是参与教研活动的积极性低,具体表现为:愿意听课不愿听讲座;喜欢没有任务的旁听,而不愿上课评课,更怕动笔杆。

空泛的议论既不能解决问题,也不利于教师业务水平的提高,我们应该启发教师对教育教学实践中的具体现象或问题展开讨论,激起教师对课堂的反思分析,才能引导教师的研究和思考。所以,我们借仙居县组织教师案例评比的东风,组织了一次数学课堂教学观察与反思活动。

(二)过程

1. 以课例为引子辅导教师写案例。新课程实施以来,教师们的教学理念在变化,困惑也在增加,我们于2006年9月25日举行新课程课堂教学研讨活动,由本校两位年青教师执教两节公开课(二上《角的初步认识》和三下《统计》)。但和以往的听课活动不同的是,开课前,分管副校长先宣布了"案例评比活动通知",要求参与者带着任务听课,并对案例撰写的要求、分析思考和角度以及文本格式等作了简单的辅导。第三节课,全体参与者进行互动式评课,要求每人必须发言。

2. 以案例评比来导向教师的学习思考。10月15日,教科室共收到23份教学案例,于是组织人员进行案例初评。评分主要看选题、内容、结构三方面。总体上要求案例能主题突出、观点鲜明,选取某一独到角度对某一教学环节进行反思和评析,能理例结合,不就事论事。

3. 以案例反思的教学实现,促进教师有效思考。11月3日,学校再次举行集中教研活动,上午请案例一等奖获得者的两位教师重新演绎那两节课,课后由两人介绍反思的再设计情况及课后感想。下午,部分案例获奖教师进行交流发言,每位教师陈述之后,场内教师针对陈述者提出问题,场内人员共同讨论析疑。然后,邀请专家结合具体案例进行了总体评点和专项辅导。

4.以质疑与交流促进教师再度反思。在陈述评点的基础上,撰写者对照质疑讨论过程中形成的共识,进行案例修正和润色,并把改进后的案例上发到"仙居县小学数学网"上。同时鼓励活动参与者写一则活动感受,为后续研究提供素材与思路。

(三)特色

1.集中教研和个体反思相结合

集中教研活动能较好地起到同伴互助,专家引领的作用,同时,也营造了研讨氛围、提供了研究的素材。以往的教研活动大多停留在这一步,忽视个体参与的广度和深度。虽然每位教师在听课时必有所感所悟,但无从测试,最能体现听后思考的互动交流环节往往是匆忙低效的。首先是时间问题,从组织上来看,一般的教研活动基于各种考虑,难以安排很多时间供参与者充分互动;从教师个人来看,刚听完课或许有急于发表言论的欲望,但难免有未加整理的零乱和表面的缺点,我们听到的多是"好"或"不好"的简单而笼统的评价。其次,教师的心态差异,加上无任务驱使,也容易造成冷场现象。"这么多人我不说还有别人说"、"说不好被人笑"、"指了缺点他(上课教师)会不会不高兴"等等不良观念还是存在。因此,我们在策划这一次活动时,在同伴互助、专家引领的中间,强调了个人反思。让每位教师带着任务观察、带着思考回去,真正参与整个活动过程,也只有这样,体验才能深刻,收获才会丰富。

2.统一要求和自主选题相结合

统一要求主要是指每位参与教师必须撰写一份案例和必须以活动中开的两堂课为研究课题。之前我们也曾让教师在活动后写听后感,但上交的总是寥寥数篇,教师积极性不高,"不会写"、"没用了(职称已评)"、"忙"是主要原因,为此,中心校制订了严格教研制度,明确规定了教师参与教研活动的义务和权利,并把参加活动时的态度、表现列入了期末考核内容。所以,我们尽可能在活动策划上下工夫吸引教师外,也作了这样一个"人人动笔"的硬性规定。以活动研讨课为素材既让教师觉得有话可写,又便相互间交流学习,更保证了资料的原创性。

而教师在撰写时可根据不同的观察角度自由择题,格式、字数也不作严格要求。从上交的案例看,有从某一主题比较两堂课的高低的;有反思自己教学实践与研讨课的不同处理的;有谈情境创设的;有论课堂调控的……不一而足。

3.教学实践和理论研讨相结合

通常的教研活动的内容选择往往有两种倾向,一是强调理论的前瞻性,教师无法准确的理解与把握,无法转化成为教学行为,我们也曾多次邀请各级专家来校为教师们作专题讲座,但大家的反响并不强烈,听听蛮感动,回到教室还是老样子。二是停留在某种操作方式的机械模仿上,缺少创新性。参加一次教研活动回来学到的,除了一两处具体知识点的巧妙设计外,模仿最多的便是一些非数学的新奇的东西,如"嗨!嗨!你真棒!"的表扬方式、"草地上来了一群羊,又来了一群狼——各猜一字"的课前谈话等等。我们不妨称之为"高难攀、低难就"现象。"课堂教学观察与反思活动"的设计,在一定程度上使两种倾向得到了统一。首先,参与者是带着"审视"的目光来观察课堂教学,有了思辨的意向;其次,撰写案例的任务迫使参与教师寻找理论支持,因为给足了反思时间,咀嚼自然精细。最后,行家的指点、同伴的质疑又提高了反思的质量。

4.学科教研和案例评比相结合

依照惯例,我们镇每学期一般要举行两次学科课堂教学研讨活动和一次教学论文或案例评比活动。以往这三次活动是相互独立的,这一次我们把它们有机地整合在一起,从效果来看还是比较成功的。专家观察:当前,教师迫切想参加教研活动的愿望和一般教研活动吸引力的逐渐减弱已形成矛盾。而带有竞赛性质的案例评比活动,能有效地激发参与者的热情。台下的教师不再是旁观者,每个人都是竞争者,都在主动的思考。促使三次活动成为一个系统的研训工程,其功能就要比单纯的某一次课堂教学研讨和论文（案例）评比多元的多：新课程下如何组织有效的课堂教学？如何撰写有质量的教学案例？好课如何设计？新时期教师在专业成长方面该做怎样的努力？诸多问题在教师的观察和反思中得到提升。

总之，以实践素材，介入理论的思考，集思广益，回到教学实践，这不仅是一种有效的教研之路，更是一条教师专业成长的捷径。

（四）改进

这次活动是我们在校本教研方面的一次积极探索，从教师需要出发、从教学实际出发的实践经验，为今后的教研活动策划提供了研究素材和启示。活动虽然很成功，但也还有一些值得改进的地方。如果再组织类似的活动，我们还会作以下改进：

1. 第一次集中活动只提供课例及案例基本格式的辅导，不安排课后的评课活动。从这次上交案例分析，有些雷同地方显然是受了别人的言论影响，特别是学科专家、教学行家更不要发言。我们追求的是真实的独到的个性化体验。

2. 要充分利用现代教育技术的作用，加强教师间的交流比较。案例成文之后限期发至校网，再约定一个晚上，利用QQ群形式进行互阅互评互修，这样参评的案例质量会更好，对第二次上课的两位教师的启示自然也多。

3. 在教师充分准备的前提下，提供相关材料，组织现场撰写听课感想文章。例如上午听课后，下午全体参与者集中到电脑室现场作文。

4. 本次活动中硬性规定的东西多了些，今后应逐渐减少。

（仙居县横溪镇中心小学　王　辉）

案例4.4　反思性校园文化组织的构建

"教师在反思中成长"已经是很多同志都接受的一句话。但教师有质量的反思，应该是植根于学校生活，贯穿于学校发展的过程，并被全体教师所体认、所追求的"反思"。要让教师会反思、愿反思和敢反思，必须要有一种新型的学校文化组织——反思性学校文化组织做支撑。

反思性学校文化组织是以引导教师反思，改善教师行为为宗旨，开展基于教学情境的、以教师主动参与、交流合作为主要特征的互动式的反思性学习的实践共同体。其运作的核心是促进教师有质量的反思，使反思成为教师的习惯。

现实中，究竟是什么因素阻碍了教师反思呢？通过讨论，我们发现：(1)狭隘的、重复的生活销熔了教师反思的激情。冷静地思考自己，我们发现教师的生活规范而狭隘。相对狭小的物质生活空间，相对狭隘的精神生活，"两点一线"式近乎单调的生活方式以及来自各方面的教学压力使我们的教师少了一份应有的从容。重复而又繁忙的生活节律往往容易形成一种惯性，它不仅可能销熔教学生活原本的别开生面和新鲜光彩，使之失去应有的新意和情趣；而且可能消磨教师的生命感受、生命的活力，有翳教师的心灵，久而久之容易形成教师的职业倦怠。(2)教学改革和教育科研的功利性取向干扰了冷静的反思。为了晋升职称或参与评优，有些教师在公开场合下努力贴近新教学理念去上课、评课、去说些与时俱进的话。俗话说"宁静而致远"，教师反思需要冷静地思考。教育和科研工作一旦成为一种追求地位、声誉、利益的手段，乃至关系荣辱、命运的事情，其过强的功利性，必然会限制和阻碍人们的思考，并极大地影响着教育的品质及教育者内化提升为智慧的状态。(3)为人教者本身学习体验的缺乏失去了反思产生的基础。作为教者，在学生时代我们没有与教师"对话"的自由，也没有炼就"对话"的本领。"先天"不良，导致教师缺乏发现问题的"慧眼"，在课堂教学上，不能及时洞察学生在学习时的障碍，无法对具体实践情景中的问题做出恰如其分的指导。"没有发现问题"也就无所谓反思和改进。需要重建学习体验夯实反思产生的基础。

要适应新课改之需，教师还需转型，教师的素养还有待提高。由此，学校适时提出了教师要"学会学习"、"学会教学"的反思口号。

帮助教师"学会教学"，促进教师以新课程理念和方法去教学生，就必须以同样的理念和方法来培训教师。所以，我们设计了"基于情境的互动反思"的行动程序，通过基于情景的互动式的培训帮助教师重建学习体验，使教师成为一个好的学习者，进而成为一个好的教学者。

事实证明，校长和教师研修管理者的带头反思很重要。当学校层面的校本研修遵循这样的行动程序反复实践、不断解决问题时，学校管理者敢于反思、敢于进取的精神感染着教师，其制定的行动程序也渐渐地被教师所认可，逐渐地在教学中应用。

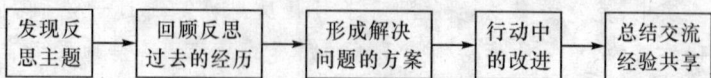

| 发现反思主题 | → | 回顾反思过去的经历 | → | 形成解决问题的方案 | → | 行动中的改进 | → | 总结交流经验共享 |

图4.1 "基于情境的互动反思"教师研修模式

在具体实施中，我们构建了以交流分享知识为主要特征的四类"学习场"：在"沙龙型"的学习场中构建反思性文化组织的观念；在"研修型学习场"中，以学习的力量引导反思，"研学做合一"使教师"学会教学"；以"案例学习"为平台开展"研讨型的学习场"使教师"学会学习"；以日常的教学为"实习型的学习场"将反思进行到底。

（一）沙龙型的学习场——构建观念文化

组织运作需要制度的保障，需要思想观念的传播。沙龙，可针对教育教学问题（如反思观念）、组织观念制度的推行展开讨论。尽管有时对某个问题最终无法达成共识，但在宽松的场景中会闪现更多的智慧火花，也能使教师学会了解、理解他人的思维方式与解决问题的策略。其具体的操作程序如下：

提出反思的主题→ 反思过去的经历→形成解决的方案

研究实践表明，反思性文化组织的观念因沙龙而传播，因大家的认可、共鸣而具有生命力；经历了教师实践共同体的讨论而积淀下来的制度较符合教师自身的发展规律，因而能得到教师的体认，从而较好地得到贯彻（如在沙龙中我们达成了"教师实践共同体的行为准则"、"优化了理论学习的制度"，变革了教师的备课制度等等）。

（二）研修型的学习场——"学会教学"

我们清醒地认识到：要全面铺开反思性教学，教师还得"学会教学"，用学习的力量来引导教学反思，以指导教师在日常教育生活中发现问题后，采用最方便、最适当的方式进行有计划的研究。使教学经由有系统、有目的的学习获得成长，而不是依赖盲目的尝试错误而改进。教科室经过多方论证，从专业所需的知识储备和确立理论起点的需要出发,为教师精选经典的、有价值的文献。针对教师教学中的不良教学行为,在课程标准的宏观指导下,以"研学做"合一的方式,开展专项的"微观"研究,使教师"学会教学"。

研究表明:这样的学习,不仅拓展了教师的理论视角,而且有效地突破了教师思维的经验定势,加深了教师对教育教学意义的理解,提高教师对自身教育观念及行为的认知、监控、调节的能力;且极大地丰富了教师的专业知识,使内化了的隐性知识又物化成了显性知识。彼此间的交流和共享,可以巩固已经外化的显性知识,把教师个人的智慧、经验和思想转化为教师集体的财富,并形成学校的特色和传统,从而实现由教师发展推动学校发展。

(三)研讨型的学习场——"学会学习"

在校本研修中,我们设计了以交流和学习知识为主特征的"研讨型的学习场"。该活动主要是以教研组为单位,其价值取向在"相互学习,共同提高"。教研组的同伴们在共同经历一个实践活动时,各自反思结果会有差异,同伴之间平等地开展反思交流活动,有利于形成多样化的价值观,在提升各自反思的基础上,加深对教育的理解。常用的具体方式有:

1. 案例分析

案例准备 → 组织讨论 → 角色扮演 → 反思拓展

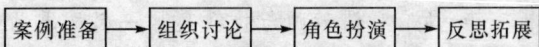

图 4.2　案例分析的基本环节

(1)案例准备,组织者首先准备好案例,把案例整理打印,分发给全体教师,并做好阅读提示(如提供反思角度或作业单),以便教师更有针对性的学习和反思。参与讨论分析的教师在讨论前充分准备,熟读案例,做好备注,了解理论背景,完成案例讨论前的作业。

(2)组织讨论,是将个体学习的体会在小组中交流、共享,可以谈自己的观点和想法,也可以把自己的疑惑交于大家讨论、争鸣。案例讨论不仅可以提高自己的理论水平与口头表达能力,而且能扣住中心,有针对性地展开讨论。

(3)角色扮演,这种形式有利于提示参与者本身对案例的理解,有利于延伸案例的情节、情境，也使案例讨论变得生动活泼。

（4）反思拓展，通过针对案例的讨论以及角色扮演，在吸纳参与讨论的全体教师讨论意见的基础上，加深入对相关原理性知识的理解，或者把案例与自己的教学实践相联系，丰富自己的教学策略。然后初步写出案例分析报告，并经过多次修改形成案例分析报告的正稿。

2. 案例跟踪比较

我们借鉴和模仿了上海教科院顾泠沅教授主持的"行动教育"模式，对我校语文、数学几个"课例"进行了深入研究，旨在从中探寻出有效的提升教师教学实践智慧、促进理念更新、促进行为改善的案例跟踪比较运行机制。

首先，我们要求两位年青的课题组自主设计教案，常态下开设公开课。在开课的同时，我们组织教研组内的其他教师进行随堂听课和观察，并进行了全息录音录像，还动用了多种课堂观察技术进行测量（提问技巧水平检核表、提问行为类型频次表、语言流程图及巡视线路图、课堂教学时间分配表、课堂教学行为时间分布表、教学程序表、课堂教学效果检测表、教师反馈分析表、弗兰德斯互动分析表等）。在第一次上课结束之后，紧接着由负责每一种量表观察及分析的教师上台，对课堂中出现的有关该项目的情况进行分析，并提出整改意见。待每一个观察教师分析完毕，所有听课教师与执教教师一起反思已有教学行为与新课程标准的新理念、新经验之间的差距，通过寻找自己与他人的差距，以达到更新理念的目的。课后，所有听课教师积极介入到对课的第二次设计当中，结合第一次上课的情况及分析结果，对课进行重新设计。这次设计关注新理念的落实。第二天，同一位教师在同一场地就同一内容，在平行班中进行第二次试教。教研组内的教师继续运用前述各种观察技术和量表进行观察和测量分析。在各种相对科学的数据面前，再次坐下来，一起寻找新设计与学生课堂实际获得之间的差距。在共同的分析和探讨中，关注教学行为的改善。通过二轮的听课、观察、分析，从两次设计两次教学的反思中，缩短理念与现实之间的差距，实现理念与经验的整合。最后由执教教师写出案例分析报告。

3. 案例归纳

我们认为,如果一个案例的分析和研究只适用于该案例本身,从某种意义来讲就缺乏普遍性,对于教师个体单纯的就一节课开展案例研究,就不一定有更高的价值、更普遍的意义。如果教师能对自己研究的案例进行归纳分类,概括出一般性的结论,甚至可以是教研组开展同一专题案例研究,那么活动的科研意义就会更大,也更具现实意义。我们曾对小学语文、数学两学科的新课导入进行了专题案例研究,通过对新课导入方法的比较分析、归纳发现,初步形成了导入方法的创新。基本过程如下:

收集整理 → 分析比较 → 归纳发现 → 反思拓展

图 4.3 案例归纳的基本环节

首先我们要求每位参研教师提供一份自己觉得满意的导入设计,然后通过校园网共享一个星期,让所有教师共同阅读、评析,然后由学校教科室收集有关课堂导入的理论资料,下发给每位教师。一周以后,进行专题研讨,共同分析讨论,小学语文、数学新课导入要遵循怎样的原理?利用什么策略?要特别注意什么?通过共同的研讨和交流,初步达成共识。第三周分别拟定一个课题,要求教师们现场设计出教学该课题的新课导入,并要求写出设计意图。第四周选择部分设计,由组内教师充当学生,利用微格技术,由设计教师进行空堂展示。最后,参研教师再坐下来,一起分析、反思、讨论,概括出一般性的结论,形成对小学语文、数学新课导入的普遍意义上的共识。由组内教师写出有关新课导入的案例分析报告,以便更好地运用归纳出来的结论指导改进日后的课堂导入。

(四)实习型的学习场——"自主反思"

该组织中设计了实习型的学习场,其活动地点在教师自己的课堂。提倡教师以自己的职业活动为思考对象,对自己在职业中所做出的行为以及由此产生的结果进行审视和分析,自主地经历"经验+反思+变革"的工作思路,提升自己的经验,自主成长的过程。

但是教师自主反思,并不排斥群体合作,我们采取了"通用教案"与

"个案补充"相结合的方式。让同教研组的教师通过人人说课和集体研讨形式,先备出体现课改新理念的"通用教案",在校园网上共享。然后,每个教师再根据自己的教学个性和学生实际,在"通用教案"旁边进行个案补充,实现备课的再创造。我们设计了一个格式化的"个案补充",帮助教师及时积累素材。

我们认为当教师对教育的意义、对自己所授学科的教育意义、对自己正在教授的内容在整个知识体系中的位置与联系及其教育意义、对怎样使这样的教育意义在自己的学生身上得到实现都有着清醒的意识的时候,他的教育教学实践也就注入了研究的态度,其成长的过程就是建构性反思的过程。这样的路径,可以深入到教育的每一个具体环节,如,每一堂课、每一个概念、每一道题。其操作模式为:

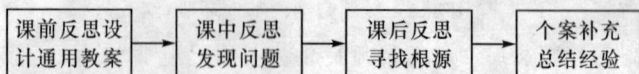

课前反思设计通用教案 → 课中反思发现问题 → 课后反思寻找根源 → 个案补充总结经验

图 4.4　教师自主反思的基本环节

通过实践,我们初步建构了有自己特色的,以案例研究、教学反思为核心内容的学校反思性文化组织。它引导着、规范着、约束着教师,使教师会反思、愿反思、敢反思。"基于情境的互动反思",为教师群体间的交互作用搭建了平台,并由此而创生出来了获得教师群体体认的、支配他们行为的价值观念、管理思想、群体意识等观念文化和管理制度、行为规范、人际模式等制度。在这样的环境中,参与教师之间与其他相关者之间交互批判、思考与共鸣,使之在平等与自由沟通的条件下,相互启发、共同成长。

（杭州市萧山区劲松小学　项国庆　戴建莉）

案例 4.5　教学反思方式及自我评价

近年来,教学反思已悄然成为教师工作的一部分。大部分教师已认识到教学反思对自己工作的促进作用。但如何进行教学反思呢? 怎样使教学反思更为有效呢? 我们有以下方面的思考:

（一）如何反思?

如何反思? 我们认为可以有以下几种反思形式:

1. 换位反思

我们知道,教师的教学设计要从学生的实际出发,顺应学生的认知规律,这样我们的教育教学才能更有实效。所以我们有必要在课前、课中、课后站在学生的角度去思考我们的教学设计。尤其是课前,我们要反思一下,我们设计的每一个环节,如果我们是学生会怎么思考,该怎么思考。同样,课后,我们也要站在学生的角度反思,有什么收获,还有什么问题。

例如,一位教师在上《圆柱体的体积》课之前这样反思:如果我是学生,教师让我想办法求出圆柱体的体积,我将怎么办呢?上完后又这样反思:这节课,站在学生的角度我认为还有些问题,如给学生讨论怎样求圆柱体的体积时间太短,学生刚有一点思路,就开始汇报了,所以在汇报时,有的学生还停留在自己的思路上,没有完全进入其他同学的思路。这样的反思就更利于今后的教学设计。

2. 对比反思

教师在教学中既是研究者又是被研究者,既是教育者又是受教育者。所以,在我们与其他教师研究时,或在观摩其他教育教学案例时,要有意识的反思自己的教学行为,两者进行对比,发现别人的亮点,找到自己的弱点,也从中发现自己的闪光,看看自己这样做比别人多出哪些色彩。

3. 主题性反思

有计划地设计一些主题,让教师围绕这些主题开展反思。如教学目标反思、教学方法反思、教学情景反思、学生评价反思、作业设计反思、教师教学机智反思、教学效果反思等等。每次组织教师外出,就组织教师做一些主题性的反思,如玉环的算用结合的反思,省语文青年教师骨干展示活动的反思,一篇篇细腻耐读,给人以启发与深思。

4. 交流反思

教师的反思不能"闭门造车",始终在自我的圈子里,在教师的范围内,我们可以通过借阅同事的听课笔记、评课笔记等。这样看一看别人是如何写反思的,通过听别人的声音,再思考自己的反思。还可以举行教学沙龙之类的,让大家来交流反思,如每一次教研活动的互动阶段,每一次学习心得的交流等,以收到"旁观者清"的效果,从而提高教师的写反思的能力。在上学期,我校一些教师就采用这种方法进行了反思的反思,效果非常好。一位教师在课后反思中这样写:以前我对大家说我的课堂废话多教师语言不精确,我始终不认可,但今天把课堂录下来,细看的确有许多的废话,如"对不对,是不是""小朋友看黑板这是什么东西?""请写出这个时间"等等。

以上我们从四个侧面谈了反思的形式,应该说反思的形式还有很多,但不论哪种,只要我们的教师在反思已有行为与新理念、新经验间的差距,在反思理性的课堂设计与学生实际收获间的差距,都将使我们的教师更快地建立符合新课程理念要求的先进教学观念和个人化教育哲学观,都将更好地为我们的教育服务。

(二)怎样促使反思更为有效?

教师明白如何促使反思更为有效的道理,是教师有效反思的重要基础。我们认为以下活动形式能够帮助教师改进和提高反思环节的作用。

1. 自我反思式评价

教师自我反思评价是一个批判反思的过程,更是一个自我提高的过程。每天我们记下自己对教学活动中重要事件的思考,不仅可以为事后回顾、反思自己的专业发展历程提供基本的原始素材,而且叙述过程本身就是对自己过去的教学经历予以归纳、概括、反思、评价和再理解的过程。那么这些思考是否对自我有价值,反思了什么?什么时候反思?是否客观公正对对待自我。反思提高教师素质,自评反思更是把素质提升到理论的高度。

2. 对比式评价

通过一周、一个月或一学期记录之后,我们拥有了自己的一大堆"病历",可以通过纵向比较,发现所记录的反思有哪些是亮点,哪些方面还存在问题。整理出哪些方面素材对自己、对他人有启发意义。

我们一直强调,反思性是一种依赖群体支持的个体活动,它不仅要求反思者有一个开放、负责和全心全意投入的心态,同时也有合作、协调、信任的环境要求;反思既是自我批判的又是合作民主的。我们在工作中都有盲点，也就是那些我们从未审查过的实践和假设。因此，邀请同事来对自己的反思提意见就是一个群体共同反思的方法，看后评价者应尽快地给予教师反馈，这一点非常重要。给教师反馈时，要尽可能地具体和有针对性，如果没有详细的行为说明，没有具体的指导建议，那么评论就没有实质性的意义。

在课题的开展中，我们鼓励教师写课后反思，让备课组长每周组织教师互评同事的课后反思，发现大家的反思是否实在、客观，是否有借鉴性，是否具有针对性等，同时对大家所提出的反思中存在的问题，提出合理性的建议，做到团体性的进步。

3. 交流式评价

一般是在进行教研活动、观摩课、公开课或推门听课等活动中进行。如有一位教师在上写作训练《写一种动物》的观摩课后，教师们教学反思大致是这样一些内容：设计有条理、新颖；教态自然，板书合理；情节紧扣、突破常规；教师讲的太多，忽视了学生；最好让学生自己来评价习作片断等等评价语言。这些教学评价内容只是停留在表象上，没有指出该教师好在什么地方，哪些地方存在问题和我的做法等，提供可参考的一些行为。主持人或专家在总结时，提出对课堂的看法，同时也提出大家在评课时存在哪些问题，哪些评价评得出色。达到他山之石可以攻玉的目的。

4. 展示式评价

即学校根据课题研究的进程，确定时间，开展有主题或无主题地对教师的反思内容进行展示。同时，组织教师进行即时评价活动。

比如，一位数学教师执教的《千米的认识》一课，她的自我反思是这样写的：本课已基本完成了教学目的和教学内容，我对本课的安排是先通过复习长度单位引出新知识——千米，去认识、探索1千米的实际长度；第二，在米和千米进行单位换算时，讲得不彻底，导致让学生发表时不够全面，内容较窄。整堂课基本上以教师问——引导——学生答一起探索为主，可能缺乏师生互动的场面，未能充分发挥学生的自主能动性；在教学艺术上太单一，不够多元化等等；我们再来听一听其他教师是怎么评价这堂课的，这位教师说："怎样较好的使学生建立1千米的概念"这一重点还不够落实,1厘米比拟指甲尖大不正确,应说指甲的宽度,教进率不够放开;另一位教师评价说,师生一问一答教学方法不可取,某些环节的设计缺乏情景性学生的学习兴趣和主动性不高等等。

两位教师的教学反思和这位教师的自我反思,都能比较好地从不同的角度进行评价,这样的课后反思值得我们倡导。

(仙居县白塔镇中心小学　方　芳　朱炎樟)

专题 11　开展行动研究

当教师对教育教学实践中出现的困难与问题,采用相对系统化的、有主题、有组织、有计划的研究策略时,校本教研的活动形态便呈现为课题式的研究。当然教师们的课题研究更多的是一种教育行动研究。教育行动研究更重视研究过程对教师专业素养的影响和对教师教育教学行为的改进,是一个循环往复不断修正的过程。它通常包括问题的提出、问题的归因、措施与行动、评估与反思四个循环往复的过程①(图4.5)。从研究对象和研究方法看,案例研究都比行动研究更朴素,更通俗。但行动研究的价值在于问题思考的系统性、教育改进行动的持续性以及意在解决问题的明确目的性。它反映了教育研究的专业研究模式向基层应用研究模式的"转移",也是基层中小学教师与教育理论工

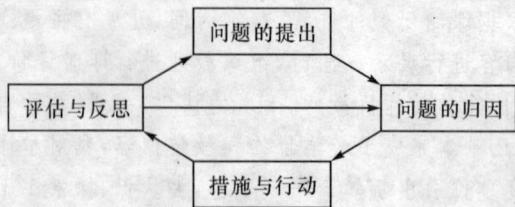

图 4.5　教育行动研究的基本过程

---

① 汪利兵:《教育行动研究:意义、制度与方法》,浙江大学出版社 2003 年版,第 9 页

作者在研究取向上主要区别。因为基层中小学教师的研究应该是置身于教育活动之中的内省反思，是为了教育，意在改进教育的研究；而教育理论工作者的专业研究常常是置身于教育活动之外的审视观察，是关于教育，意在描述和解释教育的研究。当然，近年来教育理论工作者的研究取向已发生了许多变迁。当前，教育行动研究已成为教师研究的主流，其研究特点见表 4.1。

表 4.1　教育行动研究与一般教育研究的比较 ①

比 较 点	一般教育研究	教育行动研究
研究者条件	需要研究方法和测量统计等方面的专门训练	无需严格的训练，了解基本的研究方法及统计即可
研究目的	获得有普遍应用性的结论，并发展和检验理论	获得能直接应用于具体情境的知识，边研究边学习
课题的确定	研究者采用各种方法去寻找选题	将实际工作中的问题作为课题
研究假设	提供可操作化处理和检验的特定假设	常常将对实际工作中的问题的说明与解决的设想作为假设
研究取样	确定总体，再在总体中获取随机的无偏见的样本	直接以学校生活中的教师学生作为研究对象
研究设计	研究前规范进行研究设计，提出变量的操作性定义，控制无关变量	研究设计与条件控制要求不高，可在研究过程中调整操作方案
资料分析	强调成效在统计意义上的显著性分析	强调实际意义的显著性，进行描述性分析
结果应用	成果可普遍应用	结果可直接为研究者所用，推广应用尚需验证

（一）问题分析——行动研究的开始

教育行动研究始于问题。研究主题是从学校教学实践中归纳和汇集的。教育活动中的一些现象并不一定能直接成为研究的问题，此中

---

① 　张丰：《问题与建议——中小学教育科研方法新谈》，国际文化出版公司2001 年版，第 71 页。

的分析与提炼过程十分重要。

　　有些学校通过教师研究需求的调查环节,促使教师在实践中分析与提炼问题,并将这种工作方式逐渐制度化。教师研究需求的调查一般应该在每个学期或学年结束时进行。先将"教师研究需求调查表"发给教师,让教师结合自己的工作整理填写若干张,然后在学科组与年级组会议上交流,在讨论合议后,确定自己下学期(学年)的研究方向。表4.2是浙江省临海市大洋小学的"教师研究需求调查表"。

表 4.2　教师科研需求调查表①

填表人	陈临洲	教龄	13	职称	小教一级	任教学科	语文
附议人	钱叶斐、娄水娟、村敏芝、王美春						
实际工作中的问题与困惑	本人任教六年级语文。上课过程中,尽管教师多方引导,尽管教师的问题非常容易,哪怕是要求读一段课文,举手者都寥寥无几,综观其他班级,也有类似的现象,令人费解。						
可能的原因	1.可能是由于班级新组建,师生沟通还没有很好建立起来;2.学生中有怕羞心理,害怕回答问题不合教师口味;3.依赖思想,依赖教师给他们现成的答案,不愿动脑;4.教师的问题学生不感兴趣,他们没有回答的积极性。						
已采取的措施及成效	1.通过小组互助学习,在小组中讨论,练说;2.教师多接近学生,"蹲下来"跟学生交流,丢开传统的师道尊严,建立新的师生之间的朋友关系。坚信要让学生喜欢你的课,就要先喜欢你的人。通过努力,同学们有所改观,特别是王××、郑××等同学确有进步。						
今后拟采取的措施	1.教学中要充分发挥学生的个性特点,让学生真正参与到学习中来;2.注意问题的设计,研究如何提问的艺术;3.尝试对学生依赖心理和害羞心理的指导。						

　　通过问题与困惑的整理与归因,以及对初步实践的分析,拟好下阶段研究解决这一问题的基本计划。在这个教师需求调查的过程中,教师们已经开始了最为朴素的研究,并基本形成了人手一个的"研究问题"。如果教师们还没有养成在日常工作中主动反思,积累问题的习惯

　　①　汪利兵:《教育行动研究:意义、制度与方法》,浙江大学出版社2003年版,第70页。

校本教研实践模式研究

的话,我们可以借助表4.3的"教历"作为教师平时思考和积累问题的"支架"。

表4.3　帮助教师日常积累问题的一种"教历"①

姓名		学科		班级		时间	
事由							
表现							
归因							
措施							
反思							

在问题分析环节,教师们应该就以下问题作一思考。这可能是教师行动研究的重要支架。

问题1:我们遇到的是什么问题?

问题2:该问题主要有哪些方面的表现?

问题3:该问题是普遍性问题还是特殊性问题?

问题4:出现这个问题的可能原因是什么?

问题5:各个原因之间有一定的关联吗?

问题6:该问题对教育教学可能有何影响?

对于普通教师来说,开展过于系统的课题研究有些困难。过于求大求全,反会增加一些大而无益的东西,夹杂一些形式主义的框架,所以,我们提倡教师研究,要重在务实的思考与行动,意在行动改进的"微型课题"便在基层活跃起来。它强调"从问题到建议"的思想方法,不求完整严密的课题论证,而是针对教育教学实际中的"真问题",采用"小切口"的研究策略,以解决问题为目的,意在形成对于类似问题的分析与建议。它要求我们适当简化课题管理的程序,在研究与成果评价等方面尊重教育教学现场研究的特点。

---

①　汪利兵:《教育行动研究:意义、制度与方法》,浙江大学出版社2003年版,第95页。

案例 4.6　教师行动研究的启动模式

在基于行动研究的教师研修思想的指导下,我校改变教师研究的管理与导向,采用基于教师研修需求调查的行动研究模式。教师研究的展开和学校课题的规划一般有两种启动模式(申报机制)。

(一)自由申报模式(即"发动模式")

教师行动研究要求教师选择实践问题,运用"提问—选题—归因—制定措施—采取行动—评估反思—产生新问题—重新再归因—制定新措施——采取新行动"的循环往复,展开研究。它减少复杂的形式化的课题管理手续,只要求教师作简明的记录(表 4.4)。

在发挥学科组与年级组的桥梁和中介作用的基础上,根据教师的兴趣与关注,自下而上地申报课题。这样,教师真实的研究需求能够得到学校的支持,教师自下而上的课堂教学革新能够得到鼓励。但这对教师素质提出更高的要求。

表 4.4　微型教学研究记录表

研　究　问　题	
研究目的意义	
研　究　过　程 (方法、手段、策略)	
研究的成效与反思 (理性分析)	

(二)指导性申报模式(即"推进模式")

学校根据当前教育热点,结合本校实际,确定课题指南或研究方向,通过年级组、学科组、班主任会议等,引导教师关注和反思其中某一领域,并从中发现问题,提出课题。这些课题可以纳入到学校的总课题中。其中一些切入点好的小课题可以作为学校总课题的骨干课题。

两种启动模式的对比可见图 4.6。

校本教研实践模式研究

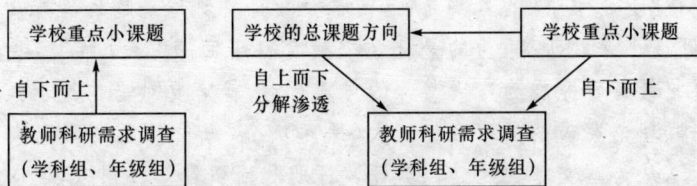

图 4.6　教师行动研究的两种启动模式

（临海市大洋小学　郑云飞　陈临州　程誉技）

案例 4.7　教师小课题研究的组织与推广

教师小课题研究是指教师在短时期内以教育教学中迫切解决的问题或者自我经验作为课题，吸纳和利用各种有利于解决问题的经验、知识、方法、技术、理论，在教育教学中加以研究，探寻解决教育教学中具体问题的对策的课题研究形式。它具有研究范围局部化、研究内容具体化、研究方式简易化、研究周期短期化等特点。

（一）为什么要开展教师小课题研究

教师小课题研究的提出主要起源于对中小学教育科研现状的认识。综观我们现行的教育科研，要求中小学教师的教育研究如同专业研究，有科学的假设、按照科学的程序、选用科学的方法，发现和揭示具有普遍适用性的教育规律，为教育科学理论的建设作出贡献。这种把普通中小学教师参与的教育研究等同于专业研究人员的科学研究的科研范式，既没有真正尊重教师的优势和现实可能性，也未尊重教育实践研究的特点，使大多数教师对教育科研产生了严重的敬畏感。就在教师的实践中增加专业研究成分，在教师的话语中出现更多的专业术语时，我们发现描述实践的鲜活话语越来越少，灵动的实践叙述被工整的结构性"理论阐述"所取代，或变得抽象、晦涩，或仅仅是一些没有个性特色的一般化道理的演绎。于是，许多教师产生了"教育科研太深奥，不知从何下手"、"教育科研的程式太繁琐，要耗费大量时间"以及"教育科研就是写论文"的感觉。他们屡屡遭遇"失语"的痛苦，使得他们对教育科研敬而远之。这些都使得如今的学校教育科研在"繁荣景象"下面,难掩"步履维艰"的真实局面,使学校教育科研越来越远离群众性。

开展小课题研究,为的是让学校教育科研回归"群众性"。我们认为,要使教育研究成为广大教师的自觉行动,就需要对当前过于强调发现规律、理论突破的"高(目标)、大(课题)、全(方位)"课题研究模式进行反思,从为写文章、为立项、为评奖评职称而研究解放出来,回归到关注教育实际问题解决的朴素追求。这就要求学校教育科研,应从较多地关注课题本身发展与教育科学成果的获得,转换为更多地对教师作为一个活生生的生命体成长的关注;从较多地把教师的研究当作教育理论专业人员的研究来要求和衡量,转换为强调教师的研究是日常教育教学背景下针对教育实践问题的研究;从较多地关注沿用自然科学规范的研究方法,转化为更多地关注教师研究方法的人文性和个性化。

根据学生研究性学习中小课题研究活动的启示,我校鼓励教师开展小课题研究,旨在探索一套行之有效的更贴近教师教育教学实际,更能让教师乐于接受,更利于教师完善自我的教育课题研究范式。同时我们坚定的认为,"教师小课题研究"具有重要的研究价值,这一新的课题研究形式必然是对传统课题研究的有效补充,必然对校本研训具有极大的推进作用,是优化教师教育直觉反应的有效途径。

(二)如何进行教师小课题研究

教师个体进行小课题研究的基本程序一般为:选择问题——问题分析——确定研究主题——预设研究步骤——实践研究——总结反思。它可以分为个体研究和群体研究两种方式,

1. 在个体背景下的教师小课题研究

教师小课题研究个体研究一般有以下四大类:

(1)成果应用型:研究的取向主要是将他人研究的成果应用于自身的教育实践。例如:我校朱人杰教师研究的《以写生为主提高学生的绘画技法》,主要是通过对秀城实验教育集团陈哲峰教师的图片写生研究成果的应用研究。这类课题一般选取自身感兴趣的他人成果,并首先要对他人研究的成果进行学习理解,然后移植到自身教育教学实践当中,由于是站在他人成果基础上的,所以往往操作方法易掌握,降低了课题研究的难度,但该类课题的重点应是探索该成果对自身的适用性。

它往往有助于促进自己学习探究,能够锻炼思辨能力和调控能力,较快推动自身职业成长。

这类课题由于具有一定的参考,所以比较适合科研起步的教师。它一般从自身感兴趣的他人成果选题,但必须注意可操作性。

成果应用型教师小课题基本操作方式为:①选取他人成果并学习;②选取研究点,制定研究计划;③在教育教学实践中具体实施;④反思总结。

(2)问题解决型:研究的取向主要是解决自身教育教学活动中产生的实际问题。例如:我校李恋芸教师研究的《对多动学生自控能力的培养》,主要为了解决她班级里两位多动学生干扰其他学生学习的实际问题。这类课题往往切合自身实际,目的在于解决现实问题。它有利于教师养成科学理性工作的习惯,可以较好地提高教师的自我诊断能力。

这类小课题往往很注重现实性和实用性,其操作也一般从自身角度考虑,因此其适用于每一个教师。它一般可以从自己觉得不是很满意或需要改进的地方、现实中遭遇的教育教学问题等中去选题。

问题解决型教师小课题基本操作方式为:①问题分析;②提炼问题解决的办法;③具体实施;④总结。

(3)经验总结型:研究的取向主要是对自我或他人教育教学经验的分析及总结。例如:我校冯怡教师研究的《培养低段小学生主体性德育的实践研究》,主要是总结她几年来班主任工作经验。这类课题主要是对自身或者他人的教育教学经验进行系统化的梳理和理性分析,总结经验的同时,对经验进行理论归属和理论提升。这类课题研究往往有助于帮助教师发现自己的教育教学亮点,提升理论修养,促进教师个性化发展,形成自我教育特色,同时也有利于学校的教师知识管理。

这类小课题要求研究者已经具有一定的实践周期,因此它比较适合已经具有一定教学实践的教师去研究,教师一般从自身教育教学实践中成功的地方选题。

经验总结型教师小课题基本操作方式为:①寻找自己成功之处;②总结成功经验;③经验的理论分析。

(4)探求新知型:研究的取向主要为探索新方法、发现新规律、说明新关系。例如:我校王珏教师研究的《运用对比法领会挖掘主题图的丰富内涵》,主要是解决一直困扰她的新教材主题图的使用策略问题。这类课题研究类似于传统课题研究,但又不同于传统课题,它往往只研究其中的一个内容,因此可以看作为传统课题的一个较小的子课题。通过这类子课题群的研究与积累,通常可以达到一个较大的传统课题的解决,对教师的全面提升是比较明显的。

这类小课题往往需要比较科学的研究方法,对教师教育科研素养要求比较高,因此比较适合具有一定科研能力的教师去选择。它一般从长期困扰自身的教育教学问题中去选题。

探求新知型教师小课题基本操作方式为:①对新方法、新规律、新关系的界定;②制定研究计划;③在教育教学实践中具体实施;④搜集实施效果;⑤总结。

这四类小课题研究种类只是我们比较常用的几种方式,教师个体在进行小课题研究时,有时候往往会同时运用到其他种类的方法。

2. 在群体合作下的教师小课题研究。

教师小课题研究作为个体研究在我校进行了一年,取得了一定的成效,但也遭遇了一定的问题。主要是作为一种新型的研究方式,虽然它比较切合教师自身实际,但毕竟单兵作战,对教师来说还存在一定的难度。我们认为,教师一下子进入个体研究阶段可能太快了点,这也许需要先经历一个群体研究的过程。

第二年,我们从课堂教学入手,提出了教师小课题研究的群体性合作研究——"基于教师小课题研究"的教学研训,其基本操作思路为:以同年级同学科教师为基本单位组合成研究小组,选取大家均感兴趣的某一教学内容,进行轮流上课和研讨。在这个过程中,每个教师均针对其他教师上课实践情况选择自己感兴趣的研究主题(即小课题)进行分析诊断,并自己亲身去验证自己的预设,同时,其他教师对他的研究主题提供自己的分析诊断。

从活动角度看,其操作流程为:组成研究小组——确定教学内容——上课——结合各自小课题研讨——上课——结合各自小课题研讨——……上课(亲历验证)——结合各自小课题研讨——回顾总结。

从教师个体角度看,每位教师在这个活动中均经历了这样一个基本过程:对教学内容进行分析——观察他人实践——根据他人实践进行分析诊断,并确定研究主题(即小课题)——参与研讨,介绍自己的研究主题并听取他人对该主题的分析诊断——继续观察他人参与研讨,使研究材料不断丰富研究主题不断深入——亲历验证自己的预设——自我分析诊断并听取他人对该主题的分析诊断——继续观察他人参与研讨,使研究材料不断丰富研究主题不断深入——全面回顾总结。在这个过程中,每一个教师都围绕自己确定的研究主题进行不断的分析诊断研究,例如我校四年级数学组,大家基于《线段、射线和直线》这一教学内容,张雅明教师选择了《生成问题的处理》、孔言分教师选择了《数学与生活的联系》、戚胜民教师选择了《课堂学习方式的优化》、王珏教师选择了《课堂练习题的设计》、姚江峰教师选择了《线段、射线和直线如何引出》这样五个小课题进行了课堂教学的实践和探讨,大家共同分享思考过程,共同争辩。在这个过程中,每一个教师不仅对自己研究的主题有了较为深入的认识和理解,同时对其他教师研究的主题也有了一定的了解。最重要的是,整个小课题研究过程,每个教师都既有大量的现实实践作为研究材料,又有自己的亲身实践来验证自己的研究猜想,还有大量的其他教师提供的不同角度的思考和见解;不仅研究过程真实、丰富,而且研究的实效性也很强。

(三)教师小课题研究的操作策略

教师小课题研究的运作还需做很多辅助工作,这需要一定的策略。

1. 营造"研究文化",推动教师小课题研究群众化。

苏霍姆林斯基曾说过:如果你想让教师的劳动能够给教师一些乐趣、使天天上课不致变成一种单调乏味的义务,那你就应当引导每一位教师走上从事一些研究的这条幸福的道路上来。但我们知道学校教育科研工作光靠行政指令要求教师参与,会产生很大的负面效应,加之现行的教育科研本身价值取向还存在很大问题,教师队伍中真正接纳教育科研的比例并不是很高。对广大教师来说,教育科研是软任务,教学才是硬任务,软任务可以应付,而硬任务不可轻待。因此,只有当教师意识到研究成为自己的需要,才会主动投入。学校科研文化是一种研究氛围的构筑,具有隐性的渗透力量,会强而有力地推动教师从无意识到有意识,从被动到主动地投入教育科研活动之中。让教师开展小课题研究首先应该重视学校研究文化的建设,应注重研究氛围的营造,使教师的学习和研究能够在学校里得到充分的交流,让教师在个思、互研、共行的过程中,潜移默化地拉近课题研究与教师的距离,使教师能够积极参与课题研究,同时也提高教师教育研究能力。我们在学校里积极推广"分享与提升"的理念,并尝试构筑"分享型同事",我们在周一让教师轮流进行教育教学经验、读书感受、教育困惑等等的分享,促进大家养成乐于分享自己的困惑、思考、经验、所得的习惯,使学校逐步形成良好的学习、研讨氛围。这都能无形之中来影响教师去实践、去研究、去思考、去交流,为教师小课题研究的群众化打下基础。

2. 呵护"个性属性",实现教师小课题研究的草根回归。

在教师小课题研究的起步阶段,要特别注意不要被传统课题的高要求所影响和束缚,以致使一开始让教师觉得小课题研究很神秘很难而遭成隔阂。同时,"关注自身、发展自我"是教师小课题研究的基本理念之一,因此,在教师小课题研究过程中,既要对教师研究进行相应的规范,又要充分呵护教师在小课题研究过程中的个性属性,因为只有这样,教师才会乐于研究,。具体要注意以下几方面:

(1)课题选题自我化。教师教育研究的起步首先是课题的选择及设计,对普通教师提出比较规范化的课题研究要求,在一定程度上确实能够促进一批科研成果的相继诞生和一批科研骨干的成长。然而这毕竟只是一小部分教师所能及的,对大多数刚参与教育研究的教师来说,更多的是一种困惑、迷惘、无措,甚至导致一种退却。我们认为,教师开展小课题研究首先就是要求科研管理者打破传统课题研究的神秘性,以教师的个体自我需求为出发点,以解决教师教育教学中迫于解决的问题为课题选题的方向和教师开展研究的起步。科研管理者应高度呵护这种课题选题的自我化倾向性,帮助教师根据自身关注点和自身能力选择合理的研究点,并帮助教师设计符合自身情况的研究方案。

(2)过程操作特色化。教师开展小课题研究要重视课题过程操作的特色化,应重视普通教师的科研素养水平,注重呵护普通教师开展研究的积极性,应在保障和鼓励教师实际需要和可能性出发,根据自身条件,选择、运用适合自己的方法和策略去开展课题研究工作的基础上,积极倡导"行动研究→案例积淀→实践反思"的形式,并逐步让教师尝试运用传统课题的学术型研究方法开展相关研究工作。

(3)成果形式多样化。基于教师的差异性,小课题研究对课题成果形式应倡导多样化。应摒弃传统课题研究成果的相关高标准。教师对于自己研究结果的表述,不宜脱离自身的实际可能性去追求晦涩的理论阐述,应该力求避免空洞、抽象和程式化,而要通过生动的案例和个性化的语言来叙述自己的实践、提炼自己的经验、体现自己的特点。允许教师用自己的表现方式来展示成果。特别是允许教师用自己的语言来描述课题成果。科研管理者应对教师课题成果的设计进行帮助,但应该充分尊重教师的基础,根据教师的能力来鼓励教师进行多样的成果总结。

(4)成果评价多元化。由于教师小课题研究的出发点是引导教师用研究的方法来解决自身的实际问题,所以,课题研究成果的评价定位不因太高。在评价主体上也不应该单一的以科研管理部门的评价为主,而应重视教师本身和其他教师对课题成果的评价,在成果评价的主体和评价的方法、评价的内容上都应注意多元化。科研管理者应迎造良好的科研文化氛围,应搭建相应的交流平台,鼓励教师展示和交流自己的课题研究过程和课题研究成果。

3. 注重"支架"运用,重视教师小课题研究的科学辅助。

我们必须正视教师进行小课题研究的现实困难,特别是在初期。因此,我们非常重视在教师小课题研究过程中,合理设置一些支架,对教师研究进行一定的支持。重视过程化管理,重视深入到教师群体中去了解他们的所思所想,帮助他们解决研究中所遭遇的困难。比如,在实施教师小课题研究的初期,邀请原市教科所所长阮望兴来给教师进行《如何进行教师小课题研究》的讲座;在撰写研究方案时我们发现教师有一定的难度,而且逻辑很混乱,我们就把研究方案改制成了表格的形式,来引导他们建立科学的逻辑体系;在研究的中期,我们还开展了工作回顾思考、互助交流活动、小课题研究咨询日、建立小课题研究博客等等,为教师提供了科学的辅助。并且我们非常注重遇到问题及时优化调控、合理处理,这些科学的辅助,都在某种程度上降低了教师小课题研究的忙乱性,增强了教师进行小课题研究的信心,同时也激发了教师进行小课题研究的兴趣和积极性。

(嘉兴市辅成教育集团 姚江峰)

(二)对策设想——行动研究的计划

正如学生开展研究性学习一样,教师开展教育行动研究也是教师关于工作的探索性实践。教师在初步确定要研究的问题后,首先要通过调查与文献学习,进一步描述所研究问题,提出初步的解决设想,然后,根据教育教学的实际,形成行动改进的计划。在这一环节中,教师可以在回答以下问题的过程中,完成研究方案的设计[①]。

问题1:研究试图改变教育教学的哪些方面?

问题2:其中最值得探索的是哪些方面?

问题3:以往工作和研究中是如何解决该问题的?

问题4:最适合自己的解决问题的可能办法有哪些?

问题5:研究的阶段策略如何安排更为合理?

问题6:实施中可能会遇到的影响因素有哪些?

案例4.8 一个问题引发的"革命"

学校有个传统,每周五晨间为"教学常态课"。所谓"常态课",是我们学校对教研活动的一种说法,即常态的,无需太多的雕饰与表演。

其实,在"常态课"之前,学校曾采用过很多种教研活动形式,比如新教师"露脸课"、青年教师"比赛课",中年教师"展示课"等名目繁多;也开展过以教研组为单位的推荐"校级展示课"、"校际交流课"。结果如何呢?我们不能说这样的教研活动意义不大,但综观其效,由于教研量少,再加上教师刻意准备,教学中暴露的"本堂课"问题居多,普遍意

校本教研实践模式研究

① 张丰:《校本研修的活动策划与制度建设》,华东师范大学出版社2007年版,第138页。

义的问题相对较少。这样的教研活动,对于执教者更多的是压力;对于听课者,更多的是迷茫。一方面,执教者不能展示常态课堂,另一方面听课者不能得到他们困惑问题的解决方法,这样的教研活动又有多少价值呢?而"常态课",由于量多,时间上不允许教师有过多雕琢,因此,暴露出来带有普遍意义的问题就显得多起来了。

本文所谈的事例就来自于一次常态课。

(一)一次教研活动上引发的争论

> 时间:2007 年 4 月 20 日
>
> 内容:六年级习作《成语擂台》
>
> 执教者:黄利文
>
> 这是一堂很有趣的作文活动课。黄老师引导面向黑板的孩子们用肢体语言来表现成语,然后,由站在前面的背着黑板的孩子来猜。这些成语都很有意思,孩子们用夸张的动作表现出来,比如"翩翩起舞"、"嫦娥奔月"、"神魂颠倒"……这些孩子在课堂表现得兴奋异常,一个个夸张的动作连听课者都忍俊不禁。
>
> 活动结束,黄老师说:"我来采访一下各位。"然后采访孩子们当时的想法、当时的心态。然后孩子们带着兴奋来写作文。我们听到了孩子们一篇篇有声有色的作文,听到了他们声情并茂的朗读。有的老师甚至情不自禁地鼓起掌来。

在对这堂课研讨的时候,听课的教师这样描述:

1)活动作文让孩子得到切身的体验,孩子身临其境,作文课变得有声有色。

2)课堂上精彩的作文,无不体现了黄教师平时高超的教学艺术。

3)作文指导有点有面,"采访"一环节巧妙地避免了教师指导中的硬伤,使活动与作文吻合得天衣无缝。

交流的时候,褒奖之余,无论六年级五年级,还是其他年级的教师,都说愿意把这节课搬到自己的班级去上,让班里的孩子也体验作文的快乐。问题也就来了:那么,作文教学是不是可以随心所欲?

笔者与部分教师提出自己的看法:黄教师教作文,在学校里堪称典范,她的引导与指导都巧妙而不露痕迹。但我们的问题不在于课堂,而是——黄教师上这堂作文课的依据是什么？"活动作文"是浙教版四年级的教学内容,六年级教学"活动作文"是不是合适？课堂上,教给孩子们的究竟是写好一课,还是写好一辈子？

于是,我们做了个"作文教学内容与学生年龄"的调查:认为"作文教学内容"无所谓年级与序列的,举手的教师有6位;认为作文不能"想当然",而应该循序渐进的,有7位;其余的不置可否。

活动总结:无论你是持哪种思想,请你找到你这种思想的支持依据:名师经过多年锤炼的经典语录可以,新课程标准的要求也可以,某一次课的案例也可以。

一次教研活动结束却没有结局,这在学校"常态课"的历史还是第一次。这个"作文教学能不能随心所欲"的问题,阻挡了很多教师搬迁《成语擂台》的脚步,引导教师迈出属于自己"研"的第一步。

（二）活动后的再思考

对于教研活动,我们总是考虑到这次教研活动有什么收获？收获大不大？但大家却很少考虑,这一次活动是否改变了我陈旧的教育观？是否让我意识到"研"的价值与幸福？

第二次活动,我们又继续进行上次悬而未决的问题的讨论,以下是几种思想的代表发言:

● 第一种声音:特级教师王崧舟教学《智能鼠捕鼠》、《心灵的选择》都是超越教材的作文教学;支玉恒教师执教五年级《老鼠国的故事》,这些内容是无法融入教材的。教材只是一个范本,名师可以越规,我们也可以大胆越规。

● 第二种声音:三年级新教材作文没有一个序,描写家乡景物、做环保调查、写写自己、写写神话……如此,我调换一篇,应该无伤大雅。况且,教材是2002年编写的,教材内容也有过时嫌疑。

● 第三种声音:六年级教"活动作文",四年级也教"活动作文",连三年级都能教"活动作文",这样的教学顺序肯定不正常,不健康的。究竟哪一个年级教学"活动作文"对孩子利最大呢？我以为既然教材安排四年级有活动,那必定是四年级最佳。

……

众说纷纭,莫衷一是。"研",就是这样,"研"不是听报告,"研"是在思想的碰撞中激起智慧的火花。

在讨论中我们思考:无论什么样的习作内容都不能脱离学生的思维特点和年龄特点,根据学生这两个特点开展的习作内容必定适合学生。如果我们可以为自己的作文教学创建一个素材库,那么,无论对教师,还是对孩子都是一件有益的事。就这样,我们走进了"人人都研究"的"革命"历程:我们安排教师研究的内容为"符合年级特点的一堂课例",要求:有依据、有特色、易操作。

(三)"革命"的实践

怎么样积累素材才能形成合理的素材库呢?我们对作文教材进行了整合,按照学生思维特点,构建了以下框架:

一年级:口头作文　　　　　　　　二年级:想象作文

三年级:观察作文 活动作文　　　　四年级:体验作文 脑筋作文

五年级:提问作文 发现作文　　　　六年级:自由作文 创新作文

学校隶属城区,地处农村,素材积累得天独厚。笔者任教三年级,在作文教学中已经开始尝试收集素材,根据学校特点,因地制宜建立素材库。教师以此为例,搜集素材各年级作文内容的素材。

表4.5　范例一:三年级作文教学素材(观察部分)

观察①我家附近的河	观察河水的特点。
观察②电表水表	观察水表电表的特点,发现有趣的运转规律。
观察③给自己当"牙医"	观察镜子中的牙齿,发现牙齿的特点,发现牙齿的规律,给自己制定护牙计划。
观察④雨带来的变化	发现雨带来的变化,感受雨的特点。
观察⑤理发室	从位置、门面、场景、人物等处观察理发室。

　理论依据:写作教学应贴近学生实际,让学生易于动笔,乐于表达,应引导学生关注现实,热爱生活,表达真情实感。1～4年级从写话、习作入手,是为了降低起始阶段的难度,重在培养学生的写作兴趣和自信心。

教师根据范例,经过一段时间的搜集、尝试与实践,积累了大量第一手信息,素材库逐渐丰富起来。

表4.6　例一　三年级作文教学素材(活动部分)

活动①漏网之"鱼"	捉迷藏活动,胜利与失败的心理
活动②猜猜窗帘后是谁?	遮住脸,猜测窗户外的人是谁? 观察与心理
观察③踩气球	防备与进攻,动作与心理
观察④胜利大逃亡	缺口不被球砸中的心理与动作
观察⑤是谁拿走了糖?	从人物表情上发现秘密

　　理论依据:写作教学应贴近学生实际,让学生易于动笔,乐于表达,应引导学生关注现实,热爱生活,表达真情实感。1～4年级从写话、习作入手,是为了降低起始阶段的难度,重在培养学生的写作兴趣和自信心。

表4.7　例二　四年级作文教学素材(体验部分)

体验①包粽子	体验包粽子的技巧
体验②教奶奶使用科技产品	体验长辈对科技的渴望
体验③卖报纸	体验看似简单的任务有难处
体验④精打细算十块钱	体验买菜也有学问
体验⑤流汗的味道	体验流汗的滋味

　　理论依据:写作是运用语言文字进行表达和交流的重要方式,是认识世界、认识自我、进行创造性表述的过程。写作能力是语文素养的综合体现。写作教学应贴近学生实际,让学生易于动笔,乐于表达,应引导学生关注现实,热爱生活,表达真情实感。

　　(四)启示

　　1.教研,"教"是末梢,"研"是根本。教师教研与学生学习有相通之处。我们总是铆足了劲要在课堂上构建"探究"的氛围,鼓励学生自主学习,自主探究。其实,我们的教研也一样,教研活动也需要引导教师学会"研",愿意"研"。我们不能单凭自己的理想主义,把在教研活动上创造的一些所谓的研究模式生硬地倒给教师,想当然地以为这样的教研活动便是有收获的,有效的。其实不然,课堂的"满堂灌"、"一言堂"给我们的启示已经够多了,看似"收获多多",实际"一片茫然"。教师没有亲身经历一个"研"的过程,再甘甜的美味,他都感受不到幸福。因此,教研活动需要引导教师经历"研"的过程。如果我们把教研活动的目的定位在"教一些成功教研模式"上,那就有些本末倒置了。

2.教研,"教"是手段,"研"是目的。我们搞教研,目的是通过教研活动,引导教师意识到"我不是教书匠",我是"研究者"。但是,并不是每个教师都能走"研究路",比如缺乏科研精神的中老年教师。其实,不是这些教师不愿意从事科研,而是固有的教育思想尘封了他们进取的脚步,而对科研盲目的畏惧更使得他们望洋兴叹。因此,对于引导教师"研",组织者需要"教",教给他们研究的方法,研究的思路,研究的过程,在"教"后"研",研究就显得不再曲高和寡。比如,在上文所说《成语擂台》教研活动,我们安排教师研究的内容为"符合年级特点的一堂课例",要求:有依据、有特色、易操作。教师做这样的研究,自然得心应手。

3."研"是过程,"教"是归宿。"教研"的目的在于"研","研"是一个过程,"研"是为了更好地"教","教"是"研"的归宿,又是"研"的起点。因此,教师的"研"不是为"研"而"研",其"研"必须立足于自身的班级和课堂,那些高深与课堂教学脱节的所谓的"研",不是教研活动所需要的研。

理想的教研活动并不是追求举行了多少次的教研活动,也不是让你关注这一次教研活动中有多少人参加,有多少收益。理想的教研,是关注"教研"是否真的引领教师在"教"中"研",在"研"中"教"。如果,我们的教研活动让教师发现"教"中"研","研"中"教"的乐趣,那才是一次真正意义上的理想教研。

(杭州市萧山区湘湖小学　王绿明)

案例4.9 "问题挂牌"式的校本教研

"问题挂牌"式校本教研,是我们结合农村学校的特点提出的一种校本教研活动模式,其基本流程是"提出问题——问题挂牌——设计方案——行动研究——提炼总结"。下面试以挂牌问题"如何让二年级的写话与三年级写作更好地衔接?"为例,对"问题挂牌"式校本教研的基本流程与操作策略作简要说明。

（一）提出问题：小现象，真问题

教师的研究活动，始于提出问题。我们在校本教研过程中强调解决"真问题"，就是强调解决教师自己教学中发生的真实的、实际的问题，它是教师自己的问题而非他人的问题；它是教室里发生的真实的问题而非假想的问题。我们在教研实践中，让每位教师结合每天的教学实践，随时记录一些切口较小的真实的教学问题并附上教学案例或教学现象，供自己或集体研究。一段时间后，每个教师总结梳理自己一段时期以来记录的"真实的问题"，从中选出一个最具实际性、最可操作的问题，记录在专门设计的"问题记载表"中，记录时要求先描述发现这个问题的"我经历的教学现象"，再阐述对这个问题"我的分析思考"，形成问题的书面材料。比如本学期我校二、三年级语文学科教学问题研讨组，他们每个人提出了一个问题：①如何解决新课程下，学生识字"学得快，忘得快"的问题？②何解决教材中的口语交际内容贴近学生生活，但有的内容对农村学生来说无疑是"可望而不可即"这一情况？③如何让二年级的写话与三年级写作更好地衔接？④怎样将教师的阅读教学与学生的课外阅读更好地融合？这些问题都是从教学现象中来，是教师教学实践中急需解决的问题。

（二）问题挂牌：重合作，重价值

在教师自己根据教学实践提出的问题中，有些问题通过个人的研究与思考就可以解决，但也有一些问题单靠一位教师个人的研究力量无法解决。于是，我们让同学科相邻年级组的教师自由组成问题研讨小组，将各组员的"真问题"汇合在一起，通过集体合作研讨，最终选出形成一个"挂牌问题"。所谓"挂牌问题"就是小组人员公认的、具有共性的且研究操作性较强的问题。选择"挂牌问题"时，小组成员共同参与，先每个人介绍自己在教学实践中遇到的问题，再"推销"、"争鸣"……，然后小组共同研讨，最后，或是直接选取某位教师提出的问题，或是将几位教师提出的问题整合、修改，也可能是研讨现场生发的新问题，从而组内确定真正来源于教学实践的、可操作性强、切口小的问题为"挂牌问题"，并对问题进行再思考，形成"小组的分析思考"，并记载"挂牌问题"记载表。例如上述二、三年级语文学科教学问题挂牌组的成员在共同讨论、彼此琢磨的基础上,达成了共识,他们觉得低年级新课程教学中"写话教学的问题"是最实际、最迫切的问题。尽管写话在语文教学中占有非常重要的地位,可是在新课程教材的编排中内容却较少,像二年级的教材,写话训练全册出现得极少,上册就只有在两个语文园地中出现过,课堂作业本上也只有两次相关的作业。但到了三年级,则已经要求学生写"成型"的文章,第一单元"写自己的课余生活",第二单元"写关于一个熟悉的人的一件事,通过这件事来反映他的某些特征……",没有了图片的参考,更没有确定的目标,显得非常宽泛。为解决这一棘手的问题,他们共同确定了问题研讨组的"挂牌问题":如何让二年级的写话与三年级写作更好地衔接?

(三)设计方案:谋策略,求优化

问题挂牌小组确定了一个小组的"挂牌问题"之后,接下来是小组成员共同围绕这个问题查找资料、交流观点等,通过一系列途径寻找和形成初步的解决问题的基本思路和方法,设计解决问题的策略与研究方案。在这个过程中教师们不仅是个体化"寻找",更具有合作意义的"寻找"。从阅读教学论著、和专家对话、看录像、听报告等途径获得"他人的经验和智慧",从同伴的交流、讨论中借鉴"他人的经验和智慧",同时将自己的经验和"他人的经验"作比较,想方设法地寻找解决问题的思路和方法。最终小组成员在探讨争鸣中形成一个解决问题的设想。例如上述的二、三年级语文学科教学问题挂牌组,他们在确定了"如何让二年级的写话与三年级写作更好地衔接"的挂牌问题后,共同研讨,形成了分年级的解决问题策略:

二年级:1. 加强阅读与积累。学生每天轮流读报纸,说新闻,教师每天讲成语故事给学生听。2. 根据每个单元的主题,让学生选择性的阅读课外书,并加强说话训练。3. 写话从最简单入手,循序渐进。学生在能写出一句或几句通顺的话后,要求有所提高,根据每一篇课文的特色,规定写话的主题;坚持写话。4. 细心呵护学生的自尊心,培养学生写话的兴趣。对学生写话的评价多采用鼓励性的语言,以赞赏的眼光来看学生的作品。尽量找出他们的优点,并大力鼓励,提高学生写话的兴趣。

三年级:1. 根据每个单元的主题,让学生选择性的阅读课外书。并重视说话训练。2. 多摘录,多读,多赏析好作文,鼓励学生多写。3. 从写段入手,逐步拓展到写文章,让写文章更有过程性。4. 多创设交流的机会,培养写作兴趣。

(四)行动研究:多形式,求实效

"问题挂牌"式教研的第四个阶段就是行动研究阶段,就是小组成员们将"研究设想"付诸于实践,通过诸如课堂教学、案例评析、叙事反思、个案研究等多种形式验证"研究设想",以达到问题的解决,在课堂教学中,我们又采用了"多人研一课","一课多人上","一人上多课"等多种研究活动方式。活动不仅意味着验证"设想"是否能解决问题,更意味着创造性执行事先的"设想",进入真实的课堂,面对具体的学生,根据学生实际和教学过程中突发的教学事件,必须灵活地调整"设想"。如果研究设想没有很好地解决问题,小组成员们就进一步研究,研讨是"设想"本身不合理,还是因为设想的实施发生了偏离。就拿二、三年级语文学科教学问题挂牌组来说,二年级根据每篇课文的特色进行写话:学成语就让他们写写关于动物的成语;学童话就让学生也来编一编童话。当然,有些课文是很容易能够找到写话素材的,而有些却是在课堂中生成的。如:《纸船和风筝》,在这个童话中一直维系着松鼠和小熊之间的友谊是"漂"和"飘",所以在这篇课文的写话中,让学生运用这"漂"和"飘"写一段话。学生可以灵活地运用,如二(3)班彭恩伟定的一句话是:气球在天空中飘,一不小心掉了下来,正好掉在河里,它顺着河水欢快地漂着,小鱼看见了,和它一起做游戏呢! 即使是学困生,也都能用上这两个字分别写两句话。

(五)提炼总结——勤反思,成共识

在动态的研究过程中,组员们观点碰撞、生发智慧,解决问题的策略逐步明晰起来,最终形成一个达成共识的解决"挂牌问题"的策略。如二、三年级语文学科教学问题挂牌组,通过多次研究形成很多研究成果,并汇编成了研究成果集,成果集包含解决问题的策略,如:"让写话训练与平常的教学相结合,从识字、阅读等环节入手,以积累和运用词汇为方式,结合课文的主题特色——让写话落到实处";"对学生的写话、写作,进行鼓励性评价,呵护他们的写话兴趣,在班级的展示台中择优张贴作品——让评价真实倾泻"等策略,并对每个策略作了详细的阐述。成果集中还有相关的课例、论文,问题研究的过程等,有的还包括经验的推广和进一步研究的方向等,进一步引导教师在应用研究成果的过程中自觉进入一种"问题——解决——产生新问题"的无止境的探寻之路。

"问题挂牌"式校本教研的生命力在于直面教学实践中的真实问题,是教师运用已有的知识和经验无法解决的新问题,但又想方设法探求解决对策,于是教师持续地关注教学实践中有意义的问题,逐步形成强烈的问题意识,而这正是教师成长的起点。在整个问题挂牌式校本教研过程中,"问题"之所以能提出来,"设想"之所以可能,"活动"之所以能创造性地实施,教师的"反思"是贯穿始终的;在小组成员的共同合作探讨中,在专家的引领下,教师们不断反思比较"自己的经验"与"他人的经验",并将经验扩展到自己的教学实践中去,达到真正能发现和解决问题,形成有凝聚力的教师群体。我校是一所普通的农村小学,在全面开展"问题挂牌"式校本教研活动,给我校带来了发展的机遇。教师的教学观念和教学行为发生了可喜的变化,骨干教师队伍在不断扩大,多项课题被列为省级研究课题,高质量的研究成果也不断涌现。教师们把日常教学工作与教学研究融为了一体,以研究者的眼光审视、分析和解决自己在教学实践中遇到的真实问题。我们已经真正感受到在享受教育、享受生命。

(嘉兴市南湖区凤桥镇中心小学　狄称意)

案例 4.10　大处着眼,小处入手

在语文教学中,文本只是一个范例,教师期望通过教给学生一定的方法使其对文本有自己的理解和感悟,并在此基础上,达到举一反三,融会贯通的目的。学科教研也是一样,我们只是借助课堂问题的发现、探究和解决,形成教师对这一问题的认识,并在此基础上提升教师的教学能力,以及自我调控和自我诊断的能力。

因此教研组开展教研活动时,一定要从大处着眼,小处入手,从研

究课堂真实问题入手,深入浅出,才能使教师在主动参与活动的过程中实现专业成长。

(一)提出问题:小切口,大文章——给教师研讨一个起点

问题的提出,是教研的起点。只有教师善于在自己的教学过程中发现问题并提出问题,那就给教研活动打开闪亮的第一页了。不过,问题具体是谁提出的并不重要,可以是普通教师,可以是教研组长或教导主任甚至校长等,但提出的问题得遵循以下三点:其一,"问题"是不是教师教育实践中存在的问题;其二,教师是不是直接参与研究;其三,是不是以改进教师的行为为中心。

遵循以上三点,在提出问题的过程中,从小处着手,从最最具体的教学困惑处入手,对小问题进行研讨,往往能开拓出一片广阔的天地。因为教研活动主题所选的问题的切口越小,就越容易让所有的教师参与操作,且目标明确,能够紧扣主题把问题的研究做的深入。

案例:一所农村学校的教师普遍感觉到口语交际课上,学生表现得沉闷,提不起兴趣,所以他们就从"口语交际课如何让学生真正动起来"这一主题入手,开始研讨,并开展了一系列的教学研究活动。

但是在研讨过程中,他们发现制约学生真正实现交际的因素有很多,涉及教学设计,课堂氛围,奖惩机制……从一个问题出发引出了一大串的问题,让教师们束手无策。经过反复思考,反复筛选,最后把切口缩小,确定为"口语交际课中如何通过情境创设让学生真正动起来。"研讨问题的缩小,使得教师的注意力都聚焦到一点上,开展起来就顺利多了,收获与成效也较为实在。

由此可见,教研活动的主题必须源自教师教学实际的真问题,是教师身边确实存在着的,跟自己的工作与实践紧密相连,感到困惑有希望通过研究解决的问题。只有这样的问题才能提供给教师一个共同的思维起点,引发教师的探究欲望,激发教师的主观能动性,将教研活动纳入自己思维的轨道,成为解决问题、自我完善的一部分。

(二)拟订计划:小细节,大琢磨——给教师研讨一个信度

有了问题,便要开始做细致的计划。要想让一次教研活动取得理想的效果,我们就不能打无准备的仗。计划是一切行动的指南。作为

教研组长，要先设置好该主题的具体计划。作为有参加教研活动的普通教师，也得给自己指定好相应的教研计划。

如上面的事例中，教研组长就得做很细的设想：研讨之初，采用怎样的方式让教师们发表自己的看法（他采用让教师填写调查报告及个别反馈的形式进行），确定让哪位教师上研讨课，采用教师集体备课还是开课教师独自备课，布置每一位教研参与者认真阅读有关口语交际的相关资料，以便探讨时更能体现理论的依托……这么多细致的问题都考虑周全了，才能保证教研活动收到真正的成效。

（三）执行行动：小角度，大视野——给教师互动一个支点

让教师成为教研活动的主体，这个主体不应该是单个的主体，而应该是多重主体。参与教研活动的教师之间不是演员和观众的区别，而是演员、导演、制片、剧务、美工、场记之间角色的区别，也没有主次之分，只有分工的不同。要做到这一点，必须在教研组成员内有明确的分工，使每个教师都能有自己观察、思考和研讨的视角，这样才能确保他们成为教研的主体，才能激发他们主动研讨和互动交流的兴趣。

案例：同样是上面那所农村小学，当确定了"口语交际课中如何通过情境创设让学生真正动起来"这一主题后，便进行深入地探索。在确定主题之后，由两名教师根据这一主题设计教案，其他教师进行了明确的分工，从课堂观察入手，选取不同的视角对教师行为进行记录、分析和思考。课堂观察从教师目标的设置、学生的参与、教师的介入、成果的反馈、教师的调控五方面入手，每一方面都有专门的教师以表格的形式负责记录、整理、分析。通过教学诊断，他们从各自的角度提出了改进策略。从细致的问题分析中，教学者与观察者都受益匪浅。

尽管每一个教师研究的角度都很细微，但从他们的分析和建议中，我们可以清晰地知道他们思考的轨迹，在细微的视角背后隐藏着一个广阔的意蕴丰富的世界。从一条羊肠小道走向一片广阔的天地，从一个小的视角，折射出课堂教学真实的症结，同样是从这个细微的视角，寻找到打开问题之门的金钥匙。

因此，在教研活动的过程中，我们要关注每一个教师的生长点，给他们一个支点，他们就能够撬起整个语文教学，撬起他们自己。殊途同

归,正是这样不同的视角,给了教师完整的认识问题真相的可能,每个教师是自己视角的主人,也是他人视角的参照物,就是这样才让我们能够更客观的认识课堂,认识我们自身。

发挥教师的主动性并不仅仅是要主动地参与教研,更重要的是人人都要成为研讨的主角,成为理想自我的建设者。

(四)促使反思:小方法,大思考——给教师思考一个生长点

在我们的教学中存在着很多无法用语言来描述的问题,或者是无法用语言准确归因的问题。这都需要借助一定的科学的方法的介入和支撑,比如我们常用的课堂观察法、教育调查、教育统计、教育测量和评价等,教育科研方法的介入是教师实现专业成长的需要,在教科研相结合的过程中,教师能利用自己掌握的教科研方法,对课堂教学有一个更为理性和清晰的认识,并在这一实践中逐渐提升自身的专业素养和教研水平,将自己对问题的认识引向纵深。

从上面两个案例的教师的一些后续反馈中我们得知,在这样的一次教研活动中,教师们通过观察,记录,对比等方式,对课堂上诸多因素进行分析,便有了更深入地思考。有教师就从"情境教学"的内因入手,从孩子心理机能入手,探讨情境教学在口语交际中的积极意义。使得这样的一次教学研讨真正引向纵深。

小方法带给教师们的却是大的思考。从这些学科教研与教育科研方法相结合的教研过程中,我们得到一个启示:开展教学研究要用真方法。只有借助于有效而科学的方法,有效而科学的教研模式,才能使我们站在更高的起点上审视我们的语文教学,审视我们自身的不足和弱点。

(乐清市蒲岐镇第三小学　胡小玲)

(三)伴随着反思的持续行动——行动研究的展开

教师开展行动研究的最重要的过程,是在研究者通过问题归因,初步确定问题产生的原因后,制定解决问题的相应对策和措施,并在实际工作中付诸行动的阶段。在这将实践与研究融为一体的阶段,实践既是一个研究对象,又是一个研究过程。

什么样的实践是被研究的实践？假如这一实践是没有反思的执行过程，则不算是研究；如果实践中保持着反思与改进，则该实践就是一个研究的实践。伴随着反思的持续行动是教育行动研究的具体活动。在行动研究过程中，包含有两条主线，一是观察与思考，二是行动及改进。

在这一"螺旋式进步"的环节中，研究者应该保持着关于以下问题的思考，使得反思与行动紧密联系，共同作用。

问题1：行动效果如何？哪些因素在起作用？关键因素是什么？

问题2：行动措施是否具体可行？

问题3：行动中有无意外变化和干扰？如何排除？

问题4：行动背景有无变化？这对行动有无影响？

问题5：行动结果有无出乎意料？有哪些新生成？

问题6：行动措施的背后有无机制的突破？行动是否可以被复制？

行动研究的主要目标是形成解决问题和改进实践的建议。要根据行动过程中的积累与反思，进一步明确研究问题的意义，评估实践改进的效果与行动措施的操作性，继而提出解决问题的建议。不过，一项行动研究完成之时，常常也是新研究的开始。因为任何改革都不可能是完美的，克服本轮研究的局限常常是下一轮研究的目标①。

案例4.11 在反思与行动中深化教研主题

教研活动，一个传统的话题，伴随学校教育前行的步伐走过沧桑；厚实的积淀，闪烁智慧，然而，有时也会成为沉重的翅膀，有的也会退守为泛黄的形式。案例研讨，一种鲜活的样式，激活教研活动的"方糖"。

我们将案例研讨的视角向课堂教学的前后延伸，企图构建一个双向开放的逻辑序列"发现问题（教研活动的逻辑起点）——解决问题（课例研讨：教学前行为研讨——教学行为研讨——教学后行为研讨）——产生新问题（作为新一轮研究的逻辑起点）"，从而促进教师的专业

---

① 张丰：《校本研修的活动策划与制度建设》，华东师范大学出版社2007年版，第138页。

成长。

（一）教学中的疑惑——教研活动的逻辑起点

教师如何面对课程改革，怎样适应新课程并没有现成的道路。校本教研活动首先应将这种教学实践过程中的问题作为活动的逻辑起点。

9月20日的教研活动上，组长提出两项要求：学习《普通高中语文课程标准》；书面整理新课程标准下的语文教学的困惑与思考。10月11日，我们在学习和提出问题的基础上，组织了"新课程标准下的语文课"专题研讨。预定研讨按"展示问题——探讨问题——达成共识"的序列展开，结果研讨过程完全打破了预先设想的序列。教师们提出了许多疑惑。这些疑惑聚焦在，新课程标准下的语文课如何上？

1.问题

教师交流的问题主要涉及以下方面：(1)新课程"新"在何处？课堂教学如何凸现"新"？(2)课堂教学如何寻找新课标与高考的结合点？(3)新课程的课堂教学核心内容是什么？(4)新课程的课堂教学形态的呈现方式应该怎样？(5)如何看待新课程中教师的主导与学生的主体关系？针对上述问题，各位教师提出各自的看法。

2.共识

对一线教师而言，上述问题最终还是回归到课堂上，即如何在课堂教学行为中体现新课程。这是一个最现实也最为难的问题。尽管大家研讨意见不一，但大家能够基本认同的有以下几点：

(1)理念为先。新课程的"新"，主要体现在教学理念的"新"，教师应以更新理念为先导。因此，力求实现两个转变：课程的执行者转变为课程的创造者；知识的灌输者转变为平等的对话者。

(2)言语为本。语文课应该是语文课，语文课应该解决这样几个问题：作者通过文本传达了什么？作者是怎样传达他的情感、态度、价值观的？学生怎样提高自己的表达能力？简而言之，语文教学应始终落实在语言运用及其能力这个"本"上。

(3)形态为体。任何教学目标的实现，都要适合的载体，即借助一定的教学形态。教学形态不必拘泥，但应综合考虑到教学目标、教学内

校本教研实践模式研究

容、教学对象、教学方法、施教者素养等因素，且以有效性为准则。

(4)兴趣为力。"知之者不如好之者，好之者不如乐之者。"培植学生语文学习的趣味，就是培育学生语文学习的动力。

3.反思

本次教研活动充分体现了自主意识和协作精神。由于活动前有明确要求，教师都有充分的准备，所以参与面广、研讨热烈。教研的行为走向初现端倪。然而，话题的宽泛，有些破碎与零散，导致理论层面探讨的浮华，操作层面研讨的搁浅。"共识"要转化为教学行为，还有很长的路要走。那么，如何才能让理念进入教学行为研究的内部呢？

(二)课程资源开发——教研活动的关键环节

"教师再也不是由专家编写的教科书的忠实执行者，而是与专家、学生及家长、社会人士等一起共同建构新课程的合作者；教师再也不是一种只'教书'的匠人，而是一批拥有正确教育理念、懂得反思技术、善于合作的探索者。"教师不应是匍匐在"教材"和"教参"下的"奴仆"，而应该是课程的"开发"和"二度创造"的主人。

学期初，教研组确定由李照辉教师开一堂研究课。活动的基本程序是，先由李教师个人备课，完成教学设计初稿；然后组织全组教师研讨初稿；再由李教师根据研讨意见修改教学设计。11月20日，教研组集体对《听听那冷雨》的教学设计初稿展开研讨，我们将视角落实在"课程资源开发"的话题上。

1.探讨

因为"课程资源开发"话题较大，为使研讨更有针对性，将"课程资源开发"的话题缩小到"课程资源与现有的课程内容结合的方式"上，即利用新开发的课程资源对现有课程内容进行补充、替换和渗透等。同时探讨与此相关的"教学目标确定"和"教学方法的选择"等话题。大家普遍认为：本文文质兼美，意蕴丰富，对课内资源的开发、整合、重构理应是本课的重点；纳入课外资源只能作为辅助，可借以营造情感氛围，也可帮助课文解读……大家对教学设计初稿提出不少修改意见。

2.建议

本次研讨，大家各抒己见，还有个别教师以书面的形式提出自己的

设想。经过研讨,形成如下共识:

(1)内容建构、目标设定、方法选择、课堂形态,都较好体现了新课程的要求,且符合李教师自身的个性特征,也包含李教师的教学思考,应予保持。

(2)《乡愁》原本作为课前导入与课后收尾,感觉上结构的圆润,也是为学生所熟知的,且内容与课文的充分融合,本已不错。但能否找到更为浅易且相融合的资源来营造"乡愁"的意境?

(3)一节课 40 分钟,舍弃也是一种成功,减少课堂教学容量,重新构建教学序列,突出"听雨"这一重点,深入语言体验。

(4)不可停留在"乡愁"表面,应挖掘文化意蕴,真正走进作者的心灵世界。

(5)增加学生的自主活动量,增加"读"的量。真正让学生学会读文字,听文字。

研讨后,李教师根据大家的意见,对教学设计初稿作了修改。

3. 反思

这次活动的收获主要在活动前教师的思考和活动中的平等交流与思维交锋。令人意外的还有个别青年教师写了书面的教学设计,无论设计是简还是繁,都显现了青年教师积极探求的精神。然而,研讨时没能将"课程资源开发利用"与"怎么教"有机结合起来,对两者内在的联系没有作相应的研讨,可惜!

教学设计作为体现教者理念和思考的课堂教学前书面成果,只有进入课堂外化为教学行为,才能真正体现其内在的价值。教学设计中的预期价值能否得到最大化的实现,取决于教师与学生两方面。

(三)教学行为研究——教研活动的核心内容

教学行为包括教师的"教"和学生的"学"。从"教"的角度看,是教师的教育教学理念及及其智慧的外化;从"学"的角度看,是学生知识和能力的内化。教育教学目标只有通过教学行为才能得以实施。而教学行为的舞台在课堂,因此 11 月 24 日全组语文教师一起观摩李照辉教师的《听听那冷雨》。

1.课堂片段(略)

2.学生的反映(略)

透过学生的"课后感言",作为教师,至少有下列几点应该关注或提高:(1)提升自身的学识涵养。因为,学生敬佩的是有丰富学识涵养的教师。(2)教学应贴近学生生活。生活中的一场冷雨,让课堂中的《听听那冷雨》仿佛走到眼前,从而唤起内心的情绪。(3)课堂上要给朗读一片天空。粗略估计90%以上的同学都提到了李教师配乐朗读对自己的影响,更有同学不禁感叹:"这就是李教师的厉害之处。"(4)情韵应在语言中品味。富有情韵的诗意化的语言有时可筑就学生的文化根基。

教学相长,教师要让自己走向成熟,不可止于课堂,更应该——

(四)课后反思——教研活动的新起点

教学反思,包括个体反思与群体反思,它要求教师以自己或教研组成员的特定教学实践过程为反思对象,并对其教学策略和教学行为及由此产生的结果进行科学的审视与分析,继而作进一步的策略调整和再实践。课后反思是教学研究的"驿站",是新一轮教研活动的"起点"。

1.教者

美国学者伯莱克认为,"反思是立足于自我之外的,批判地考察自己的行动及情境的能力"。如何让课堂体现"熏陶""感染"的"人文性"理念,李教师进行了积极和深刻的反思——

《听听那冷雨》是一篇美文,怎样能在课堂中让学生感受到美的存在,是我首先关注的问题。这篇文章的艺术魅力首先来自余光中先生诗一般的语言,以及文字背后沉淀的深沉的乡愁,还有他在文章中流露出的强烈的中国传统古典文化的情结。然而,粗读下来,文章的行文思路并不是很清晰。也就是说,这篇文章其实太过厚重,以至于在一堂四十分钟的课上,让高一的学生理解这些很有难度。那么,如何化繁就简,深文浅授,这是必须要解决的问题。

如果要让学生感受到文章的美,理清思路很显然是必要的,那么在导入之后,我首先让学生知道这篇文章的思路其实是"游转在现实与想象之间"。突破口就是文章开头的"走入霏霏也想入非非",接下来摒弃一般文章按照行文顺序理清思路的办法,直接进入到文章的第五节,也就是重点——"听雨",不同地点不同心境的听雨。然后沿着"中国传统文化"的脉络再回到文章的前半部分,这样,就等于把课堂的重点放在"听雨"背后作者所传达的乡愁意味和"中国传统文化情结"上面,至于文章的诗歌语言和独特意境的理解,则穿插在课堂之中,采用"美读法"即教师和学生的配乐朗读和"点拨法"也就是对重点语段的品读讲解。

一堂课下来,教学中存在问题同时也显露出来。首先,对重点语段的深层次挖掘就显得不够,有些过于空泛。其实文章的第五节可以作为整个文章的突破口,在这一节,不仅提及了听雨,最重要的是文章中化用南宋蒋捷的词的一段文字,这里面,有听雨、有乡愁、有古中国的文化、有诗一样的语言、更有作者自身人生境况的慨叹。深入玩味这一段文字,也就基本涵盖了整篇文章作者意图表达的东西。遗憾的是,这里在上课的时候,并没有给学生太多的空间。

另外,鉴于文章的篇幅和思路的难以清理,在整堂课上,教师把更多的精力放在了对学生的引导和感悟上,施教者以高于学生的姿态出现,从而使课堂显得讲解有余,互动不足,学生深层次的讨论不足。

以上想法其实也是我的这节课的最初的出发点,因而,体现在教学语言上,课外中国古典文化知识的延伸上等方面,我力求使学生在课堂上受到美的熏陶和感染,让学生心有所动,有所感,有所悟。正是出于这样的考虑,而使学生自主探究讨论的时间被压缩。其实取舍之间,见仁见智,一堂课,终究应该给学生留下一点什么,这才是最重要的。

2.同伴

群体反思,构筑交流平台,有利于建构同伴互助互学的教研文化。在 11 月 29 日的课例研讨活动前,教研组长就对全组教师提出了要求,要求大家对课堂的评价和思考整理成书面材料。研讨反思过程包括:个体书面反思——群体现场研讨——成果网络共享三个环节。以下是书面反思的一份个例。

蔡宏伟:培植趣味是欣赏型阅读教学的核心价值

语文教育的核心是什么?王富仁先生一针见血地指出:"当其他课程主要培养学生掌握和运用知识性、科学性、逻辑性的语言素质的时候,中小学语文教学则理应主要培养学生掌握和运用直观的、直感的、感情的、审美的语言素质的能力。"（《情感培养：语文教育的核心——兼谈"大语文"与"小语文"的区别》，《语文建设》2002年第5期）换句话说，语文教学要凸显自己的学科特色，就必须在学科知识生成的过程中，强化和刺激学生的感性参与。作为一堂欣赏型的阅读教学课，李照辉教师引领学生是赏读而非解读《听听那冷雨（节选）》，尽可能地让学生感知而非评判余光中语言的诗意。我认为，这堂课把握住了欣赏型阅读教学的核心价值——培植趣味。

没有天生的文学家，也没有天生的文学欣赏者。欣赏文学的能力靠后天培养，与培养过程如影随形的是文学趣味的培植。只有当一个人感觉到了某样事物的美，他才会有兴趣、有毅力去探求这种美产生的原因，从而有可能勇敢地去复制、创新这种美。李照辉教师在本堂课上要达到的目标，就是让全班同学感觉到余光中笔下的"冷雨"的美。从整个教与学过程的完成情况来看，这个目标很好地臻及了。

李教师没有让学生的初读印象"淹没"在文本背景和主题理解里，而是紧扣文本的描绘对象"冷雨"，让学生感受文本中涉及的不同时间、不同地点的"冷雨"的美。江南的、台北的、异域的，宋朝的、二十多年前的、现在的，余光中是"听听那冷雨"，李教师是让学生们逐一"品品那冷雨"。在这些教学环节的实施中，李教师特别注意"听"、"读"、"悟"的结合。每一阵"冷雨"洒落下来，他提供给学生"悟"的材料，也都是些诉诸感性的材料，使学生的"赏玩"过程完成得单纯而又集中。这样就有效地维护了学生赏读全文的趣味。

李教师简洁、流畅、富有文采的授课言语方式，也在一定程度上起了助推剂的作用。整堂课，不仅学生以饱满的热情参与，与课的同事也饶有趣味。

……

3.问题

研讨之后留下了一组问题。这也是后续研究的起点。

（1）从不同的视角看这一节课，可以说是十分成功的，也可以说是失败的。那么什么样的语文课才是一节好课呢？有没有更为科学的标准呢？

（2）理科类或政史地，如果让不同的教师来上课，肯定大部分相类似。而如果让几位语文教师同上一节课，却必然是"百花齐放"，甚至教学内容可以完全不同。这究竟是语文的幸福，还是语文的悲哀？其实最终还是回到语文教学的原点问题"教什么"上。"本"不同，标准自然各异。

　　教研活动强调发扬个体成员的"自主"意识和成员间的"协作"精神,从而促进个体与集体的共同成长。虽然我们无法预知研究过程中将会遇到的种种问题;然而,我们将以"四实"(整理最现实的研究材料,进行最踏实的过程研究,探求最实效的课堂教学,获得最真实的研究结论)的要求平静前行。

(宁波市鄞州高级中学　姜洪章　李照辉)

校本教研实践模式研究

第五章　建设学校课程与教学资源

将资源建设纳入校本教研的视野，一方面是对资源建设质量的关注，要求课程与教学资源建设能够按照研究的路径来进行，克服以往教学资源建设中过于依赖经验等局限；另一方面，这也是对校本教研的导向，它指出了校本教研活动物化目标的一种形式，教师研究活动的开展应该为同行提供改进教育教学活动的资源或素材，超脱于教师工作实践的研究并不是教师研究的方向。

从学校教育实际看，常见的资源主要有：课堂教学设计与研究（支持教师活动）、习题与作业（支持学生活动）、学校课程（基于本校特点的系统化的学习内容与过程）等三大类型。这三大类型的资源与学校教学过程管理是紧密相连的，同时也随着教育教学活动的发展而发展。

所以，学校要将教学设计研讨、学校课程建设、综合实践活动、作业编写、试卷命制等活动统筹起来，建立资源共享的工作机制，坚持"合作性"的原则，在课程与教学资源建设的过程中促进教师学习团队的形成。

专题 12　开发课程资源

新一轮基础教育课程改革调整了原有的课程管理体制，实行国家、地方、学校三级课程管理。为适应不同地区、学校和学生，倡导学校"通过对本校学生的需求进行科学评估，充分利用当地社区和学校的课程资源，开发多样性的、可供学生选择的课程"①。这明确了学校课程的意义、性质与建设路径。

与此同时，新课程将"综合实践活动"列为必修课程。综合实践活动与学校课程有着不可分割的关系。因为，大部分学校课程是综合的、实践化的，而综合实践活动又往往会依托当地或本校的教育资源而开展。而且组织实施综合实践活动必须重视资源意识，这使得它与学校课程资源的挖掘与开发同样都需要校本教研活动的支持。

课程资源建设，是一个"螺旋式前进"的过程。从成果共享的角度看，是资源的开发与积淀。但从其产生与发展看，课程资源建设其实是一项教育教学改革活动。其策动主体在学校，但必须以广大教师的实践为基础。这类自上而下推动的教学改革，以课程资源的创生积累为成果。

一、学校课程的建设

目前学校课程主要有四类：（1）乡土类课程。利用当地丰富的自然、人文资源开发的学校课程。如橘乡黄岩二高的"橘文化"、义乌福田小学的"国际商贸城文化"、宁波北仑的海港文化等。（2）活动课"转型"课程。这是以原先开展的第二课堂活动为基础演化过来的学校课程。如富阳郁达夫中学，将一直开展的"郁达夫研究"课外活动转化成学校课程。（3）学科延伸类课程。这主要是以学科知识的延伸、拓展为主的课程。如温州八中的"英文影视欣赏与表演"、余姚市东风小学"节能与环保"课程等。（4）专业技能类课程。一些体育传统项目学校或艺术、科技特色学校，在原有基础上开发出的学校课程。如杭州文龙巷小学的羽毛球校本课程、北仑长江小学的艺术体操校本课程等。

学校课程的核心理念是对学生学习需要和学习选择的尊重和实现。它往往是传授与活动的结合，又以实践活动为主的课程。策动学

① 崔允漷：略论我国基础教育课程政策的改革方向，《教育发展研究》，1999年第9期。

校本教研实践模式研究

校课程开发一般有五个环节。

（一）对课程现状的分析

组织教师对现有课程是否能较好实现课程总体目标进行评论和反思，让教师们就目前哪些课程目标实现得较好、哪些目标目前实现得较差、哪些目标今后应该加强等问题发表意见。这样就可以初步形成学校课程开发的初步方向。

（二）学生需求的调查

学校课程的选题不是教师说了算。在选课制下，学生才是课程选择的主体。所以要调查学生希望开设哪些课程。可以列举一些"知识——体验领域"，要求学生就哪些是自己"最欠缺的或最需要学校提供帮助的"作出选择，这样可以基本摸清学生对学校课程的基本期望。表5.1学校课程建设中进行学生需求情况调查的一例。

表5.1 无锡锡山高级中学进行学生需求调查后的统计①（选择率最高的前6项）

项目 年级	与人交往 相处的能力	学习 方法	承受挫折的 心理素质	从事专门职 业所需知识	自然科学 与新技术	关于社会的过 去现在和未来
高三	54.3%	46.6%	45.5%	36.4%	35.2%	25.0%
高二	58.8%	38.2%	43.1%	43.1%	34.3%	35.3%
总体	56.3%	42.1%	44.2%	40.0%	35.3%	30.5%

（三）课程资源的调查与课程结构的规划

通过课程现状与学生需求的调查，可以确定学校课程开发的重点。学校要根据学生的需求，结合本校教师的特点和环境、资源支持，确定学校课程的规划，明确总体目标和具体课程的分别目标，以及组织实施的计划。在这一环节中，要认真做好本校与社区课程资源的调查。在调查的基础上，采用规划与申报相结合的方式，将"学校课程规划"转化

---

① 唐江澎等：《校本课程的研究与实验》，《课程·教材·教法》，1999年第2期。

为一组"学校课程项目",由有关教师分别承担具体课程的开发任务。

(四)课程纲要的拟制

作为课程,其基本的学习目标与内容应该是预设的。学校课程并不一定指向明确知识。因此,其课程的呈现形态与传统学科课程有些差异,可与综合实践活动作适当沟通,并以主题来组构学习单元。承担"学校课程项目"的教师要编制《课程纲要》,就课程目标、内容、实施和评价作简要说明(表5.2)。

表5.2 《课程纲要》的格式

●一般项目
　主讲教师:
　教学材料:
　课程类型:
　授课时间:
●具体内容
1.课程目标或意图陈述(应全面、适当、清晰;涉及目标的三大领域与学习水平)
2.课程内容或活动安排(要求重点明确、按从易到难排序;涉及选择什么样的内容与怎样组织这些内容,或安排什么样的活动;处理好均衡与连续的关系)
3.课程实施建议(含方法、组织形式、课时安排、场地、设备、班级规模等)
4.课程评价建议(主要是对学生学业成就的评定,涉及评定方式、记分方式、成绩来源等)

(五)课程实施与改进

与传统学科课程截然不同的是,学校课程的实施首先是一个常态维护的过程,也是课程的进一步开发与建设。如何保证课程既定目标的实现、如何达到课程对学生的教育作用等问题,都要在课程实施的环节中有所体现。同时,学校课程的实施也是一个"继往开来"的过程,因为课程资源的累积性,教学活动的生成性,学校课程常常是有教案没教材、有目标没限制的课程。教师应根据学生的反应和接受程度,"灵机一动"，及时有效地修订教学内容和方法，以进一步校正、完善与丰富课程。这与研究性学习是相通的。所以，任教教师要有充分的思想与技术准备，去捕捉与留驻学习实践中新生成的课程资源。这一切过程也便是校本教研的过程。

学校课程的开发与建设，既是展现教师的才艺，挑战教师的学识的机会，又是对教师与孩子心灵对话和生活指导水平的考验，也是教师对"学以致用"的垂范，这能体现和促进教师教育教学能力的提高。

案例5.1 学校课程《国际商贸城文化》

福田小学居于浙江省义乌市国际商贸城旁边，学校根据自己的特殊区位优势。在以"国际商贸城"为资源载体，让孩子在国际商贸城建筑赏析，与丰富多彩的小商品对话，学习与使用常用商贸外语，赏评与设计商品广告、品读商人的经商故事等多种学习活动中，重点挖掘了"义乌人民开拓创新，面向全球"精神为主线的文化内涵，从而构建了校本课程《国际商贸城文化》。

由于学校课程没有课程标准、没有现成课程直接可用的资源素材，没有专门的师资，缺乏应有的理论储备及实践理论经验支持等，所以，制约或影响学校课程开发的因素很多很多。如何确保学校课程有效开发，合理实施，组织"课程团队"，团队协作建设是一种很好的方式。

"课程团队"其实是一个合作共同体，由于成员有共同的追求，会激发成员的自主与合作意识；在行动中能随时保证有效地监控、调整大家的行为，最终以最经济有效的方式实现课程目标。

首先，由于缺乏较系统的课程理论功底，对学校课程开发这个新兴领域，教师们普遍有一种敬畏之心。为此，如何调动教师积极性，帮助教师树立信心十分重要。通过"课程团队"的组建，使教师在意识到自己是团队一员后，产生一种归属感，接纳校本课程的热情自然也会提高。

其次，"团队协作"才能真正让课程"渐强式发展"。"国际商贸城文化"是一个庞大的体系，每个课程组教师不可能涉及其文化的每个层面。通过合作分工，有效地实现了多层面发掘。团队协作促进课程快速成长，同时促进教师个体有效地进步。"国际商贸城文化"如何理解？

这是课程开发要解决的首要问题。我们通过"团队沙龙"活动,让每位教师参与分析,在分析中完善了自己理解的同时构建了课程的完整"文化体系",省去了专项培训的环节。

第三,"团队行为"可以保障课程开发的实践力度。课程实施关键要落实到行动中,而作为尚处研究阶段的学校课程,由于缺乏应有的课程显性素材内容,在学校整体课程发展中,总显几分失色。从学校领导到教师都自然会有几分冷漠。许多兄弟学校在开发中都有这样的感触:个体搞学校课程开发举步维艰,好似一个人在搬一座大山,往往不及目标且苦不堪言。鉴于此,我们组建"课程团队",做到活动项目是团队意志,活动组织是团队项目。如"国际商贸文化校本课程开发"许多项目都融入假日活动中,并邀请了一批班主任参与课题研究,兴趣活动时间自然有了更多的校本课程开发活动机会。

在"国际商贸城文化"校本课程开发中,我们"课程团队"主要通过课题例会(课程茶座)、研讨周等形式来进行研讨交流的。

"课程茶座"是由教科室牵头组织的一个校级学术交流平台。成员不光有"国际商贸城文化"课题成员,还吸纳了一批非课题组教师。我们章程规定"两周一次言谈"。当然主题主要是课程建设方面内容。从"校本课程开发"的认识到"国际商贸城文化剖析"、"开发思路形成"、"开发行动策略"等都在团队交流中形成。依此,任何一个观点的接纳都是教师自主建构的,并且带有很强的个性理解色彩。

"研讨周"一般定期举行。主要是通过组建这样一个活动时空,让课程有充足的展开空间。同时,通过现场听、评、议课,在推动课程发展时也推动教师课程能力建设。

案例点评

福田小学以本地特有资源为基础,全方位地进行课程开发。同时,在开发过程中又借助校本教研活动推动其发展。福田小学的校本课程开发涉及各个学科,因此,其校本教研也渗透到各个学科,这样就更强调全校教师的团队合作能力,也就是该校教师所称的"课程团队"作用的发挥。而在课程开发改进的过程中,他们采用了"课程茶座"、"研讨周"等以座谈为主的方式,与集体备课相比,这样的方式更多强调教师之间的交流及全校范围内课程文化的形成。应该说,对于校本课程或校本教研发展的初期阶段而言,这样的方法都是值得借鉴的。

(义乌市福田小学)

案例5.2 《英文影视欣赏与表演》课程的建设

2004学年,我校成为温州市高中英语校本课程"英文影视欣赏与表演"实验基地学校。对于这一课程,高中英语教研组通过深化校本教研途径,开展了以"充实自我,探索创新,合作互助"为方针的学校课程的建设与实践。在实践中,我们逐步形成"确定课程主题→制定课程实施方案→制定活动计划→具体实施→总结反思"的学校课程开发流程。

(一)学校课程选题的确定

经过事前的调研与集体讨论,我们决定开发学校课程"英文影视欣赏与表演",主要考虑:

1.在"英文影视欣赏与表演"课中,学生可以在影片的特定场景中主动自如地运用英语进行交际,使学生运用英语的能力得到锻炼;同时,通过欣赏原版英语影片能更好地理解世界上其他民族文化的精髓和价值,并在愉快的体验中增进学习的自觉性、自主性和合作性。

2.在对高一、高二年级学生进行的问卷调查中,了解到有84%的学生喜欢学习英语,而100%的学生喜欢看英语电影,95%的学生欢迎在高中阶段开设影视欣赏与表演作为选修课。因此,选择影视欣赏与戏剧小品表演作为学校课程深得学生欢迎。

(二)积累课程资源,选择学习材料

这一课程计划贯穿两年,包括八部影片的欣赏与若干个表演实践。影片的选择与教学处理是课程建设与实施的关键。我们在两轮讨论和筛选后,确定了《Shrek(怪物史莱克)》、《Mouse Hunt(捕鼠记)》《Brother Bear(熊的传说)》等影片。如何将影片课程化呢?

我们认为,本课程的开发应遵循以下原则:

1.融入原则:不要把自己看成旁观者,而要与角色同呼吸、共命运,产生场景感觉。

2.突破原则:关键在于模仿,模仿不能离开背诵,熟练直至能脱口

221

而出。

3.扩展原则:首先要在词汇和句式层面上扩展,然后在此基础上,泛看电影,每部影片至少要看三遍以上。

4.挖掘原则:不能仅限于看懂表面意思,而要透过现象看本质,去挖掘语言背后深刻的文化内涵,变被动为主动,以此达到听说境界。

不过,这些影片素材的课程化不可能完全是预设的,它要在课程实施的过程中进一步创生。所以,该课程实施的校本教研将是影响课程建设的重要环节。

(三)课堂教学方式的探讨

由于这是一个新开设的课程,它学习形式活泼,没有严密的课程评价,是学生欢迎,教师自由,师生期望不具体,但与学科必修课程关系又比较密切的学校课程。因而,我们认真地组织课堂教学方式的研讨。

1.“说—评—改”方式。教师们以自己对校本课程开发的理解,共同设计同一教学内容的课堂教学方案,并进行说课、评议和切磋,提出各自的设想,共同找到课堂教学的优点与创新之处,探讨问题与不足,寻找改进的切入口,形成一致认同的能体现新课程标准精神的教案。

2.“讲—议—改”方式。教研组坚持每周一次的听评课活动,时间固定为周五下午的第3、4、5节课(期中考、节假日除外),做到人人参与,即做到讲、议、改。“讲”重在阐述课堂实践的设计与探索;“议”重在查找与新课程理念不相符的环节和方法;“改”重在形成新课程理念下的课堂教学思路。不同于传统的教研活动,教师不再单方面地洗耳恭听各方的意见,而是积极参与讨论,大胆发表自己的见解。

3.“学—思—改”方式。说课、公开课之后,在教研组内讨论、评议、整改的基础上,继续针对教学观念、教学行为、教学方法、教学手段等进行学习交流,大家各抒己见、畅所欲言。执教教师反思自己的教学实践,整改自己的课堂教学。

在教研活动中的思想交流,促进了教师间的了解与沟通,互相之间取长补短,也有利于增强课程开发团队的凝聚力。

(温州市第八中学　王　洁)

案例点评

这是一个典型的借助校本教研推动校本课程实施的案例。温州八中高中英语教研组以校本教研为依托，开发与实施了校本课程。通过高效度的校本教研的有效实施，促使了教师直面现实问题，开展思考讨论，改进教学活动，开始了从"知识传授者"走向"教学研究者"的转变。也使教师校本课程的教学过程真正成为"研究的过程"、"改进的过程"、"创造的过程"，使教师在不断"研究"，"创新"中获得新生，使校本教研具有真正意义。

同时，这个案例也极大体现了校本教研在课程资源建设中的作用。教研活动贯穿于资源"挖掘—整合—利用—反馈"的全部过程，教研的过程就是对课程资源开发利用的过程，更是构建校本课程的过程。用该校教师的话来说，"校本研究意识已遍及每个人，教研组的这种学术氛围已形成一种精神，一种生活方式，一种校园文化，成为高中英语组的可持续发展的巨大潜力"。

二、综合实践活动(研究性学习)课程的实施

综合实践活动课程的开设显然不同于其他课程。国家课程方案只是明确了它的课程思想和实施原则(到目前还没有综合实践活动课程的课程标准)，却没有课程内容和相关的资源。大家能够认识课程的意义与价值，但课程的实践形式完全要靠教师自己来摸索。所以在"国家课程的校本实施"中，综合实践活动(特别是研究性学习)是最困难的一项，但这又是最有意义的教学改革。所以，通过校本教研活动，推广综合实践活动课程是一项比较重要的工作。策动这一教学改革，努力使综合实践活动课程尽快进入常态开设阶段，需要有组织地研究与策划。

(一)建立组织，统一协调

学校要建立"综合实践活动指导小组"，集中各学科有一定研究及研究指导能力的教师，研究并落实本校综合实践活动的实施计划，组织教师启蒙和交流，并承担指导教师的职责。该指导小组，可与教研组并列独立设置，或设教学处(教科室)中，一起开展工作，要尽快掌握本校

可能影响该课程实施的有关因素和条件。

(二)分析差距,校本培训

从综合实践活动课程的要求看,学校应看到师资与学生的可能差距。应以积极的姿态去梳理和克服差距,既不能夸大差距,束手无策,也不可低估困难,盲目乐观。教师差距主要在认识,教师们常常不敢让学生自己去探索,怕分心,怕费时,而且对学校管理思想心存顾虑;教师差距的另一方面是方法,长期习惯以自己的阐述分析来实施教学的教师们,要快速转到启发点拨和观察辅导的角色,需要了解和尊重学生的学习方式,学会对学习活动的观察和有限干预,这对于长期秉承"教总比不教好""练总比不练好"的教师来说是不轻松的。

因此,学校要组织以综合实践活动(研究性学习)为主题的针对性的培训,从课程的内涵要求和教师的差距两方面设计校本培训的学习序列。每一专题请若干教师介绍案例并阐明自己的理解,大家在交流中获得行动的策略。

(三)典型引路,逐步推广

综合实践活动(研究性学习)的开展,不可能同时全面展开,一步到位。它需要有"全面参与,重点探索,典型引路"的过程。一要有意识地规划一些常见的重要问题,有所重点地组织专题研究,形成一些操作性的建议;二是有意识地培育一些典型经验,让同行教师的事例来说话,提高交流推广的效果;三是要有意识地让教师大面积参与试点,以使他们在观摩分析典型研究的实施过程与成果时容易产生积极的回应。这样将更容易形成贴近学校实际的课程推进模式。

(四)积累案例,共享资源

综合实践活动是基于学生的直接经验、密切联系学生生活和社会生活、体现对知识的综合运用的实践性课程。学生学习课题的案例必然是校本化的、地方化的。所以,开展以综合实践活动为主题的教学改革一定要有资源意识,要重视案例研究,建立指导老师与案例的共享机制。

(五)端正评价,有效导向

有些教师把研究性学习的评价理解为对学生研究能力和水平的评价,这是不恰当的。学校开展综合实践活动和研究性学习是为了培养学生的研究能力,但学生能力的差异是客观事实,研究性学习是一种锻炼和潜力的积聚,是使学生形成良好的科学的学习方式的一种实践。因此,要防止评价只重结果漂亮,而忽略过程和实际提高。对大部分同学要不求精彩,只求朴实与体验。

案例 5.3　以研究的策略推进研究性学习的开展

学校普遍反映新课程改革的"研究性学习"的实施困难重重,如何才能实实在在地实施"研究性学习",需要以研究的态度,统筹组织。

(一)差距分析

(1)研究性学习真正实施的要求

(2)教师认识上、方法论和知识面上的差距

(3)学校管理及学校学习资源建设上的差距

(4)学生基础与学生学习习惯的分析

(二)校本培训

由教科室负责收集编印适合教师阅读的相关资料,下发给教师,同时组织以"研究性学习"为主题的"校本培训"。将实施"研究性学习"可能碰到的困难分解成若干专题,每个专题请若干教师重点思考,然后有计划地组织他们向全校教师宣讲,组织讨论(专题见表5.3)。

表 5.3　研究性学习校本培训的学习主题

	学习主题	时间
1	外出考察学习的汇报 (从外地成功经验谈对研究性学习的特点、方式、要求的认识)	11 月
2	研究性学习的目标及其课程定位(讲座)	12 月
3	研究性学习活动单元的设计(讲座)	1 月
4	学生研究方法的辅导策略(讲座+例析)	3 月
5	学科研究性学习的案例评析(案例交流+点评)	7 月
6	学生研究性学习成果展示与答辩活动(观摩思考)	9 月
7	研究性学习活动的案例评析(案例交流+论坛)	10 月

（三）典型探索

选择若干有基础的教师进行重点试点，这些重点试点课题组的活动向全校教师开放，欢迎观摩评析，以典型经验带动整体的务实开展。主题有：(1)综合性的跨学科的研究性学习；(2)学科的研究性学习；(3)体现研究性学习思想的教学设计；(4)研究性学习活动的组织、管理和评价。

（四）协调支持

各部门的职责分别是：教务处——时间调度，活动安排；教科室——案例建设，教师辅导，典型研究，校本培训；图书馆——资源建设，信息服务；政教处——实践活动的管理与协调。

（五）科学评价

组织"研究性学习指导小组"，实质性地指导全校教师开展研究性学习的尝试与分析。校长领衔负责对教师工作的观察、指导和评价。教师根据实际，对学生的参与情况与成果进行评价。建立学习成果的评比交流制度，通过班级与学校的成果展示与答辩，促进学生研究的成熟与表现性能力的提高。

（玉环县玉城中学　郑敏锋）

案例5.4　高中科技教育课程资源的建设

我校从1989年开始，以"小发明、小制作、小试验、小论文"起步，开始了科技教育的探索。2000年，教育部将"研究性学习"列入高中阶段必修课后，学校以推广研究性学习课程为契机，提出以"关注身边的社会与环境"为科技教育的切入口，将学校开展多年的科技教育和环境教育相整合，构建了以"切入学生现实生活"为特色的高中科技教育模式（见图5.7），积累建设了大量的课程资源。

我们从四个方面积累和开发高中科技教育课程资源。

（一）学科课程：变"渗透"为"探究"

前10年，我们重视在学科课程中渗透新科技知识，后8年，我们在学科课程中变"渗透"为"探究"。要求教师在备课时重视从学生生活和社会的现实问题中寻找典型案例，来改编或改组部分教学内容，构建有利于学生探究的教学活动系统。

（二）学校课程：相对系统地进行知识普及与方法传授

10年来，我们坚持开设集科技知识、研究方法、人文精神为一体的选修课《中学生科技》，采用专题讲座、科技实践、动手实验等多种形式，引导学生关注科技探索，理解科学研究方法，参与相关实践活动。2002年，又开设了《化学与社会》，重点讨论环境中的化学问题，讨论人与自然的和谐相处。

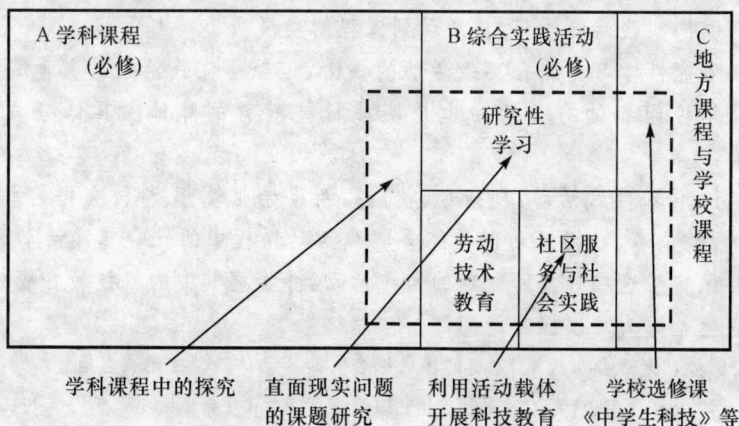

图5.1 "切入学生现实生活"的科技教育模式示意图

（三）研究性学习课程：直面现实问题的专题研究

研究性学习的课程目标、学习方法以及课程教学观与我们长期开展的科技教育比较相近，并为科学研究的基本方法提供了实践演练的时间和空间，所以，我们以研究性学习课程作为实施"切入生活的科技教育"的重要途径。

1. 鼓励学生关注生活中（尤其是环境中）的现实问题。例如当地政府和市民关注的：化工区的污染和扩建、固体废物拆解对环境的影响、大陈岛资源调查和开发、台风对农村房屋的影响、椒江土地闲置现象等问题都进入了学生研究的视野。

2. 鼓励学生以调查研究为基础，大胆积极地参与社会公共事务的决策活动。例如"关于外沙、岩头化工区环境的调查和建议"课题组向市、区人大递交研究报告,引起有关领导的高度重视,两个化工区列入重点环境整治范围。"关于进口固体废物在台州流动和拆解情况之调查"引起国际绿色和平组织和韩、日等国环境专家的关注,应邀参加北京科博会环保宣传活动。还有一些学生报告进入人大代表的提案中。

3. 指导学生设计和制作出一些富有创意的环保节能作品,如"激光束自动控制水位水龙头"、"节能型自动扶梯"、"激光电子锁"等都获得实用新型专利。

(四)实践活动课程:从活动到课程的发展

研究性学习是综合实践活动的核心,但综合实践活动的其他领域以及学校组织的有关活动也是实施科技教育的阵地。具体分成两大类:

1. 传统实践活动:包括春(秋)游、新生始业教育、科技文化艺术节活动、辩论赛、社团活动以及综合实践活动课程中的社会实践活动等。我们保留了这些普及面较广的传统活动,并挖掘其中的科技教育成分,使它生长成为可以探究的问题。

例如,"走近台州汽车"为题的环保综合实践活动的活动方案内容有:

(1)了解汽车:汽车的发展历史;中国汽车工业50年;汽车的基本构成和主要工作原理;刹车时车轮被抱死的利与弊(高一物理教材"课题研究"的内容)。

(2)走近台州的汽车业:台州汽车制造业;台州汽车销售业的发展;台州的后汽车工业(包括汽车装潢、修理、服务业等);台州的汽车文化(指汽车俱乐部、电视台"汽车先锋"栏目等)。

(3)配合2005国际物理年活动,研究一个关于汽车的物理问题:如汽车行驶中的摩擦力;汽车的转动装置;汽车行驶中的光学问题;关于汽车防盗、防追尾、防酒后驾驶等的发明制作。

(4)台州汽车发展带来的问题:道路拥挤问题;停车难问题;交通安全问题;环境污染问题等。

(5)小制作:车模比赛,用可乐瓶当作车身(可以多个组合),以水、压缩空气为动力制作无污染、无能耗车模,比外观以及行驶的距离。

(6)绘画设计:从外观、动力、环境保护等方面(也可以只选其中一项)设计未来的汽车,运用绘画的形式来表达,并附设计说明。

同学们可以选择活动方案的内容,也可以自己另选其他汽车问题。5月,以班级为单位组队参加学校组织的展示和有关比赛,包括展板、调查报告、演讲、车模作品、绘画等多种形式。

2. 专项科技活动:小发明小制作活动;天文爱好者俱乐部、气象观测台活动;航空、航海模型活动;无线电测向活动和电子制作活动;电脑机器人活动等。其目标定位是让部分有科技活动特长的学生有发展机会,体现科技教育的差异发展。

(台州市第一中学　邵文其　陈征燕　陶　晨)

案例点评

台州市第一中学18年科技教育的进步与发展体现在:

(1)引导学生的关注从书本转向生活现实,主动从现实中寻找研究的课题,将书本知识应用于现实,从而在现实中找到更大的书本,发现更丰富的课程资源。

(2)从面向少数同学组织课外科技活动,发展到面向大多数同学的专题选修课程,继而发展为必修性质的研究性学习课程,并以传统活动和课程结合推进科技教育。

(3)从注重传授科学知识转向注重科技实践能力的培养,使学生的环境保护意识上升到行动,促进了学生动手实践能力、发散思维以及分析、归纳、综合能力的提高。

(4)积极通过科技教育活动,引导学生从坐而论道、纸上谈兵向参与社会决策、发展,在走出校门、服务社会的实践活动中培养学生的社会责任感,形成参与社会决策的意识和行为。在促进当地有关问题解决的过程,产生较大的社会影响。

在综合实践活动课程开设与学校课程建设中,强化了教师的课程意识与教学自信,提高了课程开发与驾驭的能力,提升了整合和运用课程资源的水平。所以说,研究状态下实施课程是最好的研修形式。

三、课程资源建设中的校本教研

学校课程资源的建设,必须依靠校本教研的智慧。借助教研的手段,完成课程目标制定、内容编制、课程实施、课后评价等一系列课程开发和实施的过程。在课程资源开发、实施及改进过程中,教研组既发挥着引领的作用,也在这个过程中不断壮大自己。参与课程资源建设的教师也在这一过程中,从教学计划的执行者向课程的开发者发展,在教学经验的积淀中不断地提升自己的能力。

(一)参与课程资源建设有助于教师研究能力的培养

课程资源开发本身就是一个教师参与研究的过程。教师在校本课程建设中,教师不仅要研究课改理念、课程理论等理论知识,还有研究学校、自身和学生这些实际载体。对于很多教师来说,这是全新的过程。在这一过程中势必会不断产生新问题,而在研讨、解决这些问题的过程中,教师的研究能力得到了提高。

(二)参与课程资源建设有助于教师课程开发与实施能力的提高

由于校本课程是基于学校自身而开发的,缺乏现存或更为直观的经验可以参考,因此校本课程建设要教师自己确定目标、内容,负责课程实施、评估,这样一个课程建设的全程参与,大大增加了教师的课程意识,加快了教师课程能力的全面提高。

(三)参与课程资源建设有助于教师教学经验的积累

作为一门新兴课程,校本课程建设具有极大的不确定性,需要不断修正不断改进,没有专职教师,就要求每一位教师都能胜任校本课程的教学任务;没有课标,就意味着每一位任课教师自己心中要有完备的课程结构;没有教材,就意味着每一位教师脑子里要有足够的知识储备。而恰恰是这样的过程为校本教研提供了极好的操作平台,也正是在这样的过程中教师乃至整个教研组不断反思、探索,积累着宝贵的经验。

案例 5.5　在课程开发中构筑校本教研新平台

自 2002 年 9 月起,我校在"新成功教育"的思想和理念的指导下,经过两年时间的努力,初步构建了以"成功心理辅导"、"运河文化探究"、"课外阅读考级"和"才艺文化拓展"为主体的"走向自主成功"的校本课程体系。同时,校本课程开发和实施过程也成为学校校本教研工作中,教师们主动发现自身存在的问题,积极参与研究的过程。教师们逐步完善教育理念和教学行为,成为校本教研过程的主体。

(一)在校本课程的调研中,让教师成为问题的发现者

我们认为校本教研工作最关键的因素之一就是是否以教师存在的问题为研究的核心,校本教研必须是围绕着教师们自己亟待解决的问题展开的。所以,引导教师通过学习、培训和思考,找出自己在专业成长过程中存在的困惑或者薄弱环节是有效开展校本教研的首要环节。

2002年7月初,学校开始组织新课程的通识培训工作,通过阅读专著、观看录像资料、听取专家报告、学习沙龙等多种形式,对全体教师进行了新课程理念的初步培训。在此基础上,学校组织全体教师进行了一次调查问卷,目的在于了解教师们对校本课程开发和实施工作的认识和理解,以及还存在的问题和困惑,同时调查教师们的需求。根据对问卷的调查统计,并结合关于校本课程和校本教研工作的思路,学校用两天时间有针对性地对全体教师进行了"校本课程开发和实施"的专题培训,对校本课程的开发策略进行了解读,使教师们对课程开发和设计有了一个感性的认识。

(二)在校本课程的规划中,让教师成为方案的设计者

校本教研工作是否能够真正意义上地开展起来,关键在于教师是否能够成为校本教研过程的主体,是否能够主动投入到校本教研的过程中去。根据学校关于校本课程开发和实施的指导思想,我们组织全体教师进行"校本课程规划"的讨论和课程方案的设计活动。教师们以年级组为单位,根据学校现有的课程资源,对校本课程的规划、课程内容的制订以及实施方案进行了讨论。这一次讨论,对学校两年来的校本课程开发思路起到了很大的决定作用,现在成为学校拳头产品的几门校本课程的雏形都是在这次讨论中提出的。

同时,学校鼓励每一位教师着手设计自己的第一个校本课程实施方案的设计稿,在年级组进行了讨论交流,学校还提供教师多种平台供教师交流研究成果和体会,探讨校本课程发展的新思路。

(三)在校本课程实施中,让教师成为策略的创新者

在我校,每一位领导和教师都是校本课程的开发者和实施者,我们

分别采取了"课题导向——分层参与"、"范例引领——多元演绎"、"主题整合——动态生成"、"制度规范——分级递进"等策略,组织教师参与不同层次的实践与研究,让教师通过学习和探讨及时地将研究的成果融入自己的课堂教学实践当中。在校本课程开发初期,教师们往往需要有一些具体的范例引领,通过对这些感性的范例的学习、剖析和感悟,上升至理性的认识,由此带动行为策略的创新。校本课程的开发和以校本课程开发为载体的校本教研工作的开展,必须尽最大可能为教师拓展创新的空间,如果学校在课程开发过程中为教师们设计好一切内容,那么教师实际上成了既成意图的执行者,也就根本谈不上开展以教师为本的校本教研了。

(四)在校本课程的评价中,让教师成为经验的反思者

如何对校本课程的实施进行适当的评价,如何利用正确的评价促进校本课程的开发和实施,一直是我们所关心和研究的问题。同时,我们也在考虑如何有效利用"校本课程评价"的研究,促进教师成为真正的经验反思者。我们的理念是人人成为校本课程的开发者。为此,我们对每位教师提出了"校本课程五个一"要求:人人提出一个校本课程项目,人人设计一个校本课程方案,人人承担一个校本课程教学,人人撰写一篇校本课程论文,人人整理一堂校本课程实录。在校本课程方案的申报中、在校本课程教学的评议中、在校本课程故事的撰写中、在校本课程制度的研讨中、在校本课程成果的展示中不断促进教师反思。

(杭州市拱宸桥小学　王崧舟)

专题 13　建设校本教学资源

如何帮助教师站稳讲台,与课程配套的《教学参考书》、《作业本》等功不可没。它是支持教师教学活动的比较正规的资源,也是帮助教师理解课程、解读教材、设计教学过程的重要文本。不过,在新课程推广的过程中,我们发现新开发的教学参考书的资源性越来越强。它们除了课程教材分析、教学建议之外,还有一些与学习内容相关的可供选择

应用的文本、音像资料等也集成其中。这为教师教学时提供了取舍的余地,但这同时也对教师面对教学资源的态度与方法提出了新的挑战。

一、教师"教学资源观"的转变

在理念层面,教师们往往都能认同,"教学资源的选用必须适合教师的风格、学生的实际与具体教学内容的特点"。但实际教学工作中,相当一部分教师缺少鉴别的能力与判断的从容。许多课件、教案、练习、试卷往往未加"充分咀嚼",就进入具体教学现场,其间的勉强与浪费比比皆是。教师们面对教学资源的态度与方法有待改变。教师对教学资源的被动依赖令人担忧。

我们知道,面对着不同基础、不同地域的学生,不同背景、不同风格的教师的教学设计与课程实施应该是有区别的。站在教师的立场看,他所面对的教学资源有市场化的商业性的教学资源、网络上开放的公益性的教学资源以及在自己与伙伴们的研讨交流中生成的教学资源等。教师既要有资源的选择和利用的能力,同时也要有资源开发的能力。教师利用他人提供的教学资源时,不能简单地以搜集与采用的态度待之,而应视为立足自身的资源组织过程。这一过程其实就是基于校本教研视角的教学资源建设,其所倡导的是有所策划的研究与开发,而非简单地收集与编写。

当然,在一个学校,以教师一己之力来贯彻上述的"教学资源观"是困难的。教研组作为教师专业发展的基础组织,不仅要为教研活动创设良好的平台,也应通过组织教师的资源建设活动,促进校本教学资源的积累与教学风格的形成。

案例5.6 教研组的教学资源建设

教研组开展教学资源建设,应关注三个核心问题,哪些资源是教学所必需的? 如何对必需教学资源进行整合,以使资源建设成为教学工作的有机部分? 如何基于教学资源建设,促进教师专业发展?

(一)哪些资源是学科教学必需的?

教学资源的必要性分析必须从课程实施的逻辑体系出发,厘清两个问题,谁对教学起了决定性作用?谁来检测教学的效度?我们可以用右图来回答这两个问题。从图中我们不难看出,课程标准—教材—教学—课程评价是课程实施的逻辑体系,从这个逻辑体系中派生出的两个核心问题是,如何实现基于标准的教学?如何实现基于标准的评价?这两个问题既是教学成败

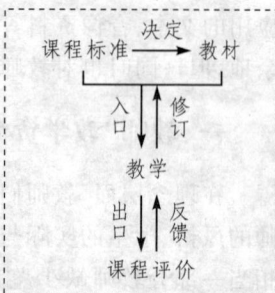

的关键,也是教研组开展教学资源建设的基点,沿着这一线索,我们开展了以下资源建设。

(1)教学实施规划。学年、学期、周和课时教学计划和教学进度表是常见的教学实施文本,但它们往往侧重于教学实施的某些方面,无法完整地体现课程的四个元素:课程目标、课程内容、课程实施和课程评价。但要做到基于标准的教学和评价,就需要对课程有整体认识,而课程纲要则完整地体现了课程的四个元素,因为课程纲要以《课程标准》、《学科教学指导意见》、教材为编写依据,具体分析了一个模块的学习目标、课时、学生背景、课程组织和实施的条件、学业评价等要素,故撰写课程纲要就是对实施教学的所有要素进行通盘考虑的过程,近年来,我们以课程纲要为核心的教学实施规划建设,对教师整体把握课程目标与内容,对教研组进行课程管理都发挥了重大作用。

(2)教学实施预案。教学实施预案相当于传统的教案,不同的是,我们的教学实施预案是沿着"教材与学情分析—学习目标—学习策略分析—学习过程"这一线索编写,基于学生的学是它最大的特色,统一的格式,便于组内交流和传承,但又留有个性发挥的空间。

(3)教学实施反思。预设与生成是一对矛盾体,借助课堂观察或自我反思,撰写反思课例、课程故事、教后感等材料,配合课时的教学设计,是教研组研究教学的宝贵资源。

(4)学业评价系统。学生修完了一个模块后怎么给他学分?过程性评价和终结性评价权重各占多少?过程性评价由哪些内容组成?如何实现课程标准—表现标准—评价标准一体化?是教研组必须回答的问题。几年来,我们制定了一套学科过程性评价规则,建立了学科题

库,实现了课后练习校本化,并建立了错题库,不断完善的校本化的学业评价系统为学科的快速发展和青年的迅速成长发挥了巨大作用。

(二)如何对教学资源进行有效的整合?

以上方面只是构成教研组教学资源系统的必备要素,要想取得1+1＞2的效果,则必须按照四个要素的逻辑关系,构建能将它们融为一体的教与学载体,经过不断的探索,我们发现"学案"是一种较好的形式。

(1)学案的构成。我们的学案由六部分组成:

一是学习目标,我们知道课程标准中的内容标准比较笼统,需要将其转化为在学习过程中可观测的表现标准,才具有可操作性,准确地说,学案中的学习目标就是我们根据内容标准和学生背景开发出来的表现标准,它的作用在于课前引领学生进行预习,课后为学生复习巩固提供一面"镜子"。

二是学法指导,如学习目标是学习的目的地,则学法指导就是达到目标的路线图,我们试图清楚地告诉学生,在课堂学习和课后整理中使用这些方法能有效地获取知识。

三是自主发展区,我们希望学生在以学习目标进行预习时,提供必要的帮助,体现方法指导和预习检测上,以便带着问题上课。

四是课堂学习区,在对教材进行加工的基础上,按照学生的认识规律呈现学习内容,并留足课堂笔记的空间,以便于课后整理和复习。

五是同伴互助区,我们要求学生在做课后习题前,一定要进行笔记的整理,然后通过学习小组互相检查笔记,并写出自己的建议,签下自己的姓名以示责任。

六是巩固和提高,即教师精选课后习题,并规定完成时间,通过批改统计错题并收录错题库。

(2)学案的使用程序。上课的前一天发放学案,学生预习,课后当天学生整理学案,学习小组成员相互评阅对方学案,上课的后一天教师评阅学案,批改课后练习,将学习情况记入过程性评价表,随后进行课堂讲评,学生整理课后练习,归档为日后复习资料。

(3)学案开发的意义。通过学案这一载体,我们不仅一体化地解决了如何指导学生预习，帮助学生构建知识体系，引领学生做好课堂笔记，通过学生的笔记了解学情并进行个别化指导，帮助学生进行课后复习整理，帮助学生建立学习小组实现同伴互助，发现学生学习弱点并建立错题库，进行过程性评价等问题，还构建了以学案为中心的教研组教学资源体系，将教研组的教学资源建设和日常的教学活动融为一体。

（三）如何基于校本教学资源建设开展教研活动？

校本教学资源的建设，不仅为教学提供了资源保障，也为教研活动提供了良好的载体。

（1）撰写研讨课程纲要。我们要求开学前一周，每位教师必须写出该学期所教模块的课程纲要，并在教研组内进行交流，由教研组集中审核执行。通过这一活动，大家明白了本学期自己要教什么，怎么教，其他教师怎么教，最终形成共识，明确了模块教学的目标和内容，教学策略与学业评定。

（2）开发研讨学案。开学第一周，教研组讨论本学期的学案开发计划，将每一课时的学案具体落实到人，并规定至少应在学案使用的前一周做出初稿，交教研组集体讨论，讨论的核心问题是学习目标（表现标准）、学习策略、课后习题，根据讨论结果，做出第二稿并分发各位教师，若无意见即付印。学案使用后，教师汇总学生使用情况并提出修改意见，备课组收集修改意见，建立错题库，交教研组存档进入资源库，以供大家分享和日后研究利用。

（3）研讨课后反思材料。课堂观察与学案开发使用中的课例反思报告、教学故事、教后感，是教研组交流研讨的重要资源，通过反思的反思，有效地促进了教师的专业发展。

通过这些教学资源建设活动，我们力图使教师清清楚楚地教，学生明明白白地学，为教师的专业成长和学生的终身发展提供保障。

（杭州市余杭高级中学　吴江林）

二、教学资源建设活动的开展

分析教师日常教学工作中的教学资源的形式，主要有支持教师教学活动的教学设计、教学分析、课堂实录、课堂视频、课件、积件、素材、信息等,以及支持学生学习活动的习题、试卷、读物、学习软件等。随着信息技术的发展与应用,教学资源的呈现也是丰富多彩,更有利用网站将各种资源集成起来的各类主题网站。

概括来看,校本教学资源建设的主要活动就是:集体备课,形成支持教的资源;编拟作业,形成支持学的资源。然而,怎样将两者结合起来,形成既支持教,又支持学的资源呢? 余杭高级中学的"学案"与嘉兴二十一世纪外国语学校的"教学稿"是异曲同工的两项探索。

案例5.7 "教学稿"的尝试与推广

(一)研究缘起

上学期,很多备课组围绕"精讲多练",加强了集体备课。在学校的一次调研中,偶然地翻到了本校尹教师的一则"学案",发现他把课本相关内容剪下,旁边注了针对课文提出的6个问题……然后在课堂上发给学生。他这样做的目的是什么呢? 我们由此想到:教材上的内容比较精炼,学生学习比较困难,尹教师在"用教材教",即把教材内容设计成问题的形式呈现给学生,帮助学生自学,让学生在活动中体验知识的形成过程。而且这样做还可以将学生的认知过程完整地呈现、保留下来。同时他的教学实绩也一直居于前列。于是,我们在集体备课中引入学案,开始新一轮的研究。

(二)调研阶段:"教学稿"的收集、展示、宣传

我们收集了尹教师、初三科学、初二数学、高二数学的"教学稿",以及东庐中学"教学稿"的编写要求、编写原则、编写过程和实例,汇编成册,下发给教师,让广大教师自己去讨论,自己去理解,然后组织教研组讨论。这次开放式的讨论,使我们大致了解了"教学稿"的基本框架,那就是以问题串为载体,把学生对知识的认知过程、巩固过程、扩展过程等完整地体现、保留下来,并且作为文本形式留在学生的手上,以利于学生的课后反思。

基于这样的认识,我们整理确定本校对"教学稿"应该包含的内容的要求。

(1)教材的重新设计。通过提出问题,对学生进行解释性的阅读引

领,能引领学生的思维,问题指向应该是教材的内涵;

(2)教师关注的是重难点的突破方法(从学生的角度出发);

(3)教案中的教学目的、重难点等的表达改为"你应该学会什么?""你对什么有疑问?"等直截了当的有助于学生思考的措辞;

(4)教学稿中应含有"精练"的习题和精选的课后作业;

(5)教学稿中应留有学生的疑惑部分;

(6)根据我校的实际情况,教学稿中是否应该有预习的内容;等等。

(三)制定"教学稿"推进方案

从教学稿的交流会议及会后收取的反馈意见看,教学稿得到了大多数教师的关注,而且其价值基本得到了肯定,并有部分教师在尝试应用;有些教师已有了一些成功的经验,同时也有一些困惑和改进的思考。于是学校顺势推出了"教学稿推进方案"。

(四)尝试阶段

1.中层干部的交流

为使中层干部提高对此项研究的认识,同时也为该工作争取更多的支持,我们安排了与中层以上干部的沟通交流环节。从中发现一些问题。

一是学生方面。由于"教学稿"改变了学生的听课习惯,从"听"到"动手做"、"用脑思考",这些都导致学生在课堂上学习任务加重,这样的转变学生能否适应是个问题。

表5.4　教学稿推进方案

日　期	内　　容	责任人
3月29日—4月3日	调研阶段1: "教学稿"收集、展示、宣传,倾听学生意见。 (以本校教师、东庐中学等"教学稿"为载体)	教科室主任
4月10日—4月18日	调研阶段2: 各学科开一节公开课。主题:以"教学稿"为载体的课堂教学实践。评课时学生参与,让学生比较学习效果。	教务长

续表

日　期	内　　容	责任人
4月15日	校务会议:分析研究"教学稿"在我校实施的可行性。	校长
4月13日—5月18日	与中层干部与骨干教师单独交流,征求大家意见,渗透"教学稿"的好处,促使教学实践中的应用。	教学副校长
5月10日—5月16日	调研阶段3: 各学科开一节公开课。主题:以"教学稿"为载体的课堂教学实践。再请学生一起评课,比较学习效果。	教务长
机动	邀请专家就"教学稿"作指导讲座或分析交流	
6月底	组织骨干教师、中层以上干部对"教学稿"编写方法、框架等进行研讨。	教学副校长
暑假期间	1."教学稿"编写方法培训; 2.分学科对"教学稿"的实施进行研讨,制订相关计划; 3.相关制度出台——主要是集体备课的组织形式、"教学稿"的编写过程、编写要求、使用方法等。	教学副校长

二是教师方面。由于"教学稿"可能会导致教师备课任务与心理压力的增大。特别是优秀教师长期以来已形成自己的一套教学方法,他们会怎样思考和融合?薄弱教师可能会简单理解为"上课增加练习题和练习时间"。其实,平时教师们习惯的是"有教案无学案",而现在强调的"学案",要求教师的备课方向从"怎样教",变为"怎样学"。备课思路的转变,对习惯于用"教案"的教师来说,需要一个痛苦的转变过程。

对这些问题的了解,使我们以后工作的开展有了心理准备。

2.全体教师会议上的初步交流

在各学科组织尝试后,有成功有失败。于是我们安排了一次全体教师会议。下面是交流中的一些观点。

(1)有些学生在教师的引领下效果好,学生是有差异的,但其他学生达不到预期的效果,这时是不是需要"教学稿"了呢?

(2)课堂上有的学生匆忙、杂乱、无序地记笔记;有的却什么也不记,过后掌握了实质,但有可能不完整,这时是不是需要"教学稿"了呢?教学稿是不是起到了有效的笔记、过程的重现的作用呢?

（3）动笔后的思考与口答有区别吗？从课堂的参与度上看,明显是"教学稿"占了上风。

（4）对优秀生来说,是思维的完善和补充;对后进生来说,则是思维的凭借和参考。

（5）教学稿怎样才能使学生完整保存下来,这时是不是需要"错题本"（重新设计）的补充?

（6）有人说,"教学稿"的实施保证了真正、有效的集体备课,这其实也是"教学稿"的内涵之———集体备课的捆绑形式。

（7）英语教师提出了教学稿纯粹是应试教学,因为我校的英语向来提倡功能法和交际法相结合,它们是不是一个对立面?

（8）最棘手的问题是:教学稿到底是什么? 它的作用是什么? 具体设计教学稿应该写点什么? 学生在课堂操作时什么时候填?

（9）"教学稿"显示、多媒体显示、黑板显示的区别在哪里?

（10）只是简单地把例题设计为"问题"（这是教师的主要设计方法）,那么和以前的教案本质性区别在哪里?

......

（五）行动阶段

1.行动计划草案——运用"课例研究"方式研究改进"教学稿"

为使"教学稿"的编制和使用更有效（不求整体解决,只求一些具体的问题的改进）,经过商讨,我们提出的行动思路是:对校内采用"教学稿"组织课堂教学较早的备课组或个人,根据自愿的原则,以他们现有的经验和成果作为研究的对象,采用课例研究的方式,以改进课堂教学为目标进行研究,为其他教师提供借鉴经验（不是范本）。

要求教科室负责此项工作,组织部分教师共同研究。具体步骤是:①学习"课例研究"的意义、流程和方法（教科室组织学习活动）;②归纳整理校内教师对"教学稿"的思考（意见、建议、困惑、期望）;③分组初定研究的视角（寻找具体的研究点）;④分组制定"课例研究"计划;⑤开展"课例研究"。

2.继续开展公开课形式的研讨活动

此时最迫切的任务是,用怎样的方式推进"教学稿"的研究。我们对试点相对比较成熟的初中数学进行了课例研讨活动。让大家观摩研讨他们根据事先编写的教学稿进行的公开课,然后比较教师们的教学稿,结合课堂效果分析教学稿的编写方法与操作策略,提炼出实用有效的教学稿的框架及初步使用方法。

(六)回顾小结阶段

从推广教学稿一个阶段后,我们又策划了一次教研小结活动。请九位教师就以下三个主题阐述自己的思考与经验:①教学稿是什么?(可用例子来说明)②教学稿有什么作用和功能?③编写或使用教学稿的过程中的困惑与优点。然后在教师们独立思考的基础上,组织具体研讨,再行归纳与提炼。

经过讨论整理,我们形成以下认识:教学稿是以教与学的任务作为基本元素构成的认知地图。而这个任务特征表现为:结构化、适合认知规律、可操作、交给学生一张清晰的地图,让学生利用这张地图经历知识的形成、巩固等更有利于学习的过程。而这张地图可以详细也可以简略,并且也不一定是书面的。

在第一个主题"教学稿是什么"的讨论中,每位教师都提出了自己的观点,并且用实例来辅证。有教师认为教学稿是载体,有认为是工具的,有认为是手段的,有认为是教学方法的⋯⋯不同的看法是争论的前提,也是教研活动进入实质性的关键。尽管每位教师看问题的角度不同,但是我们发现核心的内容或者说是中心思想没有改变,那就是按学生的认知规律来设计教学稿是教学稿的灵魂,而教师们理解差异的视角是外在的表现形式。

本学期开始,我们又进入了深化研究阶段,我们尝试着以各种形式的活动促进教学稿的推广。

(嘉兴市二十一世纪外国语学校 沈其豪 俞玉军)

案例点评

在一堂课中,怎样让学生明确学习的要求?怎样给予学生必要的预习"支架"?怎样清楚呈现课堂学习活动的基本结构?怎样紧扣学习内容,借随堂作业落实学习效果？怎样帮助学生进行有效的随堂笔记……从学生学习活动的特点出发,提供简便的支持,是教师的责任,是教师教学准备的关键,也是体现教师教学智慧的重要教学资源。嘉兴21世纪外国语学校在教学实践中提出这一想法,又通过多样化的深入细致工作,使想法转化为教师们的行动。是基层学校最需要的、基础性的校本教研形式之一。

案例 5.8　基于"课时锦囊"的校本教研模式

所谓"课时锦囊"是指以课时(或课)为单位,由一线教师自创与收集有关教案、案例、课件等,通过研讨交流并借助网络实现共享,直接服务于课堂教学的素材性课程资源。这是我校新一轮课程改革以来自行开发建设的新课程教学资源库。

如何更有效地运用这个课程资源库,为教学服务,如何通过"课时锦囊"的开发、建设、运用和改进促进教师专业成长和课堂教学效率,开展一系列针对性的校本教研活动,形成具有鲜明特色和显著成效的校本教研模式,是我校这两年来一直在探索的重点。

（一）操作模式

校本教研实践模式研究

集体学习　组织备课组教师学习"课时锦囊",探讨存在的问题,提出初步改进方案

上课听课　召开"课时锦囊"使用研讨课,寻找使用中的问题

讨论交流　梳理与课堂教学效果直接相关的问题,提出研究主题,共同讨论问题的成因,寻找解决办法,并提出预期

二次跟进　执教者有针对性地修改"课时锦囊",二次做课,试图解决问题

评析交流　做课者陈述前后研讨课的差异、改进依据,展示新旧"课时锦囊",比较使用效率

总结评估　同伴和引领者共同评估该"锦囊"与课堂教学效果直接相关的使用价值、选择时机、深度建议,提升其使用的原则和规律

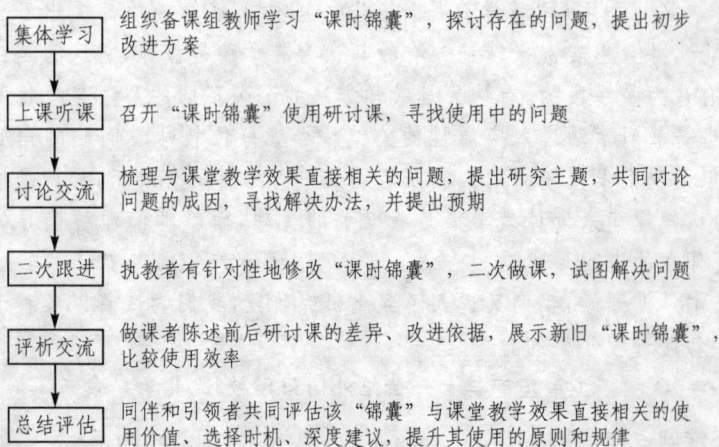

图 5.2　基于"课时锦囊"的校本教研实践模式

（二）优势和作用

促进教师教学技能的提高。"课时锦囊"使用的底线是每位教师都能用，但用好、巧用及至重组所提供的各种资源，却是对教师专业素养和课堂教学能力的挑战。对"课时锦囊"使用的针对性、有效性的研究使教研工作克服了以往教研课的盲目性，使教师们专题研讨的目标更加明确，行动更有方向。这种教研活动为大家提供了一个展示研讨过程的平台，大家探讨、交流与分享，共同感受成功与困惑。

促进教师有质量地反思。这种教研模式的运行，使教师的教学反思更有深度，更有针对性，使反思对教学实际更有帮助，并澄清了"反思就是冥思苦想"的误解，建立了"反思与行动密不可分"的新认识；澄清了"反思就是自己独立思考"的误解，建立了"反思离不开教师之间的合作"的新认识；澄清了"反思必须全方位思考"的误解，建立了"反思可以是小口切入、放大局部指向性思考"的新认识。这种与行动紧密联系、与同伴积极合作、舍大取小的有价值的反思更有利于促进教师的行动跟进，让教师觉得对教后反思与行动跟进的统一更可及可行。

积累充实了学校的教学资源。基于"课时锦囊"的教研活动，必将为学校积累许多校本教研案例和教学资源，许多课堂教学中的问题解决策略可以在案例中得到引证。通过日积月累，学校可形成系统的"课堂教学常见问题集成"和"课堂教学常见问题解决的多媒体手段集成"等成果。通过"课时锦囊"的教研模式的教学研究，促进了"课时锦囊"的动态管理，使"课时锦囊"更贴近富有实效性的课堂教学实际，更贴近教师专业能力实际，更有利于形成教师的教学特色。

（三）问题和难点

教师整体素质制约该模式的有效运行。在此教研模式的运行中，许多教师过多地依赖引领者的作用，个性化反思不多，个性化的预期不强烈，个性化的行动不快捷，从而显得在教学实践中对"课时锦囊"的依赖性过大，也使"课时锦囊"的二次开发缓慢、低效。

"课时锦囊"使用的局限性也制约该模式的有效运行。"课时锦囊"只是提供了"教案、课件"等课堂教学要件，并不能涵盖课堂教学的全部，因此在此背景下展开的教学研究必然也存在局限性，从而必然也使研究结果对课堂教学实际指导普遍价值大打折扣。

（平阳县中心小学　池昌松）

在教学资源建设的过程中,教师之间的交流研讨是非常重要的。没有充分的交流研讨,资源建设的质量与作用也是有限的。如果我们把资源建设视作教师合作完成的静态成果,那么交流研讨活动,则是一个期待动态生成的教师合作过程。因此,两者常常彼此结合,成为校本教研实践模式的重要方面。

校本教研实践模式研究

促进观点交流与成果共享

在校本教研的实践形式中,最常见的、最普通的形式就是交流。有言道:"如果是一只苹果,两人分享,便是一人半只苹果;而一份思想,两人分享,便会产生两份不同的思想。"教师的观点交流既是研究的过程,又是研究成果的推广。如何促进教师有效地交流,在成果共享中促进新的研究,是校本教研实践创新的重要课题。广大学校有许多值得推广的探索。

专题 14　教学沙龙与教研论坛

教师围聚进行交流研讨,是最常规的、教师最需要的教研形式。但其效果却会因组织策划的质量而大相径庭。从形式上看,现场研讨活动有论坛、沙龙、辩论等许多各有特点的形式。而从其组织机制看,又有以下观察角度。

一、研讨主题的特点

研讨主题的选择是研讨活动策划的要点。

有些论坛活动意在促进教师观念的转变,因此主题往往是一些务虚的议论;有些研讨活动意在提高教师解决具体问题的能力,因此主题会比较务实。有些研讨活动的主题很集中,要求所有的发言围绕中心来进行,以期集中式研讨产生有价值的观点;但也有一些沙龙主题较为分散,它期待自由交流中的相互启发与生成。有些活动有意识地营造对立观点争鸣的氛围,让辩论者在对方挑战下更臻火候,让参与者在观察双方评鉴中形成自己的思想。

研讨活动的主题设置常常会应时而起,但它必须要能吸引教师畅所欲言。温州市第十二中学近三年就举办过六期教育教学论坛,其主题分别是:"我的野蛮学生"——学生行为问题与班级管理;戴着镣铐跳探戈——新课程课堂教与学方式的变迁;反思的视角——校本教研系列论坛;三维目标的落实——新课程的教与学探讨;让学校教育带来生命的气息——校本课程开发。这些主题都针对教师工作中共同关心的问题,让教师们在交流自己的困惑与经验的过程中互相启发。大家也多以叙事的方式、教师自己的语言来发表见解,在差异互补、智慧共享的教研氛围中,构建起多向互动、平等对话的学习共同体。

案例6.1 作业论坛活动

我校有开展教研论坛活动的传统。学校以年级组为单位组织教师,以"论坛"的形式进行观点交流。三年级组确定以"作业,让谁欢喜让谁忧"作为本学期论坛的主题。总结其他年级组的论坛形式,有的年级组是将论坛内容分解成几个小专题,组员分工发言,主持人串联的方式;有的年级组在此形式上,增加现场互动环节,听取教师们的现场意见。三年级组经过商议决定,从主题特点出发,改进这次论坛的策划。

首先将论坛主题分解成了三个话题:一是"新课程理念下作业的形式";二是"作业布置应当体现的原则与实施策略";三是"关于作业的评价"。让组内教师有选择性地针对其中一个话题作相应的准备。为使论坛起到更实在的效果,我们还围绕"作业"这个话题作了一份自然状态下的师生访谈,了解学生的真实想法。访谈内容包括:"是否喜欢做作业?""不喜欢做哪些作业?""喜欢做哪些作业?"有了这些真实的音像资料,教师们的论坛将更有针对性,思考的深度和广度也会随之提高,同时也将使听取这次论坛的教师有更多的启发和收益。

整个论坛的大致流程是:先请所有教师倾听孩子心里的呼声,他们是否喜欢做作业？喜欢做哪些作业？孩子的心声让教师们很有触动，主持人马上进行现场采访，让教师们谈谈听到孩子们心声后的感受。随后，根据预先设定的话题让参加论坛的教师逐个上台表述自己的思考和做法，在这个过程中主持人和论坛教师适当进行互动式的交流。最后让教师们倾听孩子心中爱做的作业究竟是什么？主持人总结本次参与论坛的教师的共同心声：让新理念下的作业形式成为学生快乐作业的源泉；让改革后的作业评价成为学生爱上作业的不竭动力！同时主持人也把更深的思考留给了所有参加论坛活动的教师们。

这次论坛给教师们的触动很大，语文教研组随后就围绕"作业"这个话题又进行了一次教学沙龙，大家把自己的思考和困惑都"竹筒倒豆子"般的说了出来。随后大家商定，各备课组拟订一份"作业布置与评价"的实施方案，注意各年级的区别与衔接，审定后全面铺开实施。

其实，这次论坛同时也带动了其他教研组进行作业的布置与评价的改革，我们发现，我们所思考的问题不再是"空中楼阁"，而是实实在在可以触摸、可以通过实践来得出结论的、值得研究的一些虽"小"也"大"的问题。

（嘉兴市秀城实验教育集团　王连华）

案例6.2　以"听课听什么"为主题的系列论坛

（一）策划缘起

2006年8月，11位大学毕业生走上了我校的讲台，成为我校教师队伍中的新生力量。他们具有大学本科的学历，专业素质比较齐整，而且谦虚好学，有较刻苦的钻研精神。

然而，第一个月的教学检查和座谈中，我们发现，这些新教师"不会"听课。并不是听课少或不听课。恰恰相反，他们听得多，记得详尽。但他们不知道怎么听课，不明白听课应该做什么，更不理解听课的目的和意义。一句话，课是听了，效果却未必佳，甚至未必有。这一情况其实在其他一些教师中，也有存在。

我们应该如何帮助教师们学会听课呢？于是，我们策划了以"听课听什么"为主题的系列活动，组织教师在学习与研讨中进行反思与矫正。

（二）活动策划

1．前期准备

2006年10月中旬学校发出通知，要求每位教师围绕"听课听什么"这一主题，发表看法，并将电子文档发至校园网"教学沙龙"文件夹中。要求必须有明确的观点和阐述，最好有例证，字数不限。

在此后一个月的时间里，教师下载阅读他人的文档并开展自由式讨论。然后教师修改自己的文稿，再次上传校园网"教学沙龙二"文件夹。

2．组内沙龙

2006年11月下旬，召开教研组长会议，布置各教研组开展关于"听课听什么"的座谈沙龙。要求教师根据自己的思考和其他教师的意见，深入交流共同探讨。在组内沙龙中，大部分教师畅所欲言，发表了许多独到的想法和见解。有的就自身听课感悟现身说法，有的就某一现象深入剖析。教研组长也认真地做了记录，经过整理，再次上传至校园网"教学沙龙三"文件夹，供教师再度交流讨论。

3．全校论坛

2006年12月中旬，组织全校性的论坛。参与人员为教研组长、中高级教师代表、全体新教师，共计36人。由于有了前期的准备和组内沙龙这两个环节的铺垫，这次论坛发言对听课的目的、内容、方法、技巧及注意事项等问题都有了更深入的探讨，也出现了激烈的辩论高潮。

4．反馈交流

2006年12月下旬，由教科室对整个活动进行总结，特别是其中对"听课听什么"的各种观点加以整理，以电子文档上传到校园网"沙龙小结"文件夹，向全校教师进行反馈，供继续探讨。

（三）两则论坛发言稿

例一

在近两个月的听课，我对听课有了更深层次的理解，也对如何"听"有了自己的感受，大致有三点：

一、"听"之层次

作为一个新教师，要学习的东西很多，但同时也应该意识到学习不能一蹴而就,要有层次性地循序渐进,分不同的阶段学习。如,在最初的阶段,新教师或多或少对文本把握会产生困惑,对于重点的把握也不明确,这就直接导致了上课的思路不清晰,上得很"痛苦"。所以在这个阶段,我们要听的就是老教师的对文本材料的取舍,听上课框架,结构的安排,看看老教师如何来预设和生成问题,从而理清自己上课的基本思路,努力使自己完成由"无格"到"有格"的过渡。完成了这个阶段,我们才能进入下一个听的阶段,听课堂上更细的环节的设置。只有这样,我们才能一步步把自己的基本功奠定得扎实。

二、"听"之内容

听课,不仅要听老教师如何剖析文本,还要听课堂的气氛,学习老教师对课堂气氛把握的功力。新教师往往是课堂气氛的驾驭能力薄弱,无法使课堂气氛能起能下。有了热闹却丧失了上课的秩序,或者说在面对枯燥的课文,不能有效地调动学生的积极性,活跃课堂的气氛。这个时候,新教师就必须通过不断地"听",不断地去学习老教师如何处理课堂的手段,把这些手段结合自己的性格或教学的长处,加以"个人化"、"内化",最终达到取彼之长,成己之色。

三、"听"之反思

反思,是听课后的一个步骤,也是一个不可缺省的重要阶段。听完之后,要思考上课教师的优劣之处,要思考如果自己上这样课文,会如何安排,这样的比老教师差在哪里,又好在哪里。好的,自然要保留;差的,要向老教师学习,不断地改进自己的不足。同时,这个反思,也可以是一种与上课教师的沟通。通过交流和探讨,可以更正自己不成熟的想法和构思,从而在更高的立足点上把握文本,剖析文本,提高自己的教学能力。

这三点,是我作为一个新教师很不成熟的想法,也是我这两个月来最真实和最切身的感受,拿出来跟大家交流一下,不足之处,请大家多多海涵。

例二

有位教师说:"我听完一堂好课,常有这样的体会:或如深山获宝,心头甜滋滋的;或如峰回路转,顿觉豁然开朗,讲课者的思想激情,艺术魅力,给我留下了长远的记忆。有时即使是不理想的课,某一方面也会有深刻启示。"从这位教师的体会中我们看到,听课对教师的业务学习和提高教学能力是十分重要的。

对新教师来说,坚持听课,可使自己尽快成长,所以作为新教师的我们,听课对我们来说,是一项首要工作。借着这次的以"听课听什么"为主题的研讨活动,我对自己以前的听课活动做了反思,认识到自己有以下几点的不足:首先,听课前没有做充分的准备工作,尤其是听高二高三教师的课时,由于对听课内容的不熟悉,以至于不能对授课教师的教学环节进行深入评议,糊涂而过;其次是思想不够重视,把听课当成一种任务来完成,以致于出现马虎应付,听课做其他事情失去了听课的意义,达不到听课的目的。我觉得,要提高听课的质量,必须加强对听评课重要性的认识。

那么对于听课的时候应该听什么,我有这样几点想法。

首先,是听课的结构或者说是这节课内容上的安排,一般上课分为复习、导入、新授、巩固、小结、布置作业,听下每个部分的大致内容以后,看教师是做怎样的合理安排和衔接的。并且留意各个环节的大致时间安排,学习如何做到松紧有度。

其次是听这节课的教学目标和重点难点,以及看教师的教学目标如何呈现,对重点和难点又做怎么样的一个由浅到深的教学。所以对于我们这些听课人来说,还要注意看一看,授课教师为了完成自己的教学目的,都采用了什么样的教学手段,什么样的教学方法,而这些手段和方法的采用是不是切合了这节课的实际,是不是产生了较好的教学效果。

接下来是要听教师的教学风格。不同的教师,教学风格不一样,有的很严谨(比如余教师),有的上课很细腻(比如陈教师)等等。同样一个教学目标,同样的内容,在不同教师的课上,就会用到不同的教学手段和不同的教学方法,当然也就会达到不同的教学效果。借鉴一些好的方面,然后可以帮助我们完善自己的教学风格。当然,还可以关注一些比较细节的东西,比如说板书的设计以及语言的组织等等。

再次要听课堂的气氛。我始终认为,课堂气氛的活跃与否是教师教学成功与否的其中一个衡量标准。"教师是教的主体,学生是学的主体",只有师生之间做好交流与互动,才能让学生真正的参与到课堂中来,才能真的主动地去学习。我们也可以学习教师与学生做互动的一些方法。

当然我们也不一定只听组内教师的课,也可以去听别组教师的课,可以去学习别的科目的思想方法、教学理念,有适用的,可以搬过来放在自己的课堂上用。

最后,听完课以后我们要做一个总结和反思。想一想这节课成功与否?如果换做自己来讲的话,自己又会采取什么样的教学过程。别人在一些环节的处理上,有没有值得自己学习或是借鉴的地方。也就是说要学会吸收别人的长处,弥补自己的不足。通过听课这一教育教学活动,来促进自己教育教学水平的提高,实现听课的真正目的。

听课后要尽可能和授课教师、学生交流,了解上课教师的教学设计与感受,请学生谈对这节课的收获与不足;和同听课者谈这节课的特色,谈自己受到的启迪与所学到的经验,谈自己的思想与建议,不断提高自己自我反思的能力,取人之长,补己之短,努力提高自己课堂教学水平。

（四）启示

1. 呼应教师的实际需求是活动策划的前提

听课是教研活动的主要方式之一。然而众多的听课活动往往成了授课教师的作秀,权威人士的演说。广大一线教师的话语权常被剥夺,久而久之,教师对听课活动产生了自然的游离心态,对听课的真实价值出现肤浅、庸俗乃至空洞化的理解。这正是值得教研的组织者和参与者思考的,也是本次活动策划的重要动因。

2. 提供合适的平台是活动推进的动力

借助校园网这一便利的活动平台,让教师们随时上传文件,下载文档。身处一隅而遍观近两百篇文章,不发一言而让全体教师倾心交流。在交流中共享,在共享中生成。一次比一次思考得深入,理解得全面。

3. 激发教师全体参与是活动成效的关键

任何一种教研活动,要有效率有价值,关键在教师们的真实参与。没有教师们全员的过程参与,教研活动便失去了应有的活力。我们以教研组长、备课组长为活动的组织者,以激发全员参与和过程有效参与为重要凭借,以任务为引导,以交流共享为活动基本目标,从而激发了教师的参与热情,调动了教师的思考和研究的主动性和积极性。

（杭州市萧山区第六中学　刘理平）

二、研讨内容的预设与生成

与听取专家报告不同,研讨活动更强调在预设基础上的生成。如果让研讨活动只是轮流的准备性发言,那就失去了研讨的价值。也许是长期以来的积习的原因,我们常会看到一些"变异"了的研讨活动。特别是教研活动的公开展示中,过度预设,反成作秀的现象常会出现。

A教师上了一堂公开课。这是一堂让孩子通过探究活动生成"集合的初步概念"的课。教师的教学设计很到位。她以非常优秀的控场能力和沉着耐心的节奏,让孩子们较为完整地经历了探究与生成的过程。课堂是真实自然的。惟一的遗憾是这节课超时15分钟。作为公开课,如果因课堂时间原因而中途戛然而止,或是匆匆潦草而过,都是不可取的。教师为了探究活动的完整,而不露痕迹地从容处理确实让人佩服。其实这堂课的教学环节是紧凑引人的,听课教师并没有表现出对拖堂的不可原谅。随后的"课后反思"亦如往常,A教师借助课件,很清楚地阐释了自己的教学设计。而且A教师在她的反思中,将本课堂中的几处失误也都一一点出。她的清晰、条理与谦虚,让人"无话可说"。

接下去的教研组讨论开始了。B教师、C教师、D教师相继发言。他们都分别提到A教师课中的某处设计,然后就此谈了自己的观点。每个人的发言都相对完整,结合实例,有理有议,最后也都提出一两点较有质量的、值得进一步思考的问题。如果是一次小学数学教学论坛的话,那就无懈可击。但是作为课后讨论,这种"互不接拳"的各展观点并不是一种研究。

于是,我唐突地借C教师提出的一个问题"如何让孩子充分探究,又能把握好课堂时间"打住了他们充分准备的发言。我提请教研组的教师们和在场的其他教师,一起来研究C教师提出的这个颇有典型性的问题,这也正是这一课堂现场中最值得研讨的问题。也许是临时出现的意外挑战,大家担心事先准备不够充分,而不敢临场发挥,在讨论出现短暂冷场后,大家稍事衔接,又继续进行彼此"心中有数"的共享……

这节数学探究活动课也许很完美,但为"追求完美"而准备过度教研活动就显得不那么成功。如果大家参加研讨是为了展示完美,那活动后,我们又能收获什么呢?也许是这堂课事先磨得太"完美"了,以至于研讨无法"针对性地展开",而只得"太极推手式"地自发议论。那么,我们为什么不可以展示一次尚不太完美的课?

研讨活动必须是真实思想的有指向性的交流,切忌过分准备的宣传性的报告,它应该是大家"拳接拳"地就某个问题发表自己的见解,现场生成的常常是最有智慧的东西。但是实际活动中,还是有一些参与者因信心不足而照本宣科,或是以己为主而回避生成。如果我们形成了依赖预设的习惯,那不仅浪费了研究现场的问题时机,更糟糕的是我们向教师传递了"研究的形式主义"。这显然不是教师所需要的。

从研讨活动的形式看,不同活动形式中预设与生成的成分会有所差异。论坛的预设性会强一些,而沙龙会更注重生成。不过,要让"预设为生成服务",策划生成性的互动环节非常重要。

案例6.3 "互动·生成·共享"教研模式的探索

"互动·生成·共享"是我校校本教研的特色。我们以教师之间的教育教学能力差距为培训的资源,通过"师师之间"的"互动交流"、"思维碰撞"、"生成资源"、"共享经验",最终达到"师师共成长"的目标。

教师的互助合作是校本教研的灵魂。在一个教师群体中,总会有不同的思想、观点、教学模式、教学方法,"互动·生成·共享"教研模式就是要把这些"异质"的东西集中到一个平台上,在一个相对自由开放的空间里,让教师感受到"冲突",从而进行讨论和争辩,在这一发散的过程中生成新的资源,使教师获得来自他人的信息,借鉴和汲取他人的成功经验,同时产生新的有价值的见解。伙伴同事间的互动交流,使得教师间业务水平的差距转化为学习的资源。

(一)互动研讨

1. 确定"互动"的主题

确定互动研讨的主题主要有三种方式:

首先,以教育教学工作管理中发现的一些普遍问题作为研讨交流的主题。比如,临近期末,发现学生作业量明显增大,学生学习兴趣有所下降的情况,就确定"复习作业的有效性"的研讨主题,让教师围绕"有效作业之我见"等话题,畅所欲言,交流有效的做法,提出操作的困惑,明确操作策略。

其次,教师把自身在教育教学实践中碰到的比较棘手的问题罗列出来,由教研组对这些问题进行筛选,确定互动交流的主题。这些主题因为来自教师自己的问题,所以是最实在的,也是教师最喜欢谈论的,最迫切希望得到解决的。

再次,根据新课程的要求确定互动交流的主题。这类主题一般由组织者提议。比如:新课程强调合作学习,但对于"什么是合作学习","怎么合作学习","有效合作学习要注意些什么"等问题,许多教师并不清楚,这些问题就成为互动的内容。

一般而言,我们确定的研讨主题主要有三类:一是关于班级管理,比如"青年辅导员工作 ABC"、"班级应急伤害事故的处理"、"班级凝聚力建设"、"晨会教育之我见"等等;二是学科教学方面,比如:"如何分段训练学生的口才"、"板块式课堂教学设计"、"低年级大识字量的教学技巧"、"提高中高年级计算正确率的教学策略"、"数学学科渗透人文素养的培育"、"新课程背景下学生两极分化的解决策略"等等;三是关于家校联系,像"如何与家长交流"、"发挥家长委员的作用"、"如何召开家长会"等。

2.确定参加人员

每次参加互动研讨的人员并不是固定不变的,而是根据确定的主题随时变换参加者。参加者一般包括"指导者"与"学习者"两类。在实际活动中,常也出现双重身份。我们的原则就是能者为师,互相学习。

3.精选互动形式

互动研讨为教师提供一个交流的平台,要充分发挥这个平台的作用,就需要根据研讨主题精心选择与之匹配的形式。我们经常采用的互动形式有:质疑问难式、主题探讨式、现身说法式、讨论争辩式、专家咨询式、教育沙龙式、网上论坛式等。

质疑问难式:是几位教师围绕某一主题把自己教育教学过程中遇到的该方面的疑难问题整理记录下来,在交流会上提出,请"指导者"给以解疑。

主题探讨式:由组织者围绕确定的主题请参与人员发表意见、看法,最后形成一种基本统一的认识。

现身说法式:围绕某一话题,由"指导者"在精心准备的基础上进行"现身说法"传递经验。

讨论争辩式:选择某一话题,收集两种或两种以上不同的观点,分别组队进行辩论,通过摆事实、讲道理,论证所持观点的正确性。

专家咨询式:由专家就某一话题进行讲座,然后由所参与的教师根据专家的讲座提出疑问。

教育沙龙式:亦称漫谈式,是一种有目的的"闲聊"。一般在比较优雅的环境中,十多位教师自愿聚在一起沙龙。看似无主题,但在这样非常宽松的氛围中,教师表露的是最真实的自我,在聊的过程中产生思维的碰撞,一些不清晰的想法逐渐变得明朗。

网上论坛式:我校开辟了青年教师网上论坛专栏,教师可以发帖,也可以回复帖子。

(二)促进生成

在互动研讨中要生成新的资源,前期准备很重要。要把每次校本教研看作是教师为解决某一现实问题,共同参与,通过对话、沟通和合作活动,产生交互影响,最终生成新的见解、形成可操作的举措的过程。

1.在唤醒教师的主体意识中生成

这是生成的前提。只有教师以一个现实的、主动的、具有创造性的生命体,带着自己的知识、经验、思考、灵感参与教研,那么才会自觉地对他人的见解进行个性化的分析,从而产生新的思想,并且主动交流自己的想法。所以,要通过各种手段唤醒教师的主体意识,比如:创设宽松的研训氛围、形成"人人开口说"的教研制度等等。

2.在设计弹性活动方案时生成

这是生成的保证。弹性的方案,为教师在互动过程中发挥创造性提供条件。比如,在对"新课程背景下教师的指导"这一主题进行互动探讨时,我们就设计了弹性方案,以发挥教师的创造性。整个活动分三个板块:一是组织者介绍自己查找到的这方面的背景资料,展示收集到的大量的实例。二是每位教师以"展示摘录十阐述个人见解"的形式进行互动交流。三是综合各种意见,形成可操作性的策略。第一板块根据第二板块的情况可取可舍,而第三板块就是生成的资源。

3.在捕捉生成的亮点中生成

在每一次的校本教研活动中总会有一些亮点:比如教师的讨论特别热烈,比如某一形式教师特别感兴趣,比如某一活动教师特别满意。面对这些亮点,组织者需要用心分析,及时肯定,后续教研借鉴"亮点"产生"更多的亮点"。

4.在反思失败原因中生成

有时,自以为预设很好的校本教研活动,却没有达到预设的效果。

比如：教师的积极性不高，主动发表见解的教师少等等。面对这些"失败"不能就此作罢，而应该去分析内在的原因，提出改进的措施，为后续教研起到警示作用。

（三）资源共享

在每一次的互动研讨活动中，"指导者"和"学习者"聚在同一平台上，不同的思想，不同的经验使共享成为可能。"指导者"们介绍经验，用自己几十年的实践和探索为"学习者"提供了许多有效的间接经验，让青年教师少走弯路。同时又找回自信和激情。而青年教师在研讨中阐述的新思想、新举措也让老教师们耳目一新，有了与时俱进的愿望。"学习者"在享受"指导者"给予的"资源"的同时，"指导者"也在享受来自其他"指导者"的"资源"和在互动中生成的"新资源"。

（四）制度保障

定时与不定时相结合的制度。即在时间安排上要形成制度，否则容易"走过场"，甚至"名存实亡"。开学初制定好明确计划，一般定期每月一次，并确定好与学校的学期管理目标相一致的教研主题。比如上学期，学校计划要关注培养教师的口才。在"互动·生成·共享"校本教研计划中，我们就安排一个月的以"教师口才"为主题的培训活动。每月我们还专门安排一次机动的校本研训，根据教师们在教育教学中发现这样那样的问题，确定主题和时间开展研究讨论。此时确定主题、确定时间会更加适合教师的需求。

指导者奖励制度。每位做"指导者"的教师，学期末学校根据指导的绩效、次数给予适当的物质奖励。

主题延续制度。所谓"主题延续"就是某些互动的主题不是一次中断，而是持续进行。很多主题不是一次研讨就会有效果的，而需要多次反复讨论交流。因此要保证教师内心"有所收获"后真正去实施，就得建立"主题延续制度"。比如，有关形成良好"课堂教学常规"的研讨，第一次，由"指导者"介绍自己的"经验"，并现场作答青年教师的"提问"。一月后，继续组织"课堂教学常规"的互动研讨，由"指导者"听取"学习者"的"实践感悟"，并共同解决实践后产生的"新疑惑"。需要时，有时同一个主题贯穿一个学期，直到基本形成比较统一的认识或者有一定

校本教研实践模式研究

的收获为止。

（湖州市爱山小学　唐建建）

三、研讨过程的互动性与参与性

大部分研讨活动的参加人员是"同质"的。同伴研讨的关键在活动中，大家是否有真实的思想参与。在很多研讨活动中，由于组织者对活动进程没有把握，因而事先约请一些教师作准备性的发言，有的甚至会提前数天做好准备。这种过度准备的潜规则使得现场发言过于工整，而没有灵动，其他教师往往处于从属地位，被动听讲，壁上旁观，没有明确的任务要求。这种少数同志热情，多数同志冷观的研讨活动的效果显然是不佳的。

如何提高研讨活动的互动性呢？

（一）发言的安全性

要营造起互动氛围，首先要解除教师们习惯性的顾虑，要让教师感觉发言是安全的，感觉发言未必一定要完美，他们才可能克服戒备，激发起发表自己观点的激情。研讨活动既需要有辩证的理性，也需要执著的激情。这一切要靠主持人的调控技巧。

（二）研讨话题的结构性

每次研讨活动都包含若干个环节，每一环节往往又围绕某一话题展开讨论。有质量的研讨活动关键在这些话题是否具有良好的结构，能否吸引并引导教师展开持续的讨论。这些结构性的研讨话题需要一定的预设，也能反映活动组织策划者的视野与对参加者需求的把握。

（三）参与任务的意义与分工

每个研讨话题可以分解为若干任务，作为教师们参与研讨活动的具体介质。有些任务须现场完成，也有些任务需提前准备，还有些任务作为教研活动后的延伸作业；有些任务是事先设计好的活动环节，也有些任务是根据现场研讨而临时生成的要求；有些任务要求所有教师都要参与,也有些任务会有所分工。通过多样化的、多层次的、有意义的参与点,让教师可以参与,乐于参与,便能配合研讨的深入。

(四)现场生成的及时提炼

研讨活动的互动是为了更好地生成。但是现场生成常常是稍纵即逝的。一方面要靠主持人的机智来捕捉与把握住一些有价值的生成,譬如及时地点评提炼,合理地分类加工;另一方面要通过一些技术手段记录保留现场生成的想法或建议。

案例6.4 透过开满鲜花的名师课堂

(一)策划缘起

随着新课改的推进,历来活跃的小学语文界呈现出百家争鸣的态势,新的课堂教学风格和流派纷纷涌现。王崧舟、窦桂梅、孙双金、薛法根等各派名师脱颖而出,成为小学语文课改中的代表人物。他们在全国各地的课堂教学展示,受到一线教师的热烈欢迎和关注,并成为一线教师揣摩、仿效的范本。物极必反。高度仿效容易造成盲目崇拜,让语文课堂陷入"跟风态"、"流行秀"的误区,也容易使部分教师忽视自我审视语文课堂能力的培养、忽视自己教学思想的生成、忽视对"家常课"的兴趣和打磨。作为一线教师,如何研究和学习诸多名家的教学艺术,如何将研习为己所用,可能是基层教师最需要的学习能力。因此,我们在"青年教师成长联盟"中策划了以研习名师课堂教学为主题的教研沙龙活动,组织青年教师在观摩分析名师课堂实录与片断中理解与质疑,修矫与丰盈自己的语文课堂教学理念和行为。这一活动我们起名为"'我心中的语文':透过开满鲜花的名师课堂"。

(二)活动策划

1.前期准备(一个月)

活动	活动任务	思考任务	研习资源
课堂观摩	观摩1~2节王、窦、孙、薛的经典课堂教学光盘，重点揣摩。	1)你更欣赏哪几位名师的教学风格和理念？why？ 2)你有什么疑惑？什么感受？	课堂教学光盘 王崧舟：《一夜的工作》、《二泉映月》 窦桂梅、王崧舟：《圆明园的毁灭》 窦桂梅：《秋天的怀念》 孙双金：《泊船瓜洲》、《黄河的主人》 薛法根：《爱如茉莉》、《军神》
实录研读	选择自己感受深刻的课文，对名师课堂实录进行比照式研读	1)同样的课文，名师设计主要差别在哪？ 2)透过文字，你感受到他们教学理念的差异在哪里？	课堂教学实录 《二泉映月》：王崧舟、孙双金 《我的战友邱少云》：王崧舟、孙双金 《秋天的怀念》：窦桂梅、邹清、钱锋 《圆明园的毁灭》：王崧舟、窦桂梅 《卧薪尝胆》、《爱如茉莉》：薛法根

2.研究与分析——第一次沙龙(2~3小时)

活动	活动任务	思考任务
走近名师	自由发言,谈谈自己在学习名师课堂实录、课堂教学光盘中的感受,分析教学艺术风格。	(1)你怎么看四位名师对语文课堂教学的诠释？ (2)你认为谁的观点最接近你的理想课堂？
名师自白	罗列梳理四大名师的语文观及追求的语文课堂教学风格 王崧舟："诗意语文"；"精致、和谐、大气、开放"…… 窦桂梅："主题教学法"；语文课的"三个超越"…… 孙双金："情智语文"；"小脸通红、小眼发光、小手直举、小嘴常开"的好课观…… 薛法根：清新朴实……	

活动	活动任务	思考任务
名段赏析	观摩最能反映四位名师教学风格的课堂教学录像片段(每个片段5～10分钟),并交流。 王崧舟:《一夜的工作》(反复摩诘"极其简单"片段) 窦桂梅:《秋天的怀念》(文本拓展《我与地坛》、《庙》片段) 孙双金:《天游峰的扫路人》("问题梳理"片段) 薛法根:《爱如茉莉》("学生说自己周围的爱情"片段)	(1)对这些最经典又最富争议的课堂教学片段,你怎么看? (2)联系在"前期准备"中感受到的名师对同一个课的不同处理,谈谈你对各位名师的经典手法、课堂操作技术的理解。
他山有石	屏幕阅读小语教学评论专家、著名教育网站"人教论坛"和"教育在线"的知名网友、普通教师关于四位名师的较有代表性的评价和观点:	(1)你觉得这些观点是否有道理?为什么? (2)选择自己感兴趣的一个话题,同向或异向发表你的观点。

3.论坛式交流——第二次沙龙(2小时)

活动	活动任务	思考任务
原点叩问	自由发言,谈谈在研习过程中深入认识的语文教学观、教学设计原点。	(1)语文教学的原点在哪里? (2)语文课的终极目标是什么? (3)语文课堂教学设计,最重要的应该把握住什么?
经典反哺	联系新课程标准,重新回读古今中外著名教育家的教学观点、至理名言。如孔子、苏霍姆林斯基、叶圣陶等的观点。	
透视课堂	深入探究:透视名师开满鲜花的课堂,透视名师娴熟的课堂技术,分析名师课堂存在的语文课的本真意义与魅力。	(1)名师的课有没有紧叩语文教学的原点? (2)一线教师如何看课?关注的是教师的才情?学生的表现?还是师生生命在课堂上的发展力度?

活 动	活 动 任 务	思 考 任 务
生成 观点	概括自己在一个多月的研习中的 心得体会与观念提升,交流自己对 于建构新的语文教学观的思考和 操作设想。	(1)打算吸纳名师的哪些先进理 念、经典手法、娴熟技术,使自己的 家常课更富生机? (2)我的语文教学观是什么?根据 自己的气质、认识和情趣,如何提 升认识、丰厚底蕴,建构自己心中 的语文?

4.后续研究与展示交流(一个月)

(1)要求"联盟成员"思考"我心中的语文",写一篇论文或随笔。

(2)思考"我心中的语文",设计一堂体现自己语文观的家常课。向本校同行公开,并陈述自己教学设计的基本思路。

(三)策划意图

任何名师的成功必有其常人所不能到的诀窍与发轫之处。一味地模仿名师的课堂、站在技术层面上演练名师的经典手法,实际上是对小学语文课堂教学的肤浅解析,要想以此来提升教师自身专业水平、促进学生语文素养的综合发展,更是缘木求鱼,事倍而功半。

为了促进一线教师站在比较客观的立场上审视名师的语文课堂,碰撞、放飞最终激发自己对语文课堂的理想,我们策划了这次沙龙式的校本教研,主要基于以下三点思考:

1.改革校本教研模式

校本教研,研的是什么?为什么不少校本教研活动缺乏真正推动教师教育教学行为改进的功效呢?

我们首先要打破以往以听骨干教师、权威教师专题发言为主的常态教研形式,营造了一种"开放、民主、争鸣、碰撞"的教研氛围,将教研活动变成一个"长作业"(从准备到后续研究,历时数月,争取深入有效)、让教研活动中教师有"活"有"动"(每一位教师都能在沙龙研讨中生成观点和问题,并能有参与与发表见解的机会)、让教研活动"动而不散"（通过前期准备与研讨过程中的"任务导引"，紧扣教师的需要和可能的"发展区"）、让教研活动"余味绕梁"（重视后续研究环节，关注教师理念和行为的跟进）。

2. 解构表象

一线教师看课看什么？青年教师观摩名师经典课堂，主要应该关注什么？关注课堂教学整体？或是关注课堂设计亮点？

名师们的课堂往往由于其深厚扎实的语言功底、精致流畅的设计、宽松和谐的氛围，呈现出一片"鲜花烂漫"的美景，许多一线教师纷纷效仿。但是，全盘照搬名师的课堂设计形式、刻意模仿名师的精美语言则是不足取的。我们认为，作为具有丰厚课堂经验积淀和独特教材解读能力的名师，他们对同一个课的不同设计、最经典的名课名段，其实就是其不同的教学理念和设计关注的全面体现，这既是名师风格的淋漓展示，换个角度，也是名师风格局限性的体现。

比如同样的《一夜的工作》，有人评价是"华美丰赡"、"精致和谐"，也有人批判是"看上去很美"的课堂，认为是"滋长了语文课矫情、煽情之风"。——只有解构"开满鲜花"的名师课堂表象，揣摩名师精彩的课堂技术操作背后的思想和理念，才能不断自我叩问语文课堂的真谛和原点，让自己的语文教学始终站在以学生生命发展为终极目标的阵地上。——这就是"名段赏析"和"实录研读"等思考载体碰撞出的灿烂的思维火花。

3. 观点生成

学习名师，研究名课的目的是什么？校本教研的终极目标是什么？我们的教研究竟为什么服务？

帕斯卡尔说：人是一根芦苇，却是一根能思想的芦苇。人全部的尊严在于思想上。一切研讨和学习的最终目的都是为了提升自己的认识和思考，从而促进行为的跟进和改善。一个有理想的语文教师应该有自己的好课观、优课观，更应该有如何上好"家常课"、"平常课"的神圣责任感、使命感——因为这是绝大部分一线教师终身耕耘的热土。因此，我们引进"他山有石"中相关专家和人士对名师课堂的不同争鸣和深刻论述（姑且不论其是不是完全正确），我们重温久被推崇的古今教育真理,都是为教师们搭建一个学习名师又反诘名师的平台,更是引导教师们的思维不断向教育真理之海漫溯,自己心中的语文观不断生成,最终化为切实的语文课堂教学实践展现在众人面前。

只有经得起实践和时间考验的教育教学真理,才能在传承中不断革新、创生和发展,只有不断学习名师优秀经验的同时不断重温真理、碰撞思维,才能去伪存真,不断积淀、形成自己的好课观,从而最终改善、提升自己的日常教学、形成有自己风格的语文课堂教学。也许,这正是本次教研致力追寻的目标。

（临海市大洋小学　王乐芬）

四、研讨专题的连续性

其实,试图通过一次研讨活动就解决某一问题是不现实的。观念的转变与行为的改进,需要进行系列化的、渐进深入的研讨才能产生效果。所以研讨专题的连续性是比较重要的活动策略。

案例6.5　教师论坛争鸣

（一）指导思想

教师校本培训不仅是提高教师专业知识和教育教学基本技能的一种手段,更是加强学校管理,融学校工作目标、学校教育改革于教师个体行为的有效途径。因而,运行机制的有效性,目标内容方式的可行性,教师个体参与的能动性显得尤为重要。学校本学期推出了新的学习形式——论坛争鸣。

我们本着立足学校,立足在职,立足全员,立足需要,突出责任目标多元化,培训内容职能化,培训方法多样化的原则,通过以"论坛争鸣"为主题的教师辩论会,引领大家结合学军小学教育教学现状,关注、思考、分析,最终辩证地看待、指导自己的教育教学行为。刚刚参加了此次辩论的年轻教师小杨教师就说道:"自己刚踏上工作岗位不久,虽然自己对于教学也有一定的想法,但是毕竟是新手上路显得有些不太自信,很多观点也想和有经验的老教师进行探讨,而这次的'论坛争鸣'就为我们提供了一次很好的交流机会。"

以辩论为主要形式的"教师论坛争鸣",设置了正反方对阵,再结合专家点评进行,按照学科和教龄的不同,从年轻教师中选取人员,采取或分组或讨论,或集中展示,或观看录像等不同形式,旨在为全体教师创设争鸣的平台,引领教师共同研究,共谋发展。使教师在学习中学会分享,在碰撞中学会反思,在体验中学会超越,在争鸣中得到成长。

(二)操作要点

1.确立辩论主题以引领教师思考

辩论赛的辩题都是从实际问题出发,以解决实际问题为目的的。教师要学会寻找和发现研究中的问题,学会辩证地看待问题。例如这次的辩题是"现阶段对学军来说,是课堂常规更重要还是新理念更重要",大多数教师都能辩证地认为两者同样重要,区别只在于对"现阶段"的学军来说哪个"更重要"一些。

2.以辩论会新颖的形式丰富教师学习方式

长久以来,校本培训一直是以专家讲座为主,间或有几次讨论,而发言的也常常只是几位比较活跃的教师。论坛争鸣的目的,就是要真正让全体教师都参与进来,每个人都有自己负责的内容,有的查找资料,有的撰写辩词,有的担任辩手,让每位教师都充分发挥自身优势,挖掘自身潜能,各教研组的教研活动也常常围绕辩论赛展开。教师参与学习的积极性空前高涨,走路、吃饭都能听到"辩论"二字,甚至在辩论赛结束后,也常常从正反方教师的口中听到"规则"、"理念"等词语,可见这样的学习方式深入人心。并且,辩论赛中不时爆发出的阵阵掌声和笑声也足以证明这种方式的学习氛围的轻松愉快,深受教师们的喜爱。在这样的学习方式中,教师感受到的是快乐和成功,从而更好地促进教师主动学习、学会学习,使学习变得更加自觉。通过辩论赛,教师们找到了下一阶段自我发展的目标,常规建设不够的可以从抓常规开始,已经建立了常规的,可以挖掘新的课堂教学理念,各取所需。大家开始学会思考自己的发展与需要,学会了为自己的发展定目标。

3.在辩论会准备的过程中培养教师的综合能力

在收集资料的过程中强化教师自我学习的动力,使自己不得不阅读大量的资料,以证明自己所要阐述观点的正确性。在信息化社会里,

校本教研实践模式研究

学会收集信息是学会学习的重要方面。教师们通过各类信息平台,收集了很多国内外教育教学信息,为自己的论证提供了理论素材。实践证明唯有面对疑难问题,教师才有学习的动力,才能促使教师去寻找观察问题的各种视角,建构分析的理性框架,探索解决问题的对策。这个过程也就成为教师学习、提高、升华的过程。

4. 辩论会现场的氛围促进教师即时反思

辩论赛中,双方教师用严密的逻辑性阐述自己的观点,看问题不再只是看表面和比较肤浅,而是注重问题的本质,找准问题的症结。我们认为,教育观念的转变不是讲座讲出来的,也不是从文章中找出来的,而是来自于教师的体验与感悟。而辩论会的过程恰好为每位教师提供了一个体验与感悟的平台。在辩论过程中,正反方观点的激烈碰撞,每个人都在思考怎样为自己的论点寻找有力的论据,在这种类似游戏的过程中,教师通过亲身参与和体验,能感悟到很多理念上的问题,能够改善心智模式,树立正确的人生观、价值观、教育观和学生观等,在一定程度上加速了年轻教师的成长。

(三)注意事项

1. 教研论坛争鸣活动要有计划性

一线教师教学任务和学生教育管理工作十分繁重,作为学校大型的论坛争鸣活动要有的放矢,每学期开学前就要根据教学研究的需要制定具体的规划,要尽早做准备,让参与的教师有足够的时间进行前期的准备工作,实现教学和研究两不误,减轻教师过重的负担。

2. 要满足不同教师的研究需求

学校科研室和教研组要根据教师专业化成长的需求,让每个教师找准自己的位置,调动教师的潜能。教研活动要改变一人讲多人听的不良现状,让更多的教师参与到其中,让教研骨干起到真正的引领作用,让更多的教师受益。

作为校本教研的新产物——论坛争鸣,必然还有其不完善的地方,我们也将在后面的辩论赛中总结经验,吸取教训,不断提升教师的自身素质。

（四）工作方案

每次双方辩手各四名，要求务必有教龄 6 年内的教师一名，教龄 6 年以上教师一名（男女均有），语数学科必须各有一名，综合学科必须有一名。第二次辩论的辩手中最多只能有一名参加过前次辩论。

辩题一　　正方：学军更需要课堂教学常规的管理。

　　　　　　反方：学军更需要课堂教学新理念的引领。

辩题二　　正方：备课应该备详案。

　　　　　　反方：备课应该备简案。

辩题三　　正方：新课程提出的课程价值观反对学科本位的思想。

　　　　　　反方：新课程提出的课程价值观强调学科本位的思想。

辩题四　　正方：与家长交流应该是进行鼓励式的谈话。

　　　　　　反方：与家长进行交流应该是进行实事求是的谈话。

（杭州市学军小学）

案例 6.6　教师论坛活动的发展

说起以往的教研活动，最大的痛苦就是形式与思考的脱离。那时候的教研活动，是教研组长在开学的时候在计划中制订好，本学期谁上课，在什么时间上，上什么内容。然后由上课教师从头至尾的忙碌，至于其他教师仅仅需要到时间带着听课笔记去听一听，然后在规定的教研活动时间去参加一下。这样的教研活动给我们大家的感觉就是"少数人参与，更多人观望！"教研活动的改进应重点克服什么？我们有了一些思考：

（1）困惑于教师研究的个体化

为了使我们的教研活动目的更加明确，促进全体教师共同发展，我们开始寻求改变。如课前要求每个教研组下发本节教研课课堂教学的关注点，要求听课的教师带着问题去听课。理想是美好的，可现实有时候却很无奈。在随后的教研活动中我们发现，除了上研究课的教师能把研究中的所得融入自己的教学过程中外，其余很多教师还是没有真正带着问题去关注课堂教学，在评课时还是说些不痛不痒的话。这种缺乏指导和研讨过程的研究课渐渐又变成了教师个人的展示课，教研活动又渐渐陷入了一个尴尬的境地，活动流于形式，没有真正形成理想中的研究探讨氛围，没有真正地去关注课堂教学中发生的一些现象与问题。

眼看着教研活动的形式变了又变，可还是"换汤不换药"，这促使我们进一步反思，如何从根本上改变我们的教研活动。如果只停留在教师个体的研究，虽然教学行为也会产生一时的变化，但这种变化难以持久，也难以从个别教师的行为转化为群体教师的行为，必须是教师集体的研究，也惟有教师集体参与的研究，才能形成一种研究的氛围，这样的研究才能真正提升教师的教育能力和解决问题的能力。

(2)营造"沙龙"氛围

教师在课堂教学研究的过程中发现了很多问题，有涉及学科方面的，也有年段内容的，这些问题如果不去进一步地思考整理与收集，估计很快会烟消云散。如果这样那太可惜！教师们在成长的过程中一定会有许多的困惑、牢骚、甚至怨言。这种感受需要一定的场合让其得以宣泄，促使在宣泄过程中形成共性的思考，让教师关注更多的共性的问题。沙龙——便是我们开展的又一种校本教研方式。

"沙龙"的过程真的有意思。教师们可以在其中畅所欲言，可以倾诉自己教学中的烦恼，可以发牢骚，甚至可以"骂"，当然那是对一些暂时无法克服的困难去"骂"。不用担心这样的场合是否有碍学校的发展，不会！因为我们教师的最终目标是一致的，为学生，为学校！在沙龙过程中，教师们结合自己的问题，发现了许多有价值的"新课程"关注的共性问题，收集到许多教科研过程中的最迫切渴望解决的问题！在沙龙活动中，教师们也逐渐明确要解决这些问题，依靠的不是高高在上的只重视最终结果的研究方式，而是需要依靠在行动中不断研究、反思、改进的实实在在的科研方式！

"沙龙"的开展在于创设平台，让教师们寻找困惑、形成共性问题，而要解决这些困惑与问题，"新课程论坛"又是我们的新的活动形式。从我们的"新课程论坛"发展看，大致经历了：主讲式课程论坛、团队式课程论坛和头脑风暴式论坛三个阶段。

（一）主讲式课程论坛

第一阶段的"论坛活动"主要是充分利用和发挥校内的各级学科带头人的作用，最大限度地发挥他们的作用。在这样的活动中，作为论坛的教师本身可以再学习再思考，在活动中得到提升和发展，其他教师则可以通过学习、模仿得到进步，真可谓是一举两得。但我们也认识到：由于每次论坛是利用周前会议前 10～20 分钟时间；每次主讲的人员就一个，参与面不够广；另外大部分教师只是作为一个听众，教师参与度不够深。正是认识到这种形式的论坛弊端，因此我们进入了论坛的第二个阶段：团队式论坛。

（二）团队式课程论坛

所谓团队式课程论坛，是相对第一阶段来说的，在这阶段我们以年级组为单位，主要是考虑到教师之间的差异以及要通过活动促使教师团队意识的形成，通过同伴之间的互助共同学习与提高，充分发挥团队的集体作用。话题来源就是教师在沙龙过程中产生的一些对新课程实施过程中共性问题（照片出示，有不同的形式）我们这些话题不仅仅引起教师的共鸣与思考，也有许多引起社会与媒体的关注，比如南湖晚报 2005 年 3 月 17 日关于《作业、作业，孩子们的作业》的报道就是从我们一次三年级组的课程论坛中引发的。

（三）头脑风暴式论坛

第三阶段头脑风暴式课程论坛，通过一段时间的团队式论坛后，看到教师们有了更多的积累与提高，同时也考虑到我们教师的许多交流活动是不可能有许多的准备时间，更多的是教师个人智慧火花的碰撞，所以思考改进我们的论坛形式，形成头脑风暴式课程论坛。我们的目标是：尽可能使所有相关的教师都参与进来，尽情地、无拘无束地发表自己的看法，形成一个大家争相发言，互相补充的局面。要让每一个教师深入地参加每一次的活动。要让我们的教师经历更大的锻炼！我们的原则是：所有教师的所有想法都是平等的，重要的，无论是"可笑"或者"无理"，都不应被拒绝。任何人都不对所提出的观点、看法做价值判断，也不事先对发言的范围有所限制。现在我们在这里谈这一种论坛形式，似乎很自然了。但说实在，当初我们一开始从团队式论坛过渡到这形式的时候,教师们听到"头脑风暴"这几个字就觉得惶恐,对这样的场合这样的活动方式还不太自信。通过多次活动的锻炼,教师们从紧张到接受,从接受到坦然面对,再到乐意参加并争抢话筒。看到这样的变化,是学校最大的欣慰!

就说那次学习了"新教育之梦"后,关于"理想的智育"这一主题的头脑风暴式论坛。"小动物们参加课外培训小组,鸭妈妈送小鸭参加跳远培训,袋鼠妈妈送小袋鼠参加游泳训练,小豹参加了跑步训练……请想象一年后小鸭、袋鼠、小豹的成长情况。"讨论中,两个组各持观点,一方认为"世界上最好的培训是引向成功"。这些动物的潜能不同,这样的培训却可能摧毁它们的自信心,惟独因材施教的小豹子除外。有教师批评鸭妈妈和袋鼠妈妈的"贪多求全""片面追求全面发展",但这引来一些反方意见教师们的反驳,他们认为在潜能开发上都是未知数,没有尝试怎么可以断然拒绝呢……"知识与智慧有区别吗?请画图表示他们之间的区别或联系,并说明图意。"讨论中也出现两种意见争执不下的局面,教师们纷纷到黑板上画数学上的集合图表示己方的观点,最后大家哑然失笑,原来是异曲同工,殊途同归! 在这样的活动中,每个教师都深层地参与活动,从开始的时候看书学习到一起的小组合作讨论问题,再到交流过程中的火花碰撞以及最后的反思,参与面很广,仅那次活动发言的教师就有26人,一些平时不怎么说话的教师也都激动地侃侃而谈。

还有那次与杭州求是教育集团举行的数学联合论坛。我们那天围绕"新课程下的计算教学",分三个话题进行讨论。首先是我们采用当场测试,然后进行讨论。然后我们针对一个案例讨论"学习效率与学习兴趣孰重孰轻"。第三话题是教师们对从"算术教师"过渡到"数学教师"的理性思考。在笑声中我们有了更多的思考! 相信对所有的教师都有一定的启示!

(嘉兴市秀城实验教育集团　王连华)

专题 15　多样化的网络教研

为突破时间、空间的限制，专题研讨也会利用网络而延伸到教师平时的生活中。论坛、博客（Blog）与现在新流行的魔灯（moodle）等工具，利用网络交流的隐身性，以及对交流时空限制的突破，使研讨交流的自由性和互动性的提高有了更大可能。原先只有发生在现场的面对面的交流，如今也可以通过网络来进行教研探讨及远程教学。

基于网络的研讨有以下方面的特征：

1.突破时间和空间限制

在网络上，身处异地的教师们也可进行同步或异步交流。网络教研的实时记录功能，可以记录教研活动的过程和资料，为没有实时参加活动的教师再现活动过程，提供参与可能。

2.民主平等的交流

在网络上，教师们都能随时随地与其他同行和专家进行自由的交流，网络以其虚拟性实现了平等对话。在没有权威的背景下，任何人都可以发表自己的见解和观点，都可以对其他观点进行评论，都可以从中获得自己所需。网络教研可以惠及到每位参与者。

3.研讨的延伸

网络教研的内容都可保留在网上，研究者可以在活动后自主安排时间，再来对各家观点进行深入研究，而且还可以将事后的进一步思考继续与别人交流。这样，研讨交流被延长，为深入研究提供可能。

4. 低成本与高效率

网络教研开展前期需要一定的投入，如网络教研平台建设、软硬件配备、人员培训等，但当这些资源和设施建立起来后，网络教研的运行成本比较低廉。通过网络教研可以提高教研活动的效率，不必劳师动众，不用舟车劳顿，而是通过网络平台，便捷地传达信息，随时随地地研讨交流，从而大大提高教研活动的效益。

目前教育领域中应用较多的网络研讨形式，有电子信件 E-mail、网络论坛 BBS、网上聊天 ICQ，以及新兴的博客(Blog)、魔灯(Moodle)、Wiki(维基)、电子杂志(E-Magazine)等。其中应用比较广泛、效果比较好的是教研论坛、博客和魔灯。

案例 6.7　基于网络的校本教研范式的建构与思考

近年来，我校加强校本教研，积极探索信息技术应用对校本教研改进的支持，逐步形成了基于网络的校本教学研究活动模式。

（一）系统构架

我校网络教研工作模型包括 5 个运作阶段和一个全程参与的支持系统(课程资源库)。

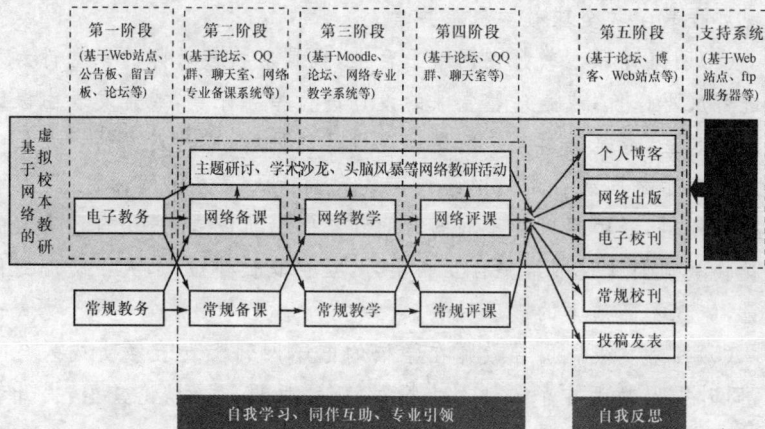

图 6.1　网络校本教研的"非常 5＋1"模型示意图

从这种工作构架中，横轴上主要有基于网络的学科教研与基于网络的学术研讨两条主线。两者在一定程度上可以交叉转化。

1.基于网络的学科教研

（1）电子教务。这主要有三种发起方式：

基于 Web 站点的行政主导发起：教务科研处在网站的公告栏发布教研信息、文件、公告、海报等，发起基于网络的虚拟校本教研。

基于留言板的教师自主发起：教师在留言板上提出解决实际教学问题的请求，教务处根据问题，协调安排进行网络教研的时间、地点、人员等教研事务。

基于论坛、网站投票功能的民主发起：教务处利用网站或者论坛上的投票功能发起主题教研的网上投票，选出大家共同关注的话题，然后根据教师的反馈组织基于网络的虚拟校本教研。

（2）网络备课。网络备课是较为有效的同伴互助形式之一，大家通过论坛、QQ群等网络载体毫无保留地畅谈着每一个教学环节的看法，在平等对话中实现教学思想与方法的"以少换多"。

（3）网络教学。教师利用信息技术，通过计算机的网络功能，在一个"虚拟教室"或者计算机房中进行教学活动。通过计算机局域网和Internet，教师和学生不但可以共享本地的多媒体教学资源，甚至可以实现远程教学和全球教学资源共享。

（4）网络评课。教师在网络平台上，或是对执教教师的课堂行为习惯进行反思评价，或是对整堂课的设计进行指导评点，或是发表由课例激发的想法，或是针对某个问题谈谈自己的见解，或是对发帖评课教师的意见表示赞同或否定。网络评课既有利于大家方便的浏览，又有利于积累资料，教师可以在不同的时间和空间畅所欲言，表达自己真实的感受。教师们通过网络平台互相学习，互相取长补短，加大了交流的信息量，体现了高效率的教研特点。

（5）网络发表。引导教师在学校的电子网刊上发表教研成果与心得，同时提倡教师在个人博客上撰写随笔、反思、案例、论文等，提升教师科研素养，促进教师专业化发展。

（6）课程资源的利用与开发。课程资源库是校本教研的支持系统。网络备课和网络教学都可以采用资源库中的文本、课件、动画、音频、视频等，在网络评课、撰写随笔、反思、案例的过程中，也可以参考资源库中的案例、文献、常见问题集、名词术语库、网址库等。

远程专家、名师等作为一类特殊的非物质化的思想资源，参与着虚拟校本教研的每个环节，起着专业引领的作用。教师在使用课程资源参与虚拟教研的过程中，创造出来的教案、课件、案例、随笔等资源，通过网络的传播又变成新的公共资源，对原有的网络课程资源库进行有机的扩充。

2.基于网络的学术研讨

基于网络的学术研讨活动主要有课题研究、专家对话、主题研讨、读书活动、学术沙龙、深度会谈、头脑风暴、问题会诊、网络学习、论文交流等多种形式。通过网络的学术研讨倡导教师在和谐、平等、民主的氛围中学习讨论,从中体现教师的个性化、多元化。这种研讨形式具有跨时空的持续学习的能力,具有高于个人绩效总和的综合绩效。

(二)网络教研平台

从学校的技术层面、硬件设施、经费能力等多方面综合考虑,我校网络校本教研着重使用一些比较普及的、源程序开放的免费主流平台。

1.网上论坛(BBS)

对于普通学校来说网上论坛是一个非常合适的校本教研平台,一方面网络上开放源代码的论坛技术比较成熟与规范,另一方面论坛的使用比较简单,教师应用相对熟练。学科教研、专家对话、主题研讨、头脑风暴、学术沙龙等活动都可以基于论坛来开展。我校的网上论坛主要开设以下一些栏目:

(1)青蓝研磨:利用固定帖开展学科教研或者利用主题帖开展学术研讨等活动,强化教师专业素养,促进教师专业发展。

(2)教海漫笔:引导教师在线撰写论文、案例、反思、随笔、设计等。这一栏目作为教师个人博客的补充,它具有很强公共性,方便教师交流互动,从而达成教育思想的共享,而博客更多的是体现教师个体的个人知识积累。

(3)读书地带:引导教师阅读学校推荐的书目或者自己喜欢的书刊杂志,认真在论坛上写好摘录、笔记、读后感等,让教师带着自己的教育问题和教育困惑进行读书,通过行动反思和研究,激发教师获得自我超越的热情,真正使读书成为教师的生活习惯,研究成为教师的工作习惯,在学校形成一种读书、研究的文化氛围。

(4)推荐行动:让教师推荐"精筛选"资源,将自己知道的各类资源共享出来,从而达到教学资源库的共建、积累和交流。比如:推荐或转载优秀文章、推荐书籍、推荐课堂实录、推荐精彩讲座、推荐相关链接、推荐专题网站、推荐课件等。

2. 绿苑博客（Blog）

绿苑博客作为虚拟校本教研的教研成果积淀平台，弥补了论坛的不足，教师可以将自己日常的生活感悟、教学心得、教案设计、课堂实录、研究成果、课件等上传发表，形成属于教师个人的资源积淀。博客成为支持教师隐性知识显性化的重要途径，它强调了教研内容在时间上的积累和延续，强调教师个人在网上展示自己。相对论坛而言，博客进一步深化了知识管理的专业化和个人化。其次，博客支持 RSS 技术，教师可以通过使用 SharpReader 这样的免费软件来订阅自己所关注的教师博客，以达到知识的共享。教师也可以把自己评论写在别人博客文章内容之后，同时又达到了思想的共享和交流。

3. Moodle

Moodle 是信息技术背景下校本教研中进行网络教学的理想平台。Moodle 是一个基于建构主义教育理论而进行设计开发的开源软件，它可以帮助教师创建高效地在线学习社团。它主要功能有：创建课程页面、发送 E-mail 通知、创建课程大纲和进度计划、发布和评判作业、组织课程资料、成绩管理等。在 Moodle 里，教师进行网络教学，可以一并规划讨论区、作业与心得版、测验等，不仅自己教学时可以使用，也提供学生异步补充学习与同伴互动交流。Moodle 操作简单、推广容易，无论是协助教师开课或是学生学习，都能在短时间内熟悉操作。

4. Netmeeting（网络会议）

Netmeeting 是一种具有视频、音频传送；文件传输；桌面共享、程序共享；文字聊天；电子白板教学等功能的一种新型的虚拟校本教研平台。主持人可以利用麦克风主持音频校本教研会议，也可以利用摄像机和视频捕捉卡主持视频校本教研会议。这种网络会议功能的应用，使教师可以很容易的实现跨越空间的面对面的音视频同步教学研究交流，还可以在任何时间任何地点观看教研内容或把自己的问题录制下来，在特定的时间自动与别人交流，极大地增强了虚拟校本教研的功能。

（三）实践成效

1. 唤醒教师主体意识，强化教师专业素养

在教育教学中，只有充分唤起每一个教师的精神诉求，学校才有生命力！让教师基于网络进行虚拟校本教研能让教师认识到自己是教育教学活动的承担者和主人，意识到自己的努力决定自己的工作生活的发展变化，从而自觉地发挥能动性，积极投身到教师专业发展、教学改革、创造性的工作中。有了教师主体意识的觉醒，教师的专业发展才有了可能。通过信息技术背景下校本教研的驱动，学校内许多教师自觉开始反省自我专业成长，调整自我职业生涯规划，学会用研究的眼光看待教育教学的每一个细节，学会用真诚的眼光看待每一个学生，在长期的教育思想积淀中，专业素养在悄然改变。

2. 体现教师自身价值，消除教师职业倦怠

长期以来教师缺乏持续发展的动力，如何彻底改变教师孤独、麻木、灰色的人生状态，消除职业倦怠是我们必须思考的重要问题。虚拟校本教研构架了一个教师自我展示的平台，让许多教师有了充实的灵魂栖息地和不断生长的精神空间。许多平凡的教师通过这个舞台将自己内心思想、隐性知识转化为网络语言展现出来，他们的生命意义变得充实，他们的言语受到公众的更多地关注。在充满智慧的言语之间，教师们有了超脱的情怀和生命的激情。在评论交流对话之间，教师们有了关爱与鼓励。在思想的碰撞之间，教师们有了情感共鸣与经验共享。这些都会使教师的生命变得特别开阔、灵动、开放、乐观、旷达、鲜亮，促使他们永远不满现状、不断进取、大胆创造、革新自我，永远追求那种令学生激情满怀的生命境界。

3. 拓展交流维度，丰富校园文化内涵

一直以来，人际交流、组际交流、校际交流形式比较单一。信息技术背景下校本教研的出现，让教师之间交流形式有了不同维度的拓展。在时间上，它可以让交流有了随时性；在空间上，可以让大家交流建构在虚拟的平台上，突破地域的限制；在对象上，信息技术背景下校本教研可以沟通教师与教师、教师与学生、教师与家长、教师与专家、相识与不相识、甚至于反对者也可以进行交流；在内容上，可以交流学术、可以交流专业。其次，信息技术背景下的校本教研的成长慢慢地成为校园文化的一个侧影。在教师的言行里，可以透视学校的办学理念，学校的

人文气息，学校的制度缺失，学校师生的成长。

（苍南县第一实验小学　林高）

一、教育博客与教育博客群

Blog 的中文意义是"网络日志"，即人们利用互联网新兴的"零壁垒"的博客技术，以文字、多媒体等方式，将自己日常的生活感悟、教学心得、教案设计、课堂实录、课件等上传发表，超越传统时空局限（课堂范畴、讲课时间等），促进教师个人隐性知识显性化，并让全社会可以共享知识和思想。很多教师应用这一平台，发布教案设计、课堂实录、课件以及教育教学研究的心得与成果。

博客是 2000 年引入中国的。2003 年初，国内少数高校及中小学教师开始尝试利用博客进行教育教学研究。2004 年开始，在"海南成长博客"的带动下，国内许多中小学开始在校园网上搭建博客平台，一些区域性的教育博客平台开始兴起。2005 年是教育博客发展最为迅猛的一年，区域博客、群组博客、个人博客、团体博客等更深层次更广阔的应用蜂拥而来，"草根英雄"不断激励着默默耕耘的一线教师，话语权的回归唤醒了教师的主体意识，教育博客在全国遍地开花。

教育博客的出现为教师专业成长提供了一个全新的平台。它在技术上的低门槛，在情感上的人本化，在使用上的开放性，在经济上的优越性，使它不仅具备与教师专业发展的必然联系，也具备了教师接受这一社会性软件的现实可能性。通过分析教育博客的功能及教育博客的应用实践，我们认为教育博客可以作为以下工具使用。

（1）教师专业成长平台：即作为教师教学反思的工具，教师可以利用它进行教育叙事，教育交流。

（2）教师的个人知识管理平台，或者说教师的个人网站：可以发布信息、积累网络教学资源如论文、案例、视频等；利用教育博客的个人网站功能，教师可以和其他人在网上进行交流、探讨教学和研究、合作编写教材等；

（3）作为办公系统使用：教育博客作为学校或教研结构的信息发布系统，利用它来实现办公自动化、无纸化。

校本教研实践模式研究

(4)作为教师教学研究的管理平台：教师可以利用教育博客进行教学，也可以利用教育博客可以作为学生进行自主学习、研究性学习和协作学习的平台；并通过教育博客进行学生学习和教师教学评价。

(5)作为班级管理和家校沟通的平台：教师可在教育博客上进行班级信息发布、激励学生、开展主题班队会、学生资料管理等，通过博客的开放性，让学生参与到班级的管理中来，让学生成为班级管理的主人。同时家长也可以通过教育博客了解孩子的情况及和教师交流。

案例6.8　以教育博客促进教师专业发展的实践策略

我们认为，吸纳全体教师参与教研过程和研究介入教学全过程是校本教研成熟的标志，也是教研走向"校本"的瓶颈。随着现代教育技术的普及，以计算机、网络为载体的 Blog 作为教育叙事研究报告的交流平台，受到教师的欢迎。于是，我们通过推广教师 Blog 来引导教师自我超越，提高教学反思能力、信息获取能力、教育创新能力，促进教师专业化发展，以构建学习型组织，提高学校办学水平。之所以推广教育博客能够促进教师的专业成长，其机制与实践策略主要有：

（一）构建教师交流平台，在开放中发展

Blog 是教师学习与交流的平台。自 2005 年 12 月底我校博客建站以来，我们先设置了"在线学习"、"教学随笔"、"教育叙事"、"闲暇絮语"四个版块。在实践中我们把自己的 Blog 定位为"教师探索天地，干群沟通明渠、学术交流平台"，因而增加了"课堂教研"与"主题研讨"、"智慧家长"、"他山之石"、"班级之友"、"读书心得"等栏目。每位教师都能在家里看 Blog，写 Blog。每天都有近 300 人次访问 Blog，参与或关注 Blog 的发展。我校博客的栏目设置主要有：

●在线学习（他山之石）：介绍他人经验供教师学习充电。

●教学随笔：写自己教学生活中的收获、感悟与反思。

●教育叙事：反思自己教育工作中的典型事例。或给人以借鉴，或给人以启发，使每一个人的隐性知识能更多地发挥作用。

●闲暇絮语：书写日常生活中的所思所想，心情散记。闲暇时的一种心灵沟通，宣泄。锻炼教师的文笔，提高写作水平。

●课堂教研:探讨课堂教学中的问题与得失。呈现课例以及课例研究的成果。培养课堂教学应用能力、创新能力。

●主题研讨:教师外出学习的汇报,教育教学信息的交流,以及工作中的各种问题的探讨。

●智慧家长:介绍家庭教育的一些优秀做法,耐人寻味的小故事。

●班级之友:有关班级管理工作的问题、经验探讨。

●读书心得:写作读书的心得体会,以育书香学校。

学校建立积极的参与机制和激励机制,成立梅城小学论坛小组,吸纳45周岁以下的中青年教师参加。要求论坛小组成员每学年根据自身实际,确定课题,通过实验课、论文等形式体现自己的研究成果;要求大家积极学习教育理论,有选择地阅读一两本教育专著,撰写精炼简短的读后感,上传网上共享交流;要求教师将平时听课后的简短评课,上传到校园 Blog 与大家研讨教育教学的得失;要求教师外出学习后都要将学习心得与收获上传 Blog 进行交流。

为了让教师敢写,我们允许教师用网名申请注册会员。在匿名的状态下,教师们畅所欲言。并根据学校工作安排,设计侧重不同的 Blog 主题,2月份教师开展读书活动,侧重写"读书心得",3月份评比智慧家长,每周开展教研活动,我们的 Blog 就增设这些栏目。随着视频案例研讨的活动开展,我们同时增加"案例传真"视频点播。

(二)推进教育叙事研究,在反思中成熟

梅城小学 Blog 的出现,优化了梅小的校本教研模式。特别是教育叙事研究的推广,改变了教师日常研究的基本习惯。教育叙事研究是教师通过对有意义的校园生活、教育教学事件、教育教学实践经验的描述与分析,从而发掘或揭示内隐于这些生活、事件、经验和行为背后的教育思想和教育理论,从而发现教育的本质、规律和价值意义的过程。

教师叙述自己的教育故事不是为了炫耀自己的独到的教学研究方法,其主要目的是通过自我叙述来反思自己的教育生活,在反思中改进自己的教育实践,从而重建自己的教育生活。教育叙事研究强调以教师自身的真实生活为基础,通过讲述自己的故事,唤醒教师多年来积蓄在自己心中的经验、情感、愿望、梦想,以及自己面对社会压力的心理障碍、失望、抗争等等,使教师在日复一日的平淡生活中激活了自己的思维,更好地发现自我、认识自我、提高自我,并在交流分享中推动整个教师群体的全面进步。

有了Blog和教育叙事后,教师们感觉话语权真正回到了自己的手中。阅读"教育叙事"里的文章,读者与作者一起在叙事中反思,在反思中深化对问题或事件的认识。在反思中提升原有的经验,在反思中修正行动计划,在反思中探寻事件或行为背后所隐含的意义、理念和思想。在《病假回来的男孩》中明白"宽容源自于爱,而爱总是能创造奇迹的";在《借我一双慧眼吧》感悟"淡泊以明志,宁静而致远。只有当我们静下心来,才能看得更深透些。只有在平时少些浮躁,才能穿过优生的光芒和差生的迷乱,顾及到这些被教育遗忘的一族";《用心沟通,收获真情》告诉我们"很多时候,我想只要我们能放下一些所谓的教师的尊严,平等地真正用心去跟学生沟通,我们一定能收获更多";《美,无处不在》启迪我们"问题学生不是没有闪光点,而是教师缺少发现美的眼睛","只有心中有美的人,才能够领略真正的美景";《舒展可以无限大》让你明白"教师如果先敞开心扉,我们就能容忍学生,就能让学生感受到你的爱,并从爱中学会爱","舒展才能产生爱。当舒展我们的心境时,装下的将会是整个世界。"在"班级之友"、"智慧家长"等栏目中,你都可见教师的智慧、教师的思考。

(三)扩展校本培训渠道,在共享中积蓄

要想成为学者型的教师,实现持续成长,教师除了拥有专门学科的知识和技能外,还应具有深厚的教育理论修养,广阔的教育前沿视野,敏感的教育问题意识,过硬的教育科研能力。而教师真正的成长不在于岗前培训和脱产培训,而主要在教学实践中的锻炼。教师专业能力的体现最初发生在课堂上,最终发展于研究实践之中。所以,把教师的教学实践与教学研究、培训有机融为一体,以促进教师持续发展。我们除了采用"走出去、请进来"的方法提升教师素质,还利用Blog的"在线学习"与"他山之石"栏目,组织学习讨论,明白"教而思之天地宽"。教师要反思教学过程中的"亮点",反思教学过程中的"败笔",反思教学过程中的随机变化和调整,反思教学过程中学生的"奇思异想",反思学生探究学习中的"拦路虎"，反思"再教反思"；组织教师探讨《怎样写教学反思 》、《教师进修，修什么，怎么修》；组织实验教师学习、研究新课程标准，并针对所用的新教材，仔细研究新课程标准的要求，掌握《生字听写的策略》、《课堂问题行为的管理策略》、《发挥农村优势，拓展小学作文课程》等等，使每一位教师都认识到课程改革的重要性，尽可能地让教师们接受到新的教育信息、新的教育理念。

有了校园 Blog，教师们在网上看到好文章，就会转贴给大家共享，或者向大家介绍信息，"人教论坛"、"小语之家"、"中国教师博客"等一些优秀网站成了教师们常去之处，教师们主动学习，加强知识储备。《追寻失落的一角》蕴含深刻的人生哲理，《杜朗口课堂教学》介绍一种崭新开放的教学模式，《朱自清散文全集》让你重返读书时代……校园 Blog，开拓教师参与学习、培训、学术交流的校内外畅通的渠道，使教师能从多种渠道获得教育资源、信息，在信息交换、经验共享、深度会谈、专题讨论中对话，在骨干教师帮助下达到共同成长，一起进步，促进了教师专业化的提高。校园 Blog 让教师成为终身学习者。

（建德市梅城中心小学）

在博客或教育博客发展的前期，博客平台只提供一个统一的平台，博客们通过注册申请便可以建立自己的博客，每个人的博客相当于自己的个人网站，充分张扬自己的个性。这一阶段博客发展的缺点是各个博客相对分散、独立，不系统，很难找到志趣相同的博客进行交流、分享。于是博客群组、博客圈、团队博客应运而生。简单地说，所有博客群组、博客圈或团队博客由一个以上的博客共同经营的，内容话题比较接近，并且群组博客内部成员之间的文章有相互交流的博客，那些只仅仅把内容聚合在一起的博客不能称为是群组博客。

案例6.9　学科博客圈及其运营

对于博客来说，相信教师群体已经不再陌生。在这个广泛依托网络推进校本教研的时代，很多学校都充分利用校园网这样一个平台，鼓励教师在校园网上开辟个性化的个人成长空间。可是，教师博客的模板设计个性化、内容撰写的自由度与相对独立的个性空间虽然尊重了教师个体,彰显了教师个性,却不能将内容进行合理地整合和完美地呈现,站在校本教研过程管理的角度来讲,缺乏有效性。怎样才能既发挥教师博客的个性魅力,又能将广大教师的博客进行梳理呢?承载着校本教研功能的学科博客圈应运而生。

(一)基于教师个人的教育博客

要建立一个学科博客圈,学科教研组的教师首先必须在同一网站开辟成长博客。当然,在这个属于自己的自留地中,教师以什么样的风格打造自己的家园,决定权在自己手里;无论教师反思教育教学还是评价质疑,内容的选择权在自己手里;无论教师何时去打理,时间的支配权也在自己手里,这就是博客跨越时空的随意与自由,也正是激发教师兴趣的关键所在。

基于博客平台,教师可以共享自己的教学论文、教育故事、教学反思、教案设计等教育教学方面的文章,也可以在博客上发表生活随笔、家教心得、个性图片等等。在博客上,教师能在进行知识梳理、学习与积累的同时,实现相互交流与智慧共享,在共享中不断展现自我、激发灵感、开阔视野,促进自身的成长和专业发展,也能将它当作自己的情感空间,尽情抒发自己的喜怒哀乐,成为一个心灵家园。

(二)基于学科教研组建设的学科博客圈

有了在同一网站注册的教育博客后,学科教研组长就可以向学校网络中心申请注册一个博客圈,然后选定一个适合的模板,美化共同的家园。一般情况下,学科博客圈的首页基本上要有"圈子资料"、"成员列表"、"最新发表"、"精华博文"、"圈子公告"、"最新评论"、"最新图片"、"圈子论坛"及"圈子留言"等几个主要模块。而在"精华文章"栏目中,又将其分设为"大事要事"、"论文平台"、"叙事驿站"、"设计之窗"、"反思集锦"、"疑难杂症"、"家有喜事"、"资源推荐"这几个小版块,让圈里成员一一明确。

等万事俱备后,再掀起东风。首先由圈主向所有学科组的"家庭成员"发出邀请,把他们一一"请"到圈里。对方接受后,在博客圈首页就会出现"最新成员"。随着学科组"家庭成员"的不断聚拢,博客圈的人丁就会越来越多,人气也会越来越旺。

当然，学科博客圈并非只邀请本校同学科成员加入，不仅可以邀请教研室的专家加入，经常性地进行专业引领，可以接收兄弟学校的学科成员加入研讨，让智慧的火花自由碰撞，还可以通过友情链接的形式邀请其他网站注册的"同胞兄弟姐妹"。正如萧伯纳曾所说的："你我是朋友，各拿一个苹果，彼此交换，交换后仍然是各有一个苹果。倘若你有一种思想，而朋友间互相交流，那么我们每个人就有两种思想了。"学科博客圈就提供了"彼此交换思想"的平台，能更有效地促进学科教师间多种思想的交流与碰撞。

（三）基于学科博客圈的管理

从严格意义上说，学科博客圈是一个非正式教研团体。它跟平常我们所说的教研组和备课组有所不同，无论在组织形式上还是日常的管理中，它都体现了学科博客圈这个载体在时间上的随意性、组织上的灵动性和形式上的生动性，加入了许多活泼、时尚的元素，与时俱进。

为了经营好学科博客圈这个大家庭，我们分成了五级管理网络进行管理：一级管理为分管校长，主要职责是监控；二级管理为教导处和教科室，主要的职责是监控和评价；三级管理为圈主，也就是学科教研组长，主要负责本圈的组织管理工作，确保教研活动、评论等健康有序地开展，对文章的内容以及舆论导向严格把关。有权限发表主贴、删除跟帖的权利和义务；四级管理为圈中的管理员，分别由五个年级的备课组长来承担，每人负责一天的博客圈管理。主要行使的权利和义务是从周一到周五轮到的当天至少上网一次，阅读成员发布的最新文章，并给文章设为精华，按内容分别推荐在"论文平台"、"叙事驿站"、"设计之窗"、"反思集锦"等分类中，真正做到"今天我当家，就由我做主"；五级管理为教师个体，他们的主要职责自然是积极发表文章，多回圈里转转，留下自己的评论，提出一些教学中存在的难题。

正因为是"非正式"团体，所以开展机制也跟平常的教研活动不同，不再统一时间组织教师面对面地相聚一堂进行教学沙龙活动，而是经常性的让教师利用课余休息时间、没课的时间或是晚上休息时间按要求进行反思交流。如此一来，虽然彼此相距甚远却也仿佛近在咫尺般，使交流更加开放，人员更加广泛，时间也更加充足。

（四）基于学科博客圈的教研流程

在平常的教研活动中，我们遵循的是"发现问题—制订计划—采取行动—交流总结"这样的教研流程。怎样才能使网络教研与传统教研成为一种共存和互补的关系呢？

经过实践，我们的具体操作程序为：教师首先在新学年学科教研组的第一次沙龙活动中提出自己教学中存在的困惑，然后由教研组组长从教师的交流中发现有研讨价值的问题，在博客圈的圈子论坛中发表主帖，动员成员各抒己见，积极跟帖，发表看法，最后由圈主根据评论情况在圈子首页"公告栏"中将本学期的教研主题隆重"公告"。经过圈里成员集体的建议确定有研究价值的主题后，由圈主制定出实施预案（包括理论学习计划、内容、教研课的安排等），在圈子首页的精华文章之"大事要事"中固顶。随后，在教研组的统一安排下，在备课组的具体操作下，各备课组将实施过程中遇到的问题在圈子论坛板块继续发帖，由备课组长根据大家的意见进一步修改预案。如此围绕主题进行反复实践探讨后，再由备课组长将本备课组的主题研究成果进行书面小结，并提出进一步需要研究的问题或相关建议。教研组长再针对各备课组的小结情况进行总结，形成书面的报告，同样固顶在圈子首页的精华文章之"大事要事"中。对于研究过程中的一些图片资料，则可以在圈子首页的"最新图片"中浏览。

不可避免的是，在研究过程中一定会遇到诸多的困惑。这时，圈主可以通过多种途径外请教专家解决。这其中包括在网络上与学科教研员通过视频对话，友情链接网络虚拟专家等。正所谓"网内存知己，天涯若比邻"。

（五）基于学科博客圈的评价

在网络中，开放性的评价无疑是最大的特点。尤其是系统能自动生成的，无须人工层面来操作的评价。如，当你在圈中发表的文章被管理员加精居多时，系统会自动排行，生成"成员加精排行"或者是"活跃成员"。这是针对教师个人最公正的评价。成员文章加精多者就由圈主推荐为"博星"，出现在学校博客网页的首页上。

如果说教师博客的评价省时省力的话，那么学科博客圈的评价则带有模仿借鉴"加油好男儿"、"快乐男声"的评比方式之嫌。总的来说，博客圈的评价从两个层面来衡量，一是系统生成的博客圈总访问量、帖子的数量、评论的数量等，也就是圈子的人气，支持率，相当于场外观众支持率，从中可窥见圈中成员参与研讨的热度；二是由教导处、教科室监控的所有博文和评论的质量，也就是校内专家的专业评定，相当于比赛中现场评委团的专业评定，从中可了解圈中成员主题研究的深度。结合这两个层面的评价，能有效促进圈中成员的精诚团结和锐意进取，感受"我参与，我快乐，我成长"的至高境界！

纵观学科博客圈的经营，它赋予了我们全新的理念，构建了更加自由、开放而时尚的教师群体成长空间。其划破时空界限的交流拓宽了教师专业成长的途径，全新的评价方式于无形中激发了教师成长的欲望，能更有效地促进校本教研的开展，提高校本教研的工作实效。

（丽水市莲都区刘英小学　雷美芬）

二、教育博客的综合化发展

在教育博客发展之初，往往只是提供单一的博客平台，如成长博客，海盐博客等。但人们逐渐又发现了当博客与教育信息化平台相互隔离时，教师感觉头绪较多，颇为茫然。为此，将教育博客平台与其他平台相整合，将不同层次的博客组构成一个统一体系，是教育博客发展将要解决的新问题。

案例6.10　打造 Blog 平台　抢占网络教研制高点

随着学校信息化建设的推进和网络技术的更趋成熟，网络教研更具广泛性与价值性。如何拓展载体，优化使用，是追求网络教研价值最大化的根本途径。

（一）开发一体化的网络平台，构建教研"绿色"通道

教研是什么？课间，教师们在大办公室聚在一起，讨论起班中学生的学习、谈论起教学中的感悟，滔滔不绝，神采飞扬——这就是最常见的有意义的校本教研，最生活化的教研。然而，这样的活力缘何不能出现在每周一次的常规的教研活动中呢？课后强烈的感受（或欣喜或困

感），由于没有及时记录而渐渐消淡可能是一个重要原因。不难想象，课堂生成的问题在得不到交流与探讨的情况下，"问题"还是"问题"。因此，日常教研要为教师创设"教研无所不在，教研无时不可"的校本教研环境，要给教师一个能及时记录问题或参与交流的平台。

为促进教研生活化，开辟教研绿色通道，必须构建一个集学习、工作、教研于一体的网络工作平台，将教研平台与教师日常无纸化办公平台联在同一平台上。那么，立足此平台，既能让教师实现与各处室、各同事的交互，又能实现到外部的学习与交流，还能实现自我反思。换句话说，教师立足于这一平台，可以最便捷的方式，收悉通知等信息、上传办公文稿、开展网络学习、撰写反思、实现交流等。让网络教研成为教师学校生活，乃至全部生活的一部分，成为教师工作的常态。

多功能链接平台：可直接进入实验小学团队博客教研，进行文章点评、问题探讨；可直接进入县教育网、县教研网、县教师博客；直接进入百度、google 搜索引擎	资源撰写与交流平台：教师在课间，可以直接写你的教育故事或课后反思；可以直接在"桌面"上有感而发，并自动生成于博客教研"问题探讨"等栏目上；可以选择"独享"或"共享"把撰写的感受直接生成于教师个人教育网志或团队博客教研网上；可以将自己学习的好文章或自己的学习成果及取得的业务实绩发表于公网或私网上……
	信息收发与交流平台：任何教师可与个人、小组或全体教师进行直接交流。教师个人之间可以开展学术研讨或私下留言；学校管理者可以在此发布各类教研信息与工作要求……

在网络教研绿色通道的构建中，"个人无纸化办公平台"是教师开展学习、工作、教研的枢纽。它与各网络教研平台紧紧相连，相互交融。作为教师个体，打开电脑后，其进入的方式为：

```
              教师个体
校园网                    团队博客教研平台


团队博客教研平台 ————————————— 个人无纸化办公平台


教师博客  学校各级管理系统  搜索引擎及邮箱  各级教育网  撰写日志  信息交流
```

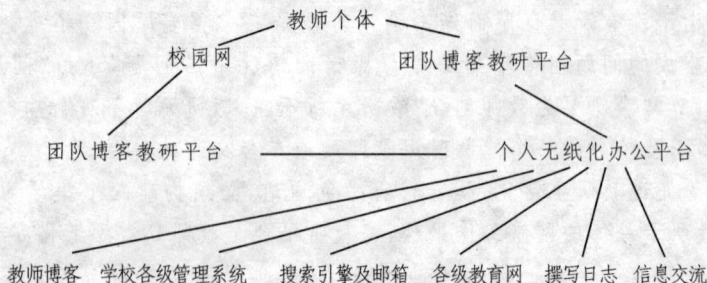

图 6.2　一体化的网络教研平台示意图

个人无纸化办公平台不是孤立存在的,与团队博客教研平台、校园网、外部的教育博客等交流平台是相通的。在无纸化办公"主界面"下,可以便捷地开展教研、学习等工作。另一方面,教师在个人无纸化办公平台上的所有的参与,均可以自动生成在个人教育博客和团队博客教研平台上,可以实现着与系统内教师的最为广泛的交流,从而实现教师群体教研的可操作性。在设计中,每一位教师在进入个人无纸化办公平台过程时,必先通过团队博客教研平台进行登入,因此,每一篇带有"new"的博文会在不知不觉中吸引着教师去看看,让教师们无时无刻不感受着学校教研的活力。

(二)建构学科博客群组,打造教研共同体

打造学科教研共同体是最大程度地促进学科组内教师同伴互助,实现共同成长的有效方式。在常规教研组、备课组中,人力资源分散,而且结构缺少层次性。作为名师个体,总在相应组织中担任"权威"角色,不仅使该组织的教研活动同水平重复,而且制约了名师个体的后续发展。在我校,各级名师数量较少,并分散在各个教研组内。他们很难集中在一起开展教学研讨活动。因此,建构以学科为单位的网络博客群组,既可以让校内各名师走在一起,又可以吸引或邀请校外名师加盟,有利于凝聚更强的团队力量,实现对教师个体的有效帮助。

在以学校为单位的博客或网页上,文章与点评虽然多,但比较杂,教研问题的指向性不是很明确,有一定的局限性。以学科为单位的博客群组可以实现学科教师的"纯净"交流。如语文教师博客群、数学教师博客群、音乐教师博客群……一名语文教师若遇上教学上的问题,可以在语文学科博客群组中发帖求教,也可以在学科博客群组中跟名师贴,实现与名师对话。值得一提的是,各博客群组的会员,可以自愿申请加入,并自主参与研讨。如小学音乐学科博客群组,其成员汇集了全县的音乐教育精英,促进了教研的深入。

在建构以学科为单位的博客群组中,我们倡导构建名师群引领下的学科教研共同体。它以校内外优质师资的重组及同伴互助为主要内涵,吸引着期待成长的教师的自愿参与、并积极参与网内教研活动。它的活动是自主的,能体现每个成员的自身需求,是一个积极又开放的学习型组织,又是一个人际和谐的学术团体。整合了区域性优质教育资源的学科博客群组,体现着促进教师专业成长的展示意识、发表意识和合作意识。它彰显了团队的力量,汇聚了研究活动的人气,促进了同事之间智慧的碰撞,显示了广大教师潜在的进步力量。

(三)丰富网络教研内涵,凸现教研实效性

现时代的网络教研不能只看作是上传一篇教育文章,或是学习并点评一篇文章。如何基于网络优势,实现网络教研的应有价值,关键还在于我们如何应用网络技术,丰富网络教研的内涵,拓展网络教研的方式,以提高教师参与网络教研的广度与深度。

近年来,网络教研发展很快。原先以网络展示型学习为主的网络教研模式,逐渐被具有即时点评功能的博客所替代。目前,可用的网络教研方式主要包括:

其一,提供即时撰写与发布日志的平台。在日常教学过程中,倡导即时反思。二十字,五十字,几百字……用朴素的语言、批判的眼光、辩证的方法,执著地"有感而发",长短不论。每一次的"参与"既为自己留下了成长的轨迹,又能给博友们以深刻思考。

其二,与教育网站与教育博客的选择与链接。既要让教师在"乡间小路"(指校本网络教研圈)中走走,又要让教师到"高速公路"(指外部学术网)上跑跑,为教师提供更为广泛的学习空间。如链接教育行政网、教研网,知名教师博客等,开阔教师的学术视野,让教师的研究能力与学术水平在学习中有所提升。

其三,设置即时点评、交流与修改的功能。通过网络功能的拓展,可以让教师即时参与新发布日志的点评与交流；也可以立足"维客天地"，对希望大家直接给予修改的日志，在其原文上进行编辑与修改。一篇文章同时可以有多次点评与修改，各种点评与修改将在博客上积淀，同时促进了各参与者的思想交流，促进更多教师的专业成长。

其四，建立反映课题研究过程的课题博客。在课题研究中，我们要求课题组逐步地将相关的研究成果或文献学习材料发布在专题博客中，并要求各课题研究者或其他教师积极参与点评，或跟帖。

其五，依托网络改进集体主题研训。传统教研由于时空的限制，只能少数几个人发言，意见难以充分表达，且过分注重个别优秀教师的示范而忽视了蕴涵在广大普通教师的互动，不利于形成集体智慧。利用网络开展交互式主题研训，能避免直面相对时的拘束与尴尬。如论文点评与撰写培训，可以直接将被点评的教师论文传于博客中，在规定时间中，让教师参与点评与修改，最后由指定名师作论文撰写的培训指导。

（四）建构网上整体推进机制，强化教研自主性

在推广网络教研的过程中，还可以通过教研管理机制的创新，提升教师的教研意识，促进教师的自主教研，实现自主发展。

譬如我校建立网络（博客）教研理事会，来激发教师的教研成就感。网络教研（博客）理事会以"书写教育事例，共享教学经验，交流教学资源，积淀教育品质，实现专业发展"为活动宗旨，其会员为学校网络教研的活跃分子。其责任是：管理博客日志、积淀精神内涵、打造文化品牌。如我校的博客理事会要求理事审核博客日志，对质量较高的博文审核后加"精"，并要求对浏览的博文轮流进行点评。加"精"与点评工作相对于理事会成员可能无需太多时间，但因为有人参与点评，会引来更多教师的跟帖。这相对于发帖的教师而言，将是莫大的鼓励。

又如我校建立网络教研公告制，定期进行校内外教研情况"盘点"，其中包括教师在教育教学上获得的荣誉、奖项及报纸杂志上发表论文，以及教师在当月发表日志数、参与点评数、获得教研"货币"数等以排行榜的形式予以网上公开，激发教师的参与热情，使教师们在校本教研参与中更有成就感。

（海盐县实验小学　林会国）

其实,解决教师专业发展的核心是真正唤醒教师的主体意识。教育博客确实有利于将教师和学生的个人隐性知识显性化,并让全社会共享他们的智慧、知识和思想。所以当人们发现教育博客的巨大价值后,力促教育博客介入传统教研,作为传统教研的补充。如海南的成长博客,就是教师和教研员利用教育博客开展网络教研,扩展传统教研途径,提升教研效益的可贵探索。但人们在很多时候认为教育博客就是网络教研,网络教研就是写博客。这是并不恰当的。应该说,博客最适合的是写教育叙事、教学反思。为充分发挥网络教研的作用,还需将教育博客和其他网络教研方式如 QQ、Wiki、论坛等结合起来,弥补教育博客功能上的先天不足。

案例 6.11 构建 Blog＋QQ 群,促进教师群体反思

随着信息化的不断推进,网络教研日益受到教师的关注。笔者结合 2004 年参与江北教师博客网的开发、运用等实践工作,对网上群体反思平台的搭建及运行模式进行了初步的探究,并对教师研究中组合应用 Blog 与 QQ 群的做法进行了探索和反思。

（一）Blog 和 QQ 群相结合的优势

目前,教育领域中大量应用的 Blog 已成为一种新型的教师反思工具。教师除了可以在其中记录自己的学习、研究、教学经验与思想变化外,还可借助 Blog"平等、开放、共享"的发布机制,把自己的做法、经验与异地教师分享,既为他人提供思维的前提和原料,也帮助自己反思,在群体的分享与交流中促进自身的提高。QQ 是基于 Internet 的一种免费的即时通信软件,是国内用户最多的通讯软件之一,已成为大多数教师的网络通信工具。教师之间可以进行网上寻呼、在线实时交流,以及离线状态下留言的保存。它的最大优点是群功能,我们可以组建不同的研究群体,共同反思教育问题。

比较两者,QQ 虽有即时的优势,但是交流过的信息不易保存和共享,且交流的信息可能比较肤浅。而 Blog 正好相反,它没有即时通讯功能,信息发布与他人浏览并不同步,而且需要教师的访问,但其受众群体广。这两者的有机结合、优势互补,可以搭建适宜教师群体反思的

平台。

（二）Blog＋QQ群的建立

1. 建立区域性Blog平台。

首先，要由教育部门组建区域Blog平台（不提倡学校各自为政，各自建立自己的Blog）。然后根据教育教学的需要建立Blog，如教研室Blog、名师工作室、教研组、教师个人等Blog组。另外，还要给教师提供属于自己的个人网站，有域名，有空间，可分栏目，可管理。

2. 建立教师研究QQ群。

每位教师申请一个QQ号码。然后，根据学科建立不同的学科QQ群（如语文备课小组QQ群、数学教研组QQ群），也可以根据研究课题建立不同的课题QQ群等。每当建立一个群，要通过网络媒体通告给教师该群群号，规定教师用自己的校名加上真实姓名作为群标识加入（这并不影响教师在群之外使用昵称的功能），使交流更加方便。

3. Blog＋QQ群平台的运行。

当研究群要发起教师讨论时，管理者可以先把研究主题、内容、要求、注意事项发布到Blog上，再把这个发布在Blog上的信息通过URL发布在QQ群上。这样，教师都可以通过QQ或者通过浏览Blog获知信息，根据实际需要在QQ群或Blog上回复、讨论。

当然，什么时候使用QQ，什么时候使用Blog，并没有严格的规定，主要要看哪种工具效率更高。例如，一位教师要请教他的师傅修改文章，他可以把文章放在Blog上，通过QQ告知他的师傅。这样师傅上线时能及时看到消息。又如，某学科举行了一次公开课后，需要教师参与点评，那组织者可以先把公开课的教案等资料放到Blog上，教师们可以经过深思熟虑后，约聚到QQ发表见解，进行讨论。

（三）Blog＋QQ群促进教师群体反思

教师平时对自己教学行为的反思通常是个体的反思，只有在教师集体活动时才会产生群体的反思。传统的研究活动结束后，都是通过组织者收集反思资料，或召开研讨会进行反思和交流，这样不仅需要经费支撑，而且时效性不强，受众不广。而Blog或QQ上的反思日志，一经发到网上，就成为大家共同反思的对象，这不仅包括参加活动的教师,还可能吸引大量的其他教师,这些教师对这个问题的思考与解决过程又通过回复的形式反馈给作者,从而可能激起更深入的反思。这种波浪式前进的反思过程是教师群体反思的优势,也是比较容易实现的技术支持的反思活动。

教师的反思活动不能仅仅局限在一个学校里。传统环境下,在一个学校里的群体反思活动容易开展,但校际、区际乃至更大范围内的群体反思就很难开展。而 Blog＋QQ 群能突破地域限制。例如,某区信息技术组需要召开如何降低全区内网络病毒侵害的问题,组织者可以通过 QQ 群通知各位教师在规定的时间进行网上研讨,并且要求教师提前把自己的想法放在 Blog 上,供大家研究,到时候,教师们可以在 QQ 群里一起进行交流,这样,不仅充分发挥了教师参与的积极性,而且大大提高了教师反思的效率。

(宁波市江北区江花小学　储明岳)

三、学习管理系统:魔灯

网络教研操作模式有很多种,如 BBS、留言板、QQ、博客、聊天室、Wiki、Moodle 等,各种模式都有其特点和应用领域。教育博客因其低门槛、零技术、高成就而得到大家的欢迎和广泛的应用。不过,在各种网络教研平台中,Moodle(魔灯)也是一种应用渐多的模式。

Moodle 是目前世界上最流行的课程管理系统(CMS)或称学习管理系统(LMS)之一。是一种利用信息技术支持教学活动的各个组成部分,促进教师高质量教学的信息化环境。其实质是学习活动的管理系统,教师可以在其上发布课程大纲、教学计划,以及每堂课的教学内容,布置作业,批改作业,公布学生成绩;学生可以登录学习和作业。该系统还提供一些通讯工具(如讨论区、聊天室),支持师生之间的交流。Moodle 除了用于信息化课堂教学外,还非常适合网络教研、远程培训以及各种虚拟研讨活动。之所以在众多用户选择 Moodle 是因为它是开源软件,应用免费且设计理念先进。

Moodle 通过网站管理模块、课程管理模块和学习者模块(如图 6.3)等三部分来实现学习活动的管理。网站管理模块供网站管理员维护整个平台的正常运行。课程管理模块供教师设置和管理学习活动。而学习者则通过学习者模块，积极参与并完成教师安排的各类学习活动。

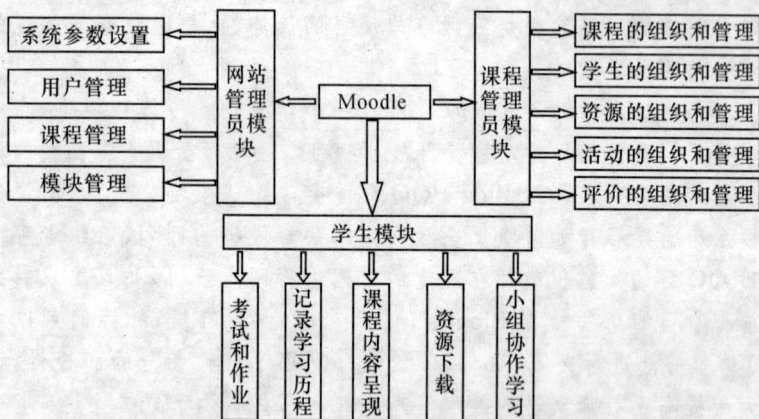

图 6.3　Moodle 系统的三大模块

　　Moodle 所支持的课程由版块、资源、活动三个部分构成（如图6.4）。"版块"呈现的是学习活动的组织情况；"资源"呈现的是学习内容；而"活动"则是学习者参与学习的记录，以及师生交互评价的平台。

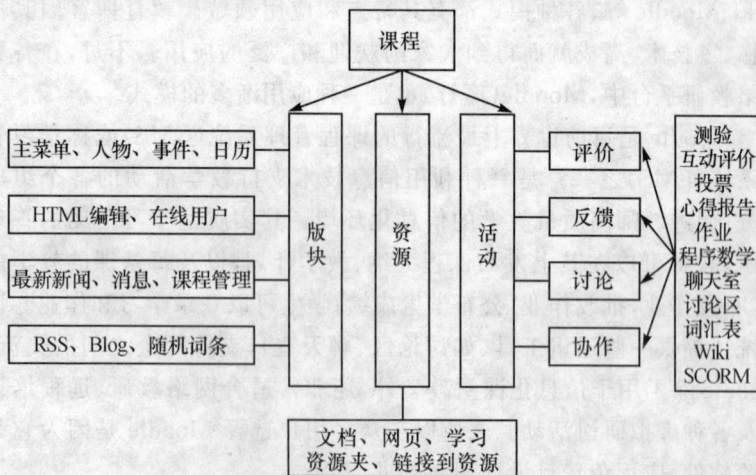

图 6.4　Moodle 课程结构

从功能模块来说,魔灯有机整合了论坛、维基、博客等几个常用平台,但又不是简单的叠加,而是基于建构主义教育理念的整合。另外魔灯通过增加多元评价和过程性评价及编制试题的功能等,构造了一个虚拟的学习和互动交流环境,为人们提供了结构良好的学习情境,以及团队协作和平等交流的机制,并能支持多元评价方式。

专题 16 区域合作教研活动

在师资队伍培养和校本教研工作中,最困难的是广大农村学校。农村学校的困境主要反映在:(1)学校分散,规模较小,教研氛围难以形成;(2)基础各异,校际发展不平衡。(3)师资分化严重,骨干教师欠缺,缺少专业引领的力量;(4)校长和教师关注眼前的多,安于习惯的多,教研活动欠缺活力,难以激发教师参与研讨、自我反思的热情;(5)经费紧张,资源缺乏,信息比较闭塞,影响教师的学习视野。

面对现实的困难,许多学校开始探索"校际联合、区域校研"之路,形成了各具特色的操作模式。

一、名校带弱校

"名校带弱校"指名校、强校与薄弱学校之间的结对帮扶制度。通过结对,让在条件环境相对优越的名校教师成为指导薄弱学校教师成长的导师。可以是弱校教师到名校观摩教学,也可以是名校教师到弱校进行指导。学科组之间的具体指导能够切合教师的需要,教师之间的真实交流也能解决具体教育教学技能问题。不过,名校与弱校的联合并不全是名校向弱校的输出,让名校教师到薄弱学校的艰苦环境去体验锻炼一下,让名校教师面对生源基础截然不同的课堂而经受考验,其实名校教师在指导薄弱学校同行的过程中,也会更深入全面地学习,自身的专业水平也会得到迅速提高。这些工作机制都是值得研究与利用的。这种合作有时还会是跨区域的。

近年来,随着教育集团化模式的推广,"名校带弱校"也有了新的运作机制,渐渐突破了原先"行政独立、业务帮扶"的合作模式。有的名校采用"管理输入"的形式,兼并薄弱学校组成教育集团。这种方式的教研合作其实是一种融合。在教育集团模式中,名校过于富集的名师资源在适当"稀释",并充实一些生长型的"后辈"后,活力要甚于从前;那批"管理输出"的骨干,在重建新校工作规范与研修秩序的过程中,既成为新校教师团队的引领者,又是强校后继骨干的榜样。这种师资成长结构的运作具有机制性的优势。

案例6.12 以"城乡联动教研"推动农村学校发展

我校是鹿城区最早实施"以强带弱"集团化办学的一所学校。2006年8月,我校与藤桥中心校结对,组成"建设—藤桥"城乡教育集团,藤桥中心校成为"温州市建设小学藤桥分校"。为推动藤桥分校的迅速发展,我们三下藤桥,结合两校实际制定"城乡教育集团"策略,希望通过各种途径统一办学理念,统一教学和科研管理,统一校园文化建设,统一校园网络建设,让分校和总校一样富有文化、培育品牌。

（一）乡镇校本教研开展状况的调查分析

通过对藤桥分校师资队伍的调查分析,我们了解到近几年由于政策的调整,大量优秀的中青年骨干教师流向城区学校,致使农村学校师资队伍两极分化,呈"沙漏状"。中老年教师受客观条件所限,获取信息的途径不足,分享交流的机会有限,大家满足于完成教学任务,而缺少理性思考,也有部分教师存在观念落后、教法陈旧、知识结构不合理等问题。青年教师愿意接受新事物,迫切希望优化课堂教学,提高教学效果促进自身专业成长,但缺乏专业引领。他们面对新课程的要求,显得力不从心。

再观其日常教研活动,主要存在两大问题:一是教研活动形式单一,水平停滞走过场。常规式的听课、评课,上课没有专题问题,听课没有目的,评课流于形式,机械重复式的活动多,劳而无功。二是开展校本教研活动做"秀"多,求真务实的少,一节研讨课,"推、打、凿、刨"不知要搞多少个来回,只有"花",没有"棘",只有成功,没有失败,不仅失去了教师个性化的东西,而且也不利于学生个性的培养。

面对现状,我们试图从提升藤桥分校教师的整体素质切入,充分发挥建设小学作为市级校本教研示范校的辐射作用,通过"城乡联动"的主题研究、课例研究、名师引领、师徒结对、网络研讨等形式,推动藤桥分校校本教研活动的有效开展,形成以校本教研改变农村学校面貌,实现城乡教育均衡化发展的经验。

(二)主题化的微型研究

我们以教师自身最急于解决的真实问题、现实问题作为研究课题,发挥集体的力量共同进行探讨。我们对分校校本教研微型课题的研究工作进行全过程的管理和指导。学科教研组长为微型课题负责人,引导本组教师立足实践,根据任教年级与学科的特点,充分发挥个人优势,找准突破口(切入点小),有针对性地开展主题化的微型研究。

语文组:针对农村小学生在语言表达上存在的诸多问题:表述不完整,不规范,词汇单调、贫乏,不能连贯地说一段话,词不达意,习作内容空洞,千篇一律……认识到造成这些问题的主要原因是学生积累得太少,平时教学中对学生语言表达能力的培养不足。于是,确定微型课题《在课堂教学中丰富学生的语言积累》。

英语组:在总校英语组的引领下,将藤桥镇四所小学的英语教师组织起来开展联片教研活动,开展《提高农村小学生英语口语能力的研究》。

数学组:围绕总校的省级课题《构建校本评估系统 优化课堂教学的实践与研究》,关注评价改革这个热点问题,确定校本教研了课题:《小学数学课堂即时评价研究》。希望通过课堂即时评价的研究改变教师观念,提高研究能力和教学水平,养成良好的课堂教学语言习惯与评价习惯;希望有效的课堂即时评价给学生创造更多成功的机会,让学生更多地看到自己在数学学习方面的提高和进步。于是,分校数学组围绕该主题,一学期安排了 8 次研讨活动,组织理论学习,搜集实践素材,编印《课堂常规评价激励语 100 句》,并选择典型案例进行分析探讨。特别是通过具体课例的研讨分析课堂即时评价的策略。

微型课题虽小,却使每位教师人人进入研究状态,使校本教研的课题研究工作有序进行,落到实处,收到实效。

（三）名师引领与师徒结对

发挥本土资源的作用,采取本校名师传教的方式提高教师的教育教学能力是一种既经济又有实效的校本研修形式。

我们开展"名师展示课"活动,选派多位名师,定期为分校的教师上引领课,让听课教师真正看清并学到名师的教学方法和技巧,体会到灵活使用教学资源和发挥学生主体作用的知识和技巧。同时,在总校举行的每一次的公开研讨与展示活动中都要邀请分校的教师过来参与。

成立城乡教育集团后,分校的六位年轻教师与总校的骨干教师结对。他们在结对中碰撞教学思想、研讨教学艺术,为分校的孩子带来先进的课堂教学,为分校的教师带来先进的教学理念。在总校的带动下,分校的校本教研已蔚然成风,形成一种积极向上的良好的教科研氛围。

（四）基于网络的教学研讨

我们依托现代信息技术手段,利用网络视频,通过现场直播网络课堂,建立教师QQ平台等形式开展网络研讨活动。2006下半年我们在大南校区举行的"2005学年度'蓝青结对'课堂教学汇报活动","建设小学首届校教坛新秀展示课","温州市首届小学教育教学评价研训会"等教研活动都以网络远程互动的形式开展,藤桥分校的全体教师在分会场同步观摩参与了研讨活动。

本学期我们又尝试"异地同课"活动,期望藤桥的孩子能有更多的机会与城里孩子一样享受学习给他们带来的快乐。4月18日,藤桥分校四(2)学生与大南校区的四(7)班学生一起在各自的校园里在同一时间内共同学习了由总校施碧霞教师执教《花的勇气》一课。在施教师的引导下他们津津有味地朗读课文,争先恐后地举手发言,城乡孩子相互交流,启发思维,共同进步,真正实现了城乡教学的"零距离"。在这一同时面向城乡学生的教学活动中,教师通过对比分析城乡学生的差异,从而有效开展因材施教。分校的教师在听课时,也能从授课教师对不同学生的不同策略中感受到,面向不同的学生该如何选择教学策略,非常客观地提醒了参与教研的教师课堂差异的存在。基于此的教研活动借助对比,实效增强。什么教学方法对城区学生有效,对农村学生未必有效;什么方法对农村学生有效,却对城区学生未必合适等等。

网络视频下异地同课的教研模式,对藤桥分校教师而言,不仅是通过对比开展更有效的教研活动,更是零距离的参与城区名校的教研活动,被城区名校的教研氛围感染着,先进的教研理念熏陶着,教研的就不再是教学上的研讨,更是教育理念和思维方式的潜移默化。

（温州市建设小学　陈　绚）

二、区域学校联合教研

同强校与薄弱学校的联姻结对相比,还有一种意在促进校际联合的、普遍推广的教研模式,那就是以区域为单位的学校联合教研。通常称此为"联片教研"。

从农村学校教师的实际情况看,本校的教研往往因力量单薄而难以开展,县区的教研活动因规模所限而无缘参加。怎样为这群朴素的教师,提供有针对性的教研援助呢? 联片教研就是一种重要形式。联片教研的主要意义不在于一次性的学校联合教研活动中的指导与交流,而在于利用联片的合作与竞争机制,促进基层农村学校教研的常态开展,扩大教研的覆盖面。让教研下乡,让普通教师都有机会参加有质量的教研,以让普通教师有备而来,有获而归。

联片教研,使分散在农村各校的正式教研与非正式教研都有所加强。其主要工作机制有以下三个方面。

(一)合作机制

校际之间组成联片教研共同体,把学校结成强弱相助,优势互补的组合,同时保持恰当的"管理宽度",使学校的教师们能进入到真实的合作活动中。大家共同商讨问题,共同备课研课,共同解决问题。区片的强校有责任在联片教研中帮助"伙伴学校",龙头学校的辐射支援是联片教研的重要支撑。

(二)竞争机制

每一个片区中有若干所学校(以 4～7 所为宜)。联合教研时,教师有时以个人身份出现,但更多的是以学校的身份出现。以前农村学校

促进观点交流与成果共享

的教研活动因缺少交流竞争，往往实行"无为而治"。实施片区教研后，每一所学校为了自身的"面子"，必然会有更强的主体意识与更多的参与欲望。即使没有评优奖励活动，各所学校也会十分认真地做好联片教研前的准备，以及教研活动后的深化，这便是联片教研促进学校常态教研的重要机制。

(三)指导机制

联片教研必须建立在具体学习研讨的任务的基础上。联片教研的安排不可过密，更不可成为一项周期性的硬任务。要腾出时间让各校有隙进行学习交流而深度研讨，因为各校的教研是全员参与的最重要的基础。而要让教师们能够全员参与到各校的教研中去，联片教研的组织策划中，要利用任务驱动的机制，用一件件具体可操作的研究要求，指导各校进行必要的前期研究。经验分享与教学展示仅仅是一种任务，之前参与成员的认真准备和"作业"创新，才是提高教师专业水平的重要机制。

案例6.13　以联片教研促进农村学校教研的常态开展

平阳县鳌江学区下辖 28 所中小学，地处镇区的学校有 7 所，另外 20 多所学校分散在钱仓、梅溪、梅源、西湾、南麂五个乡镇和鳌江郊区，其中海岛学校 1 所，山区学校 2 所。学校分散，基础薄弱，骨干集中，是一个典型农村教育样本。

（一）联片教研的起步

2002 年，我们在组织小学教师课堂教学设计能力培训时，将镇区的十几所小学划分为三个片区组织培训学习，目的是让农村教师有一个学习、交流、展示的平台。在一个阶段的尝试后，我们感觉这种联片教研形式对薄弱农村学校帮助比较大，于是从 2005 学年开始，在全学区推开这项工作。

我们首先根据各校实际，按均衡搭配、交通方便、校际关系等原则，组织了 7 个教研片区（小学 4 个，初中 3 个）。每个片区由 1 所龙头学校带 2～3 所其他学校组成。学区成立联片教研领导小组，同时，各片区成立片区领导小组和活动工作组,每次活动地点在片区内自由轮换。

当时,我们设计的联片教研活动模式主要有两种:一是以主题为线索的教研活动,二是以课例为线索的教研活动。

1. 主题式的联片教研活动

各片区工作组,根据教师在课改实施过程中或教学中遇到的困难和自己单独难以解决的问题,把它确定为每次研讨的主题,然后围绕着所选择的内容开展教研活动。这种模式对问题解决具有针对性,能在一定程度上满足教师专业发展的需求,得到教师的普遍认可。

2. 课例研究式的联片教研活动

在专题性研究课、公开课、示范课后进行的研讨,通过课堂研究方法的"武装",利用课堂现场的鲜活素材,引导广大教师在教研活动过程中进行"二次增添式"的深度反思。这种模式有利于对主题的深刻理解,有利于帮助广大参与者学会课堂观察的方法与技能,有利于培养教师自我反思的习惯,但这种模式需要一定的教育理论素养作支撑。

在这两类教研活动的基础上,学区还会牵头邀请名师或专家来整举行教学观摩讲习会,引领广大教师以现场观摩、现场互动对话,针对亟待解决的困惑与遇到的真实问题与专家开展现场对话、交流反思,但对农村学校来说,课题欣赏多于交流研讨。

(二)联片教研的改进

2006年7月,我们召开七大片区工作组组长会议,总结分析了一年来联片教研工作的成效与问题,讨论后,大家形成以下共识:

①联片教研应当是学校教研的重要方式,而不是学校教研的替代。片区活动不宜过于频繁,其着眼点应该是通过联片教研促进学校教研的开展,联片活动频率应从每学期2次调整为1次为宜。

②联片教研的活动方式比较合理,也得到教师们的欢迎。不过为了加强联片教研的研究针对性与引领作用,联片活动宜以主题式的研讨为主,学校活动宜以课例研讨为主,但两者还是应该互相结合,做到形式多样,有利提高教师参与的热情。

③联片教研活动工作组发挥了重要的组织作用,但学科内的引领作用发挥不明显,部分学科的互动对话环节效率不高,必须组织各学科

骨干加强学科组织指导，引导参与活动人员在自我反思基础上，深度钻研。

④联片教研的主题选择非常重要。主题必须是课改实施过程中或教师教育教学活动中出现问题的集中体现，只有这样的主题才能引起广大教师的共鸣，才能有效解决广大教师的现实困惑与未来问题。

⑤活动地点的变换有利于教师针对不同类型的学生使用不同形式的教学方式，但联片活动最初出发点之一，就是为了解决个别学校规模小，平行班少等困难，所以片区内活动地点的轮流要以学校实际为前提，城镇、农村代表学校轮换制比较科学。

于是我们根据中期总结的意见，于2006年9月对学区教研工作作了调整。主要调整有：

1. 调整组织机构。在保留片区联片教研领导小组、工作组的前提下，增设了片区校本联片教研活动学科指导组，轮流主持每次教研活动后的主题研讨活动，指导帮助片区内上课教师进行教学设计，并给本学科各参与活动的听课者以信息帮助。

2. 调整活动形式。以主题式联片教研为主要方式，而把专家引领式、案例研究式这两种活动模式，由龙头学校根据需要，采用强弱联合（送教下乡）或跨片区校际联谊等方式进行，同时鼓励进行形式创新，如：采用视频案例研讨活动、教学沙龙活动、滚动式课堂现场研究活动（执教者上完一节课后，经过20分钟讨论，马上带着讨论成果去第二次上课）。

（三）主题式联片教研活动的组织模式

1. 研讨主题的选择

课改的要求、学生的需求与教师现有的教育教学实践在交互中会产生很多的新问题，从校本教研的要求看，都需要将这些问题一一地进行研究，而联片教研只能在发现、提出问题之后，对这些问题进行分析、比较，从中选择真正对学校发展、教师发展以及学生发展有重要价值的问题下作为活动研讨的主题，我们采取以下三个步骤来进行：

（1）主题的产生过程。在联片教研活动之前，每一所学校、每一个学科组、每一位教师都应对自己的教育教学实践进行具体反思：在近一阶段教育教学过程中,自己碰到了哪些问题?有哪些困惑?这些问题和困惑为什么百思而不得其解?然后在联片筹备会上,大家一起把各自的问题摆出来,进行问题诊断,最后找出一些带有共性的问题,通过问题的分类、筛选,形成较为集中的问题群。

(2)主题的提炼过程。借助研究共同体的力量,通过对多次比较与分析,去提炼那些具有普遍性、典型性以及在现有条件下有解决可能性的问题。对于这些问题,可以先组织教师围绕问题,广泛收集资料,进行专题理论学习,深入研讨;然后发挥联片工作组的作用,帮助教师选择这些问题作为思考对象,这样研讨的主题就自然地落在教师思考范围之内,主题的提炼过程自然地产生了。

(3)主题的确认过程。经过提炼,需要研讨的主题群在教师心中生成,此时工作组经过调查,仔细分析,确定一个简单、易行、急需、有效的主题作为每次活动的中心任务,有时也可把某一学校校本教研中已开展的主题扩展到片区中开展研讨,从而有效地开展本次联片教研的前期准备。

2.研讨课的校内研磨

在初期探索阶段,每次研讨课由执教者自己选定,出现研讨主题与课的内容联系不紧密,甚至出现互不相干的情况,造成课后研讨反思时出现以课论课、讲不到主题上来等"尴尬",预先设定的解决教师教育教学困惑的意图无法实现。另外,有时也出现同一年段中虽然主题相同,但课型不同的现象,使得课后进行研讨无法进行横向类比,浪费了一定的信息资源,达不成联片活动的预定目标,根据中期评估的建议,采用以下策略:

(1)根据主题选定课型、课题、课时。在每次活动准备工作时,在领导小组、工作组会结束之后,马上召开学科指导组、备课组会议,通过发挥学科指导组骨干教师的作用,帮助上课教师依据主题,选定课型、课题、课时。

(2)体现主题,策略多样。为了避免偏离主题、减少信息资源的浪费,在二度实践中,每个片区的研讨课都采用"同一主题,不同课题"、"同一课题,不同主题"、"不同课题,不同主题"、"同一主题,同一课题"

四种操作方法。"同一主题、不同课题"就是由片区内几个学校针对不同学科共同商讨,确定各学科的同一个主题,然后由开课者确定上课的课题,从不同的教学内容来共同探讨主题;"同一课题、不同主题"即同一学科几位开课教师针对同样的课题,各自确定不同的主题,然后从不同的角度、不同的切入口进行对同一节课内容的研究。"不同课题,不同主题"是让上课教师自己确定课题,针对课题确定研讨的主题,供所有参与者交流讨论;"同一主题、同一课题"即同一学科开课教师针对同一课题,选择同一个教学内容,而后根据自己的教学能力与教学特色设计不同的教学方案,执教教师互相之间不能交流,力图保证体现主题方式的独特性、多样性,提供给参与者更多思考空间与研讨素材。

(3)校内精品,片内交流。每次上研讨课选手先要在自己校内上成精品课,充分发挥校内团队集体智慧,运用研究合力把主题意图体现得更明显后,再到联片活动上去展示,让广大教师对主题理解得更清晰,研讨得更深刻、更有效。

3.联片研讨活动的组织

(1)关注对话交流制度的落实。每次活动中,都必须安排上课教师与听课教师、专家(主持人)之间的对话交流,谈一谈彼此对主题背景材料的学习体会,谈谈课中对本次主题的落实情况如何,谈谈自己对本课的看法以及困惑,与会者基本达成共识。

(2)关注反思成果的提升。联片教研活动中反思不是意义上的"回顾",而是反省,要思考、探索和解决教学过程中各个方面存在的问题,展开对自己(或他人)教育教学的能力与结果的审视和分析,因此,反思的成果必须不能等同于一般的教研活动,如:采用现场书面评课活动,让所有与会者在第一时间对自己的所思所想及时作记录;采用案例撰写、教育叙事等形式,以一定的高度对自己的反思作记录;采用教案重组,以全新的视角对自己的反思进行记录等等。

(3)还要关注教师的情感需要体验。联片活动应该能够为教师创设一个安全的、信任的、允许课题犯错的氛围,而不能把联片教研活动中的反思会议变成"检讨大会",出现的问题不应成为教师的压力,而是成长的起点。

（4）更要关注参与者的行为跟进。每次活动结束后，主持人都要对本次研讨已经解决的问题与达成的共识进行总结、固化，形成各种成功经验，倡导每位参与者在今后的教学实践中积极尝试，同时对本次活动出现的争议，让大家带回去进行探索。

（四）利用联片教研促进学校教研的活动案例

1.关于语文作业有效性的讨论（主题沙龙）

在关注教师的教的同时，我们还应关注学生的学。长期以来，反映学生学习活动的基础环节——作业，却未引起我们的足够重视。为此，我们小学第四片区组织"作业沙龙"，试图唤起教师们对传统作业的反思，思考教师作业设计的应该原则，进一步理解作业的学习功能，整体提高语文作业的有效性。

首先，通知各校语文教师结合自己教学工作，思考"有效的语文作业的主要特点"、"判断作业是否有效的角度"、"完成作业的主要标准"、"课内外作业的设计有何区别"等，并自编或摘抄几个自认为质量较高、符合有效作业标准的典型作业，以及一些典型的无效作业，为参加讨论做些准备。

在大家集中聚坐下来进行沙龙时，先请教师们结合自己的教学实际，分析自己认为比较有效或无效的典型作业，同时阐明自己对作业有效性标准的理解，以及对小学语文作业设计的建议。然后大家在讨论中交流一些实践经验，或提出自己的具体困惑。通过讨论形成改进作业设计与布置的建议。

其后请教师们根据主持人提供的课例，现场设计与布置课后作业。最后交流自己的作业设计意图，与大家一起"赏析评点"。

2.初中数学随堂作业的设计与运用（同课异构的主题教研）

在开展教学研究中，我们发现中学数学教师的教学水平常常反映在课堂例题的编选、随堂作业与课后作业的设计及运用上。因为数学知识的学习巩固与学生的有效练习关系密切。于是，我们把"随堂作业的设计与运用"作为一次教研活动的主题，一是因为随堂作业常常是一节数学课的重要支架，其设计是数学备课的关键技能，另是因为随堂作业同时又是课堂学习及时反馈的主要方式，是评价课堂是否落实学习目标的关键。我们试图通过本次教研活动促使教师重视该环节的科学性与效率，关注并研究随堂作业在整个学习过程中的作用，并让教师从旁观者的角度观察分析随堂作业的类型、设计方法与运用策略，从而研讨与体悟教学设计的规律。

我们先是让各校教研组组织教师做一些背景学习。大家分头通过数学教学设计的分析，思考随堂练习的设计与运用问题，并对自己平时课堂中出现的随堂作业作些简单的分类与评价，以对数学课堂中的随堂作业问题有一个基本认识。活动前半个月，确定教研活动的课题，请两位教师根据自己的理解分别备课，作好上课准备。同时，主持人与活动策划小组研究设计一份简洁的关于"随堂作业"的课堂观察记录表。活动那天，以"同课异构"的形式进行教研讨论，借比较促进教师发现问题和分析问题。

3. 初中科学课堂中探究活动的观察与分析（主题教研）

在新课程推广中，探究式学习已受到广大教师的关注，大家在课堂实践中进行着广泛而深入的探索。不过，教师们有一些不同的体会与观点。有观点认为当前"探究式教学有些滥用，应该降温"。持这种观点的人主要是从各级各类的观摩课中得出这一结论。其实，与观摩课相反的是日常课堂教学中探究式学习的缺失。实际上，还有很多教师对这种学习方法缺乏应有的认识，极少在课堂教学中运用或运用效果不佳。因此，教师怎样引导学生进行有效探究，是一个很值得深入的话题，所以我们将这次教研活动的主题确定为："如何引导学生有效探究"。

我们先是组织大家进行理论学习。各校教研组推荐教师阅读学习了《引导学生有效探究》、《探究式学习的含义、特征及要素》等材料，让大家结合自己的教学实践对探究性学习的基本特征、科学课堂活动中的探究的主要类型、课堂探究活动的组织策略等有一个基本认识。

然后各校教研组组织本校成员一起交流理论文章学习的体会，并要求每位教师结合"科学课堂探究活动的类型"，将自己课堂教学实践中曾经组织过的比较成功或印象深刻的"探究性学习片断"作一举例、整理、分类。同时，主持人与活动策划小组研究设计一份关于"科学课堂探究活动"的课堂观察记录表。

主题教研活动那天,先是观摩了周教师执教的《动能和势能》,然后,与会人员从自己的课堂观察角度,阐述自己的看法,并分析课堂中的亮点与不足,着重对探究活动片断进行解剖和分类。

(平阳县教育局鳌江学区 张 铭 张纯武)

案例6.14 农村联动教研的组织模式

杭州市余杭区塘栖学区组织了塘栖三小、丁河小学、超山小学、宏畔小学、东塘小学等五所学校形成"联动教研合作体",开展系列研究活动,探索总结了三种有效的教研组织方式。

(一)"主题研讨式"的联动教研

所谓"主题研讨式"联动教研,是指以新课程实施过程中所遇到的课堂典型问题为教学研究的主题,发动数校教师的力量围绕这一主题开展的一系列系统性的有针对性的教学研究活动。我们认为这样的一种联动教研方式整合数校教师资源,形成教研合力,有利于解决新课程实施过程的教学问题。其基本步骤是:提炼主题—校本教研—联动展示—名师引领。

1. 以广泛调研的方式提炼主题

我们以"实施新课程后,在课堂教学中你认为急需解决的问题是什么",向塘栖学区内五所学校的语文、数学教师分发了调查问卷,在问卷反馈的过程中,有若干个问题是许多的教师共同涉及的:

新课程实施中,课堂上学生表现的差异性很大,两极分化大,如何使优等生学得广阔,后进生跟得上,也即强者更强,弱者增强,而且能极大地点燃后进生学习的兴趣火苗?

低段大量的识字教学是为阅读准备,但也造成了一定程度上的两极分化太严重,在阅读能力上也造成了一定的差异,如何提高后进生的阅读兴趣、阅读能力。

新课程的基本理念是探究、体验,在组织课堂教学中,如何把握探究深度、落实双基的双重目标,组织不同层次学生参与学习,并达到各自有所收获是困难之一,新课程部分内容对于部分学习能力较弱的学

305

生而言离他们的实际接受能力较远,十分生疏,难以入到探索拓展部分的学习,学习有越学越累之感。

新课程教学知识点,涉及面较宽,各部分知识点的教学时间安排上较紧张,对于部分知识只能学过即止,没有充足的巩固时间,相对学习能力较弱的学生来说不太跟得上,越往下学习优劣的差异就越明显。

四年级新课程教材中很多内容与旧教材比都进行了知识整合,比如像"乘法分配律"这一内容,旧教材是分多个课时分散教学的,便于分散难点,但新教材却只有一节新课,如何在这短短的一节课中,将乘法分配律的各种综合应用的知识,使学生理解并掌握,甚感困惑?

四年级实践运用(应用题)分散教学,没有较系统的规律,有些解一题分步列式需六七步,对于后进生该如何指导?

......

在上述部分语文教师和数学教师的调研结果中,我们都发现了一个共性的问题,那就是在实施新课程的过程中,有两极分化的趋势。形成这种趋势的原因当然是多方面的,有教材编排的原因,有教师教学的原因。我们无力改变教材,唯有的是我们可以处理教材,可以改进教学。因此,我们根据调研的结果确定教研主题"关注学生学习状态,促进学生异步发展",开展联动式教研活动,试图从改善课堂教学行为这一角度寻求解决问题的相应策略。

2. 以校本教研的方式寻求策略

正因为我们发现的问题是广大学校中的共性问题,所以我们提请各校先以"关注学生学习状态,促进学生异步发展"为主题开展校本教研活动。同时收集一些与主题相关的理论文献材料,汇编成《教育通讯》供各校用作理论学习材料,以让大家对本主题有充分的认识,了解与本主题相关的最新研究成果。

随后进行任务分工:东塘小学、超山小学承担语文学科的探究任务;丁河小学、宏畔小学承担数学学科的探究任务。各自在本校内开设实践研讨课,通过校内教师的力量寻求解决问题的初步策略。

3. 以联动开课的方式实现智慧碰撞

此后,各校组织教师们围绕主题进行探讨,取得了一定的成效。于是,我们以联动开课的方式将多种研究成果集中一起来呈现,以促使人们产生更多的解决问题的思路。在联动开课活动中,我们感觉这是教师教育教学理念与方法的最好培训机会。所以,将推广我们设计的课堂教学观察指标(表 6.1)来促使听课教师改变课堂分析的习惯与视角。

表 6.1　课堂教学观察指标

一级指标	二级指标	学生状态	教师策略
关注学生参与状态	1. 是否有参与的热情？ 2. 是否有较大的参与面？ 3. 是否做到了全程参与？		
关注学生交往状态	1. 是否有交往的意识？ 2. 是否破除了交往霸权？ 3. 是否畅通了交往的平台？		
关注学生思维状态	1. 是否善于表达？ 2. 是否学会评价？ 3. 是否有所创新？		
关注学生情绪状态	1. 是否能专注地投入学习？ 2. 有无起伏的情感变化？ 3. 有无较强的情绪自控能力？		
关注学生达成状态	1. 是否得到一定的满足感？ 2. 是否掌握必要的知识技能？ 3. 是否获得进一步发展能力？		

对本堂课的其他建议:

(二)循环跟进磨课

所谓"循环跟进式"联动教研类似于同课异构的做法,在确定执教年级、执教科目、执教内容之后,发动数校相关教师采用设计、授课、研讨、再设计、再授课、再研讨的循环实践,促进反思与行为跟进。这种教研方式强调的是联动教研的过程,在过程中学习,在过程中进步,有利于拓宽教师的教学思路,有利于展现教师的教学风格。其基本流程如图6.5所示:

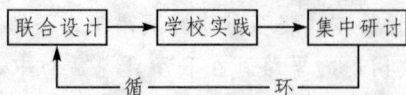

图 6.5　循环跟进磨课的基本流程

1. 以邮件交流的方式实现联合设计

"循环跟进式"联动教研耗时较长，一个循环持续一周时间，三个循环就要持续三周时间。联动的五所学校教师由于课务等因素不可能经常聚集，为了让大家能从教学预案的设计起就联动起来，我们采用了邮件交流的方式。即使二稿教学设计、三稿教学设计的意见征求也采用这一经济实惠的办法。避免了联动教研与教师工作之间的时间上的冲突。

2. 以循环开课的方式实现行动跟进

循环开课是让不同学校的教师分别执教一稿、二稿、三稿……在这样的一种联动教研状态下，教学设计不断地得到优化，教学行为不断地得到跟进。

3. 以集中研讨的方式实现深度反思

通过持续的近一个月的联动教研，参与全过程的教师们再回过头去反思我们的教学内容，反思我们的教学行为时，都有了很深刻的体验。

（三）精品研磨与展示

所谓"精品展示式"联动教研，是指在确定执教年级、执教学科、执教内容的基础上，发动数校教师的力量从设计、磨课、展示三个阶段全程参与的一种联动教研方式。我们认为这样的一种教研方式有利于优质资源的互补。其基本流程是：集体备课—异地磨课—公开展示。

1. 以联动备课的方式整合设计方案

在我们联动式教研活动中，为了让更多的教师来献计献策，主要采用"校内备课—联动备课"两个步骤。如：我们确定了北师大版二下数学《条形统计图》、五下数学《包装的学问》为教研内容进行联动备课活动，并预先确定由宏畈小学赵婷教师、丁河小学周青灵教师作为开课教师。在操作过程中先由塘栖三小、丁河小学、东塘小学、超山小学、宏畈小学五所学校的教研组长在各自的学校内组织相关的任课教师进行本校集体备课,并拿出代表学校集体成果的教学预案(附设计意图)。再确定一个具体的时间、一个具体的地点,五所学校相关年级教师由教研组长带领进行联动备课,要求每所学校各派出一位教师向与会人员阐述本校教师对该教学内容的认识、教学预案的设计思路和设计意图。接着大家一起讨论各校在教学预案中为达到目标而预设的出色之处。最后,由开课教师宏畔小学赵婷、丁河小学的周青灵综合大家的建议,结合自身的特点进行个性化的综合。

2. 以异地磨课的方式借助人力资源

"请进来指导"和"走出去请教"是教研活动的两种重要形式,但"请进来指导"往往局限于请进来一二名教师,而"走出去请教"往往能获得一大批教师的支持。

我们联动教研的五所学校各有特色,但从教学研究的角度来看,塘栖三小是最出色的。他们学校的教师有一大批是学科带头人、骨干教师、教坛新秀,他们的校本教研活动始终处于一种高位的运行状态。我们把磨课活动放在了塘栖三小,由赵婷教师、周青灵教师进行异地磨课活动。所有参与联动备课的教研组长和教师一起到塘栖三小参加活动,同时邀请塘栖三小更多的数学教师参与听课研讨活动,还特别邀请了宏畔小学校长、余杭区数学学科带头人一起来参与磨课活动。

3. 以公开展示的方式实现成效检验

通过集体备课活动,吸取了联动学校教师的优秀设计;通过异地磨课,接受了众多优秀教师的实践智慧。无论是开课教师还是参与全过程的教师在不断地修正教案与改变教学行为的过程中得到了长足的发展。通过公开展示的方式,邀请本区域内更多的教师来参与活动,既是对前期成果的呈现,也是为了获取更多的教学建议。

(杭州市余杭区塘栖学区教育辅导站　金国昌
杭州市余杭区塘栖镇丁河中心小学　顾兴明)

三、体现学科特点的联片教研

很多地区重视联片教研,但工作重点放在语文、数学等传统的强势学科。其实,最需要关注与扶持的还有一些非考试科目的教研指导。这些学科课时少,一个学校该学科的教师寥寥无几,学校还不一定专门设立教研组(信息技术、体艺学科等)。教师以兼任为主,大家视其为副科,课时常被挪用,教研"可有可无"(小学品德、小学科学、综合实践活动)。如果这些学科的教研活动不能得到有效支持,那么这些课程的实施就更为困难。所以,弱势学科的教研指导显得格外重要。构建适合这些弱势学科的联片教研模式也成为基础教育课程改革推进的重要环节。

案例6.15 "教师走班"的教研模式

《品德与生活》、《品德与社会》是新一轮基础教育课程改革中诞生的两门新的德育课程。与旧的思想品德学科相比,从一门纯思想性的学科转变为一门包罗万象的综合性学科。这对于教师来说是一个重要挑战。而要促进教师适应这一挑战,体现学科特点的,符合学校实际的教研模式显得十分重要。我们在实践探索中形成了以"教师走班"为特点的小学品德教研模式。

"教师走班"是指在主题驱动下,以一位执教教师为主体,把同一教学内容,在不同校区的同一年级中进行循环教学,在同学科教师的同伴互助下,提高执教教师教学能力,培训校区教师的一种教研模式。

(一)产生背景

当《品德与生活》《品德与社会》刚走来的时候,大家都面临着许多共性的问题,如:课程性质的变化对教师要求的大大提高;都是兼职教师,很难投入主要精力来研究课程;教师量大,全面培训有一定的困难等。然而我们学校还面临有一些特殊的问题:

作为典型的农村小学,一个中心,三个校区。地域广,校区多,人员分散,教师课时量大。塘北校区9个班只有14位教师,平均周课时量19节,有的还高达23节。他们不仅都承担着语数大学科的教学,还有大量的批改、辅导、班主任及校务工作,时间精力不济。农村学校平行班较少。一个校区中最多的一个年级只有两个班,很多年级都只有一个班级。像"同课异构"等教研模式难以开展。

再者,由于人员紧张,又地处农村,外出学习的机会少之又少。承办活动的机会更是难得。教师信息相对封闭,教研能力比较弱。即使教师参与校本教研,也往往宁可上一堂语文课或数学课,很少有人选择上品德课的,品德学科教研队伍难以组织起来。

不过,在我们中心校,还是有几位热衷于品德教学的教师。但一次活动下来,精心设计的教案,配上精美的课件,准备多日的教具学具,却利用率不高,常常是"一次性消费"!

(二)我们的实践

面对这些困惑,我们在一次偶然交谈中产生了灵感。塘北校区的沈峰华教师说:"三年级的品德真难上,后面的行政区这么枯燥,没有课件什么的,还不知道怎么让学生感兴趣。"我想到前些天刚上过公开课的吴教师曾感叹自己的课件学具的"一次性浪费",便建议沈教师去向吴教师借。可沈教师说课件最好配教案。我嘲笑她:"索性叫她去帮你上好了!"突然,我们的灵感来了:就让吴教师到塘北校区去上一上,还可以让他们校区的教师听一听,学一学!就这样,我们的走班教学开始有了雏形。经过这两年的反复实践,反思,改进,我们才有了今天的教师走班教学模式。具体操作如下:

我们先请担任品德学科教学的教师根据自己的教学进行反思,提出困惑。再对此进行整理归类,提炼出主要问题作为研究主题。例如2005学年,我们的教师普遍反应:教材中只是板块式的图片,有的和农村学生距离比较远,上课很难操作,很多教师都上成了看图说话课。所以我们就定了一个"关注学生生活,重构品德教材"的研究主题,围绕这个主题我们开展活动。今年的主题是:把准课时目标,构建有效课堂。

选择主题后,我们商定一位执教教师,由他担任公开教学。

执教教师和教研组核心成员根据研究主题一起设计这堂课,然后由这位教师到第一个校区的相应班级进行教学。教研组核心成员全程跟踪。在开课校区的教研活动中,要求执教教师与全体参与教师都要认真写出反思,并要求开课校区中的品德教师尽量全员参与。

第一个校区教研结束后,执教教师根据听课教师的意见和自己的感悟,修改教案,再到第二个学校上同一内容。然后反复行之。

我们学校一共有四个校区,执教教师就这样一轮上完四个学校。不过,在每一次操作时,四个学校的轮流次序要换一换,不能固定。因为后面的课总比前一次完善,让每一个校区的教师都听听相对精致一点的课,有利于整体教师素质的提高与均衡。

(三)我们的收获

教师走班教研继承了一般校本教研的优点,"从群众中来","到群众中去",切实帮助教师解决教学中的实际问题。

这一模式既有利于重点教师的培养,又有利于全体教师的提高,做到"点面兼顾"。从点上看,它有效而快速地培养了教师,特别是几位上课的教师在走班教学的过程中,经过数十位教师的研磨,四次的反复教学,提升改进迅速。从面上看,品德教师多为兼任教师,学科培训只能送培到校,借"教师走班"之机,传递信息材料,进行全员学科培训显得特别重要。

另一方面,教师走班教研更好地达到了教学资源的共享目的。上课教师精心准备的一堂课,一般要比兼课教师普普通通的课好得多。这样的一堂课只上一个班就搁置了也可惜。通过走班,每个班级的学生都享受到了一堂好课,充分利用了教学资源。

(四)我们的思考

在实践中,我们同样也碰到一些问题:

1.实施教师走班教研活动,教师所教的是不同校区、不同班级的学生,学生的差异很大,这就要求教师花时间去了解学生,课前的准备工作较繁杂,这在一定方面增加了上课教师的负担,如果处理不当,容易顾此失彼,对本班教学产生影响。所以起初我们计划六周搞一次的,后来在实际操作中就改为了一学期搞二次。

2.我们的教师走班教学模式,对于那些知识性的内容教学,操作比较方便,对于那些紧密联系班级学生实际情况的内容,在课前了解方面就有一些困难。

3.对于上课教师来说,走班的过程是一个跟进的过程,是一个不断提高、不断完善的过程,但对于校区的教师来说,他只是听到了一堂课,参与了其中的一个环节,他们缺少跟进、反思与再实践。所以,这种模式只能是一种通识培训,对于整体的进一步提高还有待于研究。不过,我们在设想:因为品德教学几个单元的组合相对比较独立,是否可以划单元教学,即同一年级的每个教师承担一部分教学内容,对这部分内容进行走班教学。这样就大大减轻了教师的备课量,从而省出时间来钻研教材,同时在走班的过程中给教师一个反思、修正、再实践的过程。

(杭州市余杭塘栖镇塘南中心小学 贾建花)

案例6.16 校际联动的信息技术学科教研模式

教研组是学校进行教学研究的常规机构和基层组织,担负着组织本组教师学习教育理论,开展教学研究,进行教改实验,提高教师素质,为教育转轨引路"导航"的职能。然而,现在各校的音乐、科学、信息技术等学科普遍存在着专职教师相对较少的现象。这些"小学科"教研组常常因为人数少、缺少骨干教师的引领等原因而不能正常开展活动或活动质量不高,不少教研组处于闭门造车、孤军奋战的状态。如何使这些学科的教研组建设也能纳入正常轨道,成为不少学校关注的话题。

我校的信息技术组虽然只有三位教师,但这几年来,我们通过"校际联动,校本培养"的教研模式,却使我校信息技术教研组的品牌得到显著提升。所谓"校际联动,校本培养",就是以校内的教研力量为主,通过联合其他学校共同参与,实现资源的共享和优势的互补,从而解决信息技术这一"小学科"教研组活动难以开展的现状。具体做法有:

(一)开发区域资源,构建学习团队

1. 成立中心学习组

拥有一支敬业进取的教师队伍是扎实开展校本教研的重要保障,只有吸引更多的教师加入其中,才能充分保证团队功能的发挥,实现其相互学习和提高的职能。"小学科"教研组建设的最大困难就在于本校内的组员人数少,只有充分吸纳外校的教师共同参与,才能从根本上改变这个状况。我校的信息技术组起步早,师资强,在市内有较高声誉,不少学校的同行常常慕名来我校取经或参加研讨活动。在相互交流的过程中,我们意识到,成立一个稳定的活动组织是开展校际联动的重要前提。为此,我们提出建立学科中心学习组的构想,受到市教研室和全市其他学校的欢迎，一批优秀的信息技术教师纷纷要求加入。为保证中心组的学习和指导作用，在人员组建的时候，我们最大可能地考虑合理配置的原则，即不仅要有小学的信息技术教师，也有中学的、职高的信息技术教师；不仅要有课堂教学经验丰富的老教师，也有技术突出的青年教师。这样的团体，不仅能实现各种资源的互补，充分发挥其学习团队的学习功能，同时也可改变过去各校单兵作战的现状，提高各校信息技术教研组活动的规模和质量。

2. 制定个人发展规划

目标是前进的动力和方向，只有树立正确的、切实可行的目标才能保障每一位参与者的积极性和主动性。虽然信息技术教研组只有三位教师，但他们的实际情况是不同的，其中不仅有教学经验丰富的老教师，也有初出茅庐的小青年，还有锐意进取的中青年教师。因此，他们的发展也是不同层次的。因此，我们要求教研组的三位教师根据自身实际制定三年发展规划，分别在学历进修、终身学习、教育科研、技术荣誉、政治追求、业务追求等方面设定切实可行的目标，来引导他们不断自我加压、超越自我，在可持续发展中实现提升。同时，对于中心组内其他学校的教师，我们也同样建议他们根据自身实际情况制定合适的发展目标，来促进整个学习团队的共同提高。

（二）建立活动制度，增强校际联动

规范的制度是各项活动的保障，中心组团队精神的形成、教研任务的完成很大程度上取决于良好制度的建立，以及制度的正确导向和评价。中心组是一个学习型的组织，实行学习制度化就是坚持以人为本，在学习的内容、方法、形式等方面加强针对性，并形成制度加以实施。

1. 各校轮换制

为保障活动的正常化和经常化，我们每隔两个月召集中心组成员开展一次集中学习。每次学习地点的安排采用各校轮换制，即每次活动在各个中心组成员所在学校里轮流举行。轮到学校的中心组成员全权负责这次活动的组织工作，主要包括：确定活动主题、落实准备任务、安排活动会场、召集活动人员、主持活动议程、进行会后总结等。这样的制度，有利于锻炼中心组成员的组织协调能力，有利于各校教研组活动的规范化,受到中心组成员的欢迎。

2. 主题研讨制

为增强教研活动的计划性和整体性,我们要求中心组的成员能围绕着课题《网络环境下小学生主题探究性学习模式的研究》,分别承担一个子课题。各校平时的教研活动能紧密结合这一研究内容开展。子课题的形式,不仅突出了各校研究的目的性、操作性和实效性,而且也为我校的课题研究提供了丰富的素材和依据。

每次活动时,采用汇报制的方法,要求每位中心组成员根据自己承担的子课题来通报自己两月来教学、研究工作的重点、研究效果与困惑,然后,展开讨论。最后确定下两个月的研究方向。这样的制度,能起到横向交流、相互监督、取长补短、共同提高的作用。

3. 教学观摩制

课堂,是每一位教师成长的根据地,也是课题研究素材的根本来源。因此,我们要求每个中心组成员人人上观摩研讨课,保证每次集中学习时都能开出1~2节能体现研究主题的观摩课。为保证观摩的研讨价值,对于上课的教师我们采用校内教研与区域教研相结合的办法,即上课的教师首先必须在前一次中心组集体活动时提出备课方案,发挥中心组集体的力量进行集体备课,然后由上课者回自己本校教研组进行试教和修改。在观摩当天,组织者负责对课堂教学进行 DV 录像,然后再由中心组对课进行集体微格分析,寻找教学中出现的问题,最后由执教者在自己本校内进行二度试教,并撰写教学反思,力求使研讨深邃有效。

(三)构建互动平台,共享校际资源

1. 搭建网络对话平台

由于大家分散在各乡镇、各校,要经常的统一集中研讨有一定的不便。所以,在平时,中心组的成员主要是积极发挥自己在技术上的优势,通过博客、QQ群等方式来进行交流。为了吸引更多的教师加入其中,同时获得更多直观又专业的技术支持和资源帮助,我们搭建了余姚市信息技术教学网(www.yysyxx.com/yyit),及时地将学科最前沿的教改信息、教育技术、最新的教育思想、典型课例挂于这个教研网上,供广大教师学习。同时，我们还开辟了交流论坛区，如果有什么经验和困惑想与他人分享，可在论坛区进行交流或留言。对于学生，我们开设了竞赛辅导的专栏，为参加信息学竞赛的学生进行网上教学和辅导。信息技术教研网的建立，已日渐成为我市信息技术教师和电脑爱好者一个重要的交流与学习的场所，自从2004年12月份开通以来，访问量累计已超过12000人次，吸收会员190人，真正突破了区域的限制，实现校际之间的联动。

2. 共享专家资源

推进新课程，实施新改革，离不开专家的引领和指导。不少学校在开展校本教研的时候都会邀请一些专家来学校讲座或指导，但往往只局限于本校教师的参加，从一定程度上造成专家资源的浪费。为充分利用这一资源，实现相互间的共享，我们要求中心组成员之间要互通信息，共同参与。一方面邀请学科专家来余姚，指点我们的中心组研讨活动；另一方面，在其他学校有专家来时，积极前往参加。通过这样的方式，使中心组成员有了更多与专家亲近的机会，加速了他们的成长。

3. "双师徒结队"

要建设一支研究型的教师队伍，仅靠一个或几个方面的专家引领是不够的，更要充分利用身边的资源，发挥中心组的内部力量。作为一个组成结构优化的学习型组织，我们采用了"双师徒结队"的形式来充分发挥每一个中心组成员的主动性和创造力，促进他们的互相学习、互相协助。所谓的"双师徒结队"有两种形式，一种是让有丰富教学经验的老教师与有较高专业技术的年青教师结对，大家互为师徒，互相学习，共同提高。另一种结队形式为"一师带多徒、徒弟再带徒"。作为宁波市的名师，我校的许憬教师更是积极地发挥他的示范指导作用，带几位已有一定基础(已是地区级教坛新秀)的教师为徒，帮助他们在业务上进一步提高，而这些徒弟还具备师傅的双重身份，同时担任着自己本乡镇或本校一些年青教师的指导职责。像我校的许文军教师，他不仅是许憬的徒弟，同时他还是我们学校另外一位刚入门的计算机教师的师傅，担负着帮助他尽快熟悉计算机教学的职责。对于成为师徒的教师，我们提出"七个一"的要求：徒弟每月上一节研究课，每学期承担一

校本教研实践模式研究

节校级教研课,每学期撰写一篇论文和教学案例,每学年撰写拜师学艺体会文章一篇;师傅每学期上一节观摩课,每个月指导一篇教案,每学期指导一篇论文。通过这样的形式,让他们互相交流,在不断的反思和实践中,双方都得到发展,同时推动整个地区的信息技术教师队伍整体水平的提高。

从几年来的教研组建设看,小学科的校际联动是十分必要的。但是,由于实际生活中,教师之间、学校之间更多呈现的是一种竞争的关系,各种激励机制意在拉大教师之间的差距,这对同伴互助来说是不利的。激烈的竞争对学校间、教师间合作伙伴关系的形成也是一种伤害。因此,运用好恰当的激励机制显得十分重要。

(余姚市实验小学)

第七章　培育有活力的教师团队

　　教师的成长往往要依靠团队的力量。促进师资队伍建设，必须要有意识地培育有活力的教师团队。教师团队建设的具体做法很多，归结起来有两种基本形态。一方面发挥学校已有教研组织的职能和改进教研活动，促进教师学习与研究的有效开展；另一方面根据工作需要，构建具有特定功能的新的教师团队，发挥非正式组织的作用，实现教师研修提高的机制创新。

专题 17　改革学校教研组织

　　学校教研组织主要有三个层次。一是承担学校业务工作整体运筹的组织管理机构，如教务处、教科室等；二是教师工作与学习的基础组织单位，如学科教研组、备课组和年级组等；三是根据项目研究需要或教师的共同兴趣而组成的、有一定时效性的、非正式的教师研修合作体，如课题组和教师社团等。

　　在推进课程改革的进程中，传统的学校业务管理工作出现了一些组织性的矛盾，为了解决这些矛盾与问题，许多学校创造了业务工作组织模式的成功典型。

案例 7.1　教师发展中心、学生发展中心与师生服务中心
——杭州胜利小学的业务工作组织模式

由于传统的学校管理组织中,存在着较多工作对象与权责相互交叉的现象,再加上从校长、副校长到中层机构管理层级较多,不利于提高管理效能,容易出现任务纠纷。为此,我校于 2006 学年开始改革学校管理体制,尝试"一长三中心"的运作模式,建立教师发展中心、学生发展中心和师生服务中心三个平行的管理团队,直接落实具体事务。

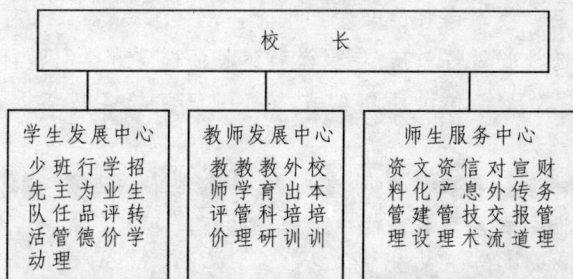

图 7.1　杭州胜利小学"一长三中心"管理组织模式

学校设学生发展中心、教师发展中心、师生服务中心。每处根据实际情况设主任;各处具有组织、计划、指导、检查、总结、考核、评估等职能。教师发展中心主任、学生发展中心主任、师生服务中心主任享受副校级待遇,直接对校长承担所辖部门的全部责任,接受校长的考核、监督、任免和奖惩。教师发展中心副主任、学生发展中心副主任、及师生服务中心下设的后勤服务部与信息服务部主任享受学校中层待遇。

教师发展中心主管教师发展的全面工作,具体如下:

(1)协助校长领导学校教学、教科研及教师专业发展工作。对全面贯彻教学计划,维护正常教学秩序,稳步提高教学质量,有序开展课题研究,努力促进教师的专业成长,提升学校科研水平具体负责。

(2)负责制订教学工作计划和教科研计划,主持制定教师教育计划。督促、检查、评价、反馈以上计划的执行情况。主管教学工作,督促教学部门严格依据教育行政主管部门的指令和新课程标准要求进行课程改革和设置,并依此进行教学管理。

（3）主管科研工作，负责学校教育改革和创新，提供教育改革和教育研究信息，组织教师理论学习和教科研实践，探索"轻负担，高质量"的有效教育教学途径。主持编审教师教科研论文集，指导教师课题立项和撰写论文。

（4）主管教师的人事管理，落实、指导教师招聘、培训、考评等工作。

（5）深入教学第一线，全面掌控学校教学情况。及时对"教学基本规范"进行指导、检查、评价、反馈。

（6）根据课程管理纲要和学校发展规划，积极组织并实施国家课程、地方课程和校本课程的开发工作。

（7）协助校长做好教研组长、学科组长的选定和学科教师的聘任工作。协调各教研组和课题组的关系。组织学校各级各类教学研究活动。

（8）协调部门各成员之间的关系，关心他们的业务学习和技术培训，努力建设一支素质较高的中层管理队伍。

（9）完成校长交办的其他任务。

学生发展中心主管学生发展的全面工作，领导学校德育工作、校外教育、体艺活动、校园文化、安全工作及招生与学籍管理等工作。

师生服务中心主管学校发展的服务性工作，主要包括办公室服务、后勤服务和信息服务三大方面

案例点评

"一长三中心"管理组织模式的成功之处主要体现在三个方面：

（一）简化管理层级

以往小学都是在校长负责制下设置若干名副校长，由副校长下辖四个中层管理机构（教导处、科研处、总务处和学生处），再由这些部门管理六个年级组，年级组长管理每位教师，最接近学生的年级组几乎没有自主权，这在一定程度上挫伤了广大教职员工参与学校管理的积极性与主动性。再加上管理层级过多，造成管理信息失真，管理成本上升，效率下降。学校改革的思路和决策经过层层转达，常会出现"好经念歪"的现象；教育教学一线的真实情况需要逐级上报，却因情况的瞬息万变，而容易错失及时处置的时机。通过这次的改革，管理层级减少

了,管理效率提高了。学校行政指令能较为迅速地传达至一线教师,教师的思考能更方便地与管理层沟通,信息的畅通保证了学校各项工作的顺利推进。

(二)均衡任务分配

传统中层管理四个部门中存在着任务分配不均的现象,其中教导处职能最为繁杂。他们要制定并实施教导处工作计划和有关教育、教学工作的各项规章制度;审阅教研组、备课组、任课教师教学进度计划,并定期检查指导,总结交流经验;对教师的教学过程进行管理,经常听课,发现问题及时采取切实措施,提出符合教学规律的意见;安排好全校排课、调课、代课等工作,会同总务处做好教室调配工作,编制校历、课程表和作息时间表等十几项工作。他们的工作几乎包括了学校师生日常活动的全部内容,其繁杂会影响部门工作的运作绩效。成立三个中心后,将原有教导处的工作根据教师工作和学生工作进行划分,分属不同部门,减轻了单个管理者的压力与责任,均衡的任务分配,能够使管理者不再疲于应付各种事务,将工作视为个人与集体共同发展的平台;提高工作的积极性。

(三)决策管理团队化

传统学校管理往往是各部门均设置一名行政人员,负责本部门的管理者凭借个人的能力和判断,处理日常决策和管理工作。这种体制使学校行政部门之间存在着职能不清晰、任务交叉化等问题,容易导致管理者决策失准、效率降低等问题,特别是任务繁重期间,常会出现管理人手不够、责任任务不清、管理出现混乱等问题。另外,中层管理机构没有多少自主权,对上级垂直纵向的管理习以为常,一旦失去了上级的明确指示,就会感到无所适从。设置三大中心后,副校长进入中心,改变了原来单人决策和管理的局面,将任务和责任分配到每个管理团队,由每个中心构建的管理团队共同出谋划策、协商决策、分配管理、群策群力,有效解决了当初决策过于片面、管理人手不足、职能调配混乱等问题,快速提高管理的效能水平和专业水平。

(杭州市胜利小学　张浩强　陆　虹)

一、教研组的重新定位

教研组是学校对教师专业成长影响最大的基层组织。其任务主要是：研究教学大纲、教学内容；确定各年级的教学目标、重难点以及教学方法，以提高教学质量；通过同学科、同年级教师集体备课、听课、评课、讨论等形式进行教学研究，解决教学中的实际问题，以提高教师的业务水平。

在"自上而下"的集权式课程管理模式下，教师工作的中心是完成上级布置的各项教学任务，相应的教研组活动也便集中在进度安排、听课交流、出考卷、比成绩等。即便有一些深入的研究，也多是少数教师的个体行为，再加上教学管理的行政化倾向，导致教研组长在工作中更多地采用行政管理的模式来管理业务工作。

课程改革倡导教师充分发挥实践性智慧，在充满草根文化和田野气息的课改实践中，开展教育教学改革。在课程改革深入推进的过程中教研组建设的重要性日益凸显，教研组的角色功能也在回归和拓展，从而对教研组建设提出了新要求，集中体现在：改善和提高学生的学习成效；激活和培育教师的研究意识；建构对话、合作、反思、慎思的教研组文化。

我们认为，教研组应主动及时地发现学科教学中的问题，组织团队开展针对性研究，促进组内教师不断进步。这其实也是优秀教研组评价的基本内容。

(一)能主动及时地发现学科教学中的问题

提高教研活动的质量和实效，首先要突破的是研究的针对性问题。教研组研讨的主题不能只是来源于学校和上级部门下达的研究指南，而应该源于具体教学活动中需要解决的问题。一个优秀的教研组，往往能够敏锐地发现学科教学实践中的普遍性、关键性和代表性的问题，并以此作为教研组学习与研究的重点。

(二)善于策划组织团队进行针对性地研究

发现教育教学问题并不是太高的要求,关键在能否以积极的态度去解决问题。在教育教学中遭遇困难与问题很正常。作为教研组长,如何改进传统的教研活动模式,加强教研活动的组织策划,组织团队进行有效研究,是衡量教研组工作的重要角度。

(三)促进伙伴的团队进步

通过团队学习与研究,能否有效地促进伙伴进步是评价教研组建设的结果性指标。伙伴的进步主要要看:工作与钻研的热情是否激发出来,对教育教学反思改进的意识与能力有无提高,教学业绩是否处于增势,在集体学习与研究活动中的贡献,以及在各类教育教学评比中的表现。

案例7.2 如何为教师"雪里送炭"
——教研组工作策划的个案

教研组是教师学习与成长的摇篮。我校数学教研组从2002年的4人发展到今天的20多人,队伍迅速扩大,使教研组的工作展开困难不小。结合学校实情,我们把"创建学习型、合作型"教研组作为目标,有针对性地开展了以"课堂教学有效性"、"师生数学反思能力培养"和"教师数学思维能力培养"为主题的数学教研组活动。

(一)为提高课堂教学有效性而努力

我校数学组的学习研讨内容在各时段侧重点有所不同,但"课堂教学有效性"是近年来始终坚持不懈的重点问题。在平时工作中我们发现,部分教师在新课程理解上有误,导致课堂教学效率较低,在"课程改革创新"与"有效数学学习"的有效融合这个问题前束手无策。其实两者是相互促进、有效生成的过程。我们对"数学课堂有效性"内容的组本培训主要从以下方面展开:

1. 认真落实课堂教学常规是有效课堂的前提保证

在几年的教学实践过程中,我组除了严格执行学校的教学常规考核外,对数学课堂教学也提出了符合数学学习特色的一些规定,并组织教师讨论,达成共识。增加的内容可概括为两条,一是课堂教学中学生独立练习的时间不能少于10分钟,二是每节课必须有一分钟的学生自主小结。提出这条规范是出于培养学生自主反思、概括能力等方面考虑,使学生在学习中逐渐形成自主概括、提炼的习惯。

2. 合适的教研活动是有效课堂的反思平台

教研活动对于教师的成长起着非常重要的作用,围绕教学问题精心设计的活动效果更佳。这几年我们在"问题式教研活动"中努力体现这一精神。

(1)在对比中发现问题、在论证中改进教学——课堂教学的前后测验

课堂教学前后测开始于2004学年,活动目的是在新课程进入课堂教学以来,以为新课程倡导以生为本、以生为主体就是让学生在课堂中畅言,使简单的问题也复杂化了,课堂效率降低。针对这种现象,我们以教师的课堂教学为研究对象,通过实验分析的形式展开。数学组所有教师上课,组内对每节课进行前后测进行量化分析,分析表见下图:

"提高教学效率"活动前后测反思表

内容:小学数学第二册"乘法的初步认识"　　　　　　　　　　执教者:××
前测

分数	卷面总分:22分　　　　　平均分:13.3分
	最高分:14分　　　　　　最低分:10分
已学内容	1. 看图填空:(1)动手圈一圈,理解乘法与加法的联系无一人完成;(2)看图写乘法算式(理解隐藏条件)30人做对,1人不会,还有一人计算的不是车轮数而是有几辆车。 2. 根据乘法算式写出各部分的名称;31人做对,1人只是"积"没填。 3. 连一连:加法算式与对应的乘法算式相连接;22人全对,8人错了2题。 4. 根据乘法算式画图:24人全对,5人能画出一种,3人不会。
未学内容	无

分析原因	1. 学生在练习课前已基本掌握了乘法各部分的名称和乘法的意义,只有极少数同学把 3+3+3+3+3 与 3×5 相连,我认为学生应该是掌握的,他的错属于审题不认真,还有少数学生不能灵活运用;如 3+4+5 可以与 3×4 相连,学生不清楚只要能变成相同加数也可以改写成乘法算式。 2. 动手圈一圈这题没有一个学生会做,原因在于(1)在测前没有接触过这种类型,(2)学生的识字量不是很多,理解题意有一定的困难。

后测

分数	卷面总分:22 分　　　　平均分:10.2 分 最高分:14 分　　　　　最低分:2 分
前学内容	1. 看图填空(1)动手圈一圈,填一填来理解乘法与加法的联系 1 人全做,19 人有几个能填对,12 人空白。(2)看图写乘法算式(理解隐藏条件)20 人做对,10 人做错,2 人空白。 2. 根据乘法算式写出各部分的名称:25 人做对,2 人"积"没填,2 人"等号"和"积"没填,还有 3 人空白。 3. 连一连:加法算式与对应的乘法算式相连接:有 3 人全对,4 人一部分连对,6 人题意不理解,19 人空白。
新授内容	无
情况分析及存在原因	1. 学生做了第一题看图填空后,后面的题目在 5 分钟内无法完成,可能题量太多。 2. 在前测中看图写乘法算式所出示的图是汽车,学生对汽车有 4 个轮子很清楚,可后测中的图是三轮车,学生不是很清楚。 3. 连线题改变了形式,由前测的左右连改为上下连,学生不能理解。 4. 根据乘法算式画图:在前测时只有 1 位学生把 4×3,画成 4+3,而后测中 3 位同学有这样的错误,可能教师在课堂对比练习中,没有深刻地进行分析,导致学生产生负迁移。

改进措施及建议	1. 对前后测的一点思考(1)前后测的试卷最好题型、难易程度一致,有利于测后分析。(2)学生在接受前后测时严格控制时间,如果教师需要指导用语,必须前后一致,否则会导致前后测有误。 2. 教学形式要新,挖掘要深。本节课一直围绕着生活中的数学,学生易于接受,但教师如何更好地挖掘这些内容:比如学生在教室里找可以用乘法表示的内容,当学生说电扇的总数时,教师就可以让学生说说你是怎样想的? 学生说出前排3把,中间3把,后面3把,3+3+3=9,教师就可以板书3+3+3。追问用乘法算式可以怎样表示3×3,学生一边选择一边还要思考为什么可以用乘法? 在这当中如果学生都找对了,教师可以举一个反例(不能用乘法表示的,并板书),让学生思考,为什么不可以用乘法表示呢? 区别出"相同加数"和"不相同加数"。学生在比较中进一步理解乘法的意义。 3. 练习设计要围绕教学重难点,要突出重点,突破难点。 　　　　　　　　　　　　　　　　　　　　　填表人:于××

　　每节课由专门教师进行"因果分析和思考"。通过活动,让每位教师对自己的课堂教学有效性进行分析与反思,对课堂教学有效性进行再认识。在这过程中,分析、整理、反思的教师在对别人的分析中自己的教学水平也得到提高,树立起课堂教学有效性的意识,提高了教师对问题的分析、思考的能力,实现双赢或多赢的局面。

　　(2)以点带面,以赛促学——备课组为单位的"精品课堂"教学比赛。

　　时间是2005学年第二学期。在学期初,我们根据上学期的反思,指定了本学期切实可行的组本培训计划(见表7.1)。

表7.1　组本培训内容安排

三月份	第4周:教学方法的选择与改变 第6周:教学过程最优化——教学目标的定位(一)
四月份	第8周:教学过程最优化——教学目标的定位(二) 第10周:合理确立教学内容,选择合适的教学方法(一)
五月份	第12周:合理确立教学内容,选择合适的教学方法(二) 第13周:备课组课堂教学竞赛 第14周:数学教师解题能力训练(一)
六月份	第17周:数学教师解题能力训练(二)

校本教研实践模式研究

培训内容的确立是对现阶段我校数学教师的教学现状而"量身定做"的。因为,几学期来,教学常规、组织竞赛、习题设计等一些观念已深入教师脑海,我们发现,多数教师的教学水平已近"瓶颈",光听课、评课已不能解决问题,我们必须对课堂教学的各方面进行深层研讨,并通过各备课组赛课的形式,以点带面,提高全体教师的教学水平。

(二)学会培养学生的反思性学习能力

反思是一种思维方式,它对学生今后的学习、工作将产生长远的影响。反思同时也是一种学习方法,是体现责任心的一种习惯。从学习方式的角度分析,培养学生的反思性学习能力可能是中小学衔接的需要。

当然,我们倡导的反思性学习不是教师宣布、学生自主操作的简单活动,而是在教师引导下,通过教师带头反思,为学生树立榜样并进行反思的方法指导。进而通过学生间的交流、探讨,共同促进成长的活动。以下是一位教师的反思。

10月20日　　　第二单元练习反思

今天的测试非常容易,但成绩却不理想,测试中反映的问题有:

A类:会做却做错了的题。

1. 审题不清,(如:把一条绳子剪成 7 段,每段占 1/7,忘记了只有平均分才能说每段占 1/7)······

2. 计算问题,如······

3. "撞车"现象,如······

B类:模棱两可似是而非的问题。

1. 有些概念还不太懂,如······

2. 怎么进行审题还不懂,如"汽车离富阳已多少千米"······

反思:从学生的错误来看,A类问题太多了,说明对这类问题采取的措施还不够,打算今后采取以下措施:

1. 每次测试时,写下自己本次考试 A 类问题的目标,(根据自己的情况来定,不得多于 5 处),根据这个目标来判断自己考试的成功与失败,如果结果少于这个目标,将有加分表扬,如果多于目标 2 处,就要写说明书,(超过 2 处的,每多 1 处说明书加 100 字。)

2. 平时作业、练习时要学会"蜗牛"战,即一心一意仔细做! 如有谈天闲聊、或三心二意者,将受到暂时没收5分钟的处罚!

对于B类问题,教师将更加努力的备课,让同学们学得更快,懂得更快,并将更耐心的帮助不懂的同学!

同学们,不要害怕测试,要喜欢它,因为只有在这一次次的锻炼中,你才会发现自己的不足,才会变得更强大!

同学们,也请相信教师,每次测试后,我不会骂你们,但会批评一些很不认真的同学,还会与你们一起分析,帮助大家快快进步!

让我们一起努力,相信自己一定行! 也相信我们班一定行!

在教师的言传身教下,学生的反思也写得很不错:

学生A:

很快,六年级下半学期已过半,我在数学学习中学到很多知识,有很多地方做得很不错,值得表扬,比如:

①不懂就问,平时遇到实在做不出的题目,我会毫不犹豫地去问老师。因为我认为,宁愿多费一点口舌,被同学们说来说去,也比自己闷在心里强⋯⋯⋯

②善于思考,勤摘笔记。数学题目中文字会给我们特别的信息,而这些信息要我们自己去探索,遇到难题要细细琢磨、思考,才能找到方法⋯⋯

③不要被困难吓倒⋯⋯

学生B:

整理了一下错题,发现我的弱项就是审题,其次是粗心和计算错误率高。乍一看不是什么难关,可我就是特别怕它。16处A类,9处是审题错误,十六分之九啊!"慢审题、快做题"这是吴老师对我们的要求,而我刚相反——"快审题、慢做题",那么错许多题也是当然的。所以,我下次做题时要用新方法了,就是用笔尖点着字逐个审题⋯⋯⋯

(三)提高数学教师自己的思维解题能力

现在教师培训往往重视教师其他素质的培养,而忽视了数学教师最基本的解题能力的培养。我们试想一下,一个自己解题慢、方法落后的的教师,怎能培养出思维活跃、解题巧妙的学生来,教师其他素质再好,解题能力一般,他还是带领孩子在数学的边缘徘徊。当然,我们不片面追求教师解难题的能力,更重要的是教师要有使学生感到"难题不难"的水平,通过分析、指导,使学生在解题分析中有一种豁然开朗、醍醐灌顶的感觉,体会数学学习的内在乐趣。当然,这种水平和能力不是一朝一夕能形成的,需要教师的不断学习与培训。正因如此,我们进行数学教师思维能力的培训,主要从以下方面展开:

1. 习题练习。包括部分竞赛题、中考题,教师解题比赛。进行竞赛题练习,希望提高教师的解题能力,了解现阶段数学思维培养发展方向;而中考题练习,则因为有中小衔接的因素。

2. 教师测试卷命题。教师的命题能力也是教师的一种基本素养,正因为此,我们专门开展这个试卷命题活动,使教师对教材理解、学生学习整体情况、教学调整方法有一个更深层次的理解与感悟。

3. 习题讲解培训。一位好教师不仅要会编制题目,更重要的是能分析题目、指导学生。我们通过同题分析的方法,在比较各种指导、分析解题的过程中找寻最佳分析方法,提升教师教学水平,激发学生学习数学的兴趣。

(富阳市永兴小学　徐　伟)

二、备课组的职能发展

由于学校规模的扩大,有些学校的教师管理改以年级组管理为主,学校的教研工作重心进一步下移到学科备课组层面。许多对教研组的要求,也便成了对备课组的要求。不过,备课组活动要比教研组更具体,与教学进度也更加配合,他们承担教学过程管理的任务相对更重。

备课组的主要职责是:(1)设计和安排教研活动方案,包括确定组内每位教师的上课课题和时间等;(2)做好备课组活动的策划、组织、记录、积累等工作;(3)组织教师集体备课,帮助每位教师进行教学准备和教学反思,保证教学进度的有序完成;(4)有计划地组织教学资源建设;(5)进行教学流程管理,把好教学质量关,组织教学测验的命制与分析,发现问题,及时改进等。

案例 7.3　备课组工作计划一例

（一）指导思想

围绕教务处与语文大组工作计划，进一步深化小学语文课堂教学改革，切实解决和研究教育教学改革中出现的新问题和新情况。坚持以人为本，培养创造型人才，努力探索一条科学、低负、高效的素质教育新路，使备课组的语文教学和教研工作更上一层楼。

（二）工作要点

1. 开学前认真参加分年级的新课程教材培训，开学初学习小学语文课程标准，熟悉分年级要求，制定详细而又可行性较强的教学计划。

2. 认真学习现代教育理论，开展教学研究，积极探索新的教学理念和新的教学方法。研究一些课例，促进备课组成员的教研水平。

3. 自觉完成学校的听课任务：每人10节以上。积极参加市、区、学区、校等各类教研活动，珍惜每一次外出听课的机会，认真做好记录，及时写下听后感，听后感有自己所学到的东西、也有自己对这堂课的正确评价，能提出一些改进的建议。

4. 针对教师基本功学习，本学期的基本功训练主要是"信息技术与语文学科的整合"。争取平均每人能做好两个课件。

5. 认真学习新课程理念：重视学生的学习经历和体验，关注学生的体验、感悟和实践；激发学生兴趣、开发学生潜能，倡导自主探究、合作交流的学习方式，鼓励学生敢于质疑、敢于实践敢于创新。备课中认真钻研教材，学习他人的先进教学经验，把"以学生发展为本，充分体现主动探究的学习能力"的课改精神实现到自己的教学中。

6. 结合本学期的学校随堂课评比活动，认真备好每堂课，要求课中有重、难点、层次清楚、过渡自然、训练到位，特别要在课中提倡主动参与、合作探究、亲身体验和课内外结合为标志的新的教学理念，引导学生主动学习，使我们的课更加生动、有效。

7. 结合每节课教学，及时并认真作好教学反思，做到针对性强，措施可行，能成为今后教学相同内容的"可借鉴之处"。

8. 发挥备课组的团队精神，群策群力，认真上好教研课。备课组定好时间、内容及主备人,建立集体备课制度,每次教研课都作为一次集体教研、学习教材、深入研究的好机会。

9. 精心设计课堂练习,做到节节有训练,形式要多样,切实对学生进行语言文字的训练。

10. 继续不断追求,深入研究,出好每一张练习卷。

三、正确处理教研组与年级组的关系

对于教师团队的管理有两种倾向。一是加强行政性的统一管理,二是加强业务性的自主化发展。两者虽非绝对对立,但也反映了不同的教师文化。教研组管理与年级组管理是两种相异文化的反映。

教研组是教师管理的最早的组织形式。当时,同学科的教师一起办公,教研组是教师们形成专业归属感的集体,同事间既是竞争者,又是合作者,大家以身边的优秀骨干教师为榜样,形成"梯形"的进步队列。但随着学校规模的扩大,有的学校同年级平行班翻倍增加。为了减少学校行政的压力,年级组的管理责任被加强,不但日常工作由年级组负责管理,就连教师考核评价也都以年级为单位,有的学校还在年级组设教务员与德育员,将教学与政教等工作管理的主体进一步下放到年级组,使其像"子学校"一样运转,学科教师遂以备课组为单位开展活动。这种模式显然有利于学校管理决策的执行与落实,但在促进学科教师的学习研究上却有不少弊端。

从教研组管理变为年级组、备课组管理后,同学科教师之间的合作性会明显降低。在教师之间的工作话语中,学科教学的经验交流少了,彼此侦察、自我保留的多了;学生学习的疑难困惑的交流少了,利益分配的明暗计较多了。由于有些学校把最优秀的师资集中到毕业班把关,教师团队间的地位不言自明。教师之间的业务差距不易转化为学习的资源,一起活动交流的人员基本上是任教平行班的竞争伙伴,跨年级的、同学科的、帮助式的交流显得缺乏。当然,同进度、同任务的教师可以一起备课,研究课堂和作业,但过于关注具体教学进度,可能会忽略学科教学的综合思维。所以,基于年级组管理的备课组活动,很难达到原先教研组活动的水平。这对学校业务工作的影响,是加强了行政

管理,削弱了业务活动。

有学者将这种加强与削弱描述为,"基础教育领域里多了柔顺规范的教师,少了富有个人教学思想的教师;多了富有形象意义的教学改革和课题研究,少了脚踏实地的教学创新与教学研究。我们的学校变得比以前更加的有序,但却更加没有生机。"①

教研组、备课组和年级组都是学校教师研修的活动单位。教研组管理与年级组管理呈现的是学科教师业务管理的"两难"选择,如何在两者之间找到合适的"平衡点",反映了校长的教育价值倾向及教学管理水平。

四、教研组长的管理与指导

随着课程教学改革的深入,教研组与备课组的工作渐被重视,但对其工作的指导却没有及时跟上。据调查,很多学校难得开一次教研组长会议。教研组长和备课组长会议一般都是上情下达的工作布置会,或者是预设性较强的经验介绍,很少展开互动坦诚的交流。这一习惯使广大教研组长(备课组长)的工作思维停留在以执行为主的管理统筹。

我们认为,学校层面应组织教研组长(备课组长)的定期例会。其功能是在上情下达的同时,做好下情上达的工作,一方面了解各教研组工作开展的情况和特色,了解各组下阶段工作策划以及需要帮助解决的困难,另一方面促进组际工作策划的交流,统一学校教学研究的基本思路。会议的话语权要以教研组长们为主,学校领导与业务中层应本着鼓励的精神,参与讨论,提炼各教研组的工作经验与设想,积极帮助教研组解决工作开展中的困难。2004 年,浙江省仙居县实验小学就以教研组集体备课的轮流展示与互动,让各备课组长们一起分析存在的问题,提炼工作经验,取得很好的效果(见案例 7.4)。让大家在观摩教研活动的基础上,共同讨论这个教研活动案例对自己的启发。

① 周彬:《与"教学研究"渐行渐远的"教研组"》,《上海教育科研》,2005 年第 4 期,第 28—29 页

上海市徐汇区教育学院曾提出教研组长的专业标准(见表7.2),认为教研组长应该是教学计划的执行者、教研活动的组织者、教师专业发展的引领者。

表7.2　教研组长的专业标准①

角色	工作	要　求
教学计划的执行者	领会计划	经常与学校领导沟通,汇报情况,准确理解和把握学校教育教学计划;及时与教师沟通交流,达成共识,将计划落实为具体措施。
	加强管理	协助教导处切实贯彻教学常规,协调各年级重要考试的命题与阅卷和统计反馈工作。能依据学生的实际,及时调控教学进程。
	确保质量	组长本人教学效果显著,能实现预期目标。并指导组内成员提高教学水平,使学科教学质量均衡发展。
教研活动的组织者	制订方案	抓住组内教学中的主要问题或研究专题,制定切实可行的教研活动计划或方案,目标清晰,有切入口或抓手。
	落实措施	积极执行推进方案的具体措施,能克服执行中遇到的困难或障碍,确保方案有步骤、有层次地推进。
	引领合作	能主动关注同伴的需求,提出建议,提供个别帮助,引导教师开展教学研究;与大家分享经验,善于抓住时机,组织教学问题的研讨。
	注重实效	能切实解决组内教学中存在的主要问题,主动帮助组内教师的教学;每次活动都有记录、分析与总结,有明显效果。
教师专业发展的引领者	提升师德	严格遵守教师行为规范,有奉献精神和较好的人格魅力。对同伴热心而宽容,有服务意识,关心教师,主动提供咨询和帮助。为人正直,办事严谨务实,有责任心。
	指导实践	准确把握教学目标、重点和难点,选择合适的教学方式,合理组织教学内容;研究分析教学中的目标达成情况,提出后续跟进措施。
	主动创新	有进取心和创新意识,密切关注学科教学理论的发展前沿,了解学科课程改革的进展,注重运用理论指导教学实践,并取得一定成果

① "中小学教研组长专业发展的行动研究"项目组:《中小学教研组长:角色、培养与管理》,《教育发展研究》2006年第6期,第53页。(略有修改)

案例7.4　备课组长的现场培训

（一）问题与背景

问题之一、以往的备课，往往局限于编写教案，侧重于知识传授的系统性与正确性，钻研教材时间少，书写教案时间多，重视教的设计，忽略学生的研究。

问题之二、备课组是学校开展集体备课的基本组织，备课组长在其中起着非常重要的作用。但从现实看，备课组长的工作经验非常有限，简单的组织总结能对付，但驾驭指导还有待提高。因此，指导培训备课组长，发挥他们的潜能是当前的首要任务。

（二）活动经过

2004年12月13—14日，我校有目的地开展了一次总结性的集体备课观摩暨备课组长培训会。研训活动包括集体备课、集体听课和交流点评三部分。

1. 集体备课

13日晚，全体二年级老师在认真学习钻研相关教材以及相关的新课程理论的基础上，围绕本周的教学任务，从教学目标、教学内容、知识点、教学方法以及教学理念等方面，畅谈了自己对"教材内容及教法"的理解感悟和安排。具体分为五个环节：(1)备课组长布置晚上集体备课的任务；(2)简要回顾分析上周教学情况；(3)讨论研究下周的教学内容；(4)布置下周集体备课的任务；(5)专家指导。

(1)教学内容讨论：

①组长简介：本单元几篇课文都是故事性较强的文章，充满童趣，以有代表性的一课《公鸡的脸红了》作重点交流.

②讨论交流具体内容：《公鸡的脸红了》

③讨论交流：王老师以具体的句式训练来突破课文的知识点，齐老师以表演和想象说话先突破课文的重难点，以落实知识点，无可非议，都有自己的见解和理解。

齐老师说的既要看图说说邻居怎样帮助公鸡，又要让学生写，如何保证说的时间的充分性。

倒叙处理方法是否妥当,学习公鸡不帮邻居们几段后,好像更能使学生理会邻居们的热心与难得。

④组长汇总小结:

(2)教研室专家的建议:

①要明确备课组长的工作。

②备课组长应培养备课组成员,把集体备课努力做成小讲座,提升到讲座的高度上来。备课组长关键要把信息传递给小组内的每个人。

③备课组长对集体议课的方式组织应不断完善。集体研讨时要把着眼点放在"议"上,而不是以往的"评"。比较提倡的是"问—说—议"相结合的模式,先由教研组的其他教师提问,再由说课人对自己的教学方案进行解释,其他人共同研讨。

2. 集体听课

所有参加培训的备课组长(教研组长)先听集体备课后相同课文的两节课。要求带着任务听,听后再评课。

3. 点评交流与专家点拨提升

两节课中有一节是先说后上,另一节是先上后说。

情景一:老师说课。

专家点拨:课前说课与课后说课有什么不同? 课前说课只能是预设说课,谈设想与思路,具体生成过程会与预设有所不同。课后说课不必细碎地叙述教学过程,重点在自我反思,准备的东西用到还是没用到,哪些问题想到,哪些又没想到,原因是什么。要把思考变成讲座。课前说课要讲清课,而课后说课就要讲失误和问题。

反思:说课是教研活动的常见形式。当前活动形式也不断完善和发展,它已由单纯的教师讲教学设想发展成为"说、授、评、写"一条龙的新模式。而事实上,一线教师对说课知之甚少,还比较生疏,大多只知道个大概,不知道具体的深意。课前说课与课后说课的区别,更鲜为人知。这种比较的眼光很有价值。

情景二:教师评课:两位上课老师都有自己的目标,方向性明确,有自己具体的训练点,上得都很扎实。不过,"姜还是老的辣",无论是教材的处理上,学生的调控上、还是吸取建议上,王老师都得向潘老师多学习。

专家点拨：评课有比较法和归纳法。要从主流入手(主要特点)，理论联系实际，在归纳两堂课的特点后展开。对于细节最好不要采用结论性的评价，要将细节的讨论变为多种处理的多种可能的厘清，让大家了解，形成自己的理解与判断，而不是一句定音。

反思：备课组长的点评能力要有一定的理论概括。好的评课是一种赏心悦目的艺术享受，既能体现自己的理论水平，更能让上课者欣然接受。作为听课者应尊重别人的劳动，认真地听课，体会执教教师对教材的设计处理、对知识的科学态度和对学生的真挚感情。

情景三：

教师质疑：课堂评价语言如何做更好？

专家点拨：教师评价语要准确、得体、丰富，讲求艺术。课堂中的评价语还应是师生之间、学生之间的互动评价。

反思：课堂评价语是教师教学机智、口语技巧、教育智慧的全面展示，更是教师文化底蕴、人格魅力、爱生情怀的真实体现，虽产生于即兴，却根植于教师个人良好素养之中。教师的课堂评价语是最常用也是最重要的教学语言。教师对学生的课堂评价语如果具有强烈的吸引力、亲和力和感染力，就应能够激励学生满怀信心、积极主动地投入到学习中去，有效地实现教学目标。大家看到了课堂中被大多数老师所忽视的是学生的课堂评价语还不够重视。

教师质疑：课堂提问为什么被忽视？

反思：备课组长在今后的集体备课中应引导备课组的成员重视做好课堂提问的设计。教学实践中，我们常有这样的发现：同样的问题，这样问，学生懵住了，那样问，学生会豁然开朗；这样问，可以"一石激起千层浪，"而那样问，则会"一潭死水，微波不现。"能否科学地设计出灵巧、新颖、易于激发学生思考的问题，是教学是否有效的一个关键。

案例点评

这是一次按"备课、说课、上课、评课"为序结合专家指导的一项互动式研讨培训活动，整个过程围绕典型课例进行。讨论交流重在营造一种相对自由开放的"学术沙龙"环境，鼓励教师畅所欲言，让教师把自己的收获、感悟与困惑摆出来,促使教师不断反思和矫正自己的教学行为。这种研讨注重让教师直观地感受新理念与教学组织形式,体验课例所蕴含的教育理念、教学技能与评课技巧。这种培训活动也能有效地培养教师的备课、上课、评课等能力,这样的培训活动也可以普遍应用在教师的研训活动中。

(仙居县实验小学　吴伟娟)

五、以团队评价促进教研组建设

教师职业既有独立性,又有合作性。一方面教师必须独立面对课堂,面对学生,履行教职;另一方面,要真正做好教书育人工作,教师之间必须要有广泛而深入的合作与交流。所以,要倡导教师团队评价,促进教师间的合作。教师教学绩效的评价也要多以备课组、教研组为单位进行,以避免教师同事间过于狭猛的激烈的竞争。

教研组评价不同于学校评价和教师评价,相对来说,它的利害关系比较弱。我们认为,教研组评价应重在交流和总结教研组工作经验,指导和帮助教研组建设,促进学校更加重视教研组工作。评价重点有以下几个方面。

(一)教研组成长发展的历程

教研组建设是一个动态的过程,每个教研组都有自己的传统、成长的历程、发展的思路和关键事件。回顾优秀教研组的成长历程,我们能够看到其工作的内在逻辑、重要成果形成的背景、以及如何通过提出问题、解决问题的循环而取得进步的轨迹。这其实是可以供同行借鉴学习的教研组成长的叙事。它反映一个团队趋向合理结构的形成过程。

(二)提出和解决问题的机制

这是反映一个教研组的生命力的最重要的方面。它要揭示出教研组在工作实践中进行研究探索的主动性、及时性、针对性和建设性。

教师们在学科教学中必然会遇到一些困难和问题。有些问题是共性的,有些问题是个别教师偶尔碰到的。而学校中能够帮助教师解决这些问题的,通常是同一教研组中的同事。学科教研组有义务构建一个协作解决教学问题的平台或机制。这正是教研活动选择主题的重要思路。

优秀的教研组,善于主动、及时地发现学科教学中的普遍性、关键性和代表性的问题,并以此为教研组阶段学习与研究的重点,组织团队有策划地进行针对性地研究。这是教研组活动的生命所在。

(三)教师研修活动的策划与开展

教师研修活动是否有效,不在于教研活动的多少,而在于例行教研活动制度是否完善;也不在于活动的规模与气势,关键看组织者有没有有效策划的意识,有没有落实有效策划的能力。通过活动策划的典型案例,能够反映教师们参加教研活动、课题研究和学习培训的基本情况。

(四)教师研究的实际作用与成效

在评价中,我们不能只看"做了些什么""做得怎么样"而忽视教师研究与教研组活动的实际成效,也不能将所有成员的进步与成果都归因到教研组建设。教师研究的实际作用,需要教研组评价时认真甄别,也只有很好的甄别才会促进研究的务实。

(五)团结合作的教研组文化

教师评价制度没有根本的改变,团结合作的教研组文化只能处在倡导和自我觉悟的水平,因为我们无法要求相互竞争的伙伴形成真正的互助。团结合作的教研组文化可能是校本研修最重要的"土壤"。然而,我们还只能是充满理想主义色彩地期望着。

案例7.5 教研组的"捆绑评价"

我校的学科教研组成员人数一般在3～9人之间,虽然他们的年龄、个性、兴趣、学习方式、认知风格、工作经验、资历等各不相同,但由于学科相同,他们拥有相对一致的教育理念、教育目标,相对共同的知识范围、能力技巧,碰到的问题也往往有学科的普遍性与共性。然而,并不是拥有诸多共同点的教师聚集在一起就能形成有效的团队。寻求促进教研组整体与组内个体之间的协调发展,为组内成员的专业发展提供切合实际的帮助,从而形成各个教研组自己的特色,成为我们教研组建设的明确目标。

(一)指导思想

我们提出以"协作、负责、多元"为核心的教研组品牌建设的构想,要让"每个教研组都有自己的品牌",以"品牌"来树立各教研组的特色,以"品牌"显示自己教研组的独特魅力。

协作:强调教师在做好自己工作的同时,要把眼光关注到整个教研组建设上来,全体教研组成员上下团结一致、共同努力,为形成自己的教研组品牌而努力。

负责:每一位教研组成员都能为自己的工作岗位负责,都能为团队的声誉负责;每一位教研组成员还要积极参与学校的各项事务,为学校的发展作出一定的贡献。

多元:在"为学校的发展而努力"的前提下,各个教研组立足于本团队的特点,充分认识到本团队的优势,大胆地发挥自己团队的优势,形成具有个性特征的团队品牌。

(二)操作要点

教研组品牌的创建并不是一下子就能成功的,它是一个围绕团队品牌创建不断实践、充实、完善的过程。具体在实践中我们主要通过以下几个方面来实现教研组"协作、负责、多元"的品牌构建。

1. 强化团队意识

教研组品牌形成的前提,必须是组内每个成员(至少是大多数成员)具备比较强的团队意识。如果在一个组内,很多成员缺乏相应的团队意识,在工作中总是与团队不协调、甚至唱反调,这样的教研组想形成体现整个团队精神的教研组品牌几乎是不可能的。那么在教研组中如何才能有效地强化团队意识呢?

(1)教师个人规划与教研组工作计划的协调

教师个人规划是每个教师从自身的实际出发而制定的包括专业知

识、课堂教学改革、教育科研的重点、教书育人、落实责任的计划在内的个人阶段性计划。教研组工作计划则是教研组从自身的实际出发而制定的包括教学研讨重点、组内成员发展、教研组特色形成在内的团队阶段性计划。实践中，我们在要求各个教研组制定好团队工作计划的同时，也要求教师以一年为单位进行个人发展规划的制定。制定中要求教师围绕所在教研组的目标及特色作出自己的规划，使教研组成员在关注自身发展的同时，能够考虑到教研组特色的形成。

（2）利用"捆绑式评价"强化教师团队意识

所谓"捆绑式评价"，即是以团队为评价对象，把团队中个体的成绩与不足，纳入到团队的考评项目之中，最终以团队的考评结果来反映教师个体的考评成绩的评价。捆绑式评价最基本的特点是以团队的评价结果来评定团队内所有个体成员的工作实绩，它是以团队内成员间的协调活动与发展为基础的，有利于促进教师群体合作意识的形成和发展。它在评价过程中，不仅关注到团队内成员个性化发展的程度，更看重整个团队发展的优劣。从我们的实践来看，无论是围绕"课堂教学行为之旅"所评选出的"标兵教研组"，还是围绕"品牌教研组创建"所评选出的"品牌教研组"，其教研组内成员的团队意识都相当强。这正说明了"捆绑式评价"对形成团队意识的重要作用。

2. 建立教研组品牌形成与完善机制

教研组品牌创建是需要长期经营的系统工程，它不仅仅需要落实于平时的各项工作与活动之中，更需要建立在每个教研组有一个比较系统的发展规划和经常实践思索的基础之上。

（1）教研组品牌的确立——来源于"实际教育教学问题"的系列化专题学习活动

通过一段时间的校本教研活动，我们已经认识到，校本教研的系统化思想是有效促进教师专业发展的必备思想，同时也是帮助教研组寻求团队品牌的重要思想。因此，教研组品牌应该来源于实践，来源于教师们的日常工作。基于"实际教育教学问题"的系列化专题学习活动正是帮助教师及教研组团队挖掘团队品牌的重要过程，这些学习活动需要有教学实践作支撑。在活动中，专题学习的主题由各个教研组自己提出(一般来源于教研组成员实际教育教学实践),然后由相关教研组或委托校本教研领导小组组织策划相关专题系列化学习活动。正是在对这些问题的探讨与研究过程中,促使每个教研组成员间及时地进行沟通,并逐渐达成共识,以确立自己教研组的品牌。

(2)教研组品牌的打造和维护——充实于多向互动"教学对话"的教学行动

教研组品牌的确立只是品牌构建的基础,教研组品牌内涵的充实与维护则是品牌建设的重要过程。那么在实践中,各个教研组又如何来充实和维护自己团队的品牌呢?多向互动"教学对话"的教学行动是一种颇为有效的策略。多向互动"教学对话"的教学行动不仅仅包括教师与学生、教师与教材、学生与学生之间的对话,还包括实践者与相关合作者在活动前的琢磨、探讨,活动开展时的共同参与(如集体听课、其他学科教师听课等)、活动后实践者与相关合作者的对话、自身的"回头思考"等等。多向互动的教学行动不仅能够促使教研组成员挖掘有利于维护和充实自己团队品牌内涵的积极因素,在主动思考、尝试实践的基础上参与到集体互动交流中来;还能够促使教研组团队把碰到的问题或实践活动方案等展示出来供大家探讨,给其他团队成员或相关专家参与到团队的活动中来提供平台,有效地吸收新的信息和有价值的指导。

(3)教研组品牌的增值——成熟于"品牌创建"理念下的课题研究

一个品牌的成熟除了一定时间的积累,更需要依赖于团队的成熟和团队内成员的理性思维。而以课题的形式来构建自己的教研组品牌,本身便已具备了促使教研组品牌成熟的前提条件。我们在教研组品牌构建的开始阶段,便提出了各个教研组都要确立自己团队的中心课题,把自己团队的品牌与中心课题结合起来。如此一来,各个教研组品牌构建,不仅要关注实践层面的思考,还需要关注品牌在理性层面的思考,寻求一定的理论作支撑。

品牌建立在中心课题研究之上的,不仅使中心课题品牌化,更能使教研组品牌的成熟与增值建立在组内成员对中心课题的理性思考之上。实践中,我们正是借助于学校校本教研常规活动,开展课题间的协作研讨活动,在经验交流与观点碰撞的过程中,提高教师及教研组团队的理性思维水平。这样的活动我们每个学期进行五、六次。一般以相关课题为组合进行集中研讨。过程细化为几个环节:相关教研组提出自己课题实施过程中存在的问题;全校互动式交流该问题如何才能解决,并提出相应的建议;教研组结合建议和自己的理解,进行再次尝试;利用活动提交尝试结果或成果展示;探讨下阶段研究的方向,凸现教研组品牌;教研组在品牌构建的理念下,继续开展课题研究;教研组品牌的完善与成熟;对课题的下一轮研究作前景分析,找出深入研究的着力点,准备进行第二轮研究,使教研组品牌能可持续发展。

(4)教研组品牌的推广——实现于"实践智慧"的开放性的经验分享

从品牌的自身来看,能否得到公众的认可是衡量其价值的主要标准。教研组品牌当然也不例外。我们的校本教研也正是借助于教师间、团队间的观念碰撞、观点沟通,来实现促进教师个体和团队专业素养的发展与提高的目标。

实践中,我们借助于"实践智慧"的经验分享活动,来实现教研品牌的交流与推广。教研组以开放的心态,主动提供与本教研组品牌理念相关的实践材料(如教育教学案例、论文、课题报告等),展示并阐明自己教研组的品牌理念。其他教研组或个人分析挖掘其中具有实践智慧的经验和新的生长点为其所用,在实践过程中进一步体现该教研组品牌的价值。展示品牌的教研组成员通过交流展示,进一步反思自己教研组品牌构建过程中的经验,进行深入思考,在交流合作中形成更为完善的品牌理念和构想,为进一步深化作准备。一般这样的活动之后,展示品牌的教研组及其成员与分享品牌成果的教研组及其成员均能得到很大的收获。

(三)注意事项

在构建以"协作、负责、多元"为核心的品牌教研组的过程中,以下几个方面需引起我们的注意:

1.组建相对稳定、均衡的教研组团队是实现品牌构建的基础

一方面,教研组团队间整体的差异不能过大,所以首先要做好平衡

教研组团队间人员素质的构成,尽可能地缩小团队间成员基本素质的差异。我们主要是通过年龄结构、学历层次、业务水平等几个方面来平衡教研组成员的基本素质。另一方面,还要考虑到教研组团队成员的相对稳定。除了一些技能学科的教研组成员比较稳定之外,我们在语数学科的教研组成员配备上,也保持了相对的稳定。学校语数学科教研组成员的安排,一般以三段式小循环(低、中、高三段)为主,即低段语数教师一、二年级循环,中段语数教师三、四年级循环,高段语数教师五、六年级循环。

2. 优秀教师往往是教研组品牌创建的引领者

一个教研组缺少不了一个核心,而这个核心便是教研组中具有一定亲和力的优秀教师。实践表明,优秀教师往往是教研组品牌创建过程中的引领者。我校教研组品牌形成过程中的差异性,在某种程度上就显示着组内有没有优秀教师、核心成员。因此,在关注团队、关注整体发展的过程中,我们不得不同时关注团队内具有优秀专业水平、良好的师德修养、深厚的人文素养的团队核心的培养。

3. 在对教研组品牌创建进行"捆绑式评价"时,评价内容和要求要清晰,评价形式要多样。

我们主要采取"捆绑式评价"对各教研组品牌创建的成效进行衡量。在实施过程中,一方面评价的内容和要求要清晰,而且要把评价的指标在学期初就告知给各个教研组团队。另一方面要注意多种评价形式相结合,以增强"捆绑式评价"的准确性和有效性。我们具体通过领导检查评估、组内自我评价、组间相互评价等形式,最后,由校本教研领导小组对以上评价结果进行汇总,然后评出优胜教研组,并给予一定的奖励。在整个评价过程中,评价对象始终是教研组团队,而不是教师个体。

（嘉兴市实验小学　费岭峰、王羽左）

六、教研组评价的基本方法

开展教研组评价,不能为方便而简化评价过程。许多只是看材料、分荣誉的评比做法,对基层的导向有些消极。我们应从促进工作改进出发,借评价活动来唤醒教师进取的自觉。教研组评价的一般形式有:

资料档案分析、交流汇报、案例分析和教研活动现场分析等。

（一）资料档案分析

这是最常规和传统的评价方法。它导向教研组在活动过程中做好总结与资料积累。我们看到教师们用心积累的"教研组成长档案"，也看到过形式性地记载有时间、地点、人物与事件的"台账"。在过程资料积累方面，我们提倡记录对改进教学和教研有价值的东西，减少形式性的牵强的文本。评价时，也不必对包装精美的材料太过当真，但也不能让真正优秀的教研组漏过"法眼"。

（二）交流汇报

教研组评比的重要目的在于总结经验成果，促进学习推广。所以不管是校内评比还是区域评比，都应该组织专题的交流研讨会，将优秀教研组的候选者集中起来，进行限时"述职"（也可分类集中）。"述职"不求全面，但求真实和有特色。一可以通过群众关注，检验汇报介绍的真实性；二可以将好的经验做法宣传推广到其他同行学校中，以进一步推动校本研修工作的扎实开展。

（三）案例分析

我们提倡教师研究要多做案例反思。对于教研组长和参与教研组活动策划的骨干们来说，如何组织教师研修活动也是充满创造性的劳动，其经验也要通过不断地积累和反思才能获得。教研组评价需要附交反映自己特色的、体现策划意义的、有价值的教研活动案例，一方面促使教研组注意工作的反思，而另一方面又通过案例的积累与分析，形成更多指导大家进一步改进教研活动的策略和方法。

（四）教研活动的现场分析

如果有条件，教研组评价还应该到学校去，深入到教研组的常态活动中评价教研组的真实工作。这种评价形式可以在交通比较方便的市区进行。教研组评比活动的时间跨度可以是 2—3 个月，参与申报的教研组应将自己常态教研活动的组织规律告知区、县教研室，教研室在不事先通知的情况下组织专家小组"参与"教研活动。这样就可以掌握该小组的真实情况。其实，学校也无需对这一环节有太多的顾虑，因为这种评比的真正目的，还是共同研讨校本研修的改进之道。

在教研组评比中，要多用案例与事实来展示教研活动的成效，以导向教研活动的真抓实干与策划创新；要突出教研组主动及时发现教学问题，有策划地组织团队研究，以及针对性解决问题的工作风格；要强化教研组教学过程管理和指导的职责，以进一步明确优秀教研组努力奋斗的目标。

案例7.6 先进教研组的现场评价

"先进教研组"的评选有利于教研组建设的创新，充分发挥其校本教研主阵地作用，使教研组成为具有研究、质监、协调、创新功能的学习型团队组织，使教师在与同伴的"真诚互动"、"多轮反思"中，成为真正意义上的研究者、建构者、创造者。同时，我们通过教研组评选，进一步明确有效教研活动方式，充分发挥先进教研组的示范引领作用，促进教师专业发展，不断提高课堂教学效果。

我们的评比分三个环节。

一是察看学校申报材料。组织专家组对每校推荐的一个教研组，从制度建设、工作实效、综合成绩三方面进行评价。

二是教研组长答辩。从各教研组长对以下问题的阐述来分析该教研组的工作情况。

（1）结合一次最有意义的教研活动，谈谈教研组同伴互助的情况。（制度建设、研究氛围、工作绩效）

（2）教研组是如何组织评课的，你认为一堂好课的标准有哪些？

（3）本学科校本课程开发情况介绍。

（4）说说目前开展校本教研活动最大的困惑是什么？

（5）你认为怎样的教研组长是优秀的？

三是深入学校调研考察。一方面考察校长是如何管理聘用教研组长的；另一方面实地参加观看一次校本教研活动；再是通过听课、座谈会、问卷访谈等,对学校上报的材料进行实际调研。

这次评比采用观看材料与实际调研考察相结合,定性与定量相结合,发现问题与总结推广经验相结合的组织思路,使学校进一步明确了教研组建设的目标,促进形成良好的教研氛围,促进教研组教研活动的改革与创新。同时强调了教研制度建设,教研内容主题(课题)化,以及教研后的及时反思行为跟进。评比活动很好地与推进教研组建设结合起来。

(杭州市下城区教育研究发展中心　王盛之)

专题 18　创新青年教师培养机制

在学校中,教研组等基础组织是业务工作的稳固阵地。但我们还要根据教师特点,灵活组织形式多样的教师研修的新型组织,激发教师研修的活力。

表 7.3 是学校中常见的教师研修活动方式,其中有较为正式的活动,也有一些不甚正式的自发活动。

表 7.3　正式与非正式的教师研修活动

正式教师研修活动	非正式教师研修活动
• 集体备课、说课、听课、评课	• 围绕教学工作的随意交谈
• 讨论考试命题,试卷分析	• 针对个别学生的"集体会诊"
• 集体业务学习,传达贯彻上级指示	• 教学疑难问题的咨询、商讨
• 专题研讨活动或正式课题研究	• 对学校焦点问题的自由讨论
• 外出参观考察,学术会议或在职进修	• 教师自发的学术沙龙或聚会
• 优质课评比与研讨	• 围绕教师工作的网上聊天
• 师徒结对	• 教师反思性阅读,撰写专业日志
……	• 教师与专家或校长的平等对话
	• 针对特定事件的观点碰撞
	……

这些活动所依托的组织,除了教研组、备课组和年级组外,还有诸如课题组、工作室、教师社团、沙龙等多种自然的组织形式。其凝聚机制主要有协作帮扶和志愿联合。

一、师徒结对的发展

"师徒结对"是传统的青年教师培养模式,是学校普遍存在的,以协作帮扶为宗旨的研修形式。大家一般认为这样能够帮助青年教师变得成熟,促进新手教师向合格教师转化,同时也促进老教师的学习与思考。但也有学者认为,"这种模式依然是手工业经济方式在教师教育上的延伸,其实质是把教师职业视为一门手艺,需要师徒之间个别化地口耳相传,言传身教。""教育毕竟是一门科学,需要更多思想的笼罩、理性的反思,师傅在传给经验的同时,也可能窒息年青教师思考的空间。"[①]因此,师徒制做法也要不断地革新与改进。

案例7.7 新老教师"师徒结对"活动的改进

(一)背景

我校自2000年开始组织新老教师"师徒结对"活动。我们给每位刚踏上岗位的新教师安排一名有十年以上工作经验的指导教师,要求结对教师每周至少互相听课一次,学校每学期评选一次"最佳师徒结对"。我们试图通过这一活动缩短新教师的成长周期,发挥老教师的示范辐射作用。几年来,该活动收效明显,新教师的课堂教学日益老练,教学成绩接近甚至超过老教师,为学校发展作出了贡献。但也有一些问题和矛盾逐渐凸显:

(1)新教师成长不平衡。真正能在课堂教学、考试成绩、教科研、班主任工作、学生竞赛辅导等各方面全面发展的新教师凤毛麟角。不少新教师错误地认为新老教师之间的差距主要在考试成绩上,于是急功近利地一味追求分数,甚至不惜抢占自修课时间组织测验,加重学生学业负担。由于教科研意识淡漠,一些新教师"教书匠"的味道浓厚,抑制

---

① 蔡方,王丽琴:《骨干教师专业成长规律》《中国教育报》2004年1月14日

了进一步发展的潜力。

(2)模仿重于创新。不少新教师视结对老教师的课堂教学模式为经典,刻意模仿,甚至照抄老教师的备课笔记。一些新教师开课无论是立意,教学细节的设计都依赖指导教师,连上课的神态、语气和手势都酷似。这种忽视自身教学风格形成,盲从权威的小农意识极大地制约了新教师的发展。值得指出的是,少数老教师孤芳自赏,对徒弟照搬自己教学风格的做法持欣赏态度,对新教师的教学创新往往表示怀疑,甚至认为是"离经叛道"、"哗众取宠"而予以否定。

(3)敷衍了事,流于形式。部分新教师工作不安心,不求上进,对听课任务草草应付,没有精心准备,认真总结。他们的听课笔记经常会写些诸如"教学效率高,教学目标落实到位"等模糊语言。一些老教师碍于情面,也不愿直言不讳地指出。有时老教师工作繁忙,不可能经常听新教师的课。一些所谓听课记录是在临近期末考核前师徒"合作"完成的。另外,少数老教师认为青年教师的迅速成长会威胁到自己的地位,对辅导新教师不热情,不愿意将自己的成功经验拿出来分享。

(4)小宗派主义浮现。随着"师徒结对"活动的开展,新教师和学校指派的导师之间的联系日益密切,而与其他教师的关系相对疏远。有些指导教师对于徒弟的关心变成了偏爱。每次评优评奖,老教师常常推荐自己的徒弟;作为徒弟,在听师父的课时,即使发现其中的缺陷也不敢说出。这也不利于老教师的教学技艺的提高。"小宗派主义"影响了教研组和谐的教学氛围和整体教学实力的提升。

(二)改进

首先,我们加强了师德教育和师徒结对工作的结合。我们要让教师们明白:教育要对一个民族的道德水准和智慧程度负责。教师的水平关系到培养什么样的后代的问题;教师不能发财,但在精神上是富有的。教师要为荣誉和崇高奋斗,而不能因为拙劣的表现给这一神圣职业抹黑;教无止境,老教师将在与新教师的帮带中体验教育的真谛,使自己的教学之树常青。为此,学校多次组织了学先进教师、思考"教师成长的内外因"等活动,在校报上开辟介绍青年教师成长经历的"初为人师"栏目,促进教师感受职业幸福,树立高尚的职业观、人生观。

其次,我们加强对师徒结对活动的管理。一方面调整新教师评价考核指标,学科成绩占 40%,教育教学研究占 25%,课堂教学占 25%,教学常规占 10%,以避免新教师过于偏重应试。另一方面,改变考核评价奖励模式,取消每学期 200 元的考核奖,取而代之的是学期末的庆祝新教师成长的联欢会,届时表彰进步突出的新教师和无私引路的老教师。

第三,将"一对一"的固定帮带形式改为"多帮一"。教研组内凡工作五年以上,教过高三的教师都有责任指导新教师。学校将从指导教师群中确定一位"主教练"统筹教师指导,并要求教研组定期组织"教学沙龙",讨论新教师的阶段性成长问题。

第四,制定合理的统一格式的听课笔记(表 7.4)。我们认为,这份听课表不仅要求听课教师关注授课人对教材整体和细节处理的得与失,更重要的是提炼授课人教学的独创性,并从理论上加以解读。这对于克服传统教学的弊端,形成多样化、科学化的课堂模式具有重要意义。

表 7.4 听课笔记一式

班级		授课人		时间	
题目					
教学过程					
评价	知识目标的制定和落实				
	能力目标的制定和落实				
	情感、价值观目标的落实				
	重点、难点的把握和突破				
	教学特色及理论依据				
	值得商榷的地方				
	改进的策略				

我们希望"师徒结对"活动能够实现"双赢"。尽管有些名师对"师

徒结对"任务有不同的想法,他们认为指导新教师对自己的发展作用不大。为此,我们一方面组织青年教师观摩名师开课,课后召开只有青年教师和学校领导参加的座谈会,要求青年教师总结名师的课堂教学优点和特色,同时挖掘名师展示课中的不足和问题。学校将把意见反馈给开课名师们;另一方面组织青年教师学习名师的论文,参与名师主持的课题,分担研究任务;此外还吸收一部分表现突出的青年教师承担高三教学任务和班主任工作,在平行班的教学中开展新老教师的工作竞赛。

改进"师徒结对"活动的想法萌芽于2004年,大规模实施于2005年。迄今为止,教师们反响良好。

(平湖市当湖高级中学 卢晓华)

案例点评

传统"师徒制"培养模式主要有三点需要改进之处:(1)过于依赖个人力量;(2)过于强调权威,而使指导交流呈单向性;(3)师徒交流停留在经验层面,缺少进一步生成的载体。当湖高中在开展师徒结对工作的同时,注意及时反思与改进,眼光是敏锐的,措施是务实的,特别是调整评价,强调"双赢",抓住了问题的关键,但要改变机制,尚需时日与策划的改进。

"名师工作室"模式是师徒结对的另一种发展。名师工作室往往依托一名或若干方向接近的知名教师,组成在教学活动研究中培养教师的组织(类似于"教学研修站")。它往往以个人或研究方向命名,面向本校或某一区域,既要对来工作室研修的教师进行系统培养,同时还要对更广泛的教师群体进行辐射式的影响,它往往要以具体的研究课题为载体,组成学习研究的共同体,共同研究教育教学现场中的问题。有些学校甚至采用筑巢引凤的方式,聘请名家来校设立"名师工作室",整体带动本校教师教学研究水平的提高。这些措施确实改进了青年教师的业务指导,但是还是有一些问题需要进一步探讨。

案例7.8 特级教师工作室

崇文实验学校拥有一支优秀的师资队伍。要让这些骨干教师更快地成长,仅仅依靠校内资源是不够的。为此,我们聘请一些特级教师来校创建"特级教师工作室",一方面让骨干教师在更高水平的导师的指导下形成学习团队继续深造,另一方面请他们作为带头人引领校本研修活动。2004 年,杨明明(语文)、王燕骅(语文)、杨薇华(数学)、章鼎儿(科学)在我校成立特级教师工作室。2005 年,朱乐平(数学)、张化万(语文)也在我校成立了工作室。我校 30 多位骨干教师,在双向选择的前提下,进入不同的工作室,在各自导师的带领下,坚持每周开展活动。近两年来,进步显著。

(一)操作要点

1.做好长期规划

特级教师工作室通常以学期为单位,制订规划,确定这段时间内教研活动的主要方向。

《教学策略比较研究》总体实施方案

(朱乐平工作室)2005 学年上学期

一、总体设想

1.教研与科研相结合,以科研的思路与方法开展数学教学研究。以课题研究的思想、方法和策略对教研实施操作。

2.以教学的对比研究为主要内容和形式,加大教研对教师的积极影响,提升教师在教研活动中的受益程度与提高幅度,继续努力构建崇文教研体系。

3.夯实、完善大组教研工作的同时,加强学科组教研工作的指导,加大学科组教研建设的力度,实现以学科组教研为主要阵地的基本观点,以求点面结合。

二、原则

科研促教研,课题研究式教研提升教研活动的研究力度,提高教师的教学研究和思辨能力,从而提高课堂教学水平和教学质量。

过程性,让教师在过程中提高;全员参与,加强教师个体在活动中的任务和分工管理。

教研活动在原有理念的同时试图体现以下理念:理论性、学术性和实践性、操作性、通俗性并存。

三、说明

主题展示活动(学科组比较研究教研 1~2 次)

以年级为单位,在教材中选择一个教学内容,设计两个差异较大的教学设计,由一位教师执教,开展教学研究。需要有前测后测以及相关的研究。以学科组开展教研,参与人员包括本学科的教师和非本学科教师。本学科教师要求必须承担一定的研究分工并参加整个活动全过程,其他学科组的教师可以自主选择参加。

《比较研究》教研活动基本模式与流程:

选择课题——查阅资料,谋划两种教学设计(撰写教研活动计划书);——前测(数据整理与分析)——课堂教学(录像)——后测(数据整理与分析)——教师问卷调查——教师实时交流(我有话说)——全方位对比分析(设计理念对比、理论背景支持对比、教学效果对比,包括知识技能、情感态度价值观等)——专家访谈——形成文字及视频材料。

2.明确每次活动的主题

教研活动应针对教育教学中普遍存在的疑难问题和棘手问题展开。要通过对日常教育教学中的问题的提炼,形成一个切口适宜的专题,以此作为教研主题往往能扎根于教学实战,颇具实践意义。这也是以科研促进教研的一个方向。

表7.5 朱乐平特级工作室数学教研主题一览表(2004学年下学期)

主题	组织者
你最想教研组做的一件事	邵建晖
新课还需再练习设计吗	许幼芳
数学课 VS 科学课	周向鹏
分层教学比较	李 慧 许含英
数学教学生活化	郭谨芳
"后进生"的烦恼	许海燕 林 龑
专项复习/试卷讲评	黄金荣 盛玲燕

3.做好每次活动的周密计划

工作室的每次教研活动,都会事先拟定详细的计划书,明确这次活动的参与人员、主题、分工等,让每个参与者都明白自己的角色和将要承担的工作。这是保证活动能够实施和取得成效的前提。所以,活动的组织者都要有文字意识。能够在活动前一周将计划发放或传达到每个参与者手中。

2005 年 12 月 8 日数学教研活动计划书

（杨薇华特级教师工作室）

一、主题:"算法多样化"教学反馈技能训练与评价的比较研究

二、我们希望在活动中收获(共同愿景):

1. 一个关于《20 以内进位加法》的成熟教案。(谢莹、包蕾)

2. 每位学科组成员全程参与活动,对于目前计算教学中倡导的"算法多样化"的教学有一个比较深刻的理解,为今后教学相类似的内容作一个扎实的铺垫,同时完成反思或者资料摘录、阅读、读后感。(全体)

3. 每位学科组成员在整理相关"算法多样化"教学过程的课堂实录中,对于反馈这一教学技能做到认识反馈技能,了解反馈的分类,从而能够逐渐在后续的实际教学中评价自己与别人的反馈技能运用如何。(全体)

4. 结合前、后测完成年级组学生速算能力训练的测查与班级间的差异,对班级学生相关情况心中有数、同时查漏补缺。(全体)

5. 完成关于 20 以内进位加法"算法多样化"教学后学生掌握情况的对比报告。(全体)

6. 完成在"算法多样化"教学过程中,反馈技能训练的自我报告。(谢莹、包蕾)

三、活动整体设计与安排

(一)准备阶段(11 月 17 日—11 月 25 日)

1. 查阅相关资料,讨论设计《20 以内进位加法》教学设计(一)、(二),基本理解和领悟教学设计存在的共性和主要区别。

2. 召开活动准备会议(11 月 22 日,11 月 29 日):

(二)实施阶段(12 月 1 日周四 和 12 月 6 周二下午)

1. 专家指导下的试教:特邀专家杨薇华 12 月 6 日上午

2. 教学前测、后测:12 月 6 日下午及课后(30 分钟)。(包蕾牵头)

3. 课堂教学展示:12 月 8 日下午 1:00—1:40 下午 1:50—2:30

4. 课前访谈及课后访谈:12 月 6 日下午及课后。(顾秋婷牵头)

5. 实时互动交流:12 月 8 日下午 2:40—3:40

6. 教师问卷访谈:12 月 8 日下午 2:40—3:40(来慧伟 孙旻晗)

(三)总结阶段(12 月 8 日—12 月 15 日):

资料汇总整理(专家访谈),分析成文。(谢莹)

4. 强调教师自主参与

参加活动的所有成员都应该是受培训者和培训者,任何活动的内容、形式、要求、任务和需要都由教师自主来决定。活动的策划者、资料收集准备人、组织者、主持人、活动综述人、材料编辑等角色在活动中都会依据活动的需要来轮流和交换,将活动的运作建立在整个教研组的全体参与人员中,而并非少数同志。除活动角色的分配体现自主性外,在活动内容、研究的专题、活动的形式等方面也由教师自主来讨论决定。对于参与的形式,我们认为可以口头的、书面的或者是行动的,但是不论是什么形式,都希望教研活动的参与者能够在这次活动中留下他行动研究的轨迹,所以我们经常会对教师采用问卷调查或者填写反馈表的形式来了解和促进教师参与教研活动。

表7.6 《马铃薯在水中是沉还是浮》教研活动的反馈记录
章鼎儿特级教师工作室 2005年5月20日

姓 名	俞珺	性别	女	教龄	17
学科组	语文			是否发言	否
教研主题	在教师有效地指导下,让学生的思维参与到科学探究活动中				

听课活动记录及反馈

课题	马铃薯在水中是沉还是浮		执教教师	周向鹏
教学设计的特点	在探究过程中,教师给予学生充分的信任、空间,引领学生自主建构起对问题的深入理解,并自主建构起解决问题的方案。	点评	周老师非常明确自己的角色,在环环相扣的问题情境中,总有办法让学生保持浓厚的学习兴趣和探究欲望。	
主要体现探究的环节	学生小组实验:当倒入小盐包时,观察马铃薯的沉浮。	点评	周老师并没有发给各组足够的盐,而是先让学生推测:需要几包盐才能让马铃薯浮起来,再根据学生所需发放小盐包。当出现不同的实验结果时,正是学生思维失衡、激发学生探究兴趣的焦点所在。在此过程中,学生收获的是一种可贵的辩证思维方式,是一种齐心协力解决问题的学习热情,也是一种积极的个性张扬的生命力。	

续表

学生思维参与较积极的环节	最后环节:能让铁块浮起来的是什么液体?	点评	能让学生保持旺盛的学习热情的课,一定是好课;能让学生在课后还沉浸在课堂氛围中的课,那无疑是课中精品。显然,周老师是这方面的"弄潮儿",一招"欲擒故纵",让学生爱得"酣畅淋漓"。

教研活动反馈

印象深刻的发言或教学亮点	在交流时,似乎就处在一种自由的"头脑风暴"中,想到就说,说得不好再进一步完善,气氛轻松而又收获不少。想到在别的学科进行交流时,有可能教师太拘泥于自己的形象,太求全求美,反倒失去了即兴发言的率真和灵性。
收获或思考	跨学科听课,真好!语文课中,如何组织学生进行有效的、有层次的小组合作学习,如何把提问的权利还给学生,如何给学生适度的空间,引领学生进行深层次的思考和探究,这些,非常值得我借鉴。
遗憾的地方或建议	一些知识性的东西,需要教师作准确的表述。"尊重学生的发现"、"尊重学生的知识建构"与"规范地表达和陈述"之间是没有必然矛盾的。规范学生的语言表达,这不仅仅是语文教师的任务。

5.注意教研过程的档案化

特级教师工作室的任何一次教学研究活动,对学校来说,是一种构建学校本身的文化和进行自我积淀的形式;对教师个体来说,则是一种经历。不管是教师个体的经历,还是学校本身的积淀,都应有档案意识。我们主要采用编印《数学教研通讯》的形式来记录和记载活动。我们认为这样做,对档案材料的收集、整理和编排合理有序,方便查阅;还能够"有形"地记录教师成长的足迹,同时还可以扩大交流范围;由于教研时间的问题,并非每一次活动中,每个教师都有发言的机会,那么没有发言的教师的想法我们怎样去了解呢?这也可以借助《通讯》来进行。由于通讯的传阅,即便没有参加的教师、非本校教师、非本学科的教师也能不受时空的限制对活动进行阅读,使活动产生更大的影响。

(二)常见的活动模式

1.课堂诊断

课堂诊断与一般的听课评课有所区别。工作室成员执教研究课,工作室的导师和其他成员根据事先确定的主题,一起分析其课堂教学,对存在的问题作出诊断,并提出改进建议。这种诊断,可以是对不同教师执教同一内容的对比诊断,也可以是对同一教师在不同班级连续执教同一内容的持续诊断。

2.同课异构

同课异构就是指完全一样的教学内容,采用两种完全不同的教学设计和思路进行教学。在"同课"这样的前提下,以教学策略的对比研究为主要内容和形式,通过在整个过程中的对教师、学生的观察、访谈、调查等,挖掘教学策略背后的教学观念,掌握学生对不同教学策略的接受程度,从而在这个过程中提高教研的参与者对教学策略、教学技术等的理解。

一般以年级组学科教师团队为单位,在教材中选择一个教学内容,设计两个差异较大的教学设计,由一位或两位教师执教,开展教学研究。其他教师配合完成前测后测以及相关的研究。然后集中向全校教研组、学科教师展示。

3.跨学科听课

跨学科听课是不同学科的教师交叉听课。组织这种教研活动的出发点在于鼓励教师走出自己的学科局限性,从听课者的角度讲,可以从其他学科的课堂、教师上吸取营养,从多个角度了解学生、了解课程,从其他学科的角度审视自己学科的课堂教学;从执教者的角度讲,可以听取来自多方面的意见,扩大自己的视野,借助其他学科教师的经验反思、完善自己的教学。当然,按照崇文实验学校组织教研活动的惯例,此类教研活动不是简单地不同学科教师坐在一起听某一个学科的教师上课,而是同样要精心地设计问题、问卷和讨论主题。

(杭州市崇文实验学校　全　力)

案例7.9　青蓝工作室和学术研磨室

为提高教师参与校本教研的积极性,我们创新校本教研组织形式,组建了青蓝工作室和学术研磨室。

(一)青蓝工作室

青蓝二字取意"青出于蓝",顾名思义,这个工作室的目标就是创设条件让青年教师快速成长。客观地说,我们的教师水平还不错,但要在某一领域有所建树,还"火候"不够。要帮助教师实现跨越式的发展,学校责无旁贷。尽管校本教师培训有教务处、教科室来管理,但往往行政味稍浓,不便深入地了解和满足教师个性化的需求,组织的活动也较常规,对教师的吸引力不够。应该设立一个行政机构之外的组织,"青蓝工作室"就在这样的背景下诞生了。

"青蓝工作室"的工作由教务处、教科室统筹管理,全体教职工采用会员形式申请加入,推选出具体主持人负责具体活动策划协调,工作室帮助每一个会员制定三年发展规划,利用展版形式展示会员教师风采,工作室的主题活动包括了平等对话、深度会谈、头脑风暴、读书活动、学习沙龙、教研组论坛、论文发布会、网络学习、邀请课程改革名家来校对话、访问名校等,同时也组织一些跨越式学习,如教学外的学习交流活动等。"青蓝工作室"的创建给校本教研带来了一种开放的氛围,给教师间营造了一种新的校园文化,促成教师形成一种团队精神和教师专业化发展的途径。

(二)学术研磨室

"学术研磨室"是由教科室、教务处牵头,由学校指定与教师自发联合组成的群众性学术小团体,具体以教育科研活动为主体,以"课题研究"和"课程开发"为主要形式。其主要职能有两点:

1. 辅助教科室收集前沿理论、课改信息;整理分析课题实验数据;编辑《课改在线》;进行学术交流等。一学期以来,共编辑出版了与新课程改革相关的资料 6 辑,编辑《课改在线》两期(还有一期增刊),同时也在学校网站上推出了网络版受到教师的欢迎。

2. 负责学校校本课程的开发。校本课程的开发是一个系统工程,涉及方方面面,仅仅靠教科室势单力薄,通过学术研磨室人员配置,为校本课程开发提供了强有力支撑。

学术研磨室的成立提供了让教师展示自己专长的时间与空间,极大提高了教师的成就感,为教师的成长奠定了良好的基础。

(苍南县第一实验小学　张延银　林　高)

案例 7.10 教师成长导师制

(一)指导思想

导师制系 15 世纪初创办"新学院"的温切斯特主教威廉·威克姆所首创。新生一旦入学报到,学院就给他指定一位导师,负责指导学生的品行,并协助安排学生的学习计划,指导他如何取得进步。导师不仅在学业上给学生以指导,而且在品行、心理等方面给学生以指导,成为学生的良师益友。导师制的主要优势在两方面:第一,个别化的教育指导,有利于因材施教;第二,亲密的师生关系,有利于学生品德学问并进。新课程下导师制不是师道尊严,也不同于以往的"师徒结对",主要表现为:传统的"师者"一般为"长者"、"老者",而今"师者"应是"能者",无长幼之分;在导师和导生的互动互助中,强调予以人文关怀,从个人的实际出发,采用双向选择的方法,导师和导生两者都可以根据自己个人的特长、爱好、个性等选择对方,使导师和学生在愉悦和谐氛围中不断发展。

校本教研倡导对话文化。"对话"的本质是共享知识、共享经验、共享智慧、共享人生的意义与价值等。随着基础教育课程改革的不断深入,教师职能正发生着深刻的变化。学校应该成为一个有利于教师专业发展的学习型组织,学校中的教师们应充分发挥个体创造力持续不断地互动学习,互相协助,使个体价值与群体绩效得以最大限度的显现。把导师制引入校本教研,让有经验的教师和普通教师结成两人学习小组,他们互为倾听,互相交流,在不断的反思和实践中,双方都能得到发展,尤其有利于青年教师的快速成长。

(二)操作要点

1. 制订方案

为确保导师制能够有效地实施,分别从研究的目标、内容、要求以及开展活动的形式、时间、具体安排等方面做好整体设想,力求做到有的放矢。

2. 选好导师

要带出一支高素质的青年教师队伍,达到"青出于蓝,胜于蓝"的目标,首先要选好"导师"。身为导师,应该具备师德、师技,具体表现为:

(1)教书育人,为人师表,以人为本,热爱学生,热爱教育事业,无私奉献,具有高尚的师德。(2)合时的教育理念,过硬的教学技能,严谨的治学态度,娴熟的指导技巧。(3)导师的教龄一般为三年以上,获得过教坛新秀,或是市骨干教师,学科带头人,优质课获得者。

3. 确定导生

每个教师都有不同的风格,正如世界上没有两片相同的叶子一样。学校开展导师制,同样需要尊重教师的个性,不断地去激发导师和导生的积极性。其中在选好导师后,确定导生时,特别注意凸显教师的主体,调动其主观能动性。当教师确定为导生时,学校将分期、分批有计划地施行。首先成为导生的是充满抱负的大专院校毕业生,其次是一大批积极向上的青年教师,另有不甘落后的老教师们,他们甘为导生,继承创新,不断更新观念,令人钦佩。

4. 签订协议

为了加快教师的专业成长,继承导师制的精髓,依照学校有关实施导师制的方案;为使"师生"双方进一步明确自己的职责,增强责任感,签订协议书。

5. 做好"五个一"

为了提高教师的业务水平,加速教师专业成长,我们定下了导师和导生都应做到"五个一":(1)每周摘录一张教改信息。(2)每周撰写教研随笔一则。(3)每周练习书法一张。(4)每篇课文教后必须写一篇教后感。(5)每学期撰写一篇论文。另外,导师指导导生阅读教育理论书籍,定期促膝交流讨论,或是导师督促导生积极参加学历培训等,提高导生的教育理论水平。

6. 勇挑两课

所谓的"两课"即汇报课、下乡课。在导师制实施的过程中,努力创设良好的教学环境,搭好施展才能的平台,始终走的是"行动研究",让教师们在实践中学习、探索、合作。送教下乡就是教师们一种较好的锻炼方式。当导生揣着通过自身钻研,与导师切磋的教学设计,来到陌生的教学环境。这时,乡下的环境就能使教师受到良好的师德教育,不同的教学对象又使教师做好更多的随机应变。

7、撰写反思

教学反思不是一般意义上的"回顾",而是思考、反省、探索和解决教育教学过程中存在的问题,它具有研究的性质。作为导生随时要把教育教学过程中存在的困惑、困难以及外出学习时的所见所闻所感,作进一步的思考、反省、探索,只有这样才能不断地提高自身的教学能力和理论水平。在导生们的教学反思中,字里行间有的是"与时俱进"的教育观念,也有"边学边教,摸索前行"的教学小结,还有"兢兢业业,无私奉献"的师德情操。为了能够更好地促进教师有效提升教学反思的品位,学校定期开展教学反思评优活动。

(三)注意事项

1. 要有评价机制的保障

在导师制实行过程中,为了充分发挥导师和导生的主观能动性,要实行"看得见,摸得着"的物质奖励和优惠政策。我校的具体措施如下:(1)导师每学期可获得200元补贴。(2)导生获奖后,导师和导生双方给予一定奖励。(3)导生外出学习优先,专业人才晋升时优先考虑。

为了促进青年教师的尽快成长,使导师制落到实处,收到一定的成效,特制订导师考核暂行办法。考核办法为每月考核与年度考核相结合。其中年度考试根据考核内容完成情况及乙方的教学情况进行综合考核,对成绩突出者,在年度考核中给予一定奖励。

2. 注重教研文化建设

建立以校为本的教研制度,关键是创设教师间互相关爱、互相帮助、互相切磋的学校文化,导师和导生之间要打消顾虑,互相学习,真诚合作。只有在平等、合作、和谐的学校文化背景下,教研导师制才不至于流于形式。

案例点评

应该说"导师制"是"师徒制"的一种发展,它拓展了传统的"一对一"的带教形式,不但促成了青年教师之间的专业交流,而且当学校中的其他教师也加入其中后,一个具有合作性、研究性的群体也就有了形成的可能。

(兰溪市实验小学　董旭军　童静宜)

二、青年教师的自治研修组织

在学校中，刚参加工作的青年教师面临着专业学习与岗位适应问题，面临着尽快从新手到合格教师的能力发展问题。他们在教研组、备课组等活动中充当配角，在学校"青蓝工程"中充当徒弟，充分发表自己的主张、展示自己的才能的机会不多。这对于青年教师的成长有些不利。

提高青年教师参与学习研究的自觉性和创造性，必须注意扩大他们交流的平台，提高他们的成就感。所以，不少学校专门组建青年教师自主参与的、非正式的教师专业发展组织，以促进青年教师的尽快成长。

案例7.11　依托青年教师读书会 培养智慧型教师

（一）指导思想

目前，校本研究多以开展研训活动的形式进行。但我们对"研训活动"却常常缺少本质的思考和理性的设计，因此出现了诸多"零碎活动"的现象。我们认为，以校为本的研训活动应该是有效、有序的。它应该在学校发展的实际需要的基础上寻找一个"依托点"，然后以"依托点"为具体内容，"由点拉线、由线画面、由面及点"地开展多方面、多层面的研究活动，使之呈现出一种"点—线—面—点"主题鲜明、各环相融、互动引证式的圆合型活动模式。

（二）操作要点

1. 基于学校——明确核心定位

校本研究应该是具有学校特色的个性化研究，其基本特点是基于学校，为了学校。它以学校发展的实际需要和学校所存在的突出问题为选题范围，以学校教师作为研究的主要力量，通过一定的研究程序得出成果，并将成果直接应用于学校实际状况改变的研究活动。

例如，金华市东苑小学是1999年动工兴建的，金华市新生代的学校，属金华市政府南迁的配套工程，社会各界期望很高。但学校又是由三所城郊村小合并、异地扩建而成的，师资相对薄弱。随着学校规模的扩大,学校充实一大批个性特长、教学风格各不相同的教师,需要凝聚和融合。大家面临着如何优化教育教学,提高教育教学质量的问题,有着积极向上,不甘落后的动力。为此,校长果敢地提出了以"培养智慧型教师群体"为目标的、以校为本的教研活动的核心定位。

2. 基于教师——寻找依托点

由于工作性质的原因,我们发现教师有两点欠缺:一是没能处理好工作与读书的关系,忙于备课、上课、批改作业、做学生工作……挤掉了读书的时间。许多教师已满足于阅读一本课本,一本教参,阅读面不广、阅读量不大。二是教师之间普遍缺少沟通与交流,更少有切磋共享! 作为一名教师应该树立"终身读书"的观念。于是,我们提出了"让读书成为习惯","营造书香校园"的倡议。而且我们意识到只有营造和谐轻松、互通互助的学习、研究氛围才能促使教师们健康、全面和持续地发展。2001 年 3 月,学校成立了青年教师读书会。

读书会由 30 多位青年教师组成,宗旨就是"交流、共享、切磋、共进",活动章程由青年教师自己确定,每月两次定期开展读书活动。读书会聘请了业务领导、教研、教科人员为顾问,定期参与、指导。值得一提的是,读书会本是面向青年教师的活动,但常常是有一定教龄甚至即将退休的老教师也会早早赶来参加。小范围的活动常会变成全校性的活动。

青年教师读书会成了教师沟通的绿色通道,它营造了宽松的学习工作环境,平等互助的人际关系,引发思维碰撞和情感交融的氛围,教师之间的学习、研究、交流更加理性与深入。

3. 基于发展——开展圆合型活动

之后,以读书会为依托,我们开展了丰富而有实效的教师互育、自育教研活动。活动分成读书摘录、互动论坛、主题式教学研究教研和反思总结四部分,这四项活动相互联系、相互促进,循环反复着(图 7.1)。

(1)读书摘录

读书留给你的是终身的积累。我们学校的教师每日保证半小时学习时间;每学期看一本教育专著;每学期摘录五千字以上的学习文摘。现在,我们每位教师都积累了 200 多张文摘卡,每个教师都有自己的"资料库"。在网络学习日趋普及的今天,我们还鼓励教师网上学习,并

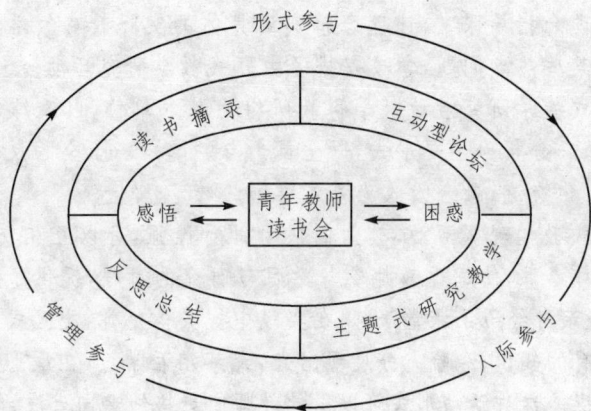

图 7.1 青年教师读书会的"圆合型活动"

奖励向学校网站提供学习信息的教师。我们始终坚持"有共同的话题才有共同的语言",学校总会及时地向大家推荐阅读的书目。《关注教育：世纪初年的思考》、《细节决定成败》、《给教师的一百条新建议》等书我们都精读过。

（2）互动型论坛

论坛给人的感觉都是展示型的，但我们每月一次的"东苑论坛"是互动型的。互动型论坛分为"畅所欲言——互动评议"两部分。论坛的主题是教师在读书活动中感触最深的问题和感到最困惑的问题。教师们针对"我与读书"、"课堂教学艺术"、"教育教学的精细节化"、"课堂文化之我见"、"教育憾事"等问题均展开过交流和讨论。

互动型论坛为教师搭建了平等对话、交流的平台。做主题发言的教师在准备过程中会将读书中获得的信息、观点结合自己教育实践思考与提升，对某一教育专题会有更深层的认识。听论坛的教师则是一次全方位、多角度的集中学习，论坛者的观点必将唤醒他们心中已有的体验，从而促进其新观念的生成。这样的效率往往要比自己的学习、领悟要高许多倍；论坛后的"互动评议"则鼓励教师大胆积极发言，畅所欲言，充分展示教师个人的思考与体验。

（3）主题式教学研究

许多教育教学观点在论坛之后会显得清晰、明朗。我们觉得更重要的是让理念指导课堂,让理念落实到具体的实际教育教学中去。根据论坛的某些热点问题,学校安排了主题式教学研究活动。

主题式教学研究活动以学科教研组为基本单位,以演练(备课、说课)—观摩—分析为主要形式,以全员参与、行动跟进、全程反思为基本要求,以深化交流、融合吸收为基本准则。

主题式教学观摩活动,教师们认为针对性强,可以互相交流、互学互补。集体备课,使每个教师参与学习与研究的过程,提供了发现和创造的机会;亲身经历了课堂演练,在实践中找具体感觉:交互式评议把每个教师现有的知识、经验充分展现出来,大家相互学习,在反思中建构生成新的知识。这种活动形式可以引导教师们更快地走向生成、创新。

(4)反思总结

读书、论坛、观摩是一个不断积累,不断升华的过程。在这其中教师总会有新的发现,有自己独特感悟。我们要求教师要多动笔、勤动笔,写写教学随笔,记记教学故事。有话则长,无话则短,一篇篇原生态的随笔、故事正是教师们积累的释放。

(三)注意事项

1. 专业引领需长期进行

考虑到学校教师在尝试解决或完成超越现有能力的目标时,特别需要专家或各界优秀人才的引领,学校应定期邀请专业研究人员到学校指导、参与教研教改工作,以期通过主题报告、理论学习辅导讲座、课题论证、教学专业咨询、共同设计、听课、评课等方式协助教师获得下一阶段甚至于独立达到目标的能力。

2. 读书系列活动需要不断提升

校本研究是一个渐进、不断完善的进程。在"读书—交流—实践—反思—读书"形成良性循环之后应将我们的读书活动上升到教育教学研究的层面,从已有的成功经验中寻找生长点,从面临的突出问题中寻找突破点开展小课题研究,促使教师们从最初设想的"智慧型教师"向"研究型教师"迈进坚实的一步。

(金华市东苑小学)

案例7.12 "青年教师成长联盟"活动方案

（一）联盟性质

"青年教师成长联盟"是为提高本校青年教师综合素养而设的、青年教师自愿加入的学习团体。它将为盟员提供专业探讨、教学研究与经验体会分享的平台与机会，让大家在教育行动中深化教学感悟、敏化生命体验，促进大家的专业成长和生命发展。

（二）联盟主旨

1. 终极目标：追寻光明普照的职业境界，寻求自我生命的圆满发展。

2. 成长愿景：阳光般灿烂的教育理想；高山般丰厚的学识素养；大地般坚实的实践行动。

3. 成长理念：终身学习才能持续发展；学习与思考是实践的双翼。

（三）研修行动

1. "教育名著研读工程"。每学期扎实研读一本教育名著。每月上传一篇课堂写真、心路描述或相关的论文、案例等（要求联系实际、言之有物，切忌空洞无物）。本学期研读《给教师的一百条建议》（苏霍姆林斯基）。

2. "名师讲堂工程"。（略）

3. "好课三磨工程"：每位成员在每学期的前三个月向自己阵营开研究课一节。各阵营推选开发得比较成功、新颖、有思考力度的课，组织组内研讨后，并在联盟的"好课多磨"活动中闪亮推出，之后进行好课赏析。

4. "成长论坛工程"。配合每学期的名著研读，请三四位盟员作20至40分钟的专题小讲座（要求制作PPT，尽量脱稿）；推荐若干意蕴深长、富有启发性的经典美文、精彩片段等，由盟员作5到10分钟的介绍性、鉴赏性发言。

5. "联盟在线工程"。在学校网站上专门开设"联盟在线"。原则上一周发起一个中心议题。可以是教育教学感悟、心情随语、疑难探讨、课堂评析等等。建议成员们天天关注，一周发帖不应少于七次。

6."成长联赛工程"。(略)

7."联盟专号工程"。(略)

(四)相关事宜

1. 盟员条件。教龄两年以上,年龄三十五岁以下。热爱学习,上进心强,勤学实干,并曾有论文或案例获市级二等奖以上。

2. 盟员公约。盟员自愿入盟,并自觉完成研修任务:研读一本教育教学名著,每个月完成一篇心得体会或反思;每学期开出相对成熟的公开课一节;每周参与"联盟在线"讨论不少于七次(力求有个人见解,不人云亦云);准时保质地参加联盟每次的活动,不迟到早退。

3. 支持措施。学校每学期提供每位盟员1本教育教学经典名著,并订购各科著名特级教师的课堂教学录像、讲座光盘等;每学期联盟组织1次盟内活动(如喝茶、野炊、爬山、烧烤等);每位联盟成员每学年有不少于一次的外出听课或观摩学习的机会。

4. 组织机构。设"生命语文""动感数学""风雅集合"三大阵营。分别吸纳语文、数学、音乐、英语、美术、体育等多组青年优秀教师。每一阵营设营长一名,具体负责本阵营活动的组织协调工作。

5. 每位盟员每学期填写一份"成长联盟自我督促手册"。手册分为自我目标设定(分中心目标三项、次要目标、理由阐述、督促者四项内容)、目标达成记录两部分。

6. 活动时间为每个月最后一个星期的周五下午。一学期大致为五个活动学习单元(包括每学期初的一次任务布置、新思路研究等)。

(临海市大洋小学)

有的学校还设立"教育茶馆"、"学术咖啡室"、"工作餐会议"等丰富多彩的形式,积极营造轻松交流的气氛,促进教师在较少拘束的环境中进行自由的交流。不过,我们认为活动场所与形式并不是关键,对于教师研修来说,最重要的应该是在教师研修学习机制上的利用。

校本教研实践模式研究

第八章　　　　促进教师的自主发展

在教师成长发展的历程中，真正起决定性作用的是教师内心进取的渴望和研修的习惯。不过，这并不意味我们可以忽视教师工作生活的环境和学校的氛围，创造有利于教师学习研修的条件，营造促进教师自主发展的氛围便是管理者的责任。那么，如何促进教师的自主发展呢？一要准确把握教师的内在需要，尊重教师成长的规律；二要坚持正确的教师评价导向，让教师在积极的外在评价中获得更大的进步力量。

专题 19　满足教师的发展需要

改进师资培养工作，必须要从机制层面把握教师成长的规律，策划和开展符合教师职业特点的活动。其关键在于激发教师学习与自我成长的愿望，增加研修活动的选择性和参与性，以提高师资培养的工作实效。具体工作应关注三个方面：

一、教师成长发展的阶段性

在 20 世纪 60 年代，美国得克萨斯大学的富勒（Fuller，F）最早就

教师专业发展问题进行研究①。她在调查的基础上,根据教师关注的变化将教师职后的专业发展过程分为:

1."关注生存"阶段

入职之初的教师最为关注的是自己最基本的教学技能,其目的是求得站稳讲台。在该阶段,教师努力去学会维持课堂纪律,关注自己是否被学生喜欢,关注他人如何评价自己,在适应的过程中发现有助于自己稳定岗位的方法。

2."关注任务"阶段

当职初教师经历了初为教师的磨砺,不再犹豫而决定从事教学工作,并掌握基本的教学技能后,他们关注的更多是教学任务的实施与完成。这一阶段,他们会更多地以专业学科知识和一般的教学法知识为学习重点。因为,他们在实践中感觉到职前教育学到的知识的不足,特别是促进教学实践改进的知识的不足。

3."关注自我提高"阶段

胜任教学后比较资深的教师一般不应受外部评价或职业升迁的影响,他们将从关注教学任务的完成转向关注学生的发展。他们的"核心知识就是特定内容向特定学生有效呈现和阐释的知识,"②主要包括学科教学法知识与关于教育教学的实践性知识。不过,进入职业稳定期的教师也将面临分化的可能:一是感受实践的挑战,尝试开展各种改革;另是重新评价和审视自己的职业选择,选择退出或相对平淡消极地对待工作。这一被称为试验期/重新评价期③的阶段其实是教师专业发展中第二个分化期(第一个分化期在职初时期)。

当然,专家学者关于教师职业生涯发展阶段的研究还有很多。学

---

① 陈永明:《国际师范教育改革比较研究》,人民教育出版社 2001 年版,第 63—64 页。

② 叶澜等:《教师角色与教师发展新探》,教育科学出版社 2001 年版,第 300 页

③ Barber,M.(1995).Reconstruction the Teaching Profession,Journal of Education for Teaching,Vol. 21,No. 1.

校教师管理与培养应该尊重教师成长的规律。

(一)职初教师的培养指导

工作初的前三年,是决定职初教师工作态度、职业体验和教学发展定位的重要时期。如何根据职初教师特点,帮助他们适应岗位,引导他们走上积极上进之路,需要相应的新教师培养教育制度。

1. 当前新教师教育培养中的问题

(1)对新教师往往制度管理要求多,人文关心比较少。由于学校规模的扩大,学校管理层级增加,年青教师与学校管理层的距离有所拉大,因而管理上自上而下地要求和规定比较多,关心了解新教师的思想动态的对话交流相对不足。同时,学校总是觉得新教师就得更加严格地遵守规章,自然地从严格的层面变相到了严酷的层面,这不利于新教师的健康成长。

(2)以老教师的文化形态来影响同化青年教师。年青人本该有体现自己年龄特点的文化形态。然而目前许多学校却没有注意这一问题,强调融合适应,却过早地磨削了年青人质疑创新精神,教学行为仿效施行,生活态度归于平庸。有的乡村学校,机械地套用师徒结对,把一些仅仅是年龄大、教龄长的"师"用来带新教师,客观上强化了一些消极观念与行为的错误继承。

(3)过早强调教学竞争。新教师走上工作岗位后迅速分散在成熟教师群中,并在明显劣势下开始了与同事的教学竞争。这样的开局,会使新教师个人的成长路径出现偏移,心理体验走向孤独焦虑,许多应该深入理解的教育理念,来不及细细体会便已惯熟了传统的"步势",这会影响他们对教育教学本质的理解。

2. 职初教师培养教育制度的建议

(1)关心新教师的思想生活。应有校级领导专门负责与新教师的联系交流,让新教师们感觉自己是在"有助"状态下工作。要帮助他们认识自我,认识组织,形成积极的"工作初期感受"和上进的"工作初期抱负",鼓励他们全面思考自己专业发展的规划,并在职初就帮助他们形成良好的职业情感。

（2）建立双向意见沟通的机制。对于新教师融入组织活动来说，顺畅的沟通交流和充满朝气且体现青年人特点的文化活动是十分重要的。包括要避免过于行政化和过于沉稳城府的氛围对青年教师的排斥。

（3）丰富"师徒帮带制度"的内涵。师徒结对是学校青年教师培养的传统做法。它在缩短由大学生到新教师的角色过渡期，促进新教师课堂教学技能形成是有明显帮助的。但在广泛开展中也出现流于形式的倾向：导师指导能力不够、指导工作落实不够、指导方式创新不够、有效指导激励不够等现象。提高师徒帮带活动实效的根本在于丰富这一活动的内涵。

（4）关注课堂教学的处置能力。对于新教师的业务指导，重点在组织新教师观察和研究成熟课堂；分析和讨论他们的常态课堂；协助他们备课并了解其教学进展中的困难和问题；辅导他们基本的教学研究方法。

（5）新教师教学竞争要适当降温与缓行。要让新教师明确适应教学岗位的第一步是对教学内容的消化和对教学过程的驾驭，而非直趋功利结果的简单做法。适当保护青年教师，不要过早将新教师拖入竞争应试的"漩涡"。

（二）稳定期教师的培养指导

在初步掌握教学基本技能，适应工作岗位后，教师会进入一个比较稳定的工作阶段。其主要任务是提升学科内涵，积累教学经验。有些教师会很快就投入到教学改革活动中；有些教师会慢慢积聚自己的教学功力，待相对成熟，初步形成教学思想后，再积极开展教学改革和探索；也有些教师则满足于常规教学的基本应付，没有明确的学习与研究安排，只是随势而动。所以，这一阶段是一个慢性分化阶段。

如何针对稳定期教师的特点，开展有效的培养指导。我们的建议是：

1. 树榜样

从职初教师到稳定期，教师的独立性有所加强。以师徒结对为主要形式的培养教育要渐向榜样示范转变。而且教师的学习榜样要适度多元化,不同方面有不同的擅长者,善于发掘和利用伙伴中的榜样和学习资源是比较有效的策略。

2. 勤反思

教师在第一阶段形成的工作经验中,有的是积极而有效的,也有的是消极和落后的,在这些初步经验逐渐固化为较为稳定的教师工作习惯时,强调教师的自我反思,强调透过感性现象的理性思考是十分必要的。建立教师教学日记制度或教学故事交流制度等,促进实践反思,

3. 搭台子

稳定期的教师需要展示性评价环境。所以,学校要为青年教师搭建学习和交流的平台,鼓励教师展示才华,同时借展示的机会促进教师挑战与突破。如组织专题论坛、课堂展示、教学沙龙等丰富多彩的形式,让青年教师在实践锻炼中学习。

4. 严管理

新教师对教学过程往往从操作要求去理解和实施,但长期停留在简单操作的理解是不够的。教师们要学会教学过程的精细管理,包括改进备课提高课堂质量,改进作业提高复习效率,改进评价完善考试功能,改进学习指导提升学生能力等。稳定期教师的培养教育的重点,一是学科素养,二是教学过程科学化。这需要通过加强教学过程管理来实现。

5. 减杂务

从目前很多学校的情况看,青年教师有点像"学徒",因为要让"年轻人多干活多锻炼",所以安排青年教师做较多的事务性工作,而使他们过早地"淹没"在琐碎的打杂事务中,一方面冲淡了学习钻研,另一方面容易学会应付而非精细工作。再加上在有些学校中,管理角色的地位要优于教学岗位,从而诱引一些年青教师向事务管理方面倾斜。这种消极化的倾向应防微杜渐。

(三)探索期教师的培养指导

教师稳定从教若干年后,常会对一些现象和问题发表评论。有些

教师仅仅停留在评论,而有些教师则会身体力行地去试图改进。如何激发教师探索的勇气,延长他们孜孜探索的工作"寿命",发挥他们对于青年教师的引领帮助作用,是对探索期教师的指导的重心。要创造条件让他们在教育教学改革实践中学习提高,在指导青年教师过程中学习提高。处于探索期的资深教师,要让他们了解并参与新教师就职训练及培训活动;收集整理教师培训的有关信息并监管教师培训情况;观察和分析教师的课堂教学情况并形成分析报告;开展教育教学研究。

案例8.1 根据教师成长规律规划教师研修的重点

影响教师成长的因素很多,我们关注"如何通过校本研修提高教师的条件性知识和实践性知识"(图8.1)。教龄二年内的教师(OA)应以技能提高为重点,他们的条件性知识发展优于实践性知识,宜以"技能"为研修核心,富集经验,这是适应期教师(AB)的特征;后适应期的教师渐显经验型教师的特点,实践性知识渐渐优于条件性知识,这时应以补充条件性知识为重点,在反思过程中加强学习和指导,这是成长期教师(BD)的特征;在具有一定经验后,教师的实践理论的学习会有很大不

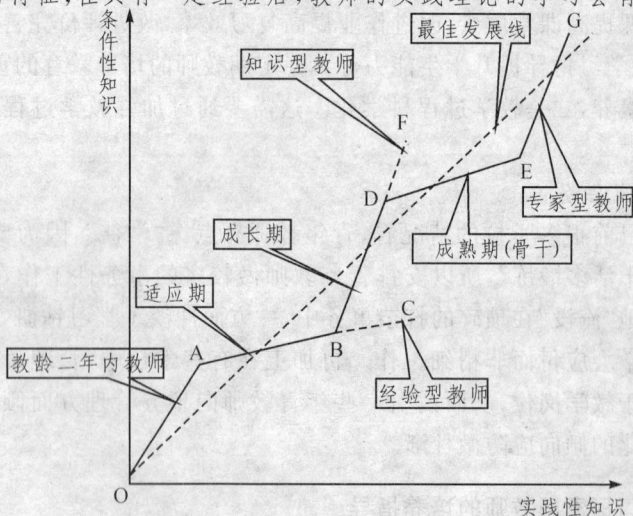

图8.1 教师发展阶段模型

同,如能较好地学用结合,便可较快地从成长期转入成熟期(DE),在积累实践理论的同时,讲究条件性知识与实践性知识的融合,将理论实践化;有些比较成熟的教师会注意自己教育实践的理论化,这便是向专家型教师努力的开始。

基于上述思考,我们认为教师的学习提高要有三个基本观念:从经验中学习(突出实践性知识)、从理论中学习(突出条件性知识)、从研究中学习(教师是研究者,形成优化的教师知识结构体系),并从教师专业发展的阶段性特点出发,以四种"教研课型"带动不同阶段教师的学习发展。

(一)汇报课——导师助教活动

这种形式是针对新教师培养的措施,是对青年教师进步与成长的检验与促进,是青年教师锻炼自己、获取指导的良机。其操作程序一般为:

1. 确定导师助教对象。将刚分配的新教师与有经验的老教师建立一一对应的助教关系。

2. 制订培训方案。按照学校统一的培训规划,师徒商定培训方案,主要突出课堂教学技能的培训,兼顾说课,习题知识等内容。

3. 评议验收。一段时间实施后,新教师开出汇报课,由教研组评议新教师的各项指标,发现好的经验及时推广,对明显不足之处由教科处组织跟踪指导。要求在二年内消灭教学技能上的"D"级。

(二)公开课——片断式教研活动

我们认为,片断式教研是指听课者从某一完整课的教学实录中,选取某一具体教学技能、教学行为或教学环节等片断与执教者展开有针对性地交流,探讨各技能之间的关系与运用,以及与具体教学情境(片断)的关系,从而使教师教育教学能力和水平共同提高的一种教研形式。

学校公开课主要由教龄3~7年的教师主持的。主要目的是组织教师从教学环节和技能角度出发,参照微格教学的做法,把一节完整课分解成相对独立的导入、提问、演示、教学组织、小结、试误、讲解、变化、语言、板书等片断,结合相应的评价标准并适当量化,开展互动分析。

通过对教学设计(片断)的微观分析交流,把课堂教学实践与运用理论知识解决教学中的实际问题有机结合起来。"公开课"最能代表教师成长发展中近阶段的水平和教研组的特色。其操作程序一般为:

1. 教师根据自身特点选择教学内容,利用各种资料,调动已有教学经验,精心设计教学片断。

2. 以教研组为主组织评课,通过对片断的讨论,形成比较优化的设计方案,共同提高。评价要做到片断评价与整体评价相结合,形成性评价与诊断性评价相结合。

3. 教师自主学习。大家根据本课教学实际,有针对性地选择相关理论进行自学,通过理论联系实际的思考、分析对教学实践有帮助的所在,以及还待进一步研究的问题。

(三)调研课——专题性教研活动

"调研课"由教科处和教务处协同安排,主要是围绕某一明确的专题要求,多学科集中开展研讨。它应围绕学校或教研组的教学弱点或优势展开,并预设一个相对集中的要解决的问题。如我们开展的"初三复习课调研"就把理论学习、课堂实践、经验交流总结、学情分析等有机结合起来,提高教师的综合能力,提高教师处理复习课的基本水平。其操作程序一般为:

1. 专题学习。广泛收集教育报刊上与该专题有关的研究成果,组织教师自学交流。

2. 专题性课堂教学实践。在学习交流的基础上,结合专题学习的内容,举行具有针对性的课堂研究活动,并尽可能用学到的专题理论进行评课。通过评课,教师既可以巩固所学的理论知识,又可以提高自身运用理论知识解决教学实际问题的能力。

3. 专题研讨活动。针对专题内容,将课堂教学中反映出来的问题与生成的观点意见结合起来,尽可能把学到的相关理论或经验运用到解决日常教学具体问题中去,充分发挥理论或经验对实践的指导功能。

4. 最后由教研组将小结材料汇总装订成册,完成专题研究系列。

(四)示范课——反思性教研活动

示范课是组织相对成熟的课例向教师开放,以形成一种导向。如

校本教研实践模式研究

优秀教师的获奖课例、课程中的关键课例、典型课例等。这种课应体现较为明确的教学方法等主题。体现解决课堂教学中某些问题的方法。其操作程序一般为：

1. 确定观摩研讨主题。主题的确定要根据教师的个人特长，符合当前教改热点问题的导向，符合教学基本原理。

2. 开放示范课。开课前要将教学设计印发到每位听课教师手中，要求听课教师围绕研讨主题带问题听课，把握课例中的得失，并在课后立即提出一个"即时问题"进行反思，为下一步研讨做好准备。

3. 双向说课。示范课执教教师以说课的形式围绕主题介绍教学设计的依据，并在此基础上，就听课教师的"即时问题"开展双向交流。

4. 主题研讨。教师围绕研讨主题，结合示范课的实际教学情况进行广泛研讨，并在课后作重点点评，最后由活动的组织者（一般为教研组长或备课组长）进行归纳小结并作有针对性的理论讲座。

5. 迁移延伸。要求听课教师仿照示范课的成功经验运用在课堂教学中，使所学内容在课堂实践中得到巩固和深化。对力所能及的教师，鼓励以课题的形式作深入探讨。

前两种教研课型主要在提高适应期教师的课堂教学技能，后两种教研课型主要在提高成长期教师的反思能力。

（浙江省温岭市大溪三中　颜伟云）

案例8.2　不同的年龄　同样的璀璨

在一次新课程教学研讨活动中，一位老教师的话引起我们的深思。他说："想当年我们也曾经辉煌，如今是年老观念旧，新课堂离我太遥远，还不如把一本老经念好，课改是年轻人的事。"话虽简洁，却明显地折射出中老年教师的心态：年龄在抹杀他们的积极性，成了他们"念老经"的理由。原本他们都是非常渴望成功的教师，如今却被年龄推到了边缘。我们希望他们能"老骥伏枥，志在千里。"却也无奈：年龄，的确是一条坎。如何让这些中老年教师也在课改的浪潮中潇洒走一回？不仅如此，新教师、中青年教师、骨干教师……其实每个不同层次的教师群体都有一本难念的经。

其实,回头来看我们的教研活动,每次都是由青年骨干教师唱主角,教坛新秀、优秀教师担重任,而那些新教师、中老年教师则成了旁观者。如何让不同年龄层次的教师都有展示自己的机会,都能在自己原先的基础上有所提高?这成了我们教研活动组织者值得研究的问题。

(一)思考:年龄无界限,研讨分层次

1. 课改,呼唤"新"教师

新课程的实施,关键在于教师,尤其是骨干教师的意识和能力,他们在教师队伍中的影响和教学中的作用毋庸置疑。但随着新课改由点到面的逐渐铺开,在骨干教师成为新课改引领者的同时,其他新任教师和中老年教师同样也需要加入到课改的浪潮中。它需要所有的教师能用新理念、新思路去解读,去实践。所以,不同年龄的教师都必须在新课改中成为主角。

2. 学校,亟待教师队伍素质的整体提高

一个学校的发展,需要一批有思想、有能力的教师,青年教师往往成为首当其冲的中坚力量。但许多学校因此会处于一种"前无古人后无来者"的状况,造成"青黄不接"的现象。在教育竞争非常激烈的时代,学校要发展,单凭部分教师的努力是不够的。它需要所有的教师共同打造:年轻的该有为,中年的是砥柱,老年的不服输。各年龄层次的教师教育教学的实力提升了,学校才能稳步发展。我校由于地处围垦边缘,教师队伍中新分配的多,代课教师转正的多,老民办教师多,骨干教师稀缺,提升教师队伍整体素质,时不我待。

3. 教师,年龄有话说

从我们对教师的了解中,往往会发现:新任教师非常渴望能受到领导、教师的关注,但教学实力尚需提升;青年教师,具备较强的教学能力,干劲足,希望有展示自己实力的机会;中年教师,职称和荣誉不缺了,得不到的也不渴望了,教学疲软的状态急需改进;老年教师,因为曾经辉煌,又是学校元老,部分"明哲保身",也有部分渴望得到年轻教师的肯定。

值得关注的是,各个不同年龄层次的教师之间相互缺乏竞争意识,但在同一年龄层次内的教师,他们却非常在乎同伴的想法,都有超越对方的愿望,甚至非常强烈。我们认为,这是有利于教师可持续发展的一道涌动的暗流。

4. 学生,教师的课永远年轻

气氛活跃、充满着欢声笑语这样的课学生都特别喜欢。在一次教学活动的调查中,一个学生这样说:"对教师的年龄我不在乎,但我希望教师的课永远年轻。"学生的话告诉我们:处在信息多元化时代的小学生,他们对教师的课堂是有要求的:创新,有活力。

(二)实践:"四大杯赛"淡妆浓抹总相宜

1. 启动:惊涛拍岸,卷起千堆雪

学校于2005年下半年制定了《教师队伍建设规划》,在规划中提出了以"四大工程"为载体,促进教师专业成长的做法。由于教师队伍庞大,我们根据学校教师的实际情况,以教龄和专业发展程度为参照物,将全体专任教师分列入四个工程中:强基工程("春芽杯")——5年内新教师;砥柱工程("春华杯")——中青年教师;秋实工程("秋实杯")——老年教师;名师工程("名师杯")——区级及以上教坛新秀、优秀教师。每两年评选一次,并以"四个杯"命名,即春芽杯、砥柱杯、秋实杯、名师杯。

2006年3月,我校举办了以"促进教师专业成长,构筑理想课堂"为主题的教师教学才能展示月活动,安排了教师才艺展示、四大杯赛、区域互动、教学成果交流等多项内容。其中"四大杯赛"是重头戏。由于规划合理,激励措施到位,教师们的反应积极热烈,"超越同龄人"的思想武装着教师们的头脑,"四大杯赛"拉开了序幕。

2. 热身:未成曲调先有情

为了能在"四大杯赛"的角逐中有一席之地,教师们热情高涨,学习新课程理念、上网查询、探讨交流、课堂研磨。有时一个教师的身后就是一个团队,为上课教师备教案,听试教课,提修改意见。教师们跨越了年龄的限制,年老的学习年轻的,骨干的指导着新任的;教师们也利用着同龄的优势,参加同杯竞争的教师对同一教案各抒己见,并积极用新课程的思想阐述自己的观点。赛前热身奏响了"四大杯赛"的前奏。

3. 比武:无边光景一时新

海选赛："四大工程"活动的参与面居我校历次活动之最。本着人人参与、人人受益的原则，学校把每位教师按规则要求分别纳入"春芽"、"春华"、"秋实"、"名师"四项工程内，每一工程内的教师以教研组为单位，进行上课海选。150余名教师，人人都是参赛选手，人人都是比赛的评委。

晋级赛：通过海选，各教研组分别推选出四个工程的优胜者。共有25位教师顺利晋级，参与了第二阶段的借班上课评比。在这个评比阶段，相应的教师都必须参加听课评课活动，共同评出获奖教师，内容涉及语文、数学、英语、音乐等七门学科。从学校领导到一线教师，每个人都积极参与，尽情展示教学才华，体会竞争的愉快，体验成功的喜悦。

夺冠赛：25名教师经过层层筛选，紧张角逐，最后有9位教师脱颖而出，分获"四大杯赛"的最高奖项，捧走了"春芽杯"、"春华杯"、"秋实杯"、"名师杯"。学校举行了隆重的表彰大会，为获奖者颁奖。领导们的拳拳真心让教师们感动不已。

4. 尾声：不拘一格促成才

"四大杯赛"亮出了同龄教师中佼佼者的风采，如何让教师们看到课堂教学更广阔的天空？学校配合本次活动，推出了"四大工程"的延伸活动——区域联动。邀请了体育路小学、湘师附小、绍兴柯桥小学三所联谊学校的知名教师和本校的骨干教师分两天集中进行教学展示，名师们先进的教学理念、独特的教学设计、丰富的教学语言都给教师们美的享受。

（三）启示：花开别样红

1. 策略：教师也要"因材施教"

我们常说对学生要"因材施教"。其实，对于学校管理者来说，对待教师的培养问题，也需要"因材施教"，这个"材"的内涵是多方面的。我校的"四大工程"即也正是利用同年龄段教师间的相互竞争心理，与不同年龄段教师间的互助共研，通过"分段"比武、区域联动等途径，取得事半功倍的效果。

2. 平台：也是舞台

在"四大工程"整个活动中，从"海选"一直到"比武"，在不同年龄段教师的课堂里,都有领导和教师在聆听,在思考,在学习,担任课堂主角的教师何尝不渴望被肯定? 教师们有了公开亮相的机会,展示的是自己的才华,流露的是自己的激情,这时候,讲台已成为舞台。

在本次"四大杯赛"评比中,每位教师都能从中找到适合自己的一条,每个不同年龄教师都找到了自己发展的目标。同伴可以互助,不同龄者可互学,兄弟学校可联通,教学资源可共享。"条条途径皆平台",教师的成长,可以从平台起步。有朝一日,平台会成为舞台。

3. 肯定:激励教师奋进的催化剂

人都渴望被尊重、被肯定。在活动中,不同层次的教师都展示着自己的拿手课,当听到同伴们赞叹或作为本年龄层次的代表参加相应杯赛时,那种激动、信心、自豪的心情无以言表,因为他们的才能得到了肯定。在"四大杯赛"期间,教师们正以前所未有的激情参与教学改革。

4. 研训:合二为一的成长通道

"四大工程"的推进,也是我们把教研活动与教师培训相结合的过程,把教研活动开展成为每位教师互动研讨的过程,变独立为合作,变说教为践行,变客串为主角,使教师真正成为教学的主人,使得广大教师在参加教研活动的过程中获得专业成长。让大家在教学研究中体会到:这是一种"创造",它是教师对新课程富有个性的解读和创造;这是一种体验,是教师对教育、教学和生命过程的幸福体验;这是一种成就,在研究的过程中,既成就了学生,也成就了教师。

(杭州市萧山区益农小学　俞雅君　金利萍)

案例8.3　以"学术节"为载体的分层次校本教研

(一)活动的背景与意义

对于不同教龄段、处于不同发展层次的教师来说,因为其专业发展规划目标的不同,需求与投入的不同,成效与收益也不相同。为了更有效地促进各层次教师的专业成长,我们举办"2006·金秋学术节"活动,将一个学期中各自分散的几项教师研修活动整合成一个系列,要求每位教师至少要"亮相"一次,感受既是培训者又是受训者的角色体验,同时促使各层次的教师实现形式不同的研修过程。

（二）活动的过程设计

本项活动的最大特点是要求每位教师至少"亮一次相，或开课、或作讲座、或主持论坛、或评课、或叙事交流等等，内容、形式不拘。这一要求触动一些平时不愿"抛头露面"的教师认真审视自己，我的强项是什么？如何亮出我的精彩？这一过程正是教师自我培训的过程。通过教师自报"亮相台"，在计划规定的范围内，教师自择"亮相"项目，教科室再整合成实施方案。

表 8.1　学术节的主要活动项目及要求

活动项目	参加对象	要　求
新教师亮相课汇报课	新分配和新调入的教师	新教师在指导师指点下开课；教研组长安排好本学科组教师听课，组织课后分析，做好记录；要有教学线的中层或校长参加听课。
"青教杯"公开课竞赛	35周岁以下的青年教师（不包括市级骨干及新教师）	分预赛与决赛。要求教研组长安排本组教师听课，组织课后的研讨活动，并做好记录。
骨干教师对外开放课	市级骨干及部分"青教杯"获奖者	各部门、各学科组做好对外的接待工作
高级教师示范课	部分高级教师	部分高级教师开出示范课（要求任教初三的教师本学期开出公开课，其余高级教师本学期可开公开课，也可做专题讲座）
高级教师专题讲座	部分高级教师	面向本校教师，开设关于教育教学、学科教学研究、德育工作等方面的讲座。主讲人自报主题，学校整合后确定。
专家讲座	熊川武（华东师大教授）	专题：理解教育和分材教学。要求：全员参与，认真作好笔记，开展后续研究
教育叙事交流	自荐	以沙龙形式，组织教师交流共享自己在教育教学过程中的精彩案例或丰富经验。
读书感悟会	自荐	以小组或团体等多种形式交流读书体会

（三）活动的实施过程

1. 师徒结对初见成效

第六周的新教师亮相课，虽然十位新教师的公开课水平参差不齐，也很稚嫩，但比起刚上讲台时，已进步不少。而第二十周的新教师汇报课,有的设计新颖、有的课堂互动适度、有的追问针对性强、有的讲解示范到位。短短的一个学期,新教师的进步之快,给人惊喜连连。除本人良好的素质和刻苦钻研,结对指导师的悉心指导外,学校的教研氛围,新教师培养机制及集体备课制度等,也是新教师快速成长的重要原因。

2."青教杯"以赛促提高

由于我校新进的青年教师较多,"青教杯"公开课竞赛活动,参与面较广,也很活跃。预赛的课题自己申报,准备的过程就是一个个教研活动,一次次磨课就是经历和体验的历程。而决赛采用一个半小时抽签备课制,与市级优质课评比和职称评审的开课程序挂钩,锻炼队伍,为培养骨干教师做准备。

3.高级教师示范作用

高级教师的公开课重在发挥高级教师的示范作用,也促使高级教师自身素质的提高。本学期,高级教师主讲的讲座有《信息整合与课堂教学》、《教给孩子一生有用的东西》、《关于教育教学叙事》、《作文教学漫谈》、《数学中考命题如何编制》、《我心依旧——心育专题》等,为营造学校的学术氛围,发挥了高级教师的示范作用。

4.论坛亮精彩,叙事鼓士气

因为平时各级教研培训更多地倾斜于青年教师,这次论坛更注重于为教龄较长的教师搭建亮相平台。中老年教师在教育教学的生涯中,积累了丰富的经验,但在新课程改革的进程中,部分教师落寞的幽怨和落伍的恐慌并存,通过交流,亮出自己的精彩,找回自信,再创辉煌。不求一、两次奏效明显,但求振奋人心,鼓舞士气,和谐并进。

5.博客敞思想,读书谈感悟

教师博客论坛已经成为我校教师进行思想交流、教学研讨的有效平台,书写的文章数量多,观点新,争论热烈,氛围好,如季禾禾教师关于作文见解的系列文章,在教师与学生中都引起了较强烈的反响。我们即将启动"博客之星"评选活动。

(四)活动的启示和思考

1.自报"亮相台"实现个人价值

自报"亮相台"这一环节,为教师营造了一个相对宽松的研究氛围,鼓励、调动各个层次的教师参与校本研修的热情。至少一次"露脸",不仅促进教师参与意识的增强,而且力求参与层次的深化。学术节为教师提供了展示自己才华的空间,让学校成为教师实现个人价值的场所。在学术节活动中,一些教师被自己亮出的精彩吓了一跳:"想不到我还可以做得这么好","想不到我做的这些工作也这么有价值啊!"兴奋之情无以言表。活动中,虽然忙、辛苦,但相当部分教师感受到愉悦,收获了成功,增强了继续努力的内驱力。

2. 预设与动态生成相得益彰

系列活动有较强的计划性和预设性,可以整合学校各部门的资源,提高工作效能。而各个活动的准备过程就是一个个校本教研的主题活动,一次次的案例研讨和行动跟进就是教研组建设和教师整体提升的一个个台阶,教育教学论坛、专家讲座、教育叙事交流、在博客上进行教学、读书交流等,都是一次次校本培训中教师个体教育素质和教育教学能力提高的机会。不少教师在活动的交流中表现出来的对教育的深刻理解、对课堂教学艺术的独到见解,是预设的活动中精彩的生成,她使活动变得生动、具有活力,提升了校本研修活动的内涵和层次。这也提示我们策划校本研修活动时,要为教师创设更多的交流平台,尤其是留给教师更多的自主思考空间。

3. 群体意识能优化个体态度

通过学术节传递学校的教育教学理念及校本教研的阶段性要求,教师们渐渐明确了自己应该做什么,怎么做,拉近了教师个人专业发展目标与学校的愿景规划的距离,对学校的教育理念达成共识。随着活动的进行,先进的案例起到辐射作用,增强了群体教科研意识,进而优化个体参与校本研修的态度,形成良性的价值取向。长此积累,能促进学校特色教研文化的和谐生成。

（温州市第十二中学　陈　炜）

二、教师发展的自主性

在师资培养活动中,尽管学习氛围和支持条件很重要,但真正起决定性作用的还是教师对自我发展的自主性。提高教师在研修发展自主性的主要策略有：

(一)尊重教师学习发展的多样化需求

正如不同成长阶段的教师有不同的研修需求一样，不同个性、不同学科、不同成长背景的教师也都有自己不同的需要。过去的教师培养培训过多地强调了统一性，而使不少研修活动靠"点到"和"学分"来控制教师的出勤。要尊重教师的多样化需求，就要改变教师在教研活动组织策划中的被动地位，让教师对教研内容的确定、教研过程的安排有更大的话语权。

(二)提供一定选择性的学习研修活动

教师学习是一种成人学习。增加选择性是调整研修活动中教师的角色体验的重要方法。原先规定教师"学什么"和"怎么学"，现在让教师自己选择"学什么"和"如何学"，教师在自主决策的过程中改变了被动角色，其在研修活动中的真实投入自然也增加许多。

(三)提高教师对学习研修活动的自我决策能力

面对选择性的师资培养活动，注意自我规划，善于自我决策的教师便会脱颖而出。教师对自我需求的理解可能会表层，也可能会深刻；教师对自我发展的决策可能会积极，也可能会淡薄。这就需要筹划学校师资培养工作的同志对教师进行必要的生涯指导，帮助教师建立起积极而清醒的"专业发展观"，提高他们的自我决策能力。

在学校师资队伍培养工作中，对教师的生涯指导甚至要比具体活动的开展还要重要。

案例8.4 基于教师研修需求调研的活动策划

2001年起，我校将周五下午的两个小时作为活动教师专业成长时段，采用"精品课堂"教研模式，组织教师研课、磨课、开课、评课，以"尊重、理解、赏识、激励"为原则，让每位教师充分享受成功的快乐。三年时间，全校教师都在这个舞台上亮相锻炼，这让教师们更自信、一批富有潜质的教师脱颖而出。但几年下来，大家也发现，教师们对"涛声依旧"的教研方式产生了审美疲劳，有些教师失却了当初的激情，缺失了更多的期待。如何改进校本教研，需要我们思考和调研。

（一）教师需求的调研

为了把准教师的脉搏，听到教师们更为真实的声音，我们采用无记名的方式，进行了三轮调研。

1. 第一轮调研：了解教师对原来教研模式的基本看法

表8.2　首轮教师调研的主要结果

调查问题	教师选择与人数比例		
你觉得"精品课堂"学习时段对你的专业成长	帮助很大	有帮助	基本没帮助
	37.5%	57.5%	5%
你觉得"精品课堂"在哪些方面作用较大（多选）	培植教师自信	活跃教研氛围	提升反思能力
	25%	47.5%	50%
你觉得目前"精品课堂"活动形式	很好	有点单调	很单调
	37.5%	57.5%	5%
你觉得"精品课堂"给年轻教师的机会	比较多	还行	比较少
	60%	27.5%	12.5%
"精品课堂"学习时段，要求所有教师参与。你认为	学科相通很有收获	有所启发	浪费时间没有意思
	40%	55%	5%

调查发现，大部分教师肯定学校原来的教研制度对自己的帮助。大家基本认同目前的操作模式，如上课人选的确定方式、多给年轻教师锻炼机会，以及跨学科开展活动等。但教师们也反映教研模式比较单调，研究范围偏窄，效率不够高等问题。

2. 第二轮调研：让大家为校本教研"开方"

有了上述基本态度的确认，我们又进行了第二次调研。在将教师第一轮无记名投票结果统计印发给大家的同时，征求大家对"周五'精品课堂'学习时段"的改进意见。以下是部分教师观点的摘录：

●时间太长；要压缩精炼；小组讨论时间略显拖沓；时间再紧凑些，不要形式化；

●应在活动形式和研究内容上做文章，力求活动新颖、实效，内容更具前瞻性、引导性；

●诗意一些，放松一些；

●适当地改变一下形式，给教师们新的刺激；

●有针对性地开设多类型的课。如语文课可以开设识字教学、拼音教学、作文教学的课；

●理论、科研能给年轻教师更多的辅导。如：如何撰写论文，如何写课题方案等。

●真真切切沉下心来评价课堂教学，挖掘内涵，取长补短。

这轮调查更真实地了解了一线教师的想法。大家为改进校本教研开出许多"药方"。这些建议反映了教师们对专业成长活动的期望，并为校本教研"大变脸"奠定了舆论基础。

3. 第三轮问卷：让大家为校本教研免费"抓药"

在第三周的校本教研活动结束的时候，教科室将第二轮调查问卷的结果印发给教师们，然后让他们细读后，完成第三轮问卷的两道题目：

(1)上述1—25条中，你最认同哪几条？

(2)假如你来设计精品课堂，你有哪些新的点子？（以下为主要观点摘录）

●可以把教学设计搬到大众面前，然后再进行课堂演绎；精品课堂的前几天，可将上课内容事先发给教师们，同学科的教师可以试着对该内容进行教学设计，这样在自己经历过以后再听精品课堂，可能更有感悟；

●能否形成文、理科两组并行的方式展示精品课堂的研究成果，这样机会将更多，研究的内容更专一，氛围会更好。

●对有研究价值、有较多争议的问题，可以开放的方式，众说纷纭；

●上课人选最好是自愿报名，从竞争中产生"精品"。

●试让孩子评课，听取纯真直白的感受；

●每学期安排一次观看教育类的感人电影;

●可举一课例,选取比较有争议的案例,让教师们展开讨论,针对不同教学设计讨论可行性,从而使教师们有所提高;

●同一教研组教师针对某一课题,共同设计教案;

●利用先进的网络技术,提高教研的技术含量。

在第三轮调查中,教师的思考显然更为成熟和理性。他们已经作为校本教研的设计者,思考自己的专业成长活动的策划。不少教师的点子相当有价值。事实上,我们后来推出的新方案,就有不少的举措脱胎于教师们的建议。

(二)教研活动的策划

在三轮调查的基础上,学校认真研究并提出了对教师专业成长时段的新设计。周五"精品课堂"学习时段,改为以月为周期的系列活动。具体包括四个方面:

活动一　名师引领。由教师投票和校长会议推荐相结合的方式,确定"名师引领"团队。每位名师负责两小时的校本研修任务,在这个平台上,每位名师要用课堂演绎和理论阐释展示自己的教学思想。具体流程是:上示范课一节——作专业成长报告(教学思想诠释或成长中的感悟)——名师与教师互动(短信互动和口头言说相结合的方式)。

活动二　新秀竞技。由教研组推荐或自荐的青年骨干教师组成"新秀竞技"团队,给他们搭建飞翔的舞台。这在原来教研模式的基础上,作了部分调整:(1)执教教师提前两天上传教学简案,印发给大家;(2)上课结束后的10分钟休息期间,教师整理自己的听课笔记,听课记录采取活页的方式;(3)然后的研讨环节,由提前确定的主评教师和即兴抽签的辅评教师进行评课,并安排互动时段,自由讨论。

活动三　专题探究。该活动分语文、数学、综合三个教研组进行。由教研组在期初确定3~4个中观和微观专题,由各学科组围绕研究专题进行招标,中标的学科组承担相应的研究任务。每次教研必须是课堂实践和理论研究相结合,即"上课(也可以适当采用文字案例或视频案例呈现)+小专题+互动研讨"模式;也可以根据需要,由该教研组邀请其他年级教师(或者外校教师)同上一课书。该板块旨在将研究的视点切入课堂领域,切实提高课堂教学的有效性。

活动四　四方汇谈。这一板块邀请专家、家长和社会各界共同参加。每次选择一个热点话题,以四方汇谈的方式,进行研讨。话题可来自教师自身成长中的困惑,可以来自学生家长感兴趣的话题,也可以来自学生乃至社会各界关注的教育的热点

（三）教研活动策划的体会

1.教研策划不可"理所当然",而要"把准脉搏"。要想让教师接受并认同一项新鲜事物,必须充分而准确地把握教师的思想,切忌理所当然地强权推进。从三轮无记名问卷中,学校准确地获取了教师的信息,进而把握了教师的思想脉搏——学校教师对原有校本教研制度的大致认同、适度不满以及渴望理性而诗意的教研生活。三轮调查全方位地了解了教师的需求,尽管有些设想目前还难以全部满足,但是通过调查,让大家的需求有倾诉的渠道,有利于活动中的理解、沟通和参与。

2.要让教师从校本教研"执行者"变为校本教研的"设计者"。校本教研是以学校教师为主要研究力量的研究,需要教师自身具备研究的主体意识与能力,不再是他人研究的配合者与受命者。当教师参加了研修活动的策划与设计后,他便会更加主动地投入到研修中去。所以,通过三轮无记名问卷,让教师们充分参与活动的设计与筹划,从对原有制度的审视到新制度的建设。他们不再是传统的校本教研制度的"执行者",而是全新校本教研制度的"设计者"。这样的策划方式,真正体现了"教师是研究主体"的校本教研的价值取向。

3.要变"被动参与"为"因需而研"。校本教研策划是否成功,最终的判断标准是看它能否促进教师自身素质的发展。因此,校本教研的策划,要变校方"强迫参与"为尊重教师的"因需设研"。一切教研,都要从教师的需要出发,让教师觉得校本教研能满足自己的成长需求,而不是为了实现领导的个人意志。"因需而研"对于教师发展有如下作用:一是培养教师的研究兴趣和意愿,使其乐于思考和探究;二是有助于提升教师的教育理论水平,提高教育研究能力;三是促进教师学习与自身工作的结合,从而促进教育教学的持续改进,提高教育教学的质量。

（杭州市拱宸桥小学　张祖庆）

案例 8.5　基于教师日常问题的自主组合教研

教师的主阵地在课堂,教师的展示舞台是课堂,教师的不足之处也会在课堂上一览无遗,所以对教师最有效的帮助也在课堂。但如何组织能够覆盖全体成员的课堂研究与指导,满足每位教师自主发展的需要,我们尝试提出基于教师日常教学中的个性问题的自主组合的教研模式。

(一)有效尝试

自主组合互助式校本教研的提出源于我校语文组的一次活动。2005年6月10日,语文组唐老师执教公开课《端午的鸭蛋》,课后研讨时就"教学设计"形成两种不同的看法:"由读人到读文"好,还是"由读文到读人"好? 双方都有充分的理由。第二天,刘老师就以自己的理解也上了一堂《端午的鸭蛋》,邀上没上课的3位教师随堂听课,课后进行点评交流。当时只有无课的教师参加听课,形式也简单,效果也挺好。我们觉得这不失为一种教研的好形式。

研讨主题:文本的解读与教学设计

1. 我们的认识:①每个教师的个性不同,教学风格也不同,唯有教师的见仁见智,风格各异,才能演绎出百花齐放的课堂春天。②能够体现学生的主体性和语文味的课就是好课,能够扬长避短的教师就是好教师。

2. 我们的收获:①开课教师课堂教学的设计再设计就是一种教学能力的提高;②听课教师这种有比较有鉴别有思考的听课—评课收获最大。③能够将这种过程与思考整理成文,并能运用到自己的教学实践中,教研活动就有了实效。

3. 我们的感悟:①少点时空要求的教研活动才容易做成常态;②让教师广泛受益,充分认识到校本教研的确是自我发展的有效载体,才会有校本教研的可持续发展。

也正是那次成功的、无意识的有效尝试,让我们又进行了一次有意义的尝试。2005年10月,我校各学科的课堂教学研讨正有序地进行着,在语文课堂教学中教师觉得以下五个问题较难把握:(1)文本与课外延伸的关系;(2)教学设计及其作用;(3)板书与多媒体的取舍;(4)对现在流行的"背景引入式的体验教学"的把握;(5)对"淡化文体"的理解与把握。

第八章

2005 年 10 月 18 日，刘老师执教《孤独之旅》，试着以课堂来呈现自己对以上问题的看法与答案。课后，大家就以上五个问题开展了坦诚的对话交流，收获很大。我们发现这种带着日常教学中碰到的问题开课，在课堂中寻找答案是蛮好的形式。

有了语文组的这两次尝试，我们"关注教师专业发展的主题个性化的自主组合互助式的校本教研"的思路便逐渐清晰起来。

（二）基本范式

1. 自组团队：自主组合同伴互助团体，自主推荐小组长

2. 自拟主题：教师自己提出自身需要提高的教学技能，自拟个性化主题，作为教研的主题；

3. 自行备课：教师根据自己拟定的教研主题备课，可以同伴互助；

4. 设计量表：设计听课课堂观察量表；

5. 课堂展示：同小组教师一定要听课，其他小组没有上课的教师也要听课，并作好课堂观察量表的记录；

6. 研讨反思：课后针对性评课研讨，个别交流、网上点评、集体研讨、多样形式并存。

（三）再次实践

2005 年 11 月语文教研组又展开了自主组合互助式的校本教研活动。先是自主组合互助团队，再自拟研讨主题，确定研讨活动的安排。

表 8.3　教师自拟的主题及研讨活动的安排

教师	自认为须加强的教学能力	开课及时间
王丽君	备课中预设问题的能力 引导课堂中生成问题的能力	《中国人失掉自信力了吗》 11.15 上午第 2 节 11.16 下午第 1 节
	三维目标的预设及达成	《信客》12.27　12.29 12.30
周明明	教学设计及课堂提问能力 教师课堂语言表达能力	《老王》 11.22　11.23 11.26　12.7
黄婉	教学中文本的落实能力 课堂教学中对学生的引导能力	《皇帝的新装》11.23　11.24
苏苏	课堂教学中的教师的引导语言与评价语言的能力	《恐龙无处不在》2005.11.14 2005.11.15 上午第 2 节下午第 1 节

表 8.4　一次主题研讨活动的简要记录

姓名	王丽君	学科	语文

需要加强的教学能力：教师在备课环节中预设问题和引导课堂中生成问题的能力

课　题	中国人失掉自信力了吗

第一次研讨：时间：2005 年 11 月 16 日上午第二节　听课者：(略)

	问题设计（第一稿）	课堂观察
课堂教学预设	观看录像："九·一八"事件 1 面对此情景你想呼吁—— 2 朗读课文，寻找标题的答案？ 3 为什么有些人失掉了而有些人没失掉，请到文中找出证据？ 4 能具体地分析出他们分别是哪些人吗？ 5 作者对这两种人的情感态度有何不同？	同伴观察课堂，课后反馈交流反馈存在的问题：没能流畅地完成教学任务，是因为①备课时预设的问题设计有交叉重复现象，引起课堂的琐碎、冗长；②引导课堂生成问题时出现重复的追问，引起学生重复同样的回答现象。

第二次研讨：时间：2005 年 11 月 16 日下午第一节　听课者：(略)

	问题设计（第二稿）	点　评
课堂教学预设	观看录像："九·一八"事件 1 面对此情景你想呼吁—— 2 朗读课文，寻找作者的回答 3 让我们去看看他们分别是哪些人？作者对这两种人的情感态度有何不同？ 4 日本送出的"礼物"，针对该材料写一段话？	这是王丽君教师"一课两教"的两堂课。从过程来看，这是"有问题"的教学和有目的观察的两堂课，很真实地呈现出教师要同伴帮助的不足之处，而同伴的听课、点评较好地帮助她做好了"教学设计"的修改。通过比较第二堂课教学设计与课堂教学效果，都明显优于第一堂课。因此，这样的教研活动更多关注教师的个性化问题，帮助也更具针对性，更有利于教师的专业成长。

　　这种形式的教研活动是朴素的，它扎根在教师的日常教学中，但又高于平时的教学。它讲究思考与探究，从教学设计到课堂观察量表的设计，都反映了教师个性化思考的结果，是教师带着问题去开课，听课教师带着解决问题去研讨的活动。这种思维的交流与碰撞就有针对性，再加上这是常态课堂，能更真实地反映执教者的实际情况；也因为其常态，能更真实地听到听课者真诚的分析，而且这信息的反馈是及时和鲜活的，这为教师的教学改进提供了具体的帮助，使我们的课堂在这

一轮轮的琢磨中变得愈加真实和精彩。

这种形式的校本教研是和谐的,更是个性的。它讲究同伴互助,且这种同伴互助的方式是灵活多变的,这就更大范围地促进了教师之间的交流与合作。在交流中同伴之间的关系日趋和谐,真诚中肯的建议则更有助于教师之间建立朋友关系。让教师自拟需要解决的问题,自设个性的课堂,并且针对这一个性问题,观察其效果,研究其对策。这种针对性极强的校本教研,为教师的个性发展提供了广泛且实在的帮助。

(四)实践的发展

在其他教研组推广这种模式后,我们学校的教研活动有了一些新变化。原先以教研组为组织单位,立足学科,解决学科共性问题的"组本教研",渐渐变成了关注教师个性发展需求,帮助教师解决个性化问题的"师本教研"。

表8.5　教研活动的阶段性目标及其形式的比较

形式	阶段目标	活动主题	组织	活动
"组本"教研	做好规范 形成特色 (构建基本模式)	立足学科共性的大主题	教研组为单位的同伴互助	备课 开课 研讨 反思
"师本"教研	做好常态 (基本模式下的教研形式多样化)	关注教师个性的小主题	教师自主组合的同伴互助	

今后我们的校本教研将是"组本教研"与"师本教研"共存,两者相辅相成,既解决学科共性的大问题,也关注教师的个性发展需求;让校本教研成为每个教师专业成长的沃土。唯有这样,才会有校本教研的蓬勃生机和可持续发展。

案例点评

如何让校本教研成为每个教师专业成长的沃土?以上案例反映了两点经验:

一是常态研究。"常态"是指问题常态化和形式常态化。校本教研不仅仅要解决新课程实施过程中学科共性的大问题,更应与日常教学相融合,帮助教师解决个性化的问题。教师常是工作、家庭、生活多重担子一肩挑,骨干教师更是学科教学、班主任工作、教研组长同时身兼,如果能找到少受时空限制的常态形式,是校本教研可持续发展的保证。

二是关注需求。要关注个体教师的专业发展需求,让人人都在校本教研中受益;同时要切实帮助教师解决日常教学中的实际问题,唯有切实提升教师素质才是教师欢迎的教研。为此,我们提出了关注教师专业发展个性化需求的自主组合互助式的校本教研。

(温州市第十七中　刘　燕)

案例8.6　基于成功智力理论的校本培训

在新课程不断推进的今天,几乎每一所实验学校都非常重视教师的校本培训。如果说我们安吉路实验学校的校本培训有什么特色的话,可以用一句话概括,那就是——着眼于教师成功智力的发展,最终实现教师的人生成功。

1996年,斯腾伯格在《成功智力》一书中提出了"成功智力"概念。在他看来,"成功智力就是用以达成人生主要目标的智力,它能导致个体以目标为导向而采取相应的行动,是对现实生活真正起到举足轻重影响的智力。"成功智力是一种动态的平衡能力。成功智力非常强调平衡地构建智力,而不是能力数量的多少。斯腾伯格认为"成功智力"是分析性智力、创造性智力和实践性智力三方面的有机统一。分析性智力用于解决问题和判定思维成果的质量;创造性智力可以产生新异的问题和想法,实践性智力则可以将创造性的思想及其分析结果以一种行之有效的方法来加以实施。

根据成功智力的理论,我们体会到成功智力是教师迈向成功的必要条件;教师的成功智力是一种动态的平衡能力;教师的成功智力具有发展的可能性;发展教师成功智力应以"产品"为导向;发展教师成功智力必须关注各种因素的影响。为此,我们在校本培训中坚持以下思想:

（一）"校本"须先"师本"

一所好的学校要会用人,但更重要的是会育人。用人是消耗资本,育人则可以实现资本的再生。只有这样,这所学校的教师才是可持续发展的,这所学校才能步入持续进步的"快车道"。具体说来,我们提供的培训是：

以教师为本，关注他们已有的经验和已有的专业水平，根据他们的实际，自主地确定目标，找到课程改革与自我目标接轨的连接点。

以教师为本，关注他们的生存状态，创设一个民主的、平等的、相互尊重、相互合作的培训气氛，让他们充分展示自己的设想，交谈自己的见解，通过展示与交谈引导他们积极地参与，自觉地进入改革现场。

以教师为本，关注他们的自我感受，尊重他们的自我评价，以批判性、反思性的思维方式，感悟自己的教学理念和教学行为，主动地把从培训中学到的东西融入日常行为。

以教师为本，关注他们的发展，鼓励他们根据自己的需要选择培训的内容，参加不同形式的培训活动，从不同中获得相同的可持续发展的能力；为他们创设学习与展示的平台，鼓励他们成功，肯定他们的成功。

（二）满足教师多样需求的层次化的校本培训策略

通过调查，我们发现教师们对加强专业知识、拓展综合能力的要求是迫切的，他们需要简洁、快速、有效的培训，但个体之间却有需求的差异。因此，我们大胆地进行了校本培训改革，实行层次化的培训策略。

我们从培训内容与培训模式两个方面考虑区别化的培训策划。在培训内容的确定上，我们提供"主食＋杂粮"的培训内容菜单，让教师们根据自己的实际需要自由确定培训内容。在培训模式的确定上，先将教师们分成 A、B、C 三个层次，对于相同的培训内容，培训的程序和重点也将随着人员的不同而选择不同的培训模式，提出不同的任务要求。譬如听讲座，对 A 来说，他只需要认真地做好笔记；而对 B，则要写一点反思；而对于 C 来说，就不能停留在听，而要整理出自己的一些观念，搞个沙龙，促使他向专家学者型教师迈进。

操作中我们把教学培训的部分内容搬到了网上。运用新闻发布系统，把教师们自己的好经验、对教学的反思等等展示出来，再补充一些校外的好的素材，供大家学习、借鉴和讨论。这样做的好处不仅仅因为能使教师们畅所欲言，激发教师的参与热情，还可以把培训时间化整为零，让教师们利用空余时间来学习、表观点。这样的培训才是真正高效的。在网页开通的第一天，就有一个网名叫"小雨点"的教师说："希望今后我们能经常在网上一起交流，共同进步。"

（三）校本培训组织实施的策略

1.产品导向的策略

要培养教师的实践性智力，就必须使他们掌握大量缄默的知识。要想发展教师的成功智力，就必须重视具有"学徒制"形式的实践教学，重视"产品导向"的实践性学习，重视"身临其境"的实践体验，重视丰富多彩的课堂实践、艺术实践、社会实践等等。

在通常的教师培训中，总是注重教学理论的宣传，一般通过讲座、自学书籍、听研究课等形式进行，整理整理一些笔记，做一些读书摘记，或到到场登记一个名字等等，就把培训打发了。这样的培训到底能有多少积淀？因此，不少学校把这种培训悄悄地退到二线或是"降低"些要求，比如原来打算闭卷考试的，改为开卷考试等等，以为这样就减轻了教师们的负担。但这种改变其实也是一种"形而上学"！

"产品导向"则很好地解决了上述这些"浪费生命"的问题。它促使教师们自主地、有选择地、积极地为完成不同层次的作品——一堂课、一篇论文、一个课题、一个学生而努力。可能成果是不起眼的，但对于教师们来说，花费的时间和精力都是他们实际能付出的，而且是有价值的，这样的培训他们当然是乐意的，做一件自己乐意的事，是不会感到累的，反过来，他们会付出更多的时间和精力，而不再出现听讲座的时候"等待着鼓掌，等待着下班，等待回家的时间"这种焦虑心情。

对于整个培训，我们始终以完成"培训记录袋"为最终目标。"培训记录袋"里的内容有：相应的模式要求、确定发展目标、培训内容的成果记录以及学分。记录袋中的成果是一个长期的，不断积累、修正和追求的过程。成果可以是反思集、论文集、教案集、文摘或其他证书等。显性地看，教师完成了一份很好的作品，隐性的，实际上是教师在完成作品过程中的成长。"记录袋"使教师们对自己的成长历程更了解、方向更明确、目标更清晰。

随着学校管理制度的不断探索和创新，以纸质文本为主要形式的"记录袋"逐渐被基于信息技术和网络支持的"知识管理文件夹"所替代，更高效地实现了传播、共享和创新的目的，为教师的专业发展提供了更为便捷的通途。

2.自主选择的策略

传统的教师培训工作中,领导就是"命令",教师几乎没有可以自由选择的余地,教师的创造力和实践能力也无从谈起。我们主张把选择权还给教师。

在校本培训中,教师可以对 A、B、C 三个不同层次的培训模式进行选择。教师还可以对培训内容进行选择,学校提供的是"主食十杂粮"的培训内容菜单,教师们可以根据自己的实际需要自由地确定培训内容。教师的自主选择权的回归,也引发了教师责任意识的增强。

3.多元评价的策略

迄今为止,教师成就评价标准和方式仍显得比较单一,以"分析性智力"为主要或唯一的评价内容,以"学生的学业成绩"作为评价教师的主要手段。但是,学生的学业成绩并不是学生成功的全部,也不是教师成功的全部。所以,对教师的评价必须多元化,在开发教师智力的过程中发挥多元导向的功能。

在实践中我们把行为评价、作品成果评价、满意度评价作为教师评价的必要补充。我们关注教师在课堂和其他教学活动的表现,重视教师的作品成果及学生、家长、同事、自我的满意度,社会的满意度,这对于评价教师的成功智力是极富意义的。

对于我们来说,基于成功智力的校本教师培训的实践研究尚处在探索当中,一定会有许多不当之处。但是,我们坚信:教师的前途就是学校的前途,教师的成功是学校成功的基石。

(杭州市安吉路实验学校　徐莉)

案例8.7　促进教师自主发展的社团制

(一)背景:以往校本教研的局限

在加强校本教研工作的大形势下,很多学校的"一把手"也都来关注,甚至直接分管校本教研。校本教研的"地位升格"了,但实际操作是若干指标式的要求、一些外请专家报告和一张教师公开课一览表,大家在已经习以为常的"听课——评课"中继续着校本教研。然而,这样的执行方式中有一些局限和缺失：

1. 自上而下的规划使教师主体地位缺失

新课程倡导自主学习、合作学习、探究学习等学习方式，强调教学中要突出学生的主体地位，让学生真正成为学习的主体，从根本上改变学生在学习中的消极被动地位。同样地，教师培训作为教师的学习活动，培训过程中也应发挥受训教师的主体作用，让受训教师成为培训的主体。但实际上我们的培训正好相反，培训者台上认认真真地讲或念，受训者台下辛辛苦苦地听或记，是一种类似于我们传统教学的"灌输式"、"填鸭式"的活动，少有积极效果。受训者只能被动接受，少有主动参与。学习活动中学习者必须的主动性、能动性被压抑了。

2. 基于量化指标的执行方式使教师着眼于完成任务

原先的校本教研管理主要依赖于规划中的量化指标达成，如一学期听 15 节课，一学期上一节公开课，每学期摘抄 4000 字（有的规定是手抄，不准网摘）等等。这样管理的优点是检查方便，所以，有的现象是"勤快"的教师抓紧时间完成任务，如果超额完成，往往会问超额部分能否计入下月指标。如果不能，则往往是完成指标之日便是学习暂停之日。也有的，在月底来临前，开始集中补"作业"，以应付检查。

教师们反映，现在规划越来越细，指标越来越多，教师和管理者眼中只有数字，大家忙于应付，疏于思考。不改变思路，就会深陷于困境。

（二）促进教师自主发展的社团制

2005 年，我校在充分论证的基础上，引入"社团制"的教师研究活动模式，通过团结志趣相投的教师、家长和教研员，组成教育教学研究群体，以促进教师的自主发展。

我们在《杭州师范学院第一附属小学教师学术社团管理办法》（共 8 章 30 款）中规定，任何人都可作为发起人或根据自己的兴趣、研究倾向、发展方向参加任何社团。与常规组织形式的校本教研相比，"社团制"更能体现校本教研的灵活性和实效性，使用权教研活动以不同的形式展开。现在学校中有"常春藤数学工作室"、"春泉社（学科整合研究组）"、"新新语丝（语文教学）"、"班主任"、"视频案例"等 5 个社团。成员遍布省内 12 个学校和 3 个区、市的教研员。

1.社团筹建的要求

学校的任何一位教师只要热爱祖国、坚持四项基本原则都可以成为社团发起人。结社需 3 人以上联合发起;结社需要正式名称和相应组织结构;规范的章程;所开展的活动均为教育教学研究活动;自学校学术委员会和学校行政共同批准后,社团即成立。

2.社团管理的要求

社团活动由学校学术委员会和学校行政共同管理,其中社团活动的检查评比、指导由学术委员会负责;项目经费申请、社团变更、撤销由行政最终审核决定。社团活动必须遵守学校的各项条例和规定。

3.社团活动的开展

(1)活动策划:我们要求社员逆向思考:本次活动面向谁? 我们要出怎样的成果? 从成果的服务对象倒推到成果,再进而去策划活动内容(主题)、形式、组织等。

(2)主题海报:就内容、时间、场地、活动方式等,以张贴海报、网络通知(教育在线、19 楼)和区 E-mail 三种方式告各社友、同行。

(3)开展活动:(以"常春藤数学工作室"组织的一次主题为"决胜于转念之间——谈教学反馈"的活动为例。见图 8.2)

(4)成果推销:每次活动完毕,一般要求制作一张 DVD,包含文本资料、PPT 流程、活动实录三部分,在网上宣传征订

(5)活动评估:在分发 DVD 后的一个月内,收集意见以改进活动。

案例点评

实施社团制的主要目的是创设教师自主发展和教师间互相帮助、切磋交流的学校文化,使学校成为教师为成就事业而不断学习和提高的学习型组织。在一个愿景相同的组织内,成员的知识背景和经验构成越丰富,则学习发展的可能性就越大。社团制有利于研修团队的多样化。

在上述活动中,充分利用了教师学习讨论的参与特点,设计了"情景仿真＋竞猜对比＋在线解答"的活动环节,从而在保持较好学术性与应用性的同时,通过喜闻乐见的互动环节,增加活动的生动性和趣味性。

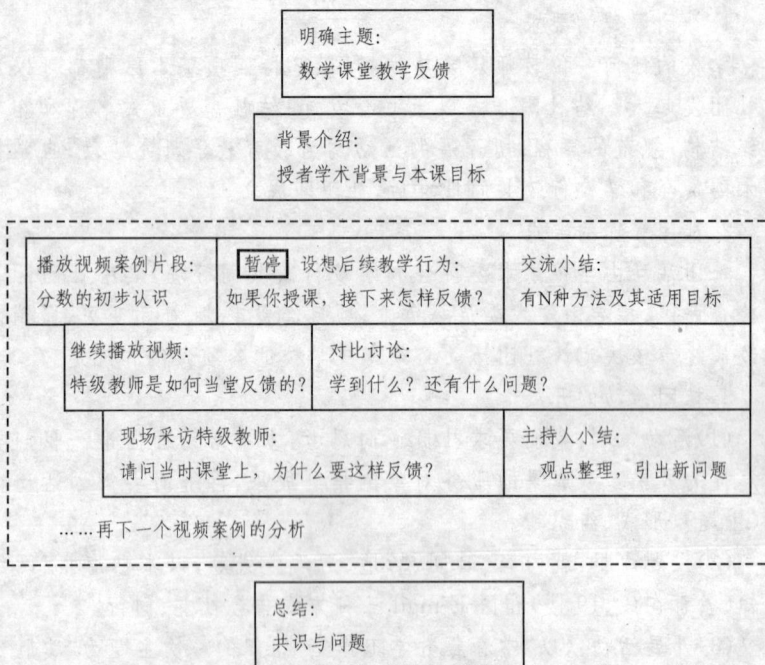

图 8.2 "常春藤数学工作室"的一次活动

(杭州师范学院附属第一小学 罗永军)

三、教师研修活动的参与性

有效的活动,应善于让参加者真正融入活动。而要让参与者自觉地融入活动,需要有以"参加者"为中心的意识和一定的参与性任务来作介质,以使每一环节都成为有价值的活动。

(一)教师参与任务的设计

促进教师参与的任务,可以是操作任务,也可以是思考任务;可以是明确描述的任务,也可以是暗示性的任务或诱导性的任务。教师研修活动应该善于设置让参加者感到值得思考或行动的参与点,并为大家的参与提供及时交流的机会。任务设计中应体现一定的选择性和分工,应体现一定的渐进性和功能规划,还应注意参与形式的多样化与变化。参与角色的分工,能给旁观者以具体明确的任务,避免团队活动中的责任分散;参与形式的操作化(可以研修作业的形式出现),能迫使参与者随之行动起来,及时感觉到研修主题的具体帮助;参与任务的渐进延伸,可以提高研修目标的针对性,促进教师主动、真实地参与研讨。

(二)教师参与氛围的营造

可参与性不仅仅体现在任务设置上,教师研修活动中平等、合作与分享的氛围也很重要。这对组织策划者和参加者双方的角色定位有一定的要求。教研活动不是为参加者提供解决教学问题的准确答案,而是搭建平台、营造氛围,为参加者自己提出问题、分析问题和寻求解决问题提供专业支持。

在教研活动的有些环节中,教师处于从属地位;而在另一些环节中,教师处在主动作为的状态。促使教师自主参与的教研活动,就要充分利用教师的主动作为状态,实现教师在教研活动中的真正主体作用。目前教研活动(包括培训活动)的问题也正是教师以从属者姿态参加活动较多,大家简单地被动听讲,没有明确的任务要求,活动进程中个体与团队缺少相应的义务制约,导致活动组织相对松散,活动进程比较自由。营造良好的参与氛围,改进参与者的角色定位,是促进教师有效研修的一个方面。

案例8.8 教师研修组织机制的突破

虽然教师们也都认为提高理论水平是重要的,但学校中组织教师理论学习的效果并不理想。到教师进修学校接受培训时,教师反映理论学习太枯燥,不是听不懂,就是没用处。在强调改进教学,尊重学生认知规律的今天,如何改进教师的理论学习成为一些学校校长思考琢磨的问题。2000年,浙江省温岭市泽国小学在校内开展了一项为时一年的教师心理学培训,却让原本枯燥的理论学习不再枯燥。事情的经过是这样的。

学校发给每位教师一本《教师实用心理学》,原想沿用一般进修学校常用的"让教师自学一段时间后,通过闭卷考试督促教师阅读"的方法来学习。可是背记心理学概念就是教师理论学习的目的吗?有些教师提出疑问。在校内讨论和请教专家后,学校抛出了一个特别的理论学习计划。

首先是组织教师自学,但每章确定三名重点研读员(全书 12 章共安排 36 个重点研读员)。学校每月安排一次集中学习,事先通知全体教师通读某章,学习会上请该章的 3 名研读员作辅导发言,每人脱稿谈 15 分钟的学习体会。要求发言重在三个方面:(1)本章主要有哪些观点?(要求发言者有整体把握能力与概括力)(2)本章哪些观点和提法与我们的教育教学行为有联系?(选择一两个角度谈得深刻些)(3)学完本章后,对今后教育教学有哪些建议?(反映教师将理论用以指导实践的意识和能力)。在 3 名重点研读员分别发表意见后,请在场教师就相关话题进行提问或发表观点,形成对话。最后由主持人(由学校领导与业务中层干部轮流)整理点评小结,或邀请专家综述,并布置若干每个教师都能结合岗位工作完成的小作业。这样的逐章学习,将会有半数以上教师要作辅导发言,发言的参与面很大。几轮活动下来,教师们很欢迎这种学习形式,校本培训也成为该校的一大特色。

我们将每个学习单元分为"自学—自辅—质疑—点评"四个环节,并努力体现以下特点:(1)敢于让教师自己来教自己;(2)让自我辅导的任务驱动教师的自觉提高;(3)注重理论学习的实践联系;(4)以"少量多次多层次"来丰富每次学习活动的视角;(5)将集中的辅导活动与长期的学习有机结合起来;(6)通过教师大面积承担自辅任务,激发教师的投入与竞争;(7)行政领导的亲身参与,会激发广大教师的积极学习;(8)即兴的质疑与当场的答辩使教研活动生成许多"火花"。

(温岭市泽国小学　朱圣燧　应才忠　王永德)

案例点评

这一案例在增强教师的参与性上有机制性的创新,具体体现在:

(一)基于教师需要且由教师开发

校本培训应该是基于教师需要,并由教师自己开发的学习方案。校本培训的策划必须根据本校教师专业化发展的需要,来选择学习内容,策划学习活动,以及培训学习活动的评价和调控方法(可以有专家指导)。这种对教师需求的尊重是校本培训活动质量的机制保证。

(二)教师角色的双重性和平等性

教师的角色分工促进了教师的真实投入。半数以上教师要以重点研读员的身份,轮流在每月一次的集中学习上脱稿发言,接受大家的质疑与提问。大家在不同的时候,分别承担了发言者、聆听者、评议者、对话者、主持者、作业者等多种角色。教师的参与有了明显的改进。

在校本培训活动中,教师既是接受培训的学员,又是培训同事的教员。作为施训者,他应是移情者,必须尊重不同背景教师的不同观点与长处;也是促进者,与教师一起协商,鼓励和监督大家的讨论及作业情况,推动集体学习热情,促进教师们提出问题和学会自我评价;同时也是指导者,帮助教师构建知识体系,在必要时进行解释、转移重点或提出意见。他不必再扮演无所不知的专家,而要以学习伙伴的身份出现,与教师合作,一起设计课程。作为受训者,他既是学习者(参与课程开发,与培训者一起制定学习目标、任务和标准),也是探究者(教师必须有机会和时间探究新思想和新工具,应寻找丰富的信息资源,交流自己对所学内容的理解,提出质疑和反思,并对自己的学习负责)。

在教师自己教自己的过程中,自然的竞争暗示,会让教师们在自辅中得到更大的提高,同时改进学习效果。教师们在体味听众对报告者的要求和期望的过程中,获得改进自己的发言的诀窍。由于会有过半的教师要承担自辅任务,较大的参与面会更加激发教师们的投入与竞争。因为教师间自觉的比较情绪,大家会十分专注地倾听伙伴的发言,学习同事的长处。这种学习促进机制正是校本培训活动的突破之处。

(三)以交流促进读书和反思

校本培训要营造教师间平等的学习交流氛围,促进教师的主人翁体验,启发大家的创造性。过去的业务学习,往往是诵读几篇理论文章,或是教师自己研读若干书著或论文。孤立的读书不易激起思考的"火花"。在案例中,当教师从被动的听众变为主动平等的交流者时,教师在事业上的作为感被大大强化。教师在平时的阅读学习和教育教学活动中,确也有许多独到的认识与做法,如果没有一个正常的沟通交流机制,教师的创造性会就此"断流"。相反,交流机制的建立与舞台的搭建,为教师提供了展示和发表的机会,会促使大家更为积极地读书和思考,提出自己的创意,阐述自己的思想。

(四)有助于理论学习与实践应用的结合

校本培训的目标是促进教师学习理论并应用理论。研读者自辅发言的"支架"较好地解决了教师理论学习和实践脱节的困难,有助于将教师业务学习与教师的教改实践联系起来。校本培训的目的不是扩大知识面,拓宽加深专业知识,而是提高广大教师的教育教学修养与能力,特别是联系实际并指导实践改革的能力。校本培训的另一机制是通过学习分析视角的多元化,有利于教师辩证地认识事物和多维度地思考问题,提高教师的研究与思维水平,促进教师问题发现和解剖能力的形成。

(五)以阶段性的活动引领和导向长期的自我研修

对于教师成长来说,阶段性的集中开展的活动并不是最重要的,最重要的是教师长期坚持的自我研修,而这些阶段性的活动应该发挥的作用却也是关键的。它要起到指导帮助、交流促进、督促鼓舞的作用。校本培训的价值在于集中辅导与长期自学的较好结合。要系统设计集中学习的主题,通过单元化的学习活动,带动教师自我研修的开展。

案例8.9 一次参与式培训活动的组织

(一)背景

2006年秋季,浙江省进入高中新课程实验。此前,教师们心中有诸多疑惑期待释疑:新课程推进中将遇到哪些问题? 这些问题是怎么产生的? 如何在实践中解决这些问题? 作为学校教学业务部门,可以采用问卷调查、座谈会等传统方式掌握一手材料,然后以"救世主"的姿态提出若干意见。但我们没有采用这一貌似权威、简单易行的做法,而是借助参与式培训方式,让教师参与问题的聚焦、探讨,共同寻求新课程问题的具体对策。

2006年8月28日下午,在华东师范大学课程与教学研究所崔允漷教授的主持下,69位即将进入新课程的高一年级教师,参与了为时2个多小时活动。

（二）过程

1.热身活动(用时 5 分钟)

主持人崔允漷自我介绍并宣布游戏规则;然后大家自然分成 6 组,自己为小组起名,制作名片(6 个小组分别是清风、桑美、余杭大厦、绿茶、五颜六色、追风);再是组内分工(大家分别担任:召集人、记时员、音量控制员、破冰者、记录员、绘图员、评价员、汇报人、情报员等)。

2.分组讨论(用时 1 小时)

(1)发作业单:请每个小组设想实施新课程后会遇到哪些问题?并按一定的逻辑画一棵问题树。

如何画问题树

第一步:围绕一个主题,每人写出至少一个自己会遇到的问题

第二步:小组讨论将所有问题归为一个中心问题(树干)

第三步:寻找这一中心问题的原因(树根)

第四步:分析中心问题的子问题(树枝和/或树叶)

第五步:这些子问题的主要解决方法(果实)

第六步:画出上述的问题树

---

(2)按分工活动进行组内交流。这是本次参与式培训最热闹的环节。每一个小组,没有旁观者,没有指手画脚者,思考、争论,时静时动。最后,每个组甄别问题,形成问题体系。各小组的中心问题如下:

清风组:如何做到课堂教学的有效性?

桑美组:新课程下教师如何"教"?

余杭大厦组:如何提高课堂教学效率?

绿茶组:新课程标准下我们如何实施课堂教学?

五颜六色组:课堂教学行为的有效性

追风组:新课改要求与教师自主建构课程的能力不足的矛盾

中心问题是问题树的"主干",沿着"主干"寻找"树根"(问题原因),梳理"枝叶"(子问题),最后画出问题树。"追风组"的问题树为:

中心问题:新课改要求与教师自主建构课程的能力不足的矛盾

子 问 题:

1.教材处理缺乏灵活性。对新课程与老课程的差别感受不准确。

2.教师的知识急待更新拓宽。开放课成为放羊课,缺乏掌控课堂引领学生的能力。

3.学生主动学习不够,教师难以调动学生参与新课程的积极性

原因探析:

1.长期以来师范教育中的弊病——理论多,实践少。

2.传统教育对师生的束缚——比拼的是记忆力而非创造力。

3.现行的教育评价体制——高考指挥一切。

4.教师本身的素质参差不齐——观念转变,能力提高均非一朝一夕可以完成。

解决方法:

1.抓落实,提高教师的课程建构意识。改变教师课程的单一的陈旧认识。多组织各类培训,使教师首先接受新课改的理念,认同新课改的目标,在心底里把新课改与自己的教育教学实践联系起来。

2.促发展,提高教师的课程建构能力。把课程建构能力的提升作为一个教师的专业发展最重要的方面来抓。利用现有的一切资源,组织有效的学习活动,促进教师的课程建构能力的发展。

3.一线教师,学校领导和专家学者齐心协力。专家的理念要深入浅出的传达给学校和教师,校领导要全力支持教师的课程建构能力的发展,为教师的专业发展尽可能提供好的条件,教师要克服惰性,积极参与到新课改中去,发掘自身的特点,努力成长为一名具有课程建构能力的适应新课改要求的教师。

3.大组分享(用时 45 分钟)

各组汇报人报告本组的问题,评价员根据以下标准评选最优组:

● 问题本身:有内在的逻辑关系、真实性、归因正确、解决方法有创意且可行(5 分)

● 合作过程:个人责任、充分对话、心情愉快(3 分)

● 小组作品:完整、美观、整洁(2 分)

每组 5 分钟的介绍,高潮迭起,精彩纷呈,掌声连连。最后,主持人宣布评分结果。

4.活动总结(15 分钟)

先是个人反思,用一句话总结本次的研修收获;后是主持人的总结。有60位教师写下了他们的"一句话反思"。

活动结束后,我们将六小组的"问题树"、"一句话反思"整理成文档,上传到校园网上。

(三)体会与反思

1.参与式活动,让教师的问题"外化"。问题是进步的阶梯。能否提出问题、提出怎样的问题,是教师"专家化"的关键。活动中,各小组采用"头脑风暴法",让心中的隐性问题外化、明朗化,与参与者实现两次分享。这些问题的呈现,使"教师个人疑惑",在特定场合下转化为"课程的专业问题"。

本次活动中,六个小组所聚焦的问题,尽管涉及面不广,但却是高一教师面对新课程的基本问题,贴近一线教师的实际。表达问题,梳理问题,聚焦问题,分析原因,寻求对策,在一系列活动中,参与者体会到"问题外化"的快乐。在"一句话反思"中有教师这样写道:

听到了很多自己没想到的问题。

了解新课程中可能出现的问题、产生的原因及解决办法,对以后教学过程有很大帮助。

希望有很多的机会,并比较真实反映问题,得到收获。

2.参与式活动,教师的主体地位得到尊重。在心理咨询中,主体不是咨询师而是当事人,咨询师仅仅提供一个当事人宣泄的"场",引导当事人自我认识与自我发展。同样,新课程实施问题的研讨,主体也不是主持人,而是教师。

教师是新课程实施的主体,课程实施将会遇到的问题,最清楚的是教师。教师通过小组活动,发现、聚焦、分析、思考问题,其收获远比主持人给予问题、对策更有价值,更易于认同课程问题,增强教师的专业自信心,调动教师问题解决的积极性,发挥教师问题解决的智慧。在"一句话反思"中有教师这样写道:

今天的活动让大家让我更加自信,能较好思考应该思考的东西。

这是一次真正走进教师内心世界的有效、有趣、有意思的活动!衷心感谢组织者和幕后工作者。

新课程,是一股新风,在这股新风中,需要大家的共同努力,共同建构,我作为一个新教师,一定会加倍努力,投入其中。

新课程如浪潮,给我带来了众多的险情与迷茫,但更给我带来了扬帆的机会。

3.参与式活动,让教师的专业探索不再"孤独"。小组活动,体现了合作的特质。合作使教师获得心理支持,意识到原来我的问题也是大家共同的问题;合作使个人从集体中汲取新的力量,获得比个人努力能够获得的更多的成绩;合作能产生新想法——我们的同事是教学信息和灵感的巨大源泉,获得 $1+1>2$ 的效应;合作可以帮助我们走出个人主义、经验主义、保守主义、人为协作等困境,走进自然合作的教师文化。

在"一句话反思"中有教师这样写道:

愿意今后的课改过程和今天同样愉悦。

各学科是相通的,热烈的讨论让大家对新课程认识更多。

活动是一种平台,良好的活动设计,是开启智慧,引发思考的钥匙!

我作为一名新教师,听取了那么多教师的智慧结晶,给我了很多的帮助和指导。

合作学习、乐趣无穷!团结就是力量,只要大家努力,什么困难都可以解决。

4.参与式活动,为教师教学树立"示范"。新课程倡导自主、合作、探究的学习新理念,要将理念落实于行动,教师必须有自主、合作、探究的学习体验。然后,如今站在讲台上的教师,从小学到大学,很少有这方面的体验积累。参与式活动,为作为学习者的教师提供新课程理念的体验,也给教师教育教学落实新理念提供示范。

在"一句话反思"中有教师这样写道:

学习、讨论形式很活泼,不明白是否就是新课程上课方式的模板。

新课程的探讨还有很多,今天似乎是一个模板。

在开心、快乐的氛围中获益匪浅!教学也能这样进行的话,学生肯定感兴趣。

这次活动充分体验了新课程的理念,使教师在无形中接受了教育。

如果新课程下的教学也是这样开展,那会如何呢?

5.参与式活动,为教学研究、管理、教师培训提供新的范式。新课程推进前后,教师参与了不少培训。这些培训活动,多半采用专家讲座形式。但往往是讲的人滔滔不绝,听的人昏昏欲睡。教师拒绝"专家",当然有各种原因,这里无需分析。

与此相对照,我们多次组织参与式活动,每一次都得到教师的青睐,以上所引的"一句话反思"很能说明这一点。从我们的实践看,参与式活动,不仅对参与者个人有莫大的作用,更为教研组(备课组)、学校的教学、科研管理部门提供新的工作范式。

(杭州市余杭高级中学　林荣凑)

案例8.10　　汇报学习制度的完善

(一)指导思想

我们认为任何形式的培训,其最终的结果都必须内化为教师自己的思想和理解,这样才能真正的使校本培训有质的效果。邀请专家报告的效果是理论上的,时间也比较短暂,不能从内质上让教师有心灵的震撼,另外作为偏僻的农村学校也没有能力经常邀请专家到校讲座,所以请专家进行校本培训只能是引领性的。校本培训的主阵地是学校教研组,而教研组培训的来源在于学习先进理念。针对实际,我校把外出教师培训后组织"汇报化学习",作为有效校本培训的主阵地。

(二)操作要点

1. 根据实际、确定人选。收到上级有关部门来函要求派人出去学习的通知,教务处根据学科的特点以及教师的水平和教师外出学习次数科学合理的安排外出学习教师名单。在外派之前征求教研组长意见,最后落实到人,教务处把外出学习名单予以公布。

2. 领取表格、参加学习。外出学习教师看到自己外出学习的公告之后,及时到教务处领取培训学习通知,并填写外出学习报告单后交校长审批,然后到教科室领取外出学习汇报单,明确本次外出学习的任务。最后,按时到外地认真学习。

3. 回校反思、填写表格。学习回校后,外出学习教师要进行反思,针对自己和本学校的实际情况,结合这次学习,从自己的学习经过和体会,对本校本学科教学状况予以分析,指出不足之处,并提出改进设想。把这一反思填写到教科室同意发放的表格之中,按时送到教科室。

4. 课堂汇报、渗透思想。外出教师把汇报表送到教科室,由学校教科室主任和外出教师交流外出学习经验和体会,然后,教科室和教研组长以及外出教师共同协商确定开设学习汇报课,力求把学习精神渗透到这一课之中。

5. 组织讲座、传达信息。外出教师开课之后,教研组进行汇报性培训和研讨。首先由外出学习教师把学习的精神予以传达,并把本汇报课渗透所学精神,予以阐明。

6. 自我提高、团队小结。教研组每位教师针对所学的教育理论,结合外出教师所开设的课堂进行针对而有效的评价,并提出自己的见解,努力内化成为自己的教育教学理念。最后,教研组长根据外出教师的汇报课、讲座内容以及教师的发言进行整理,最后完成一份教研培训汇报总结。

(三)注意事项

1. 到外地培训的大都是教学骨干,学校充分发挥教研组长和县级学科带头人以及名望较高的学者性教师的作用,把他们派出去学习,要求他们利用空余时间学习,收集新的教育信息。在他们的感化中,组建各种教研性的团体,使各个团体在主心骨的带动下,让教师由压制性变为自发性成长。

2. 在学校教师培训工作中,基本上每个教师在一学年中都有机会能安排一次到外地学习培训,这样对教师的积极性提升有很大促进作用。

3. 任何教师到任何地方参加任何培训,回校后都要向学校作汇报。到外地培训教师回到学校填写"汇报单",并安排上课和讲座,采用沙龙形式进行培训,这是资源共享,而培训针对性也比较强,并且把培训和实践紧密结合起来,这是大幅度提高校本培训效果的途径。

4. 制度保障。要求外出教师认真的学习和大度的传达经验。这其实就是一种研讨和学习精神或者氛围的创建。作为学校,把这一精神始终贯穿到学习制度之中,外出学习教师回校不是先报销差旅费,而是根据教科室要求进行相关内容的汇报,最后由教科室主任签字同意方可报销。这一制度把外出学习汇报抓得实在而有效。

(淳安县千岛湖镇青溪初级中学　黄伟民　王友权)

案例8.11　教师教学评比活动的改进

(一)背景

很多学校都有校内的教师比武活动,通过教学竞赛培养青年教师。教坛新秀评比一般包括基本功比武、理论考试和课堂教学三部分,其中课堂教学占主要部分。不过,校级教坛新秀评比和市县级教坛新秀评比不同,选拔难度比较大。主要原因有:学科差异性大,相互之间可比性差;学科混合的评委团队,跨学科评价有困难;过于重视评价功能,部分青年教师有顾虑;理论考试命题方向难把握,要涉及不同学科而且容易以偏概全,评改有困难;容易出现"集体智慧"参赛,虚掩教师个体水平。因此,我们认为,校级教坛新秀评比应该淡化甄别功能,要把它作为引导年轻教师研修,搭建锻炼舞台的校本教研活动来策划。

基于这样的理念,我校在2006学年上学期成功组织一场有创意的教坛新秀评比活动。活动流程包括:教育教学历程自我回顾和教研组个案分析推荐——平常问题意识和平常教育教学经验笔试——课堂教学评价量表学习——限时备课——课堂教学评比公开课——课后录像微格研究反思等环节。

(二)活动过程和改进

1.教育教学历程的回顾和教研组分析推荐——反思自己的成长

以往年轻教师可以随意参加校级教坛新秀评比。本次活动,学校先提出参评条件,除了职业道德和教龄要求外增加两条:(1)具有较强的教科研能力,积极开展教学研究,大胆进行教改实验;(2)能熟练运用现代教育技术。2006年12月发出文件,要求各教研组根据条件在组内开会,对本组年轻教师一一进行个例分析,讨论推荐。

推荐过程本身就是一项校本教研活动,因为教研组要对本组青年教师的基本功、教学能力、科研能力、教研表现等一一分析和评价,相当于对年轻教师的专业发展过程中存在的问题和发展方向进行集体分析。

被推荐者要填写《洞头一中 2006 学年教坛新秀评比推荐表》，在填写过程中，青年教师对自己近几年教育教学及研究历程进行自我回顾，对自己专业发展进行自我评价，以使自己更清晰发展的重点与方向。

2. 平常问题意识和平常教育教学经验笔试——反思自己的积累。

由于学科差异，学科化的理论考试难度无法把握，也无法比较。教育教学心理学方面的考试过于理论化，命题容易偏向概念识记，而且批改难度也比较大。这样的理论考试效果并不好。

我们认为一位优秀的、有潜力的教师应善于对日常教育教学中的问题进行反思和改进，在教育教学过程中有解决问题的经验和能力，能积极投身到新课程改革中去。所以，我们的笔试重视平常教育教学实践的思考。我们对命题进行改革，特别是评改强调从实践性、真实性、理论素养、条理和逻辑等方面综合评分，突出实践性和真实性。如果参赛教师平常缺乏思考和关注，他的答案就会空洞无物，语句篇幅短小。

洞头一中校级教坛新秀评比试卷（以下任选 4 题）

(1) 请你就班级管理，课堂组织，学科水平，科研能力，学生辅导，命题能力方面对自己做个案分析。

(2) 作为教师，阅读教育教学方面的书籍，是提高理论水平和专业素质的一种重要途径。最近，你阅读了哪些书籍？其中，哪一本对你最有启发？这本书籍主要内容是什么？对你最有启发的内容是什么？对你带来的影响是什么？

(3) 听课是最常见的教研活动，大家在校内校外常常参加观摩许多省市县校各级的公开课，优质课，评比课，示范课等。从教以来，其中肯定有一堂课对你影响很大，或者感受最深的，或你认为最好的。请你先简单说明大致时间，学校，地点，课题名称，是在什么场合下的上课（优质课评比或县市校公开课或职称评审课）？再谈谈你的感受和评价。

(4) 我们学校的学生学业成绩和平常表现参差不齐，其中有些学生需要我们教师给予帮教，这是我们教师教书育人的本职工作。近几年来，你一定做过帮教工作，请你简述一个你帮教成功真实的案例。（要求：①说明学生姓名，性别，班级，家庭情况等基本信息；②帮教的背景和帮教时间;③帮教策略、方法与实施情况;④感受与反思。)

(5)从 2006 年秋季起,全省普通高中都进入新课程试验,教育行政部门,教研部门,学校,教师,家长以及高中学生们都很关注普通高中新课程的实施。你对新课程有哪些了解? 请简单地加以描述。你对新课程某一方面有什么自己的见解?

(6)你所在的教研组(备课组)通常开展哪些教研活动? 你认为效果如何? 有哪些改进建议?

3.课堂教学评价量表学习 ——学习教学设计理念和评价理念

以往比赛中教师不知评价标准。本次活动我们把评价标准提前公布在校园网(采用温州市教育局颁发的《温州市中小学课堂教学评价量表》),并印发给评委、参赛教师和听课教师。

2007 年 1 月 11 日,教务教研处组织评委和参赛教师一起学习研究《温州市中小学课堂教学评价实施指导意见》《温州市中小学课堂教学评价量表》及其使用说明,在培训评委的过程中培训参赛者。通过学习交流,大家明确了本次评比对教学设计、课堂教学和教学评价的基本指导思想。确定了评价的重点在:三维目标的落实、情景与内容的整合、问题设计和师生互动、难度和容量适合学生实际、媒体的合理使用、课堂的组织调控能力等。

为了上好这堂课,参赛教师对照评价量表,反思自己平常教学,研究评价量表,改进自己的教学设计理念。在知道上课课题后,都会自觉地以评价量表为指导,结合自己的优势和特点进行教学设计,达到理论指导实践的目的。

4.采取限时备课方式——挑战自己的教学设计水平

以往的教学竞赛,教研组常会集体支援,把个人的评比当成团队评比,难以体现教师个体的教学能力。因此,本次活动规定参赛者必须"单枪独斗",不允许其他教师协助。1 月 11 日下午 4:10,告知上课班级,抽签决定上课时间,至于上课课题,则提前五小时告知,备课时间非常有限,必须要体现教师个体的真才实学,对教师具有一定的挑战性。年轻教师很喜欢这种现场课堂教学比赛。

5.课堂教学评比公开课 ——展示自己的教学风采

这次教研新秀评比,学校统一安排在1月12日(周五),没有功课的教师分成文理两大组,一律参加听课评课,参赛教师的比赛课相当于大型公开课,电教人员进行现场录像,场面相当壮观。

听课教师和评委人手一张评价量表,及时将教学行为与教学理念联系起来。开课教师既要考虑到学科特色,也要让其他学科教师听出看出自己的水平,会更加注重学习活动的设计和师生互动。同样,其他学科教师听课评价时也会打破学科界限,关注学习活动和师生互动,强调以学评教。

课后,召开评委会,要求本学科评委详细点评,侧重学科特点。各评委再交流,然后评分。由于现场听课教师众多,又有录像存档,评委也有压力,没有出现照顾本学科的思想和语言,大家都能公正客观地按照量表评价。参赛教师可以听到本学科、跨学科的评价;可以听到评委和非评委的评价;可以听到不同年龄不同层次教师的评价。这些评课交流都可以在非正式教研情况下发生,因而比正式教研活动下的声音更真实。这些声音都是学校校本教研活动的优质资源。

我们明显感觉到这次教坛新秀课堂教学显著体现新课程理念,重视学生活动的设计和互动交流。与那些优质课和观摩课相比,显得自然真实,评价交流也显得坦诚。

6.随堂录像 反思评比——通过微格研究自我剖析

我们对每节课都进行现场录像,当即刻成光盘,课后就交给参赛教师,要求他们在次日上午10点前随同光盘上交教学反思电子稿。我们汇总所有光盘后,交给评委们,要求结合当时的听课和录像,对反思进行评比。

参赛教师拿到光盘后,都回家专心致志的观看录像,采取微格研究的方法,自己研究自己,针对自己的课前设计和课堂实际、课前预设和课堂生成、针对自己的优点和不足,甚至对自己一些教态、习惯、语言、板书等方面点评和反思。事后,参赛教师认为这一环节很有价值,反思也都写得比较深刻。

(三)反思

这次学校教坛新秀评比活动非常成功。虽然最后我们只评出4位教坛新秀,但是,参赛的教师都不在乎名次,都很高兴,都认为这次活动,积极促进了他们的专业发展。

1. 笔试试卷得到大家的肯定——发挥了导向作用

开始,参赛教师最担心的是笔试,他们打听要阅读什么理论书籍、会不会做学科试卷等。当时我们就感觉到教师这种行为是"临时报佛脚",表明教师担心我们的命题内容"不对口"。所以,我们的笔试应该是无需"临时抱佛脚"也能得高分的。我们改变命题内容和格式,不出选择题和填空题,直接采取主观题,要求参赛教师根据自己的实践选择完成部分题目。

当时,参赛教师拿到试卷后,普遍反映,这样的试卷让我们"有话好说",无需死记硬背。特别是那些平常有想法有做法的教师就"下笔如有神"。这份试卷,对以后的类似评比都有很好的导向作用。要求青年教师要在教学中研究,在研究中教学,随时关注教育教学中遇到的问题,积极思考寻求解决。

2. 录像反思比上课还有价值——让教师直面自己的教学

大家认为课后观看自己的录像,别有一番滋味。平常观摩别人的课,评说别人的课,今天分析自己的课,感觉很不一样。面对录像中真实的自己,自我评价与他人评价都比以往的感性评价进步深刻许多。大家都很认真地研究自己,反思自己优点和不足,对自己的教学水平和表现有了很理性的分析,能很好地激励年轻教师的进步。

我们计划在以后的校级教坛中坚评比中,要求各教研组(参赛教师也要参加)对本组教师做微格研究和课例分析,观察任务适当分工,根据现场听课和录像回放,开展集体评课,写出评课报告,一份给参赛教师,一份上交教务教研处,让教师在这个微格研究和交流对话中,获得更大的收益。

3. 活动理念的改进——激活了组织者的新思路

以前的评比,重视评价结果。而这次评比重视活动过程中的学习与研究,把学习活动和展示活动有机整合、个体反思和集体交流有机整合。活动淡化了名次竞争,实事求是地关心年轻教师的有效成长,活动的每一个环节都包含研训功能,因而,组织比较务实,参赛者也比较主动和积极,普遍得到教师好评。这样的活动设计符合年轻教师的需要。

我们也在思考,以后校本教研活动不能简单化、任务化、形式化、表面化,必须要和教师专业化发展的需求相结合,要激发教师自我进步的愿望、感受良好的职业体验。目前许多学校的教研管理和评比有着"强迫教师发展"、"学校要教师发展"、"牵引教师发展"的味道。我们认为,这样的观念必须要转变,要使教师"被动应答任务或活动"变成"争取机会主动积极参加活动"。学校要搭建更多的平台,特别对那些主动性强、上进心强、素质尚佳的教师要多创造机会,营造"人人关注自己专业发展、人人主动积极参与"的校本教研氛围。

(洞头县第一中学　王旭东)

专题 20　实施发展性的教师评价

教师评价是影响教师成长发展的重要因素,是校本教研推进中比较隐性的"瓶颈"。很多学校在自发地进行教师评价的改革,因为目前盛行的教师评价制度中确实有不利于教师专业发展的因素的存在。

回顾教师评价的产生与发展,20世纪末是教师评价变革与转型的活跃时期。从20世纪前期开始,受西方科学管理理论的影响,奖惩性教师评价制度在学校得到推广与实施。奖惩性教师评价制度以加强教师绩效管理为目的,根据对教师工作的评价结果,做出解聘、晋级、增薪等决定[①]。它源自企业管理,强调责任、崇尚竞争、关注公平,并较多地运用经济杠杆进行奖惩激励。其积极之处是利用了责任分明的机制,促进教职员工对绩效的高度重视。在我国20世纪80年代,这一制度的推广打破了平均主义的"大锅饭",着实激励了一代教师。但是,任何一项制度都会随时间的推移而出现激励效力衰减的现象,都会在推行

---

① Alan Evans & John Tomlinson, Teacher Appraisal: A Nationwide Approach. UK: Jessica Kingsley Publishers, 1989, p. 15

校本教研实践模式研究

进程中暴露出越来越多的问题。"上有政策,下有对策"的博弈也使得奖惩性教师评价制度的弊端日益显现。特别是过度关注结果而忽视过程,过度关注显性目标而无视隐性规律的功利主义,以及过度关注外在奖励,过度加强行政统治的学校管理模式所带来的管理冲突和"经济刺激疲劳",使得许多学校开始出现一些深层次的管理危机。教师评价的变革迫在眉睫,发展性教师评价制度也应运而生。

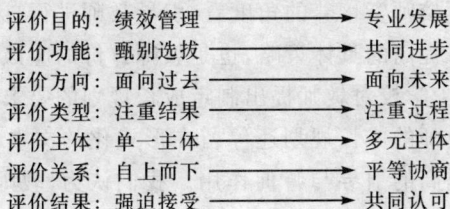

评价目的:绩效管理	⟶	专业发展
评价功能:甄别选拔	⟶	共同进步
评价方向:面向过去	⟶	面向未来
评价类型:注重结果	⟶	注重过程
评价主体:单一主体	⟶	多元主体
评价关系:自上而下	⟶	平等协商
评价结果:强迫接受	⟶	共同认可

图 8.3　教师评价的发展趋势①

发展性教师评价制度以促进教师的专业发展为目的,在没有奖惩的条件下,通过实施教师评价,达到教师与学校共同发展、个人与组织共同进步的双赢结果。这一教师评价制度认为,教师具有专业发展的外在压力与内在需求,应该把教师的发展需求与学校的发展需求结合起来。这一观点与推进校本教研制度建设的愿望是完全吻合的,而且这也是校本教研制度得以持续坚持的重要保证。

发展性教师评价的思想对传统教师管理是一次冲击。特别是评价功能从结果判断为主,转向过程诊断为主,反对缺少沟通的外在评价,强调基于民主反馈的教师自主评价意识的加强。这要求学校管理者调整角色,改变管理关系。不过发展性教师评价的温和性和宽容性需要较高的师德觉悟为前提,简单地推行发展性评价可能会削弱某些教师的危机意识、竞争意识和责任意识。所以,我们还不能完全用一种制度去替代另一种制度,但在实践中体现发展性思想却是不可阻挡的大势所趋。

如何在教师评价实践中体现发展性的教师评价思想? 现实背景下

---

①　王斌华:《教师评价:绩效管理与专业发展》,上海教育出版社 2005 年版,第 8 页

的发展性教师评价应该具有哪些特征呢?

(一)以教师专业成长规划为导引

对于每位教师来说,他都有自己的个人理想。教师从入职之初,到逐渐稳定成熟,其个人理想在其职业生涯发展中发挥着重要作用。但是对于很多同志来说,这一作用是隐蔽的、自觉的,也可能因被忽略而未能体现。从学校师资培养的角度看,引导教师进行自我成长的规划,是促进教师研修提高的具体策略,也是教师评价的应该依凭。

近年来,不少学校对教师提出制定成长规划的要求,这是重要而及时的。但很多教师的成长规划还停留在形式化的文本,并没有真正发挥对个人学习提高的引导与督促作用。我们认为,教师成长规划应该包括自我认识、目标定位和行动计划三大要素。具体又可以分为:

1.对自身基础的认识

制定成长规划,必须要对自己的基础能力、优势和不足有客观准确的估计,对自己的兴趣有所了解,对自己的能力结构有较为准确的判断,对自己的基本价值倾向有较为清晰的自我判断。

2.对组织角色的认识

教师要对自己的工作岗位、组织角色和期望有明确的认识。因为教师的职业生涯还是要与学校发展的整体相协调的。个体角色与组织角色的和谐与矛盾会对教师成长产生致命的影响。

3.个体发展目标

根据前两方面的分析,教师要确定自己的短期目标与长期目标。包括专业知识学习、课堂教学改革、教育科研方向、教书育人、落实责任的计划在内的个人阶段性计划。

4.具体行动计划(行动什么)

教师成长规划应对自己下阶段的主要工作、学习与研究作出安排。

5.目标实现策略(如何行动)

如何使教师的成长规划不至于形式化,很重要的一方面是对为什么如此行动有清晰的论证,对如何行动有比较仔细的设想。普通教师与比较智慧的教师的区别,其实是行动之时能否清晰说出行动的理由与策略。

　　我们要关注教师对学校愿景的认同情况,处理好教师个体发展与学校整体要求的关系,提高教师对工作状况的洞察力,避免将教师成长规划变成新版的工作任务表。

表 8.6　丽水市实验学校教师个人发展规划

自我剖析(对现阶段自己教育教学进行剖析,找出自己的特点、优点,正视自己的缺点,对自己的工作和自己的潜质、做出客观的评价):	
个 人 发 展 目 标	一年发展目标(包括读书目标、写作目标、研究计划、自我形象设定,自我成就预设、荣誉称号预定等):
	中期发展目标(即五年发展目标,可以包括研究规划,自我成就预设等比较大的目标):
	长期发展规划(一生的成就预设,也就是"理想中的我"可以分析自己的优缺点,预定自己的教学风格、学生培养目标、自我形象塑造等,应脚踏实地,实事求是,但也不应妄自菲薄):
实现个人目标的措施(至少应制定四个方面的措施)	
你最希望学校提供哪些方面的帮助?	

表 8.7 嘉兴实验小学的教师年度个人专业发展规划

规划人		所任学科		是否任班主任	
栏目	计 划				
精品教案（课件）试卷编制	教案：(1) _____ (2) _____ (3) _____ 语数英教师编制期末试卷 1 份　技能科目教师编制活动方案 1 份				
听课开课情况	教研组公开课：(题目) _____ 常规听课不少于 6 节。 各级各类公开课(节数)： 听课手记(3 则以上，不少于 500 字)				
课堂教学研究	课堂教学研究重点：_____ 相关反思(2 则以上) _____				
课题研究及论文撰写	本学期主持或参与研究的课题：_____ 本学期准备撰写的论文及主题：_____				
自我学习与研修	选读教育理论专著或业务专著(书名)：_____ 自己喜爱或常看的教学杂志(写三本)：_____ 参加其他学习(如培训、进修等) _____				
自主发展计划	(不少于 500 字，可另附纸)				

案例8.12　教师专业自主发展实施方案

（一）指导思想与基本原则

1.教师专业发展取决于教师的自主发展意识，纯粹依靠外力推动的教师专业发展可能会提高有关地位，但很难促使教师个体专业能力的真正成长。

2.必须通过教师参与教育教学改革来促进教师专业发展，要抓住"重视科学教学方法，培养自主学习能力"这一本校教学改革的核心，共同建设学校文化。

3.学校尽力为教师专业自主发展创造良好环境和提供良好条件，并进行管理促进。

（二）教师自主专业发展的教师行为

1.制订切实可行的自主发展计划

（1）自我现状诊断。分析自己的专业需要和兴趣，分析影响自身学习发展的有关因素，诊断自我专业发展意识。

（2）做好自我需要、学生需要、学校需要的定位与整合。

（3）确定专业发展内容。了解教育行政、教育时政对教师专业的要求；明确学校对教师的要求（略）；提出自己的长远规划和近期学习与研究的计划；需要学校的支持与帮助（详见《教师专业自主发展计划表》）。

（4）交流并确定计划。以教研组为单位进行自主发展计划的交流研讨，并做好调整与修正，最后确定计划。

2.教师专业自主发展的自我管理与实施

（1）教师专业发展的自主管理，主要体现在自主意识和自主能力两个方面。有自主意识的教师，就会时刻审视并抓住自己的发展机会，尤其在遇到困难与挫折时，表现出较强的自主能力。

（2）教师专业自主发展必须融入日常工作实践中，与校本研修相结合。

系统学习：除参加在职培训外，教师要有自主学习的意识，养成系统学习的习惯。教师应该有自己的读书计划，自己一年读几本书？读哪些书？

专家引领:学校支持以学科组为单位,自行聘请学科专家的指导。但不唯上唯权,在教学改革探索过程中,要有我们自己的思考与主张。

同伴互助:以学科组、教研组、班组、项目组和自发合作小组的形式,通过同伴合作中的相互学习,促进教师的共同提高,实现共赢。

自我反思:教师要在个人反思或集体反思的过程中,批判地考察自己,通过回顾、诊断、自我监控等方式,不断调整和超越自己。

(3)教师专业发展必须是持续开展的。教师要根据教育改革的发展,及时调整自己的知识结构与能力结构以及预定的发展规划,树立终身学习的理念,在自主发展中学会自我诊断、自主评价、自主调整、自主完善。

(4)教师言行必须对社会负责、对学校负责、对学生负责,这是教师这一"专业"对"自主"的限制。

(三)教师自主专业发展的学校行为

1.教育改革需要教师的创造,创造性教师的成长需要创造性的环境,学校要研究教师的"需要",创造一个真正能促进教师专业发展的外部环境。

2.设立相应管理机构,对教师专业发展做好促进与导向工作。

3.学校在开学第一周做好《峰江中学教师专业发展自我测评》问卷,在第二周内完成统计工作,并出台《教师专业自主发展计划表》。

4.提供必要的学习时间

(1)重新整合优化校本研修时间,尽可能减少无效或低效劳动。

(2)办公室做好周行事历的整合调配,防止不合理的周活动总量。

(3)开辟第二时间,对在家学习的教师给予表扬鼓励及政策扶持。

(4)优化教学全过程,以高效来缩短教师工作时间。

(5)加强学生自主管理,让教师从繁忙的事务劳动中解放出来。

(6)各职能部门避免重复劳动,班级表册一体化设置,避免不必要的时间浪费。

5.创设促使教师专业发展的平台(略)

6.制度保障与政策支持

(1)教育服务中心依据教师专业自主发展计划,提出本年度学校支持教师专业自主发展的相关措施建议,并为促进教师专业自主发展创造制度环境。

(2)教育服务中心以教师专业自主发展规划和年度计划为基础,加强教师专业自主发展过程的指导和督促,组织相应的考评。每学期末,教师应根据年度计划进行自我评价和修订,并将结果报教育服务中心归入教师专业发展档案袋。

(3)教师自主发展计划及完成情况、教师专业发展档案袋的相关内容,作为教师晋升专业职称、年度考核、评优评先等方面的重要依据。

(4)继续实施"购书券奖励办法"。对在教师技能比赛等活动中的优胜者,以奖励购书券的办法促使教师购买专业用书。

案例点评

路桥峰江中学的教师专业自主发展方案与众不同的是,方案既对教师提出要求,同时又就学校的管理支持作出规划与承诺;在强调教师成长规划的同时,重视对实施过程中教师自我管理的指导;方案较为充分地从教师立场思考与策划工作,而不像一般学校规定那样强调组织立场的刚性命令。

(台州市路桥区峰江中学)

(二)重视教师反思性的自我评价

要构建促进教师自主发展的教师评价机制,必须关注被评价者(教师)在评价过程中的作用,让教师自我评价(反思性评价)成为促使教师自我改变的起点,这样才能使评价真正有效。

目前,很多学校的教师自我评价名存实无。虽然教师期末都要进行工作总结,填写工作考核表和有关统计。但因评价者一般不会认真查阅这些材料,所以教师往往敷衍应付,造成的结果是教师们回避了自身的问题,更谈不上针对问题的工作改进。我们认为,评价者(管理者)应真正重视教师自我评价的作用,认真研究分析教师自我评价中提出的问题和总结的经验,及时与教师进行有针对性的沟通交流。这是改变评价活动双方的关系,促进教师对评价制度的认同,以及教师对评价结论的理解和接受的重要基础。

反思性的自我评价是帮助教师形成自知之明的一种方式。它能为教师的自我反思与改进提供必要的心理框架,有助于教师发现自身的优势和不足,进而设定目标自我提高。这种自我反思的价值不能被形式主义的框框所束缚,它是教师研修提高的起点。教师对照自己的目标,对照工作的要求,考量和评估自己。一方面的作用是针对自己的所长所短,及时调整自己;另一方面的作用是通过实践思索,寻求启示。

案例8.13 以自我评价促进教师发展的"三我"活动

温州市瓯海景山中学在推进校本教研工作中,策划了题为"我看我自己","我学身边人","我做现代人"系列活动(简称"三我"活动),要求教师重视自我评价,努力通过学习与研究做一个研究型的教师。

表8.8 景山中学"三我"活动的基本内容

工作环节	活动内容
我的职业生涯调查	对自己的角色发展进行规划,自身定位,确定目标
我看我自己	分析现实中的我与近期目标的主要差距
	描述体现差距的典型案例
	分析案例,确定学习的起点
我学身边人	寻求学习对象
	确定学习的途径、方法
	实施学习方案
	检验学习效果,撰写预期目标达成的情况的典型案例
我做现代教师	实现理想中的我

校本教研实践模式研究

策划这一活动的基本理念是:学校管理要实现"要求教师发展到教师自主发展"的转变。活动具体从以下四个方面去做:

1.开展教师职业生涯调查:要求教师对照三个层次(胜任型、骨干型、专家型)的目标要求,开展职业生涯分析,对自己本学期的角色发展进行规划,确定目标,再经备课组讨论确认后,开展三个阶段的学习,完成三个阶段的表格。

2.有效的学习从正确认识自我开始。教师撰写"我看我自己"反思性学习案例。

我看我自己					
现实情况	情境描述（案例）	情境分析	解决办法及希望提供帮助	近期达到目标	自评层次

3.在工作中学习,在学习中工作。教师记录与总结"我学身边人"的反思和体会。

我学身边人							
学习内容	学习对象	学习途径方法	学习过程记录	预计学习期限	学习效果	体现学习效果（成败）典型案例	原因（不成功时填写）

4.走小步,不停步,走好每一步。教师对照总体目标,分析成效与进一步措施。

我做现代教师				
学习期限	学习目标	目标落实办法	目标达到情况	补救措施及效果（目标未达到时）

案例点评

其实是以教师自我评价为基础,激发教师专业发展的一种活动形式。其中,引导教师有目的地进行自我反思的,常常是教师个人的成长规划。所以教师自我评价往往和教师成长规划联系在一起。有些学校还在尝试由教师根据自己的个性特点和自身优势,自定个人成长规划与评价标准，由学校组织相关人员给予指导和建议，以此建立教师自我管理与自我监督的评价机制。

（温州市瓯海区景山中学　薛忠敏）

（三）关注工作过程的诊断与改进

过去的教师评价机制重在对教师过去的工作评定。然而，教师评价的核心目标应该是提高教师的履职能力和工作质量，我们必须重视评价对教师将来的工作改进的影响，强调对教师教育教学能力的诊断分析，加强评价活动双方的反馈沟通，以发挥评价促进教师自主发展的作用。

评价绝不是游离于日常工作之外的专门工作。我们主张将评价活动糅合到教研活动的组织策划中，通过课堂观察、教学视导、教学过程管理等活动，在真实情景中诊断与评价教师，观察教师"教学方案的设计与实施能力"，关注教师是否"了解与尊重学生"。要利用评价标准的导向性引导教师的工作改进。

学校应组织力量（包括同行或专家）对教师教育教学过程进行比较系统的观察、检查与分析，一方面评估教师的能力与水平，另一方面进行一些诊断与指导。特别是诊断与指导环节，是教师评价与教研活动的结合点，也是教师评价促进教师自主发展的关键。有些学校建立教学视导制，组织专家或同行进行常态课的观察、分析和指导；有些学校建立学生评教制，定期征询学生对教师教学的评价。此外还有备课检查、作业评改情况检查等教育教学过程管理的许多制度。它们的目的就是发现教师在教育教学过程中的问题或经验，以便针对性地克服或推广。

要使评价成为促进教师自主发展的活动，评价者必须重视评价活动的反馈沟通环节。影响评价反馈沟通的原因很多，评价者的工作风格和可资评价反馈的信息有限是其中的主要原因。由于评价信息过于综合，针对性不足；评价信息过于追求量化，难以描述出教育教学的具体改进建议。所以，教师评价中倡导质性评价技术，以观察叙事、访问调查、关键证据、教学档案等多种形式描述教师教育教学状态和专业能力。

表8.9与表8.10是美国加利福尼亚普威学区的教师工作评价报告表。他们的特点是：围绕一个核心的评价指标，通过多途径的证据收

集,形成判断以及判断的说明,并完整提供关于突出优点与突出弱点的"指示"资料。他们将教育教学过程的诊断与工作绩效的评估较为公允地结合在一起,并较为客观和平衡地影响教师评价的结论。

表 8.9 一种教师工作过程评估分析的报告单①

教师姓名		课时/学科/年级		日期	
没有达标	达标	领域和指标		证据收集方式	
——	——	领域 1:计划和设计教学 设计长期计划来完成年度学习目标 选择合适的上课目标 设计上课,包括学习的基本成分		检查教师 备课计划	
——	——	领域 2:教学 有效传递教学 使用适当的学习材料和教学策略 为所有学生创设学习机会 显示学科能力		课堂观察	
——	——	领域 3:课堂管理 提供一个积极的、能提升适当行为的学习环境 有效经营教学时间 防止不适当行为干扰教学和学习		课堂观察	
—— ——	—— ——	领域 4:评估 建立清晰的表现标准 检查学生学习 在评估基础上调整教学 提供及时、准确和富有建设性的反馈		检查日常使用的试卷和学生成绩记录册	
——	——	领域 5:职业责任 遵守已建立的规则、规章、政策和法律 为学校的平稳运作承担责任		非正式的日常观察和讨论	

整体判断:(   )
  A.超出期望 B.达到期望
  C.没有达到期望
			建议:( )
			  A.不再续聘 B.续 1 年聘约,干预
			  C.续 1 年聘约,不干预 D.续长期聘约		

---

① 转引自梁红京的博士论文《区分性教师评价制度研究》,第 118－122 页(稍作表式美化,未作内容改动)。源文献为:Anderson L. W. (2001)Teacher Peer Assistance and Review:A Practical Guide for Teachers and Administrators. Corwin Press,Inc. p101

表8.10 教师工作过程评估的"支持性资料表"

领　域	指示优点的资料	指示弱点的资料
计划和设计教学		
教学		
课堂管理		
评估		
职业责任		

注:表8.9中如有项目被标为"没有达标",其书面理由在表8.10中。

案例8.14　导向性的基础性评价与工作过程分析

（一）指导思想

教师评价是促进教师专业发展、提高教育教学质量的重要途径。评价不能是面向过去的终结性评价,而是面向未来、面向工作过程、面向评价对象的发展性评价。它以促进教师发展为本,而不是寻找工作缺陷。因而我们不能把教师放在被动的被评价的地位上,必须组织教师积极参与评价整个过程,使之真正成为评价的主体。让评价贯穿教师发展的全过程。

（二）操作重点

1. 制定评价方案。教师评价包括基础性评价和发展性评价两部分。基础性评价以学校的常规要求为主,借以规范教师的教育教学行为,努力使每个教师成为合格教师;发展性评价以弘扬个性、发展教师的专业特长为主,努力引导教师成为优秀教师。

每学期初,要把两部分评价方案印发至每位教师手中,以明确评价要求。学期中,年级组和教研组要组织教师分别重温两方面的要求。其中,教师可根据半学期的实践,对自订的发展性要求作必要增减。

2. 自评与他评相结合。期末教师按要求先进行自我评价,再在年级组、教研组交流,然后各自上交教导处。

3. 定量与定性相结合。教研组长、年级组长对照两份评价表,在认真听取组内教师各自陈述和对同伴的评价后,逐一打分,并评定等第,上交教导处。教导处汇总自评、组评、组长评的数据和等第,再作定性分析,排除干扰,在充分尊重评价主体的前提下,形成评价结论。

4. 校内与校外相结合。每学期向学生发放问卷调查表,(小学低年级学生发放至家长),由教导处及时回收、汇总,作定性分析的参考。

5. 校长办公会议根据上述汇总资料,结合群众投诉情况,最终确定评价结果,通知本人。评价结束后,被评为本学期优秀者上网公布,接受群众监督。有严重违背师德要求者,实行一票否决。

(三)注意事项

1. 基础性评价的内容,根据实际情况,每学期可作适当调整,如某一时期有些教师带早点到学校,坐在办公室用餐,既不雅观又影响工作,我们把它列入工作纪律中的一条。后来,这一情况杜绝了,我们就删除这一评价内容,而换上了另一种带有不良倾向性的其他内容。

2. 发展性评价,要充分考虑教师的个性特长,可采用上不封顶的原则。即除了学校倡导的某些发展方向外,教师可自行寻找适合自己的发展目标,达到某一水平,同样可加上相应的权重。

3. 要相信绝大多数教师是积极努力的。因此,优秀和良好的比例应该占绝大多数。对于存在问题较多的教师,也要善于发现他们身上的闪光点,并及时与他们沟通。使之在下一学期放下包袱,轻装上阵。

表 8.11　宁波东海实验学校教师基础性评价表

指　标	权重
1.认真参加校内各类活动,不请假、不迟到、不早退。遵守国家的法律和学校的规章制度。	5、3、1
2.不体罚(心罚)或变相体罚学生,无有效投诉。遵守宁波市人民教师行为规范和十项承诺。	5、3、1
3.工作认真负责,责任心强,精细,任劳任怨,敢挑重担,工作中求同存异,团结协作,同事间坦诚相待。	5、3、1
4.仪表举止端庄,服饰得体。语言文明,坚持讲普通话,礼貌待人,集体荣誉感强。	5、3、1
5.有奉献精神,保证政令畅通,不片面强调学科的特殊性,与搭班教师互相支持、相处融洽。	5、3、1
6.不搞家教,不从事第二职业,不参加与教师身份不符的活动。未经学校同意不得擅自接受校外聘请。	5、3、1
7.工作出全勤,不迟到、不早退,不经常离岗、窜岗,不在电脑上做与工作无关的事。	5、3、1
8.不隐瞒,不谎报,迅速通报偶发伤害事故,并能及时妥善处理,无教育教学事故或工作责任事故。	5、3、1
9.所任学科课堂常规教育到位,学生学习兴趣浓,使用电教设备得法,并能坚持学科与信息技术整合。	5、3、1
10.作业布置有弹性,批改及时、准确,重视讲评和面批。不要求学生统一购买校发以外的练习书册。	5、3、1
11.对缺课学生、插班生、学困生及发展不平衡学生,在教学中有相应流程并及时补课。	5、3、1
12.按课表上课,不随意调课,及时候课,不拖课,不占课。	5、3、1
13.教育管理讲究策略,严而有度,刚柔相济,与学生的亲和力强,在学生中有较高威信,满意率调查无 c 等。	5、3、1
14.每学期听、评课不少于 15 节,并能跨学科或年段听课,积极参加校内各层面的读书沙龙,组内能积极大胆发言。	5、3、1
15.促上提中拉下策略能有效实施,学生学业成绩的合格率、优秀率处于同年级中领先水平,综合能力检测过关率高。	5、3、1
16.建有学生个体发展档案,能说出任教学生的特长爱好并不断引导其发展,了解每一个学生在发展过程中的主要症结,并有相应解决措施,成绩显著。	5、3、1
17.坚持家访,能及时与家长沟通,通报学生进步及成长的困惑,并帮助学生扬长补短,亲师关系融洽。每学期每生至少沟通两次。	5、3、1
18.能充分利用夜自修时间进行个体化辅导。上夜自修到位及时,不做与个体辅导无关的事。	5、3、1
19.所带学生社团活动、假日活动正常,成果明显,辅导有效果。	5、3、1
20.积极开发校本课程,主动组织学科综合实践活动,有具体实施记录。	5、3、1

促进教师的自主发展

表8.12 宁波东海实验学校教师教学及班主任工作情况问卷

学科教学：	语文	数学	英语	科学	……	美术	综合
1. 该教师讲课：A. 生动有趣、效率高 　 B. 讲得多，互动少　C. 松散、乱糟糟							
2. 该教师在校内对同学的课外学习辅导： 　 A. 积极主动　B. 很少辅导　C. 没有辅导							
3. 这位教师布置、批改作业： 　 A. 有弹性，认真　B. 无弹性，一般 　 C. 量多，马虎							
4. 这位教师平时对同学的态度： 　 A. 亲切、耐心　B. 一般 　 C. 急躁、不耐烦							
5. 这位教师有否体罚学生： 　 A. 没有　B. 偶尔有　C. 经常体罚							
6. 这位教师上课是否拖课、占课： 　 A. 偶尔　B. 经常　C. 几乎每天							
7. 总之你对该教师： 　 A. 满意　B. 一般　C. 不满意							
小计							
班主任工作：							
1. 这位班主任班级管理目标： 　 A. 有计划、有步骤实施　B. 有计划，无落实　C. 无计划							
2. 这位班主任对同学： 　 A. 经常鼓励　B. 表扬少，批评多　C. 经常对同学发火							
3. 这位班主任的班队课、周一晨会教育： 　 A. 精心组织，总结全面　B. 无精心准备，想什么讲什么 　 C. 经常占用，讲学科内容							
4. 这位班主任的家校联系： 　 A. 经常联系，一学期至少一次上门家访 　 B. 很少上门家访，经常电话联系　C. 家校联系很少							
5. 这位班主任每月一次的家校反馈单： 　 A. 每月反馈　B. 半学期反馈一次　C. 几乎没有							
6. 你对班主任班级管理能力： 　 A. 满意　B. 一般　C. 不满意							
小计							

（宁波东海实验学校）

教师评价应更多地关注教师成长的过程。要将教师成长规划与教师业务档案、教师成长记录袋等形式结合起来,加强对教师师德与业务的成长过程的记录、展现和分析,指导教师专业发展的规划,为教师学习、研究及改进工作提供良好的环境。

案例 8.15 "教师发展记录袋"的应用策略

教师的专业发展是与学校的教师评价工作紧密联系的。近年来,我校积极探索并建立了以"教师发展记录袋"为载体的教师发展性评价操作体系。具体特点有:

1. 个性化建袋。我们因人而异分别建袋,为每位教师建立起专业发展个人档案,完整详细地记录教师专业成长的过程与轨迹,展示教师的个人素质与奋斗成果,如专业成长重要活动和典型事件记录、教师专业学习、培训及考核记录、教学案例教学实绩、个人反思总结、反映个人教育教学水平的代表性作品、各种与专业发展有关的获奖证书,学生、家长及教师学校的评价记录等,最大程度地向学校、教研组、家长客观认识评价教师提供相对完整真实的信息资料,充分体现个性化,避免千人一面。

2. 货真价实入袋。记录袋中资料的收集、整理、更新要做到"真实",即收集的资料要真实,并注意及时整理、归类,不断更新。

3. 科学有效用袋。学校抓好平时、阶段性、综合性三个层次的考核,作为教师评优、晋级、提拔的重要依据。

4. 自评与他评相结合。教师的专业成长是一种内源性的成长、主动的成长。对教师的评价,既要通过他评,即领导评价、同行评价、学生评价、社会评价这些外部机制与要求刺激和规范教师的行为,促进教师专业成长,更要注重教师的自评,设计《教师教学自我评价表》,通过教师认识自我,从而实现自我调控,达到自我提高,促进自我完善,体现教师专业发展的阶段与成长的水平。

5. 重点评与全面评相结合。教师的专业成长是理论、经验和实际工作能力的同步成长。任何单方面的成长都不是有效的和全面的成长,教师的专业成长,应该在反思自身工作中成长、在学习中成长、在调查研究中成长、在与专家和同行的合作中成长。因此,要做到重点评与全面评相结合。

6. 团队评价与个体评价相结合。教师的专业成长,应该是全体教师的成长,而非个别教师的成长,因此,评价时既要看教师的个体成长,更要看教师全体的发展。

(金华市第四中学 郑池爱)

(四)尊重教师差异的多元激励评价

由于教师个人专业背景、教育教学经历的不同,身处的工作环境(学校、课程资源、学生基础及家庭背景等)的差别,教师评价标准除了一些统一的基础性要求外,还应该体现差异性原则。适当考虑学科、年级、教学风格、学生特点、甚至身体状况、生活困难等因素,以多元的、人文的、教师能够实现的评价要求,来激励教师进一步改进工作。

案例8.16 "教师专业发展积分制"的探索

(一)指导思想

年轻的学校,集团化的办学模式;一再扩大的规模,年年都有一群专业知识、专业水平参差不齐的教师调配到我校。面对这一现实,教师的专业发展要求能否停留在"齐步走",或者"你不说,我不做,你说了,我应付着做"的局面呢?

为此,我们制定了《教师专业发展积分制度》,将每位教师的专业发展情况通过具体的量化标准,以"积分排行榜"的形式出现在校园网首页,显示各个栏目积分前二十名以及总积分前二十名教师的排行情况,并即时更新。这一做法试图体现这样的思想:让每位教师对自己负责,找到自己的起点,规划自己、管理自己、发展自己!学校只提保底要求,守住专业要求的底线,而留出广阔的空间,鼓励教师群体、个人在达到保底要求的基础上,自主向上发展。我们想通过这一制度向教师传递以下思想:

1. 你是学校的财富。各人头上一方天,每个人都有可持续发展的可能与潜力。不管一个教师原来的专业水平是怎样的,和学生一样,我们都可以不断成长！学校不应只关注几个"台柱子教师"，每个教师都应进入管理者的视线，都应给他们创造发展的机会和平台。学校不断给教师这样的感觉：每一位教师，都是学校的财富！每一位教师，都有自己的舞台！"专业发展积分制"通过网络，动态呈现全校教师的专业发展情况，促进教师间的资源共享，展示每位教师的业务风采，记录教师专业成长的点滴进步，促使教师之间的竞争与合作。

2. 你是自己的主人。促使每位教师都能对自己的专业发展负责，将专业成长看做是自身发展的迫切需求，成为自我专业发展的设计者、管理者、促进者，从而最终实现孩子更优秀、自己更优秀、学校更优秀的多赢局面。

3. 你的态度很重要。参与，是最重要的；过程，比结果重要；态度比成绩重要！这种观念应该深入每位教师的内心。《教师专业发展积分制》与我们以前的制度相比，有一个很大的区别：我们更关注教师的参与热情，更关注教师的专业态度，而适当淡化结果与成绩。如论文评比，只要教师写了，符合一定的要求，就予以确认增加分值；"特色发展"中，教师们用一定的形式将自己在班主任工作、学科教学方面的特色工作加以呈现，即以加分。

（二）操作要点

1. 教科处制定《教师专业成长积分制实施细则》

我们制定了操作性较强的实施细则。对教师提出三项基础要求，并鼓励教师在若干方向中，根据自身特点选择重点发展的方向。三项基础要求分别是(每项10分)：

上一堂好课：以教研组推荐与个人申请相结合的形式，每人每学年至少上一堂公开课，由教研组组织评课。

参与一个课题：每位教师都要积极参加课题研究，主动申报各级各类课题。

写好一篇论文或案例：每位教师每学期至少撰写一篇论文或案例、随笔，参与学校及上级教研部门的评比。

表 8.13　教师特色专业发展的积分细则

项目	积分细则
自主学习	1. 每多读一本教育相关的书籍且有读书笔记(校园网上投递)加 2 分。 2. 积极参加学校组织的讲座、公开课等学习活动(签名为准)加 1 分。
自我展示	开设组内、校、市、地、省级研究课、公开课或班队观摩活动、讲座(同一内容不重复计,按最高级别计算)分别加 2、4、8、12、16 分。
交流互动	作观点报告(含外出学习汇报等)国旗下讲话,每类每次加 2 分。
写手风采	凡撰写教育教学论文,即加 1 分
科研实践	向教科处申报课题并担任课题组长(包括动态申报小课题),加 5 分参加课题成果展示(如展版、实践活动开放、成果报告会等)加 3 分。
特色发展	教研组及教师个人根据各自的实际情况向教科处申报各种特色发展项目,视具体情况加分。(凡此类加分应提前一周向教科处申请) ▲例:2005 学年第二学期,本校数学教研大组申请的特色项目:数学教师自愿参加奥数课外学习(每学期考试一次),凡参加此项目教师每人加 2 分,考试成绩优异者加 2 分……

　　2. 教师制订《学期专业发展个人计划》

　　我们将学校工作整合细化为《教师专业发展学期计划》,每位教师根据自身特色及自己所任学科、任教年级等实际情况,在计划中选择自己本学期的重点工作。这个计划相当于一把梳理工作的"梳子",能够帮助教师井井有条地完成一学期的工作;又相当于一个备忘录,提醒教师及早准备、及时完成。

　　3. 校信息技术中心利用网络建立平台

　　"个人发展空间":在校园网中,我们每个教师都有自己的"个人发展空间",除了递交教案、案例、论文外,还有"个人博客"、教师间相互传达信息(如教研组活动、各种教研信息等)的功能。《学期专业发展计划》也通过网络制订,并动态地保存在这个空间中。

　　"积分排行榜":随着教师以网上递交各种资料,校园网首页的"积分排行榜"动态地显示总积分前二十名的教师名单,点击进入内页,还有各分项前二十名教师的排行榜,所有项目的"前二十强"在不断变化着,这样做的目的是为了让更多的教师有成功的机会。

4. 动态上传资料、动态刷新"排行榜"

教师将自己在学期计划中完成的各项工作(如论文撰写、开设公开课的教案、读书笔记)及时递交至校园网的相应区域,经校教导处、教科处通过审核确认后,教师的个人积分分值即得到更新。

5. 期末评比"专业发展最优教师"

排行榜的成绩将作为期末评比"专业发展最优教师"的重要依据。

(三)注意事项

1. 营造善意竞争的氛围

由于本校现已有一校三区,二百多名教工的规模,而且即将形成一校四区的格局,所以,各校区可能会关注各自进入前"二十强"的教师情况,这种关注是很正常的,但是如果校区间、教师个人间的竞争过度了,就会使教师的工作变得功利化。因此,既要保持业务上"你追我赶"的状态,又要让这种竞争建立在"大家一起变得优秀"的前提下。

2. 让"排行榜"变得更人性化

考虑到我们的校园网点击率相当高,社会、家长及兄弟学校都非常关注,所以我们没有使用教师实名,我们让每位教师给自己设置一个个性化的网名,如"天高云淡"、"小桥流水"等,这样,让积分既公开又保密,排行榜既有激励的功能,又有适当保护教师"私密"的优点,显得更人文化了。

(四)典型事例:"积分制"与青年教师小杨的成长故事

小杨于2004年7月毕业于绍兴文理学院,同年8月分配至我校,今年是小杨教师走上讲台的第二年。她担任五年级一个班的班主任兼语文教学。刚从学校毕业的她,工作充满激情,对于学校里组织的各项业务活动,她都积极参加,如论文评比、案例撰写、课堂展示等,但结果总不理想,用她自己的话来说就是"连一星半点的奖都没有沾边"。去年,小杨教师参加校"青年教师课堂教学过关"活动,没有通过。面对这些,小杨有点沮丧了,开始怀疑自己是不是当教师的料。

自从学校实施了"教师专业成长积分制"后,网名为"蔷薇粲然"的她积分一直荣居榜首,因为积分制更强调教师的参与过程,而适当淡化结果。这让她重新又有了工作的热情：她申报了小课题，对班级工作进行了专题研究；她撰写了论文，获得了市级二等奖；她又鼓起勇气申报了第二次"青年教师课堂教学过关"，并得以通过。现在，她又重拾自信，工作状态非常积极。

（诸暨市实验小学　张丽敏）

案例点评

诸暨市实验小学制订的《教师专业发展积分制度》反映了学校促进教师学习与研究的策划。学校强调教师对自己的专业发展负责，让教师根据学校计划和自身实际，确定自己的重点工作，制订《教师专业发展学期计划》，这就好像用一把"梳子"帮助教师梳理学期的工作，形成一个工作备忘录；学校不只关注少数骨干教师，而是利用校园网络，动态呈现全校教师参与研修活动的情况，使每个努力的教师（包括某一方面努力的教师）都能进入管理者的视线，同时促进了教师间的资源共享；由于"排行榜"上所列的是教师们个性化的网名，让积分既公开又保密，使竞争显得善意，排名更具人性；学校其实是在关注教师的参与热情和专业态度，只要教师对自己在班主任工作、学科教学等方面的特色工作以灵活的形式予以总结呈现，就能得到积分的鼓励；这样，教师们就可以在底线要求的基础上，以各自的精彩，体现自己的特色发展，"大家一起变得更优秀"。

案例8.17　构建人文关怀的发展性评价机制

（一）指导思想

学校对教师的评价是教师获得成就感、幸福感的重要平台之一，我们对教师的评价不仅关注教师的教育教学业绩，更加关注的是发现和发展教师多方面的潜能，帮助教师不断认识自我、超越自我、感受幸福。为此，学校建立促进教师成长的"常规考核"和"成长考核"相结合的发展性多元评价制度，让教师充分感受获得成功的喜悦，促进教师对自己的教育观念、教学行为进行反思，多渠道获取相关信息，全面了解自己的优势和不足，据此改进和确定自己今后的发展目标。促进教师职业道德和专业水平不断提升和发展，实现教师的自我价值，提高教育教学效能,让每一个优秀的教师、辛勤奉献的教师都能享受事业成功的幸福。这样考核评价就既具有人文性,又是促进教师自我发展、自我提升的重要手段。

(二)操作要点

我们对教师的考核分"常规考核"和"成长考核"两部分,"常规考核"就是对教职工日常工作的考核,而"成长考核"是先让教师根据学校的团体目标设定"个人成长目标"(包括"一年的学习计划"、"一年的研究目标"、"一年的成就预设"等),经学校审阅修正后,达成作为考核依据的教师"个性成长目标"。学校按常规定量评价与自我成长评价相结合的方式对教师工作进行考核评价。

1.评价要点

(1)制定评价方案。学校制定的年度评价制度由"常规量化评价"、和"荣誉奖励评价"、"成长评价"、"自我发展评价"四部分组成,选择并设计相应的评价工具与办法,并在实践中不断完善。

(2)制订发展目标。每学年初,教师根据自身情况,制定书面的个人发展目标和计划,作为学校对其评价的依据之一。

(3)搜集、积累评价信息。

常规评价信息一般由下列内容组成:①教师自评材料;②教学计划、教学总结、教案;③听课记录;④有关会议记录;⑤学生作业本、笔记;⑥学生平时考查、考试成绩;⑦出勤情况;⑧班主任工作总结和其他教育教学活动记录、总结;⑨继续教育学分登记卡、各类获奖荣誉证书;⑩学生家长的评价;⑪教研组长、年级组长及同事的评价;⑫教师学习摘录、体会或笔记;⑬教学反思材料等。

成长评价信息方面教师根据"丽水市实验学校教师自我发展性目标"和"丽水市实验学校教师激励性评价方案"自我设定目标的达成、自我评价等。学校汇总上述两大类信息进行综合评价。

(4)确定评价结果。学校评价领导小组综合自评和他评的结果,给评价对象形成书面的评价结论、建立评价档案。

2.方法与途径

以评价内容和评价标准为依据,关注教师的发展过程,建立以教师自评、学校、同事、家长、学生共同参与的教师评价机制,把自评与他评、定性与定量有机结合起来,把终结性评价与过程性评价有机结合起来,让教师多渠道获取反馈信息,不断反思、改进与发展。

(1)常规定量评价

教师自评:通过自我价值分析判断、别人对自己评价、自查量表、自我反思、工作总结、建立发展档案袋等来分析评价自己。

同事互评:以年级组为单位进行相互评议。

学生评价:通过学生座谈会、校长信箱、问卷调查、学生作业、学生素质测查、个别征求意见等方式进行评价。

家长评价:通过家长座谈会、家访、问卷调查、校长信箱等方式进行评价。

学校评价:由学校评价领导小组对教师进行评价。

(2)常规定量评价与自我成长评价相结合

对教师的专业素养、教育教学能力、科研能力等专业素质等方面采取定量评价。对教师的自我成长、交流反思等方面的评价,在定量评价和荣誉奖励评价的基础上采用描述性的语言进行定性评价。

(三)注意事项

1. 要突出教师在评价中的主体地位,激发教师不断挑战自我、超越自我,使评价过程成为教师规划与实施自我发展的过程。

2. 要以动态发展的观点对教师进行评价,真诚提出适合教师个性特点的努力方向,以利于教师的提高和发展。

3. 评价实施力求科学求实、简便易行,增强评价的可操作性。

4. 通过形式多样的学习、培训、竞赛等活动,不断提高教师的专业素质,推动教师的专业化发展。

5. 教师在发展性评价中取得的进步和成功应作为终结性评价(年度考核)的主要依据,尽可能减少教师在专业成长过程中的不足方面与终结性评价的关联性。

(丽水市实验学校)

校
本
教
研
实
践
模
式
研
究

校本教研实践模式研究

校本教研实践模式研究

图书在版编目（CIP）数据

校本教研实践模式研究／柯孔标主编. —杭州：浙江大学出版社，2008.3
（校本教研丛书）
ISBN 978-7-308-05838-4

Ⅰ.校… Ⅱ.柯… Ⅲ.基础教育－教学研究 Ⅳ.G632.0

中国版本图书馆 CIP 数据核字（2008）第 034919 号

校本教研实践模式研究

柯孔标　主编

责任编辑	杜玲玲	
封面设计	刘依群	
出版发行	浙江大学出版社	
	（杭州天目山路 148 号　邮政编码 310028）	
	（E-mail：zupress@mail.hz.zj.cn）	
	（网址：http://www.zjupress.com	
	http://www.press.zju.edu.cn）	
排　　版	浙江大学出版社电脑排版中心	
印　　刷	杭州富春印务有限公司	
开　　本	880mm×1230mm　1/32	
印　　张	14.25	
字　　数	410 千字	
版 印 次	2008 年 3 月第 1 版　2008 年 3 月第 1 次印刷	
书　　号	ISBN 978-7-308-05838-4	
定　　价	22.00 元	